D1730639

Das Anwenderbuch

Word für Windows 2.0

Sylvia Böhmer / Martin Böhmer

Das Anwenderbuch

Word für Windows 2.0

Dieses Buch wurde mit der Xerox Ventura Publisher Software formatiert und gestaltet. Ventura Publisher™ ist ein Warenzeichen der Ventura Software Inc.
Bezugsquelle der Software:
EDCON Ventura Service
Ennsstr. 17
47809 Krefeld

Lektorat: Thomas Rütten

Layout und Satz: Reemers EDV-Satz, Krefeld

Redaktion: Detlef Poppenborg

Umschlaggestaltung: Alexander Vogelbacher, Düsseldorf

Farbreproduktionen: AS Werbeservice GmbH, Langenfeld

Gesamtherstellung: Bercker Graph. Betrieb, Kevelaer

1. Auflage	1.– 3. Tsd.	Sept. 1992
	4.– 6. Tsd.	Febr. 1993
	7.– 9. Tsd.	Okt. 1993

Copyright © 1992–93 by BHV Verlag
Bürohandels- und Verlagsgesellschaft mbH
Postfach 30 01 62
41342 Korschenbroich
Germany
Telefon: (0 21 82) 40 63–65
Telefax: (0 21 82) 5 09 15

1. Auflage

ISBN 3-89360-006-X

Printed in Germany

Inhaltsverzeichnis

1 Die Benutzeroberfläche – Anwendung und Anpassung

Die Benutzeroberfläche ist das Bindeglied zwischen Ihnen und dem Computer. Die Benutzeroberfläche bestimmt das Aussehen des Bildschirms, die Belegung der Tasten mit Funktionen und die Art und Weise, in der Sie dem Programm klar machen, was Sie zu tun gedenken. Darum ist es von besonderer Wichtigkeit, die Benutzeroberfläche eines Programms zu beherrschen und die Oberfläche optimal auf die eigenen Bedürfnisse abzustimmen. Und genau darum geht es in diesem Kapitel.

Sie lernen hier, wie Sie Windows und WinWord starten und verlassen, wie die Arbeitsfläche aufgebaut ist, wie das Menü bedient wird, welche Elemente die Dialogboxen enthalten, was Fenster sind und wie sie funktionieren und wie Sie mit der Hilfefunktion Rat und Beistand in allen Situationen erhalten. Das neu erworbene Wissen werden Sie dann auch gleich praktisch einsetzen können, denn in diesem Kapitel werden Sie WinWord auf Ihre Erfordernisse umstellen: Sie werden also Lineale, Funktionsleisten, Verzeichnispfade etc. einstellen und dabei gleich die Benutzeroberfläche zu Ihrem Nutzen einsetzen.

1.1 Programmstart

Bevor Sie mit WinWord arbeiten, müssen Sie zunächst die grafische Benutzeroberfläche Windows und natürlich das Programm selbst starten. Windows ist ein Oberflächenstandard, an dem sich auch WinWord orientiert. Zahlreiche andere Programme, wie z. B. die Tabellenkalkulation Excel, laufen ebenfalls unter Windows. Das hat für Sie den Vorteil, daß Sie in mehreren Anwendungsprogrammen mit denselben Menüs, Dialogen, Fenstern und anderen Befehlselementen zu tun haben.

Mit weniger Lernaufwand erreichen Sie mehr. Außerdem sind die Windows-Programme besonders gut aufeinander abgestimmt: So können mehrere Anwendungen gleichzeitig laufen (aktiv sein) und sogar nebeneinander auf dem Bildschirm dargestellt werden. Das fördert die Übersichtlichkeit. Der Datenaustausch unter den Programmen ist kein Problem, so z. B. das Einbinden von Tabellen aus Excel in WinWord oder das Umwandeln von WinWord-Tabellen in Excel-Zahlenkolonnen. Sie können sich um die Lösung Ihres Problems kümmern und müssen sich nicht so sehr mit den Unzulänglichkeiten der Software herumschlagen.

Windows ist also für Sie der Garant eines angenehmen Arbeitsablaufs. Sie verabschieden sich damit vom öden DOS-Prompt und begeben sich in eine Welt von Farben, bunten Symbolen und Fenstern. In diesem Kapitel geht es darum, Windows und WinWord zu starten. Daß diesem Thema ein ganzes Kapitel gewidmet ist, liegt daran, daß unter Windows die verschiedensten Wege zum gleichen Ziel führen. Dieses Kapitel ist für Sie der Wegweiser.

Hinweis: Der Komfort von Windows basiert ganz wesentlich auf der Maus, dem kleinen Eingabegerät mit den zwei oder drei Tasten. Mit der Maus können Sie unter Windows Befehle ausgeben, Funktionen aktivieren, Texte markieren und verschieben, Fenster manipulieren und vieles mehr. Im Umgang mit WinWord kann Ihnen nur der Einsatz einer Maus empfohlen werden. In diesem Buch wird deshalb hauptsächlich auf die Mausbedienung eingegangen und nur dann von der Tastaturbedienung die Rede sein, wenn sie sinnvolle Abkürzungen anbietet. Diejenigen, die auf die Tastatur schwören, finden im Anhang eine Übersicht über alle Tastenbelegungen.

1.1.1   Windows-Start

Windows wird von der DOS-Oberfläche (es erscheint nur etwas wie C: oder C:\WINDOWS auf dem Bildschirm) mit dem Befehl

```
win                        [Eingabe]
```

gestartet. Dies sollte eigentlich immer funktionieren, denn bei der Installation von Windows wird zu Windows hin ein Wegweiser (Path-Befehl) aufgestellt. Im Installationsteil des Anhangs erfahren Sie mehr dazu.

Sollte wider Erwarten Windows nicht gestartet werden, dann müssen Sie zuvor ins Windows-Verzeichnis wechseln. Dieses sollte C:\WINDOWS heißen. Die Befehle, mit denen Windows gestartet wird, lauten entsprechend

```
cd c:\windows              [Eingabe]
win                        [Eingabe]
```

12

Nun dürfte in jedem Fall die Benutzeroberfläche Windows auf dem Bildschirm erscheinen und Ihnen den Programm-Manager einblenden.

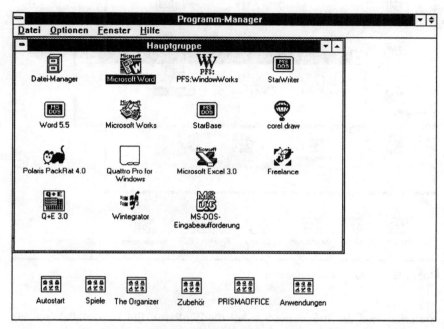

Abb. 1.1: Der Programm-Manager von Windows auf dem Bildschirm

Vom Programm-Manager aus verzweigen Sie in die weite Welt von Windows. Von hier aus starten Sie auch WinWord.

1.1.2 Programmstart vom Programm-Manager aus

Im Programm-Manager finden Sie ein Symbol mit der Bezeichnung "Word für Windows 2.0". Dies ist das Gruppensymbol für die Word für Windows-Programme, genaugenommen WinWord selbst, den Dialog-Editor für die Makro-Funktionen und WinWord-Setup zur nachträglichen Änderung der WinWord-Installation (mehr dazu im Anhang). Mit einem Doppelklick (schneller, zweifacher Druck auf die linke Maustaste) auf das Gruppensymbol öffnen Sie die WinWord-Gruppe.

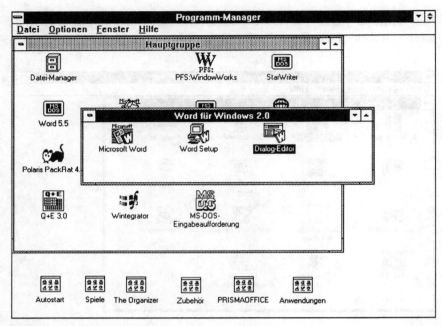

Abb. 1.2: WinWord-Gruppe geöffnet

Sie sehen nun das Programm-Symbol für WinWord. Ein Doppelklick auf das Symbol genügt und das Programm wird gestartet.

Wenn Sie WinWord nach den Empfehlungen im Anhang installiert haben, dann befindet sich das Programm-Symbol für WinWord natürlich nicht in der Gruppe WinWord, sondern direkt in der Hauptgruppe.

Sie ersparen sich also das Öffnen der WinWord-Gruppe und können sofort das Programm durch einen Doppelklick auf das Programm-Symbol in der Hauptgruppe starten.

Sollte aus unerklärlichen Gründen weder in der Hauptgruppe noch in der WinWord-Gruppe ein Programm-Symbol für WinWord zu finden sein, dann müssen Sie dies selbst anlegen. Dazu drücken Sie [Alt-D] für das DATEI-Menü, drücken dann [N] für NEU und bestätigen mit [Eingabe] die Erstellung eines Programm-Objekts. Es erscheint folgender Dialog:

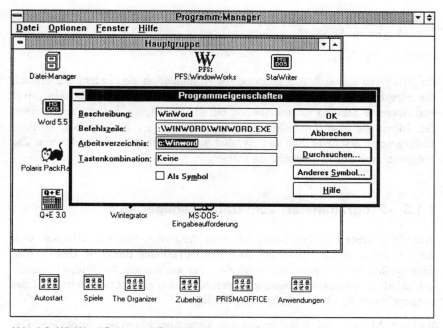

Abb. 1.3: WinWord-Programm-Symbol anlegen

Als Beschreibung geben Sie

```
WinWord 2.0
```

ein und wechseln mit [Tab] zum nächsten Eingabefeld. Unter Befehlszeile schreiben Sie den Programmaufruf, wie er unter DOS zu erfolgen hätte, und zwar mit vollem Pfadnamen, damit nichts schiefgehen kann:

```
c:\winword\winword
```

Mit [Tab] kommen Sie zur Eingabe des Arbeitsverzeichnisses. Dies sollte ebenfalls das WinWord-Verzeichnis sein, also schreiben Sie hierhin

```
c:\winword
```

Mit TASTENKOMBINATION können Sie ein Tastaturkürzel bestimmen, das Sie direkt aus jeder Situation heraus zu WinWord führt. Mögliche Kombinationen

15

müssen alle mit [Alt] und einer weiteren Umschalttaste wie [Umschalt] oder [Strg] beginnen. So wäre

[Alt-Strg-W]

für WinWord sinnvoll. Sie geben diese Kombination ein, indem Sie einfach die entsprechenden Tasten drücken. Die weiteren Schalter sollen hier nicht von Interesse sein, da sie im Anhang bei der Installation besprochen werden. Bestätigen Sie also die bisher gemachten Angaben mit [Eingabe]. In Ihrer Hauptgruppe erscheint nun ein Symbol für WinWord, und Sie können das Programm mit einem Doppelklick starten.

1.1.3 Programmstart vom Datei-Manager aus

Wenn Sie lieber mit dem Datei- als dem Programm-Manager arbeiten, weil Sie hier neben den Programmen auch alle Dokumente direkt im Griff haben, dann wollen Sie WinWord sicherlich von hier aus starten. Auch dies ist natürlich möglich. Den Datei-Manager starten Sie durch einen Doppelklick auf das entsprechende Symbol im Programm-Manager.

Im Datei-Manager sehen Sie links einen Verzeichnisbaum und rechts eine Dateiliste des aktuellen Verzeichnisses. Dieses ist im Baum invertiert und wird in der Titelleiste des Datei-Managers genannt. Sie müssen nun im Verzeichnisbaum das WinWord-Verzeichnis suchen und doppelt anklicken, rechts erscheint dann der Verzeichnis-Inhalt. Dort suchen Sie nach der Datei

WINWORD.EXE

und klicken sie doppelt an. Damit starten Sie WinWord.

Sie können WinWord auch direkt mit einer zu bearbeitenden Dokument-Datei (Endung .DOC) starten. Wenn Sie z. B. in der Verzeichnisliste

INFO.DOC

doppelt anklicken, wird WinWord gestartet und gleichzeitig wird die Datei INFO.DOC zur Bearbeitung geladen.

1.1.4 Programmwechsel über den TaskManager

Unter Windows ist es – wie bereits gesagt – möglich, mehrere Programme gleichzeitig zu starten. WinWord und Excel können so z. B. parallel laufen.

16

Über verschiedene Tastenkombinationen und den Task-Manager wechseln Sie zwischen den aktiven Anwendungen.

[Alt-Tab] führt Sie zur nächsten Anwendung oder zurück zum Programm-Manager (in der zeitlichen Reihenfolge der Programmaufrufe). [Alt-Umschalt-Tab] springt eine Anwendung zurück, so daß Sie mit beiden Tastenkombinationen schnell zwischen zwei Programmen hin und her wechseln können.

Eleganter erledigt diese Aufgabe der Task-Manager, den Sie über das System-Menü ([Alt-Leertaste]) und den Befehl WECHSELN ZU erreichen oder mit der Tastenkombination [Strg-Esc].

Der Task-Manager erlaubt Ihnen den Wechsel zu laufenden Applikationen, die Anordnung der Programm-Fenster auf dem Bildschirm sowie den Abbruch nicht benötigter oder abgestürzter Programme.

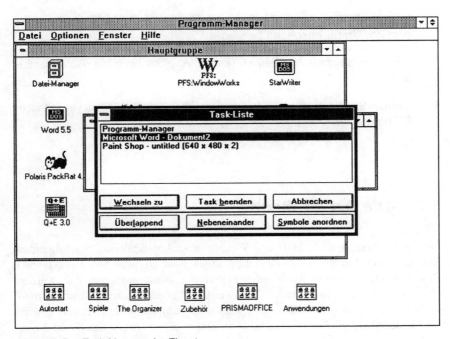

Abb. 1.4: Der Task-Manager im Einsatz

Mit den Pfeiltasten wählen Sie in der Liste die gewünschte Anwendung, mit der [Tab]-Taste kommen Sie von einem zum anderen Schalter. WECHSELN ZU verläßt die laufende Anwendung und holt die in der Liste markierte Applikation nach vorn. TASK BEENDEN beendet die markierte Anwendung. Sicherheitsabfragen, falls Dokumente noch nicht gespeichert wurden, sind selbstverständlich. Es geht Ihnen also nichts verloren. ABBRECHEN bricht den Task-Manager selbst ab, Sie gelangen wieder in die Anwendung, von der aus Sie den Task-Manager gestartet hatten.

Die drei unteren Schalter dienen zur Aufteilung des Bildschirms auf die laufenden Anwendungsprogramme. So können sich die Programm-Fenster überlappen oder nebeneinander stehen, zu Symbolen verkleinerte Programme können übersichtlich angeordnet werden.

Fragen und Übungen:

1. Starten Sie Windows und WinWord.

2. Starten Sie eine zweite Windows-Applikation, z. B. den Datei-Manager oder das Grafik-Programm Paintbrush.

3. Wechseln Sie zwischen den gestarteten Applikationen via Tastenkombination.

4. Ordnen Sie die gestarteten Programme über den Task-Manager auf dem Bildschirm an.

1.2   Die Arbeitsfläche

Genug der Vorrede über Start und Wechsel von Applikationen. Im folgenden Kapitel lernen Sie Ihren Arbeitsplatz kennen. Hier erfahren Sie, aus welchen Bestandteilen sich die WinWord-Arbeitsfläche zusammensetzt. Sie werden über Symbolleisten, Statuszeilen, Menüleisten, Knöpfe, Buttons, Druckformatspalten und vieles mehr lesen. Was jetzt noch sehr theoretisch anmutet, wird für Sie sehr bald großen Nutzen bringen. Daher überschlagen Sie dieses Kapitel bitte nicht.

Nach dem Start von WinWord erhalten Sie etwa folgendes Bild auf Ihrem Monitor:

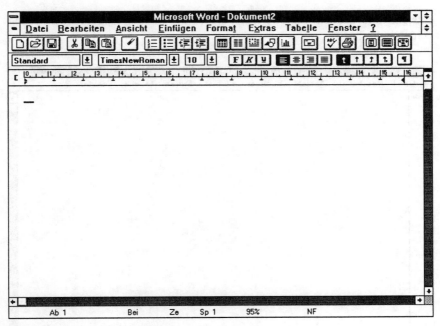

Abb. 1.5: Die WinWord-Arbeitsfläche

Sie sehen WinWord, die Arbeitsumgebung für Ihre textlichen Arbeiten, sozusagen Ihren elektronischen Schreibtisch. Und so wie Sie sich auf Ihrem Tisch
auskennen (ein sicherer Griff kramt im Aktenberg genau das richtige Papier
zutage), sollten Sie sich auch in der WinWord-Arbeitsfläche zurechtfinden.
Lassen Sie sich durch die vielen Symbole, Angaben, Zahlen und Elemente
nicht entmutigen. Wir werden uns Stück für Stück von oben nach unten vorar-
beiten.

Titelleiste

Titelleiste wird die oberste Bildschirmzeile genannt. Hier lesen Sie den Namen der aktiven Anwendung, also "Microsoft Word" und dahinter die genaue
Bezeichnung der gerade bearbeiteten Datei. Das gilt auch für andere Windows-Applikationen. So wissen Sie immer, mit welchem Programm Sie arbeiten und welches Dokument bearbeitet wird. Für Sie hat diese Angabe zudem
den Vorteil, daß Sie WinWord auch immer als WinWord erkennen. Durch die
vielen Anpassungsmöglichkeiten der Benutzeroberfläche kann WinWord nämlich auch gänzlich anders aussehen, und so könnte bei Ihnen der Eindruck

19

entstehen, es handele sich um ein anderes Programm. Folgende Abbildung verdeutlicht dies:

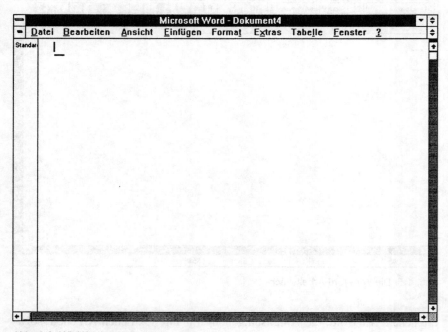

Abb. 1.6: WinWord anders konfiguriert

Außerdem finden Sie in der Titelleiste drei Felder, eines ganz links und zwei am rechten Ende. Das linke Feld wird *Systemfeld* genannt. Wenn Sie es anklicken, wird das sogenannte System-Menü heruntergeklappt, das zahlreiche Befehle zur Manipulation der Fenster enthält (daher lesen Sie mehr zum System-Menü in Kapitel 1.5 "Die Fenster").

Auch die beiden anderen Felder haben mit der Fenstertechnik zu tun. Das erste wird *Symbolfeld* genannt, weil es das aktive Programm auf ein Symbol verkleinert (auch dazu mehr in Kapitel 1.5). Das zweite Feld heißt *Wiederherstellen-Feld*, weil es vergrößerte oder verkleinerte Programm-Fenster wieder auf Normalmaß bringt.

20

Menüleiste

Die Menüleiste mit den Wahlbegriffen

- DATEI

- BEARBEITEN

- ANSICHT

- EINFÜGEN

- FORMAT

- EXTRAS

- TABELLE

- FENSTER

- ?

finden Sie unterhalb der Titelleiste. Hinter der Menüleiste verbergen sich sämtliche Funktionen und Befehle von WinWord. Wie Sie das Menü für Ihre Zwecke nutzen, erfahren Sie im nächsten Kapitel. Außerdem finden Sie gegenwärtig in der Menüleiste ein weiteres Systemfeld und noch ein Wiederherstellen-Feld. Welche Bewandtnis es damit hat, lesen Sie in Kapitel 1.5 "Die Fenster".

Funktionsleiste

In der Funktionsleiste sehen Sie zahlreiche Symbole, die in Gruppen zusammengestellt sind. Diese Funktionsfelder stellen Abkürzungen zu Befehlen dar, die Sie auch im Menü finden. Doch mit Hilfe der Maus und der Funktionssymbole geht vieles schneller. Die erste Gruppe von Symbolen (von links nach rechts) enthält Befehle aus dem DATEI-Menü und zwar NEU, ÖFFNEN und SPEICHERN. Die zweite Gruppe listet Befehle aus dem BEARBEITEN-Menü auf, und zwar AUSSCHNEIDEN, KOPIEREN, VERSCHIEBEN und etwas abgesetzt RÜCKGÄNGIG.

Es folgen vier Symbolfelder für die Gliederungsfunktion: NUMERIERUNG, AUFZÄHLUNG, EINZUG RÜCKGÄNGIG und EINZUG. Die nächste größere Gruppe von Symbolen enthält Befehle aus den Menüs EINFÜGEN, FORMAT, EXTRAS und TABELLE. Hier sind es TABELLE EINFÜGEN, SPALTEN FORMATIEREN, POSITIONSRAHMEN ERSTELLEN, ZEICHNEN MIT MS DRAW, GESCHÄFTSGRAFIK MIT MS GRAPH. Etwas abseits steht der Befehl UMSCHLÄGE DRUCKEN. Als Zweiergruppe folgen die Befehle RECHTSCHREIBKORREKTUR und DRUCKEN. Die letzte Gruppe schließlich beschäftigt sich mit der Anzeige des Textes auf dem Bildschirm. Die Symbole bedeuten SEITENANSICHT, NORMALE ANSICHT und ZOOM AUF SEITENBREITE.

Sicherlich werden Ihnen die meisten Symbole bisher nur Bahnhof bedeuten, Sie werden sie aber im jeweiligen Anwendungsfall zu nutzen lernen. Machen Sie sich also jetzt keine Sorgen um die Vielzahl der Symbole.

Formatierungsleiste

Die Formatierungsleiste folgt der Funktionsleiste auf dem Fuße. Sie enthält Befehlsabkürzungen für die wichtigsten Gestaltungsmöglichkeiten. Hier wählen Sie zwischen verschiedenen vordefinierten Textgestaltungen (Standard, Überschrift, Zitat etc.), die man Druckformatvorlagen nennt, verschiedenen Schriften und Schriftgrößen sowie Auszeichnungen wie *Fett*, *Kursiv* und *Unterstrichen*.

Außerdem können Sie über die Formatierungsleiste die Absätze *linksbündig*, *zentriert*, *rechtsbündig* oder im *Blocksatz* setzen. Die nächsten vier Symbole setzen die verschiedenen Tabulatorarten für Ihre Aufzählungen, Einrückungen, Aufstellungen und kleinen Tabellen. Das letzte Symbol schließlich schaltet die Anzeige von Absatzenden mit dem Paragraphenzeichen an und aus.

Wie Sie die Formatierungsleiste nutzen, werden Sie im Detail in Kapitel 3 erfahren.

Lineal

Das Lineal zeigt Ihnen die linken und rechten Ränder für Ihren Text sowie die verschiedenen Tabulatoren an. Die Zahlenskala teilt die Seite horizontal in Zentimeter auf, so daß Ihnen das Lineal bei der millimetergenauen Positionierung von Text und anderen Elementen hilft. Auch auf das Lineal kommen wir in Kapitel 3 ausführlich zu sprechen.

Bildlaufleisten

Bildlaufleisten sehen Sie zwei auf dem Bildschirm, die vertikale am rechten Bildschirmrand, die horizontale oberhalb der Statuszeile am unteren Bildschirmrand. Diese Bildlaufleisten zeigen Ihnen grob an, wo Sie sich im Text befinden (weit links oder rechts und weit oben, in der Mitte oder am Ende). Über die Bildlaufleisten können Sie aber auch durch einen Text durchblättern und in ihm wandern. Wie das geht, zeigt Kapitel 1.5 "Die Fenster".

Druckformatspalte

Die Druckformatspalte sehen Sie ganz links auf dem Bildschirm. Sie zeigt Ihnen, welches Druckformat für welchen Absatz gewählt wurde. So können Sie auch die Druckformate voneinander schnell unterscheiden, die sich sehr ähnlich sind. Über Sinn und Nutzen der Druckformate lesen Sie in Kapitel 3.4.

Statuszeile

Die Statuszeile am unteren Bildschirmrand gibt Ihnen eine Reihe von nützlichen Informationen zur Bearbeitung Ihres Textes. So erfahren Sie hier, auf welcher Seite im Text Sie stehen, wieviel Seiten der Text insgesamt lang ist, in welcher Spalte sich die Einfügemarke befindet und welche Umschalt-Tasten gedrückt worden sind. Die Angaben von rechts nach links:

Beispiel	Beschreibung
S 13	Die Einfügemarke befindet sich auf Seite 13.
Ab 9	Die Einfügemarke befindet sich in Abschnitt 9.
29/58	Die Gesamtseitenzahl vom Anfang des Dokuments bis zur Einfügemarke /die Gesamtseitenzahl des Dokuments.
Bei 2,5cm	Der vertikale Abstand zwischen der Einfügemarke und dem oberen Rand der Seite.
Ze 12	Die aktuelle Zeilennummer auf der Seite, auf der die Einfügemarke steht.
Sp 46	Die Anzahl der Zeichen vom linken Seitenrand aus bis zur Einfügemarke, einschließlich Leerzeichen und Tabzeichen.
50%	Der Prozentsatz, zu dem die Dokumentanzeige vergrößert oder verkleinert ist.
ER	Die Taste MARKIERUNGSERWEITERUNG [F8] ist aktiv.
SM	Die Taste SPALTENMARKIERUNG ([Strg-Umschalt-F8]) ist aktiv.
UF	Die FESTSTELLTASTE ist aktiv.
NF	Die NUM-FESTSTELLTASTE ist aktiv.

Beispiel	Beschreibung
ÜB	Der Überschreibmodus ist aktiv.
KM	Der Überarbeitungsmodus ist aktiv.
MA	Die Makroaufzeichnung ist aktiv.

Schreibfläche

Bleibt nur noch die große weiße Fläche in der Bildschirmmitte zu erklären. Dies ist Ihre eigentliche Schreibfläche. Auf der Schreibfläche sehen Sie gegenwärtig nur einen blinkenden senkrechte Strich und einen Unterstrich. Der blinkende Strich wird Cursor genannt und markiert die Position Ihrer Einfügemarke. An dieser Stelle werden Zeichen eingefügt oder gelöscht, hier befinden Sie sich. Der Unterstrich markiert das Ende des Textes.

Später enthält die Schreibfläche natürlich Ihren Text, Cursor und Textende-Marke bleiben aber. Eventuell werden auf der Schreibfläche auch Steuerzeichen gezeigt, z. B. für Absatzenden, Tabellen, Grafiken etc. Doch dazu in Kapitel 2 mehr.

1.3 Das Menü

Aus dem Menü wählen Sie in WinWord die Funktionen, die Sie für Ihre Arbeit am Text benötigen. Damit die Fülle der Funktionen etwas übersichtlicher wird, sind die Befehle in Gruppen geordnet, den sogenannten Untermenüs. Jedes Untermenü hat einen Namen, der dann im Hauptmenü auftaucht. Gegenwärtig sehen Sie das Hauptmenü auf dem Bildschirm.

Um ins Menü zu gelangen, drücken Sie entweder die [Alt]-Taste oder [F10]. Daß das Menü aktiviert ist, erkennen Sie daran, daß DATEI oder das Systemfeld in der Menüzeile invertiert wurde. Zwischen den Hauptmenüpunkten wandern Sie mit den Cursortasten [→] und [←]. Alternativ können Sie auch einen der unterstrichenen Kennbuchstaben wählen. Beim EINFÜGEN-Menü ist z. B. das "E" unterstrichen. Wenn Sie also [E] drücken, wird der Auswahlbalken direkt auf das EINFÜGEN-Menü geschoben. So ersparen Sie sich eine ganze Reihe von Tastenanschlägen. Drücken Sie z. B. [Alt-E], dann wird direkt das EINFÜGEN-Menü heruntergeklappt. Eine gute Abkürzung.

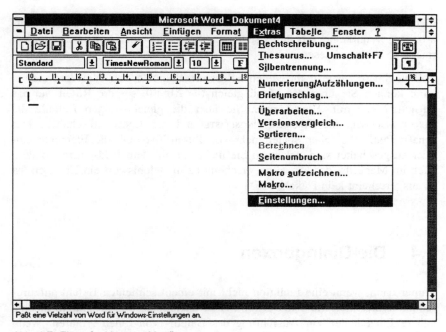

Abb. 1.7: Ein aufgeklapptes Menü

Innerhalb dieses Untermenüs werden einzelne Befehle nun wieder über die Cursortasten [↑] und [↓] vorgewählt und mit [Eingabe] bestätigt. Schneller geht es über die unterstrichenen Kennbuchstaben, sie rufen den Befehl direkt auf. Befehle, deren Namen drei Pünktchen folgen, werden dabei nicht sofort ausgeführt. Hier werden Sie zunächst in einen Dialog geführt. Mehr zu den Dialogen im folgenden Abschnitt 1.4.

Doch zunächst noch ein paar Worte zu Abkürzungsmöglichkeiten über die Tastatur. Sie werden bereits gesehen haben, daß einigen Menüpunkten, wie z. B. GEHE ZU im BEARBEITEN-Menü eine Tastenbezeichnung nachgestellt ist, bei GEHE ZU ist dies [F5]. Die Taste [F5] ist eine Abkürzung zum Druckdialog. Drücken Sie diese Funktionstaste, so wird ohne Umweg über Menü und Untermenü direkt zum Druck gewechselt. Einen Überblick über alle derartigen Tastaturabkürzungen finden Sie im Referenz-Kapitel dieses Buches.

Oft sind übrigens Befehle nicht in schwarzer, sondern in einer blaß-gräulichen Schrift zu lesen. Diese Befehle stehen dann jeweils gerade nicht zur Verfügung. Das kann mehrere Ursachen haben. Immer aber ist eine Vorbedingung für die Ausführung dieses Befehls nicht erfüllt. So können Sie einen Block

25

nicht ausschneiden, wenn keiner markiert ist, Sie können keine Tabelle über-arbeiten, wenn keine Tabelle existiert, und bevor Sie eine Grafik beschneiden, müssen Sie eine einlesen.

Sollten Sie schon jetzt die vielen Bildschirmelemente von WinWord stören, dann können Sie über das Menü gleich für Abhilfe sorgen. Rufen Sie das ANSICHT-Menü auf. Hier können Sie über die gleichnamigen Befehle die FUNKTIONSLEISTE, die FORMATIERUNGSLEISTE und das LINEAL abschalten. Das schafft Platz, Sie sehen später mehr von Ihrem Text. Ob die Elemente ein- oder ausgeschaltet sind, erkennen Sie nicht nur auf dem Bildschirm, sondern auch im Menü. Ist das Lineal an, erscheint beim Befehlswort ein Häkchen, ist es aus, erscheint kein Häkchen.

1.4 Die Dialogboxen

Immer dann, wenn eine Funktion nicht mit einem schlichten Befehl aufzuru-fen ist, konfrontiert Sie WinWord mit einer Dialogbox. Das Programm möchte nähere Einzelheiten zur Ausführung des Befehls von Ihnen erfahren. Wenn z. B. ein Text gespeichert werden soll, muß das Programm wissen, auf welchem Laufwerk, in welchem Verzeichnis und unter welchem Namen die Sicherung erfolgen soll. Hier werden jetzt die einzelnen immer gleichen Elemente solcher Dialogboxen vorgestellt.

Der Dialog wird von einer Linie eingerahmt, oben in der Titelleiste finden Sie eine Kurzbezeichnung des Dialogs und abermals ein dialogspezifisches Sy-stemfeld.

Dialog-Systemfeld

Auch ein Dialog verfügt in seiner Titelleiste über ein Systemfeld. Sie klappen es mit [Alt-Leertaste] auf. Standardmäßig sind im Systemfeld die Befehle

■ VERSCHIEBEN

und

■ SCHLIEßEN

versammelt.

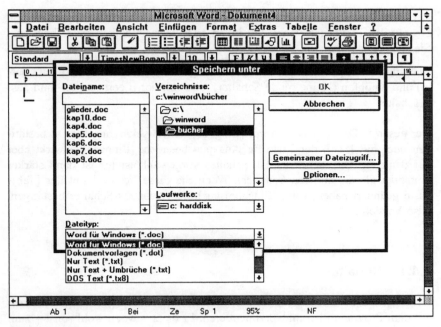

Abb. 1.8: Dialogbox

SCHLIESSEN erklärt sich von selbst. Wählen Sie VERSCHIEBEN, so erscheint ein Pfeil in vier Richtungen. Mit den Pfeiltasten können Sie nun den Dialog an jede beliebige Stelle auf dem Bildschirm verschieben, und Sie bekommen damit wieder mehr Durchblick auf Ihren Text.

Alternativ ergreifen Sie den Dialogtitel mit der Maus und ziehen die Dialogbox an die gewünschte Stelle; bei Dialogen, die sich direkt auf den Text beziehen, durchaus sinnvoll.

Innerhalb eines Dialoges finden Sie die verschiedensten Elemente: Schalter, Listen, Kreuzfelder, Knöpfe und Textfelder. Die Elemente sind jeweils in thematischen Gruppen angeordnet, damit Sie nicht den Überblick verlieren. Eine Gruppe erkennen Sie an dem Rand drumherum und der Überschrift mit nachgestelltem Doppelpunkt.

Sie wechseln zwischen den Gruppen mit der [Tabulator]-Taste. Mit dieser Taste kommen Sie auch zu den großen Schaltern wie OK und ABBRUCH. Die Gruppennamen heben durch Unterstreichung einen Buchstaben als Kennbuchstaben hervor. Wenn Sie diesen Buchstaben zusammen mit [Alt] drücken, wechseln Sie zu der gewünschten Gruppe. Innerhalb einer Gruppe kommen Sie mit den Pfeiltasten voran. Ein invertierter Auswahlbalken zeigt Ihnen, wo Sie sich befinden.

Eine einzelne Option in Kreuzfeldern (eckige Kästchen mit einem Kreuz darin) und Knöpfen (kleine runde Schalter) wird mit der [Leertaste] an- und ausgeschaltet.

Der gesamte Dialog läßt sich mit [Eingabe], einer Abkürzung für OK bestätigen oder mit [Esc], der Taste für ABBRUCH beenden. [Eingabe] bewirkt aber nur dann ein OK, wenn der OK-Schalter vorgewählt ist (er ist dann stärker umrandet als die anderen Schalter). Wenn Sie diese Vorwahl mit der [Tab]-Taste geändert haben, kann [Eingabe] auch den ABBRUCH-Schalter bestätigen. Also Vorsicht!

1.4.1 Schalter

Der ABBRUCH-Schalter ist immer von besonderer Bedeutung, solange Sie noch mit dem Programm herumexperimentieren. Er dient – wozu wohl sonst – zum Abbruch des Dialoges und damit zum Verlassen der Funktion. Alle Einstellungen, die Sie zuvor gemacht haben, gehen verloren, eventuell zuvor vorhandene Vorgabe-Einstellungen erhalten wieder ihre Gültigkeit. ABBRUCH wählen Sie also immer dann, wenn Sie alles rückgängig machen oder einfach nur raus wollen. Für ABBRUCH dient die [Esc]-Taste als Abkürzung.

Der OK-Schalter bestätigt alle Einstellungen des Dialogs und veranlaßt Win-Word, den Befehl nun auszuführen. Wie bereits gesagt, erfüllt [Eingabe] im Normalfall die Funktion des OK-Schalters, aber nur dann, wenn nicht mit der [Tab]-Taste die Markierung des Schalters aufgehoben wurde.

Neben den OK- und ABBRUCH-Schaltern gibt es zuweilen noch andere große Schalter, die zumeist in weitere Dialoge verbinden. So gibt es z. B. einen Schalter DEFINIEREN unter DRUCKFORMATE im FORMAT-Menü, der Sie von der Auswahl der Druckformate zu einem Definitions-Dialog führt.

An anderer Stelle werden Sie Schalter wie SPEICHERN oder SCHLIEßEN finden. Meistens dürften sich diese Schalter von selbst erklären. In jedem Fall wird deren Funktion in diesem Buch in den entsprechenden Kapiteln erläutert.

28

1.4.2 Kreuzfelder

Kreuzfelder sind die kleinen viereckigen Schalter, die, wenn man sie anschaltet, ein Kreuzchen enthalten. Solche Kreuzfelder benutzt WinWord immer dann, wenn mehrere Optionen gewählt werden können und jede beliebige Kombination unter diesen Optionen denkbar und möglich ist. So können z. B. Fett- und Kursivdruck gleichzeitig oder auch jeweils allein gewählt werden.

1.4.3 Knöpfe

Die runden Knöpfe werden hingegen verwendet, wenn zwar mehrere Optionen zur Auswahl stehen, aber jeweils nur eine von ihnen gewählt werden kann. Es kann z. B. unmöglich ein Bildschirmelement gleichzeitig blau und rot sein. Trotzdem haben Sie die Wahl zwischen den Farben.

1.4.4 Eingabefelder

Textfelder werden dann gebraucht, wenn eine Eingabe in Klartext von Ihnen verlangt wird. Wenn Sie z. B. eine Datei importieren wollen, muß das Programm schon den genauen Dateinamen von Ihnen wissen. Diesen können Sie eintippen, wenn es nicht schneller ist, die Datei aus Laufwerks- und Verzeichnislisten auszusuchen. Textfelder lassen sich genauso wie normaler Text mit Cursortasten, Löschen etc. editieren.

1.4.5 Listen

Wenn Sie wie bei der Wahl von Schriften und Schriftgrößen, Dateien, Farben etc. die Auswahl aus einer Reihe von vorgegebenen Möglichkeiten haben, stellt das Programm diese Möglichkeiten in Form einer Liste vor. Sobald sich der Auswahlbalken innerhalb dieser Liste befindet, kann mit dem Cursor in der Liste geblättert werden. Ein Listenelement wird mit der [Leertaste] markiert.

1.4.6 Einzeilige Listen

Einzeilige Listen kennen Sie bereits aus der Zeichenleiste. Hierbei handelt es sich um Listen, von denen auf Anhieb nur der erste aktive Listeneintrag zu sehen ist. Den einzeiligen Listen ist als Erkennungszeichen ein Pfeil nach unten nachgestellt. Sobald Sie in die Liste gehen, können Sie die Liste mit der [↓]-Taste zusammen mit [Alt] gedrückt nach unten aufklappen. Die Aufklappliste reagiert dann wie jede andere normale Liste auch. Sobald Sie die Liste verlassen, wird sie auch wieder zugeklappt.

1.4.7 Einstellungen

Das Wissen über Menüs und Dialoge können Sie nun gleich in der Praxis erproben. Unter EXTRAS/EINSTELLUNGEN finden Sie eine Reihe von Auswahlmöglichkeiten, die Ihnen die Anpassung von WinWord an Ihre Bedürfnisse erlauben. In drei Schritten werden Sie den Bildschirm, allgemeine Einstellungen und die Benutzerinformationen ändern. Rufen Sie also EINSTELLUNGEN im EXTRAS-Menü auf und wählen Sie zunächst den Teil-Dialog ANSICHT über das entsprechende Symbol.

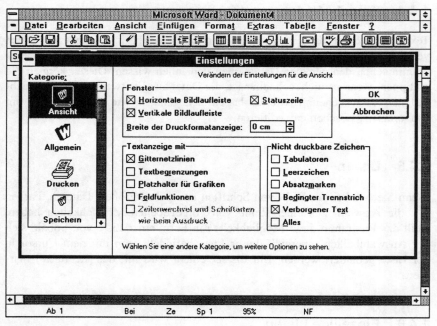

Abb. 1.9: EINSTELLUNGEN ANSICHT

Hier können Sie folgende Einstellungen machen:

Einstellung	Wirkung
Horizontale Bildlaufleiste	Zeigt die horizontale Bildlaufleiste an.
Vertikale Bildlaufleiste	Zeigt die vertikale Bildlaufleiste an.
Statuszeile	Zeigt die Statuszeile am unteren Bildschirmrand an.
Breite der Druckformatanzeige	Legt die Breite der Druckformatspalte in Zentimetern fest.
Gitternetzlinien	Zeigt Linien zwischen Tabellenzellen und um Tabellen herum an.
Textbegrenzungen	Zeigt die Markierungslinien für Seitenränder, Objekte und Postionsrahmen.
Platzhalter für Grafiken	Zeigt ein Kästchen anstelle der Grafik an.
Feldfunktionen	Zeigt Feldfunktionen anstelle der Feldergebnisse.
Zeilenwechsel und Schriftarten...	Zeigt Zeilenwechsel und Schriftarten so an, wie sie ausgedruckt werden. Wenn Sie z. B. eine Schriftart oder Schriftgröße angeben, die dem Drucker nicht zur Verfügung steht, zeigt Win-Word den Text in der auf dem Drucker verfügbaren Schriftart und Schriftgröße an.
Tabulatoren	Zeigt Tabzeichen an.
Leerzeichen	Zeigt Leerzeichen zwischen Wörtern mit Punkten an.
Absatzmarken	Zeigt Absatzmarken an.
Bedingter Trennstrich	Zeigt bedingte Trennstriche an.
Verborgener Text	Zeigt Zeichen an, die als verborgener Text formatiert sind.
Alles	Zeigt sämtliche nicht druckbaren Zeichen an.

Hinweise: Die horizontale Bildlaufleiste können Sie bei normaler Korrespondenz getrost abschalten, nur wenn Sie sehr breite Tabellen bearbeiten möchten, ergibt sie einen Sinn. Die Statuszeile mit ihren wertvollen Informationen sollte eingeschaltet sein. Auf die Druckformatanzeige können Sie bis zur Arbeit mit Druckformaten getrost verzichten. Gitternetzlinien um Tabellen lassen tabellarische Auflistungen sichtbar werden und erleichtern die Bearbeitung. In jedem Fall sollte WinWord den Text auch so anzeigen wie er gedruckt wird, es sei denn Sie planen die Ausgabe eines Textes auf einem anderem Drucker. Tabulatoren und Absatzmarken sollten durchaus angezeigt werden, denn dies erleichtert die Bearbeitung und Formatierung eines Textes doch sehr. Viele Mißverständnisse entstehen erst gar nicht, wenn Tabulatoren und Absatzenden sichtbar sind.

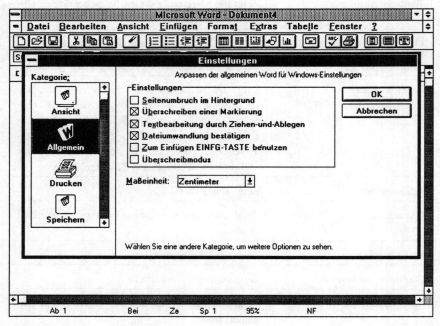

Abb. 1.10: Einstellungen Allgemein

Wechseln Sie jetzt zum Teildialog allgemein. Hier sind folgende Einstellungen möglich:

Einstellung	Wirkung
SEITENUMBRUCH IM HINTERGRUND	Bricht die Seiten automatisch um.
ÜBERSCHREIBEN EINER MARKIERUNG	Nimmt jede Markierung zurück, sobald Sie mit der Eingabe beginnen.
TEXTBEARBEITUNG DURCH ZIEHEN-UND-ABLEGEN	Ermöglicht das Verschieben von markierten Textteilen mit der Maus ohne den Umweg über AUSSCHNEIDEN und EINFÜGEN.
DATEIUMWANDLUNG BESTÄTIGEN	Stellt sicher, daß jedes in einem anderen Dateiformat erstellte Dokument korrekt in das WinWord-Dateiformat umgewandelt wird, wenn Sie es öffnen.
ZUM EINFÜGEN [Einfg]-TASTE	Ermöglicht die Benutzung der [Einfg]-Taste, um den Inhalt der Zwischenablage in das Dokument einzufügen.
ÜBERSCHREIBMODUS	Überschreibt bestehenden Text während der Eingabe.
MAßEINHEIT	Wählen Sie die Standardeinheit für Maße aus: Zoll, Zentimeter, Punkte oder Pica.

Hinweise: Der Seitenumbruch sollte in jedem Fall im Hintergrund erledigt werden. So sehen Sie immer, wie viele Seiten Sie bereits vollgeschrieben haben. Eine Markierung sollte mit dem Beginn einer neuen Eingabe wegfallen, damit Sie nicht versehentlich markierte Blöcke löschen.

Die Textbearbeitung durch Ziehen-und-Ablegen (Drag and Drop) ist eine große Hilfe, die Sie unbedingt nutzen sollten. Der Überschreibmodus wird Sie sehr an die Schreibmaschine erinnern, in der Textverarbeitung ist er aber wenig sinnvoll.

Schließlich wechseln Sie noch zur Einstellung der Benutzerinfo. Hier geben Sie Ihren Namen und Ihre Initialen ein sowie Ihre komplette Anschrift bzw. die Firmenadresse. Diese Angaben helfen WinWord bei der Verwaltung der Dokumente und der automatischen Erstellung von Briefumschlägen.

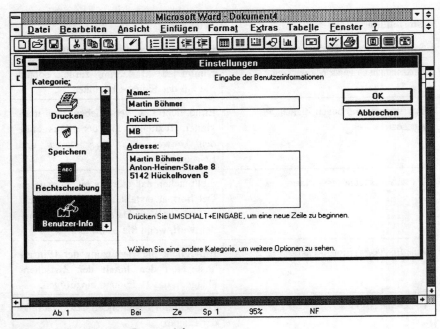

Abb. 1.11: Einstellungen Benutzerinfo

Fragen und Übungen

1. Welche Wege führen ins Menü?

2. Welche Elemente gibt es in Dialogen, und wie werden sie bedient?

3. Stellen Sie WinWord auf Ihre Bedürfnisse ein.

4. Blättern Sie durch die Menüs und verschaffen Sie sich einen Überblick über die angebotenen Funktionen.

1.5 Die Fenster

WinWord verfügt dank Windows über eine fensterorientierte Oberfläche. Jeder Text wird in einem Fenster dargestellt, das Programm selbst läuft in einem Fenster; strenggenommen sind auch die Dialoge Fenster. Jedes Fenster besteht aus einer Titelzeile mit Systemfeld, Titel, Symbolfeld und Größer-/Kleiner-Feld, Fensterrahmen, Bildlaufleisten rechts (für vertikalen Bildlauf) und unten (für horizontalen Bildlauf) sowie zwei Zoom-Ecken rechts und links unten am Fensterrand. In diesem Kapitel werden Sie lernen, wie Sie all diese Elemente für Ihre Zwecke einsetzen.

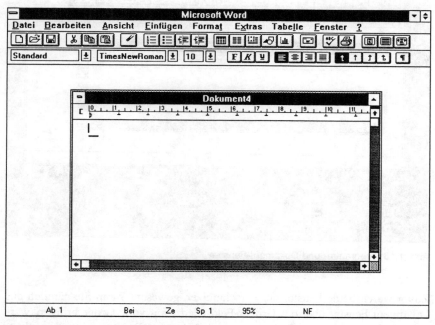

Abb. 1.12: Ein Fenster und seine Elemente

1.5.1 Programm- und Dokument-Fenster

WinWord unterscheidet wie andere Windows-Applikationen auch zwischen Programm- und Dokumentfenstern. Das gesamte Programm läuft in einem Fenster und die bearbeiteten Dokumente werden jeweils in eigenen Fenstern

innerhalb des Programmfensters angezeigt. Wenn Sie einmal das Wiederher-
stellen-Feld in der Titelleiste ganz oben rechts sowie das Wiederherstellen-
Feld in der Menüleiste anklicken, werden Sie sehen, was gemeint ist. Win-
Word erscheint in einem Fenster mit Fensterrahmen sowie Systemfeld und
Größer-/Kleiner-Feldern, das Dokument in einem eigenen Fenster mit Rah-
men, Bildlaufleisten, Systemfeld, eigener Titelleiste und Größer-Feld.

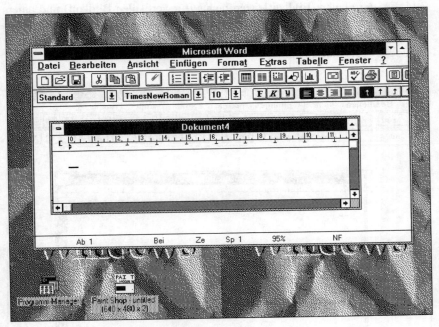

Abb. 1.13: Programm- und Dokument-Fenster

Zuvor waren beide Fenster nur verschmolzen gewesen. Wenn Sie nämlich das
Dokument-Fenster über das Größer-Feld wieder auf volle Größe bringen, werden die Titelleisten von Programm- und Dokument-Fenster zusammengelegt,
die System- und Wiederherstellen-Felder des Dokument-Fensters werden in
die Menüleiste verlegt. Es fällt gar nicht mehr auf, daß eigentlich zwei Fenster auf dem Bildschirm erscheinen.

Durch die Dokument-Fenster sehen Sie auf einen Teil des geschriebenen Textes genauso, wie Sie durch Ihre Fenster zuhause einen Teil Ihres Gartens oder
der Straße vor Ihrer Tür sehen. Auf dem Bildschirm erkennen Sie den Fensterrahmen an den feinen Linien um Ihren Text herum.

1.5.2 Blättern

Wenn Sie zuhause die Fenster öffnen und den Kopf herausstecken, werden Sie viel mehr sehen. Nun können Sie unmöglich ein Loch in den Monitor schlagen, aber mit den sogenannten Bildlaufleisten am Fensterrand können Sie doch Ihre Perspektive verändern. Wenn Sie die Cursortasten nach oben, unten, rechts oder links bewegen, wird Ihnen ein anderer Ausschnitt des Textes gezeigt – vorausgesetzt natürlich, ein längerer Text ist in Bearbeitung.

Die Bildlaufleiste, die aussieht wie ein Lautstärke-Regler an Ihrer Stereoanlage, zeigt an, welcher Ausschnitt des Textes gezeigt wird. Mit der Maus können Sie den Schieber direkt ergreifen (Maustaste darauf drücken und gedrückt lassen) und an die gewünschte Position schieben. Klicken Sie in der Bildlaufleiste die Pfeile nach oben oder unten an, wird der Text zeilenweise hoch- oder runtergeblättert. Klicken Sie in der Bildlaufleiste auf eine andere Stelle, wird exakt diese Textpassage aufgeblättert.

Hinweis: Sollten Sie am unteren Bildschirmrand keine horizontale Bildlaufleiste finden, so können Sie diese über EXTRAS/EINSTELLUNGEN/ANSICHT einschalten.

1.5.3 Vergrößern und verkleinern

WinWord kann mit mehreren Fenstern arbeiten. Entweder werden mehrere Texte gleichzeitig dargestellt oder verschiedene Ausschnitte eines längeren Textes. Beides ist machbar und sinnvoll. Einen vorhandenen Text teilen Sie über den Befehl NEUES FENSTER im FENSTER-Menü auf zwei Fenster auf. Natürlich bleibt der Text in beiden Fenstern derselbe, Änderungen hier wirken sich auch dort aus. Lediglich der gezeigte Ausschnitt kann variieren.

Einen zweiten Text holen Sie in ein neues Fenster über ÖFFNEN im DATEI-Menü. Zwischen den Fenstern wechseln Sie mit [Strg-Tab], wobei das aktuelle Fenster invertiert wird. Ein Klick auf den Fenstertitel tut dasselbe.

Sollen mehrere Textfenster auf dem Bildschirm zu sehen sein, muß es möglich sein, diese in ihrer Größe zu verändern. Diesem Zweck dienen im Systemfeld ([Alt-Leertaste] drücken) die Befehle GRÖßE ÄNDERN, VOLLBILD und WIEDERHERSTELLEN. Mit WIEDERHERSTELLEN schalten Sie ein vergrößertes oder verkleinertes Fenster wieder auf die normale Größe zurück. Ein normales Fenster können Sie über GRÖßE ÄNDERN variieren. Es erscheint ein Pfeil nach oben und unten, und mit den entsprechenden Pfeiltasten ziehen Sie das Fenster auf die gewünschte Größe, mit [Eingabe] wird bestätigt. VOLLBILD vergrößert das Fenster auf die größtmögliche Ausdehnung.

Zwischen Vollbild und Normalansicht des Fensters schalten Sie mit der Maus über das Größer- und Wiederherstellen-Feld um. Ein Klick darauf genügt. Ein normales Fenster kann auch mit der Maus verändert werden. Dazu ergreifen Sie eine der beiden Zoom-Ecken und ziehen das Fenster auf die gewünschte Größe.

1.5.4 Verschieben

Ein Fenster, das nicht den vollen Bildschirm einnimmt, kann nun auch bewegt werden. Das funktioniert genauso wie bei den Dialogen. Im Systemfeld rufen Sie den Befehl VERSCHIEBEN auf und verschieben das Fenster mit den Pfeiltasten an die gewünschte Position. Mit [Eingabe] wird bestätigt, mit [Esc] abgebrochen.

Mit der Maus ergreifen Sie den Titelbalken und ziehen das Fenster an die gewünschte Stelle – loslassen, und schon wird das Fenster neu positioniert.

1.5.5 Anordnen

Über das FENSTER-Menü ordnen Sie mehrere Fenster an. Die Fenster werden alle vertikal solange verkleinert, bis alle Fenster zu gleichen Teilen Platz haben. Bei vier Fenstern wird also jedem Fenster ein Viertel des freien Bildschirms zugewiesen.

Die Anordnung nehmen Sie zurück, indem Sie ein Fenster wieder auf volle Bildschirmgröße bringen.

1.5.6 Symbole

Wenn Sie mit mehreren Programm-Fenstern arbeiten, werden Sie wohl nicht immer alle Fenster sehen wollen. Über das Symbol-Feld in der Programm-Fenster-Titelleiste wird das Fenster zu einem Symbol am unteren Bildschirmrand verkleinert. Mit [Strg-Tab] gelangen Sie zu den Symbol-Fenstern und öffnen sie damit wieder. Mit der Maus genügt ein Klick auf das Symbol.

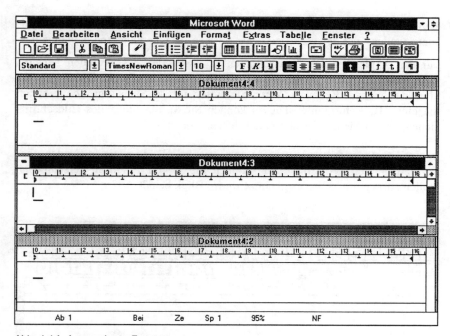

Abb. 1.14: Angeordnete Fenster

Alternativ können Sie auch über den Task-Manager Programme zu Symbolen verkleinern und anschließend wieder in voller Größe auf den Bildschirm holen.

1.5.7 Teilen

Zuweilen möchte man – gerade bei längeren Texten – zwei weit auseinanderliegende Passagen vergleichen, abgleichen oder kontrollieren. Natürlich können Sie zu diesem Zweck zwischen den Textstellen hin- und herspringen, leichter aber ist es, wenn Sie sich beide Stellen gleichzeitig ansehen können. Nun haben Sie bereits erfahren, daß man über FENSTER/NEUES FENSTER ein aktuelles Dokument in zwei Fenster teilen kann. Doch diese Vorgehensweise ist nicht gerade optimal.

Allzuviel Platz wird doch für doppelte Fenster-Titelleisten, Bildlaufleisten etc. verschwendet. Ihr Text ist kaum mehr zu sehen. Verwenden Sie diesen Befehl

39

also z. B. nur dann, wenn Sie von einem Text eine veränderte Kopie abspeichern wollen oder der vorliegende als Vorlage für einen anderen dienen soll.

Für das Abgleichen von Textpassagen ist das Teilen des aktuellen Fensters weit besser geeignet. Oberhalb der vertikalen Bildlaufleiste finden Sie ein kleines schwarzes Rechteck. Wenn Sie dieses mit der Maus ergreifen, erhalten Sie einen Bildschirmteiler. Diesen können Sie an die Stelle des Bildschirms ziehen, an der Sie das Fenster geteilt haben wollen.

Ist das Fenster geteilt, erhalten Sie zwei vertikale Bildlaufleisten für den oberen und unteren Fensterteil. Nun können Sie in den Teilen an verschiedene Stellen springen und beides gleichzeitig im Blick behalten.

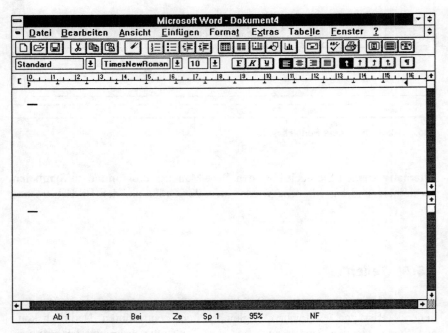

Abb. 1.15: Geteiltes Fenster

Die Teilung machen Sie rückgängig, indem Sie den Teiler wieder mit der Maus ergreifen und ganz nach oben ziehen. Die Teilung eines Fensters erreichen Sie auch über den Befehl TEILEN im System-Feld des Fensters.

40

1.5.8 System-Feld

Jedes Fenster enthält ein System-Feld ([Alt-Leertaste] zur Aktivierung), das wie ein Menü verschiedene Befehle enthält. Dazu zählen in der Regel

WIEDERHERSTELLEN	Stellt die ursprüngliche Fenstergröße her.
GRÖSSE ÄNDERN	Ändert die Fenstergröße.
VERSCHIEBEN	Verschiebt das Fenster.
SYMBOL	Verkleinert das Fenster zum Symbol.
VOLLBILD	Bringt das Fenster auf volle Größe.
SCHLIESSEN	Schließt das Fenster.
WECHSELN ZU	Wechselt zum Task-Manager.
AUSFÜHREN	Wechselt zur Systemsteuerung.
NÄCHSTES FENSTER	Wechselt zum nächsten Fenster.
TEILEN	Teilt das aktuelle Fenster.

All diese Funktionen dürften Ihnen bereits geläufig sein und brauchen daher hier nicht noch einmal erklärt zu werden.

Fragen und Übungen

1. Trennen Sie Dokument- und Programmfenster.

2. Verkleinern Sie das Dokument-Fenster.

3. Verschieben Sie das Dokument-Fenster.

4. Teilen Sie das Dokument-Fenster.

5. Heben Sie die Teilung auf.

6. Bringen Sie das Dokument-Fenster auf volle Größe.

7. Verkleinern Sie das Programmfenster auf Symbol-Größe.

8. Bringen Sie WinWord wieder in voller Größe auf den Bildschirm. (Benutzen Sie den Task-Manager. Drücken Sie dazu [Strg-Esc].)

1.6 Symbolleisten

Im Abschnitt 1.2 "Die Arbeitsfläche" haben Sie bereits die Funktionsleiste kennengelernt. Mit der Funktionsleiste haben Sie einen schnellen Zugriff auf häufig benötigte Befehle ohne den oft recht langen Weg über das Menü. Wollen Sie z. B. einen Text drucken, klicken Sie das Druckersymbol an. Das reicht.

Nun kann es sein, daß Ihnen die Auswahl der Symbole nicht zusagt. Wenn Sie z. B. nie mit der Gliederungsfunktion zu tun haben, werden Sie mit den entsprechenden Symbolen herzlich wenig anfangen können. Daher finden Sie hier zwei Schritt-für-Schritt-Anleitungen, die Ihnen dabei helfen sollen, unbenötigte Symbole zu entfernen und sinnvolle Symbole einzusetzen.

Symbole einfügen

■ Wählen Sie den Befehl EINSTELLUNGEN aus dem Menü EXTRAS.

■ Wählen Sie im Feld KATEGORIE die Option FUNKTIONSLEISTE.

■ Unter KONTEXT legen Sie fest, ob die Änderungen immer ("Global") oder nur bei Dokumenten mit der aktuellen Vorlagendatei ("Vorlage") gelten sollen.

■ Wechseln Sie ins Feld ANZEIGEN. Zum Anzeigen der in WinWord verfügbaren Befehle wählen Sie die Option BEFEHLE. Zum Anzeigen der von Ihnen erstellten und der in WinWord integrierten Makros wählen Sie die Option MAKROS.

■ Wählen Sie den Befehl oder das Makro, das Sie zur Funktionsleiste hinzufügen wollen aus dem Feld BEFEHLE oder MAKROS.

■ Wählen Sie das Symbol, das Sie zur Funktionsleiste hinzufügen wollen, aus dem Feld SYMBOL.

■ Wählen Sie die gewünschte Position für das neue Symbol aus dem Feld ZU ÄNDERNDES SYMBOL:.

■ Um die Änderung durchzuführen, wählen Sie die Schaltfläche ÄNDERN.

■ Wählen Sie die Schaltfläche SCHLIEßEN.

Symbole entfernen

■ Wählen Sie den Befehl EINSTELLUNGEN aus dem Menü EXTRAS.

■ Wählen Sie im Feld KATEGORIE die Option FUNKTIONSLEISTE.

■ Wechseln Sie zu ANZEIGEN: Zum Anzeigen der in WinWord verfügbaren Befehle wählen Sie die Option BEFEHLE. Zum Anzeigen der von Ihnen erstellten und der in WinWord integrierten Makros wählen Sie die Option MAKROS.

■ Wählen Sie im Feld ZU ÄNDERNDES SYMBOL das Symbol, das Sie entfernen möchten.

■ Wählen Sie im Feld BEFEHLE oder MAKROS den leeren Eintrag.

■ Wählen Sie die Schaltfläche ÄNDERN, um die Änderung durchzuführen.

■ Wählen Sie die Schaltfläche SCHLIEßEN.

1.7   Mausbedienung

Sie haben schon gemerkt, daß sich viele Funktionen von WinWord leichter und schneller mit der Maus erreichen lassen. Beim Verschieben und Zoomen von Fenstern wird dies ganz deutlich. Auch das Menü und die Dialoge sind mit der Maus zu bedienen, Sie klicken einfach nur dorthin, wo Sie sonst mühsam mit den Cursortasten hinwandern würden und dann die [Leertaste] oder [Eingabe] drücken.

Wollen Sie also mit der Maus die Bildschirmeinstellungen ändern, so klicken Sie auf EXTRAS in der Menüleiste, dann auf EINSTELLUNGEN im Untermenü, und schon sind Sie im Dialog. Dort kommen Sie ebenfalls mit einigen Klicken auf die entsprechenden Schalter zu Ihren gewünschten Einstellungen, und ein Klick auf OK bestätigt Ihre Arbeit. Einzeilige Listen, die Sie versehentlich aufgeschlagen haben, klappen Sie übrigens mit einem erneuten Druck auf das Pfeil-Symbol wieder zu.

In diesem Buch ist mit Klicken, Ergreifen und Ziehen folgendes gemeint:

1.   Klicken: Ein kurzer Druck auf die linke Maustaste über dem zu aktivierenden Element, dem zu drückenden Schalter, dem zu wählenden Listenelement etc.

2. Ergreifen: Ein Druck auf das zu ergreifende Element, wobei die linke Maustaste gedrückt bleibt. Erst am Ende der Operation wird die Maustaste und damit das ergriffene Objekt wieder losgelassen.

3. Ziehen: Das Bewegen eines ergriffenen Objekts mit der Maus.

Weitere Erklärungen können wir uns wohl zur Mausbedienung ersparen. Sie dürfte sich von selbst erläutern.

1.8 Hilfefunktion und Lernprogramm

WinWord verfügt über ein ausführliches und ausgetüfteltes Hilfesystem, das Ihnen in allen Zweifelsfällen und Notlagen weiterzuhelfen vermag. Es lohnt sich also, mit diesem System umgehen zu können.

Das Hilfesystem von WinWord unterscheidet seine Hilfestellungen in die unterschiedlichsten Bereiche: das Glossar, das Ihnen wichtige Fachbegriffe in kurzen Definitionen erklärt; der Index, der Ihnen alphabetischen Zugang zu allen Hilfethemen gewährt; das Lernprogramm und erste Schritte, die Ihnen den Umgang mit dem Programm Schritt für Schritt näher bringen; die kontextsensitive Hilfe, die Ihnen zum gerade akuten Problem Hilfestellung gewährt; die Referenz, die in übersichtlicher Darstellung Befehle, Funktionen und Tastaturbelegungen mit Erklärungen auflistet.

Wie kommen Sie nun an diese vielseitige Hilfe heran?

■ Sie haben ein Problem und suchen eine Lösung. Sie sind z. B. im Dialog EXTRAS/EINSTELLUNGEN und verstehen einen Eintrag nicht. Dann drücken Sie [F1] und erhalten eine kontextsensitve Hilfe.

■ Sie verstehen in einem Hilfetext einen bestimmten Begriff, wie z. B. Druckformat, nicht. Ist dieser Begriff mit einer gepunkteten Linie unterstrichen, haben Sie Glück, er steht im Glossar. Klicken Sie den Begriff an, und er wird Ihnen erklärt.

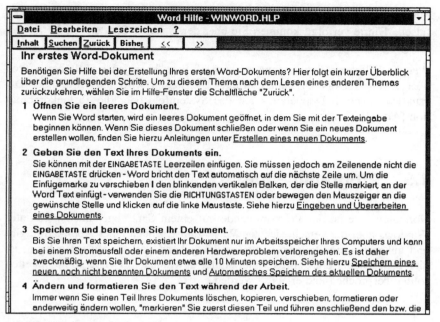

Abb. 1.16: Ein Hilfetext

■ Sie suchen unabhängig von der jetzigen Aufgabenstellung Hilfe, z. B. zum Thema *Serienbriefe*. Dann rufen Sie im ?-Menü den Befehl INDEX auf oder drücken innerhalb der Hilfe den Schalter INHALT. Reicht Ihnen dieser Wegweiser nicht, wechseln Sie mit ALPHABETISCHE THEMENÜBER-SICHT zum Schlagwortregister. Dort wählen Sie dann Ihr Hilfethema aus. Alternativ können Sie auch jederzeit den SUCHEN-Schalter aktivieren und Ihren Suchbegriff eingeben.

■ Sie wollen den Umgang z. B. mit Tabellen lernen. Dann rufen Sie im ?-Menü das Lernprogramm mit der entsprechenden Lektion auf. Oder Sie wählen unter INDEX im ?-Menü den Punkt KAPITELÜBERSICHT und suchen dort den passenden Abschnitt.

■ Sie wollen die genaue Tastaturbelegung einsehen. Dann rufen Sie im ?-Menü INDEX auf und wählen unter Referenz die Themen TASTATUR und MAUS.

Innerhalb der Hilfstexte können Sie über die unterstrichenen Begriffe zu weiteren Hilfstexten verzweigen, so daß Sie sich je nach Interesse und Notwendigkeit zwischen den Texten hin- und herbewegen können. Haben Sie eine falsche Fährte verfolgt, kommen Sie über den Schalter Zurück wieder an den Ausgangspunkt zurück.

Wer die Hilfetexte lieber schwarz auf weiß liest, kann jedes Hilfethema auch über Datei/Drucken zu Papier bringen. Verlassen wird die Hilfe über Datei/Beenden, einen Doppelklick auf das Systemfeld oder die Tastenkombination [Alt-F4].

1.9 Programmende

Normalerweise ist das Programmende mit einem Satz abgehakt. Da es unter Windows aber die verschiedensten Wege zum Beenden einer Applikation gibt und außerdem ein Programm nur vorübergehend verlassen werden kann, ist hier dem Thema ein ganzes Unterkapitel gewidmet. So viele Möglichkeiten sollten besprochen und erläutert werden.

1.9.1 WinWord vorübergehend verlassen

Da Sie unter Windows die Möglichkeit haben, mehrere Programme gleichzeitig geladen zu halten, sollten Sie sich jedes Programmende gründlich überlegen. Wenn Sie z. B. nur mal schnell zwischendurch in den Terminkalender schauen wollen, dann ist es wenig sinnvoll, WinWord komplett zu verlassen. Auch wenn Sie für die nächste Stunde mit der Datenbank oder der Tabellenkalkulation arbeiten wollen, kann es durchaus vernünftig sein, WinWord nicht zu beenden, sondern nur vorübergehend zu verlassen. Vielleicht müssen Sie doch noch schnell zwischendurch an einen Text heran. Sie sparen sich dann den lästigen erneuten Programmstart und unter Umständen auch das erneute Laden eines Textes.

Sie verlassen WinWord vorübergehend, indem Sie zum Datei-, Programm-, Task-Manager oder direkt zu einer anderen Anwendung wechseln. Dazu drücken Sie [Alt-Tab] (Wechsel zur nächsten aktiven Anwendung, was eine Applikation oder der Programm- oder Datei-Manager sein kann) oder [Strg-Esc] (wechselt zum Task-Manager, von wo aus Sie andere Programme aufrufen können). Außerdem haben Sie die Möglichkeit, über das System-Feld des Programmfensters WinWord zu einem Symbol zu verkleinern. Dadurch wird automatisch eine andere Anwendung aktiviert.

Zurück zu WinWord kommen Sie über einen Doppelklick auf das Programm-symbol, den Task-Manager oder mit der Tastenkombination [Alt-Tab]. Ist für WinWord eine Tastenkombination unter DATEI/EIGENSCHAFTEN im Programm-Manager definiert, können Sie natürlich auch diese zum schnellen Programm-wechsel verwenden.

1.9.2   WinWord beenden

Bevor Sie WinWord beenden, sollten Sie Ihre Texte speichern oder die Text-dateien schließen. Ansonsten werden Sie mit einer Unmenge von Sicherheits-abfragen erschlagen. Haben Sie Ihren Arbeitsplatz aufgeräumt, wählen Sie im DATEI-Menü den Befehl BEENDEN oder rufen im System-Feld des Programm-Fensters den Befehl SCHLIEßEN auf oder klicken auf das System-Feld doppelt. Sie kehren zum Programm-Manager oder zum Datei-Manager zurück. Alter-nativ könnten Sie auch den Task-Manager aufrufen, dort den Task "WinWord" beenden und dann zu einem anderen Task wechseln.

1.9.3   Windows beenden

Windows beenden Sie über das Systemfeld des Programm-Managers mit dem Befehl SCHLIEßEN oder einem Doppelklick auf das System-Feld, über das DATEI-Menü des Programm-Managers mit dem Befehl WINDOWS BEENDEN oder über die Tastenkombination [Alt-F4], wenn Sie sich im Programm-Manager befinden. Einen Weg nach draußen sollten Sie finden. Am Ende erscheint wie-der das DOS-Prompt.

Fragen und Übungen

1.   Verlassen Sie WinWord vorübergehend und starten Sie eine andere An-wendung.

2.   Teilen Sie den Bildschirm auf beide aktiven Anwendungen auf.

3.   Bringen Sie beide Anwendungen wieder in den Vollbild-Modus.

4.   Wechseln Sie zwischen beiden Anwendungen.

5.   Verlassen Sie beide Anwendungen.

6.   Verlassen Sie WinWord und Windows.

2 Grundfunktionen der Textverarbeitung – Korrespondenz erledigen

Nachdem Sie die Benutzeroberfläche von WinWord kennengelernt und auch einige Änderungen und Anpassungen vorgenommen haben, sollen Sie nun mit der eigentlichen Textbearbeitung beginnen. In diesem Kapitel werden Sie Texte eingeben, korrigieren, umstellen und drucken. Dabei lernen Sie Spezialfunktionen wie den *automatischen Zeilenumbruch*, die *Markierungen* und das *Suchen&Ersetzen* kennen. Damit der praktische Nutzen nicht ausbleibt, bearbeiten wir Ihre Korrespondenz. Nehmen Sie also einen Vorgang, den Sie schon lange erledigen wollten. Mit WinWord wird die Arbeit endlich in Angriff genommen. Sollten Sie keine unerledigte Arbeit mehr auf Ihrem Tisch haben, können Sie auch den folgenden Beispieltext bearbeiten.

BEISPIELTEXT

Der Kundenbesuch in Frankreich brachte uns viele
neue Kontakte. Wir können davon ausgehen, daß das
nächste Geschäftsjahr für die Müller & Co. KG in
Frankreich ein voller Erfolg wird.

Auf den folgenden Seiten dieses Reiseberichts finden Sie Anmerkungen zu den einzelnen Stationen mei-
nes Besuchs. Ich hoffe, Sie können daraus die für
Ihre Planung notwendigen Informationen entnehmen.
Sollte dies nicht der Fall sein, bitte ich Sie,
mit mir Rücksprache zu nehmen.

1. Besuchstag - Besançon

Mein Besuch bei der Firma Grivelet Père et Fils
in Besançon war bereits seit langer Zeit durch unsere Vertriebsmitarbeiter vorbereitet worden, so
daß es mir vergönnt war, die volle Ernte unserer
Bemühungen einzufahren. Folgende Bestellungen konnte ich in unsere Auftragsbücher eintragen:

```
Produkt                    Menge
Schrauben Type 42323       50.000
Schrauben Type 43233       150.000
Gewinde Type 233           1.000.000
Gewinde Type 234           1.000.000
Muttern Type 2322.A        500.000
```

Weiter Bestellungen werden uns noch schriftlich mitgeteilt. Ich bitte die Herren der Arbeitsvorbereitung und der Produktion, sich entsprechend darauf einzustellen.

2.1 Text eingeben, löschen und korrigieren

Beginnen Sie zunächst mit der groben Niederschrift Ihres Brieftextes oder des Beispieltextes. Da die Tastatur des Computers nicht viel anders aussieht als die Schreibmaschinentastatur, dürften Sie bei der Texteingabe eigentlich keine Probleme haben. Die von Ihnen getippten Buchstaben erscheinen links oben auf der Arbeitsfläche des leeren Textfensters. Ein Buchstabe wird hinter den anderen gereiht, Groß- und Kleinschreibung wechseln Sie über die Umschalt- und Feststelltasten.

Manche Tasten haben eine zweite oder gar dritte Belegungsebene. Normalerweise ist auf der ersten Ebene der Kleinbuchstabe "a" und auf der zweiten Ebene, die Sie mit der [Umschalt]-Taste erreichen, der Großbuchstabe "A". Bei den Zifferntasten oben hingegen liegen in der zweiten Ebene eine ganze Reihe von Sonderzeichen von % bis &.

Einige Tasten haben zudem noch eine dritte Ebene, die Sie mit [AltGr] erreichen. Damit können Sie dann auch noch die Zeichen _ { [ ] } \ ~ | tippen, jedenfalls auf den meisten Tastaturen. Mehr zu Sonderzeichen und ausländischen Buchstaben erfahren Sie in Kapitel 2.7 "Sonderzeichen eingeben".

Wenn Ihre Korrespondenz nach Frankreich gehen soll, dann werden Sie sicherlich auch einige Accents zu tippen haben. Wenn Sie die Accent-Tasten oben rechts und links auf Ihrer Tastatur anschlagen, erscheint aber im Gegensatz zu den anderen Buchstabentasten kein Zeichen auf dem Bildschirm. Die Accents erscheinen erst, wenn Sie zusätzlich die [Leertaste] drücken oder einen Buchstaben unter das Accent setzen. Wenn Sie also ' alleine haben wollen, dann tippen Sie die [']-Taste und anschließend die [Leertaste]. Wollen Sie z. B. *á*, dann müssen Sie die '-Taste und anschließend [a] tippen. Gleiches gilt für ' und ^.

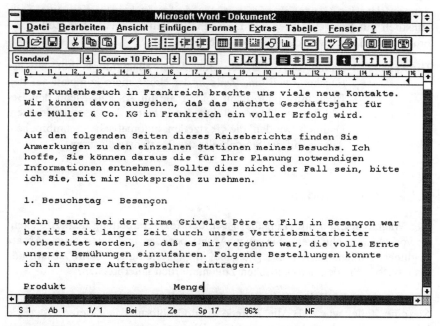

Abb. 2.1: Text auf dem Bildschirm

2.1.1 Automatischer Zeilenumbruch

Wenn Sie nun mit Ihrer Schreiberei vorankommen, werden Sie sicher bald an das Ende der ersten Zeile gelangen. Doch bevor Sie, wie von der Schreibmaschine gewohnt, einen Wagenvorschub mit der [Eingabe]-Taste durchführen, sollten Sie eine Besonderheit der elektronischen Textverarbeitung bewundern. Tippen Sie einfach Ihren Satz weiter, und Sie werden sehen, daß WinWord das erste Wort, das nicht mehr in die erste Zeile paßt, komplett in die nächste Zeile schiebt. Dieses Phänomen nennt man den automatischen Zeilenumbruch.

Folgendes müssen Sie sich für die Zukunft unbedingt merken: Jede Zeile umbricht WinWord von selbst, das Programm achtet darauf, wann ein Wort nicht mehr in die Zeile paßt und in die nächste Zeile gesetzt werden muß. Und noch wichtiger: Wenn Sie nicht einen Großteil der Vorteile elektronischer Textverarbeitung in den Wind schießen wollen, dann dürfen Sie dem Programm nicht ins Handwerk pfuschen. Sie dürfen in keinem Fall eine Zeile künstlich mit [Eingabe] beenden. Dies schaltet den automatischen Zeilenumbruch ab und erschwert damit später jede Korrektur.

Hinweis: Sollten bei Ihnen die Buchstabenreihen immer hin und her rutschen, weil eine Zeile in der Breite nicht komplett auf den Bildschirm paßt, dann sollten Sie im ANSICHT-Menü den Befehl ZOOM wählen und dort den Schalter SEITENBREITE drücken. Dadurch werden die Textzeilen automatisch so umbrochen, daß sie auf die Seitenbreite des Textfensters passen.

2.1.2   Absatzenden

Der Wagenvorschub mit [Eingabe] ist in der Textverarbeitung dem Absatzende vorbehalten. Nur wenn Sie einen Absatz beenden und einen neuen Absatz beginnen wollen, dürfen Sie [Eingabe] tippen. Lediglich beim Absatzende also müssen Sie den automatischen Zeilenumbruch unterbrechen.

Der automatische Zeilenumbruch muß ebenfalls unterbunden werden, wenn Sie eine Zeile, wie z. B. die Anrede oder Grußformel in Briefen, vorzeitig beenden wollen. Auch hierhin gehört ein [Eingabe].

Aufzählungen beenden Sie bitte nicht mit [Eingabe], sondern mit [Umschalt-Eingabe]. Dies ist ein sogenannter weicher Zeilenumbruch, der zwar eine neue Zeile beginnt, die Zeilen aber als zusammengehörigen Absatz zusammenhält. Das hat später bei der Formatierung von Absätzen große Vorteile, wenn z. B. Absatzabstände und Zeilenabstände automatisch formatiert werden sollen. Deshalb gewöhnen Sie sich gleich von Beginn die Benutzung von [Umschalt-Eingabe] bei Aufzählungen an. Erst das Ende der Aufzählung und der Beginn eines neuen Textabsatzes wird mit einem festen [Eingabe] besiegelt.

Zur Verdeutlichung noch ein Beispiel:

```
Sehr geehrte ...              [Eingabe] (vorzeitiges Zeilenende)

Dies ist der eigentliche Brieftext       [autom. Zeilenumbruch]
```

52

der von der Textverarbeitung   [autom. Zeilenumbruch]

umbrochen wird.   [Eingabe] (Absatzende)

- Aufzählung   [Umschalt-Eingabe]

- Aufzählung   [Umschalt-Eingabe]

- Aufzählung   [Eingabe] (Absatzende, Ende der Aufzählung)

Aufgabe: Überprüfen Sie Ihren Text auf die richtige Setzung von Absatzenden. Schalten Sie dazu die Sonderzeichen über das erste Symbol von rechts in der Formatierungsleiste an.

2.1.3 Text bearbeiten

Sicherlich werden Sie nicht alles in Ihrer Korrespondenz auf Anhieb richtig schreiben. Der große Vorteil der elektronischen Textverarbeitung gegenüber der Schreibmaschine ist, daß Sie alles ändern, korrigieren, umstellen, löschen und ergänzen können. Der Text läßt sich also jederzeit bearbeiten, ohne daß Sie Passagen neu tippen, mit Tipp-Ex arbeiten oder Abschnitte überkleben müssen. Auch der rote Korrekturstift ist völlig unnötig geworden.

Am häufigsten werden Sie wohl einen gerade getippten Buchstaben wieder entfernen wollen. Dazu drücken Sie die [Entf]- oder [Rückschritt]-Taste. Wenn Sie diese Taste mehrfach drücken, dann werden auch die weiter zurückliegenden Buchstaben gelöscht - bis zum Anfang des Textes, wenn Sie das wollen.

2.1.4 Die Einfügemarke bewegen

Natürlich kann es auch sein, daß Sie einen einzelnen weiter zurückliegenden Vertipper löschen oder korrigieren wollen. Auch das ist möglich, denn mit der Textverarbeitung können Sie jede beliebige Stelle Ihres Textes ändern. Doch zunächst müssen Sie den Fehler ansteuern. Dies tun Sie mit den Pfeil- oder Cursortasten rechts unten auf Ihrer Tastatur.

Mit [↑] bewegen Sie die Einfügemarke (der kleine blinkende Strich an Ihrer jetzigen Schreibposition) eine Zeile hoch, mit [↓] eine Zeile hinab. Natürlich geht es in der ersten Zeile nicht mehr weiter hoch und in der letzten Zeile nicht mehr weiter runter. Mit [→] und [←] bewegen Sie die Einfügemarke nach rechts und links. Wenn Sie dabei ans Zeilenende kommen, wird die Einfügemarke automatisch auf den Anfang der nächsten Zeile gesetzt, bzw. wenn Sie an den Zeilenanfang kommen, auf das Ende der vorigen Zeile plaziert. So erreichen Sie jede beliebige Textstelle.

Aufgabe: Bewegen Sie den Cursor in die Zeile

Gewinde Type 233

und löschen Sie diese mit der [Rück]-Taste.

2.1.5   Einfügungen und Löschungen

Dank des automatischen Zeilenumbruches ist es nicht nur möglich, Text zu löschen, sondern auch Buchstaben einzufügen. Sie können auch ganze Absätze oder neue Passagen einfügen. Durch den automatischen Zeilenumbruch bleiben die Absätze immer innerhalb des rechten und linken Randes. Daran können auch noch soviele Löschungen und Ergänzungen nichts ändern. All das funktioniert aber nicht, wenn Sie durch [Eingabe] innerhalb der Absätze den automatischen Zeilenumbruch unterbunden haben. Also nochmals: Keine [Eingabe] innerhalb der Absätze verwenden.

Übrigens: Sie können durch ein [Eingabe] einen zu lang gewordenen Absatz in zwei Absätze teilen. Das geht an jeder beliebigen Stelle im Text. Genauso können Sie zwei sehr kurze Absätze zusammenfügen. Dazu gehen Sie auf den Anfang des zweiten Absatzes und drücken [Rückschritt]. Dadurch wird die [Eingabe] zwischen den beiden Absätzen gelöscht und die beiden Absätze werden zusammengeführt. Auch hier sorgt der automatische Zeilenumbruch für die richtige Formatierung innerhalb des rechten und linken Randes.

Aufgabe: Löschen Sie zunächst den zweiten Absatz im Beispieltext. Fügen Sie dann ein:

```
Überblick  über  die  Frankreichreise  vom
5.1.93 bis 10.1.93.
```

2.1.6   Weitere Cursorbewegungen

Neben den vier Cursortasten und der damit möglichen Navigation in alle vier Himmelsrichtungen gibt es noch eine ganze Reihe weiterer Tasten und Tastenkombinationen zur Cursorbewegung. Sie sollten diese Tastenfunktionen nicht nur probieren, sondern auch auswendig lernen. Je besser Sie nämlich den Cursor bewegen können, desto schneller überarbeiten Sie Ihre Vorgänge.

In größeren Sprüngen auf und ab kommen Sie mit den Tasten [Bild↑] und [Bild↓]. Genau eine Fenstergröße weit wird gesprungen. An den Zeilenanfang kommen Sie mit [Pos1], ans Zeilenende mit [Ende]. Wortweise vorwärts geht es mit [Strg-→] und zurück mit [Strg-←]. Zum Textanfang schließlich führt [Strg-Pos1] und zum Textende [Strg-Ende].

Eine schnelle Alternative, den Cursor an eine ganz bestimmte Stelle zu setzen, ist, mit der Maus einfach auf die gewünschte Position zu klicken. Über die Bildlaufleiste haben Sie die Möglichkeit, zuvor einen anderen Abschnitt des Textes aufzusuchen. Wo genau Sie am Ende gelandet sind, können Sie in der Statuszeile ablesen. Hier steht die genaue Seitennummer, die Zeile und die Spalte, an der Ihre Einfügemarke steht.

2.1.7 Überschreiben

Normalerweise arbeiten Sie im Einfügemodus. In diesem Modus wird jeder neue Buchstabe eingefügt und vor eventuell schon vorhandenen Text gesetzt. Wenn Sie also einen Text im Einfügemodus bearbeiten, dann ergänzen Sie ihn.

Wollen Sie einen Vorgabetext aber ersetzen, ist dies wohl nicht das Richtige. Natürlich können Sie zuerst den fehlerhaften Text löschen und dann im Einfügemodus die korrekten Worte einfügen, aber das ist doch sehr aufwendig. Schneller geht's, wenn Sie in den Überschreibmodus mit [Einfg] wechseln. In der Statuszeile steht nun "ÜB".

Im Überschreibmodus werden bereits geschriebene Passagen durch neuen Text überschrieben. Das Ganze funktioniert also ähnlich wie die Korrekturtaste bei der Schreibmaschine. Wieder zurück in den Einfügemodus gelangen Sie mit einem erneuten Druck auf [Einfg]. Das "ÜB" in der Statuszeile verschwindet.

Aufgabe: Überschreiben Sie den ersten Absatz mit folgenden Zeilen:

```
Mein Besuch in Frankreich war ein voller Er-
folg. Zahlreiche Aufträge, vielversprechen-
de Gespräche und gute, neue Kontakte sind das
Ergebnis meiner Reise. Für die Zukunft ver-
spricht Frankreich damit für uns ein interes-
santer Markt zu werden.
```

2.1.8 Einrückungen

Bisweilen möchten Sie eine Zeile oder auch eine Aufzählung in Ihrer Korrespondenz einrücken. Nichts leichter als das. Sie brauchen dazu nur die [Tab]-Taste. Sie drücken einfach am Zeilenanfang [Tab], und schon sitzt die Einfügemarke gut fünf Anschläge weiter rechts, der Tab selbst wird durch einen invertierten Rechtspfeil angezeigt. Dies setzt natürlich voraus, daß Sie über EXTRAS/EINSTELLUNGEN/ANSICHT die Anzeige der Tabulatoren eingeschaltet haben. Keine Angst übrigens: Die Pfeile für die Tabulatoren werden nur angezeigt, aber nicht gedruckt.

Für kleine Tabellen ist es sogar möglich, mit weiteren Tabulatoren zu arbeiten. In Zentimeter-Abständen sind nämlich Tabs gesetzt. Wo genau, sehen Sie an den kleinen umgedrehten Ts in der Linealzeile. Über das ANSICHT-Menü stellen Sie die Linealzeile an und aus.

Dies sind Beispiele für

```
    eine eingerückte Zeile      [Eingabe]
    - eingerückte Aufzählung     [Umschalt-Eingabe]
    - eingerückte Aufzählung     [Eingabe]
```

Und so sieht eine Tabelle aus:

```
        Spalte1    Spalte2    Spalte3

    Z1    Eintrag1   Eintrag2   Eintrag3

    Z2    ...        ...        ...
```

Mehr zu Tabulatoren erfahren Sie im Kapitel 3 unter "Absätze formatieren".

Aufgabe: Machen Sie aus der Liste der Bestellungen eine ansehnliche Tabelle mit den Spalten

Produkt   *Type*   *Menge*

2.1.9 Weiche und harte Trennung

Durch den automatischen Zeilenumbruch ergeben sich allerdings einige Probleme. Allzuoft werden nämlich Wörter auf die nächste Zeile gehoben, von denen einige Silben noch auf die vorangegangene Zeile gepaßt hätten. So entstehen häßliche Lücken und abgehackte Zeilen. Hier hilft nur die manuelle Trennung eines Wortes.

Doch Vorsicht! Mit dem normalen Trennstrich [-] können Sie nämlich nicht trennen. Wenn Sie das tun, wird zwar das Wort getrennt und auf die zwei Zeilen neu verteilt, bei einer Korrektur des Textes bleibt der Trennstrich aber im Wort stehen, gleich, ob er gebraucht wird oder nicht. Ein Beispiel. Sie schreiben

```
         Der Kundenbesuch in
   Frankreich brachte uns viele neue
                  Kontakte
```

und der Zeilenumbruch schiebt *Frankreich* auf die neue Zeile. Mit einem Trennstrich zwischen *Frank* und *reich* bekommen Sie das Wort zu einem Teil auf die erste Zeile zurück.

```
        Der Kundenbesuch in Frank-
   reich brachte uns viele neue Kontakte
```

Wenn Sie nun aber ergänzen

```
       Der jüngste Kundenbesuch in
   Frank-reich brachte uns viele neue
                  Kontakte
```

wird *Frank-reich* wieder auf die nächste Zeile geschoben, und vor allem – der Trennstrich bleibt stehen. Ganz und gar nicht das, was Sie wollten. Also: Trennungen nur mit [Strg- -] einfügen. Durch diese Tastenkombination wird ein sogenannter weicher Trennstrich gesetzt. Dieser erscheint nur dann, wenn er auch wirklich am Zeilenende steht und für eine Worttrennung genutzt werden kann. Steht der weiche Trennstrich durch Ergänzungen oder Löschungen nicht mehr am Zeilenende, wird er unterdrückt. Nur wenn Sie unter EXTRAS/EINSTELLUNGEN/ANSICHT das Kreuzfeld BEDINGTER TRENNSTRICH aktivieren, dann werden diese weichen Trennzeichen grundsätzlich angezeigt, allerdings mit einem fetten Punkt am Ende des Striches.

Wozu dient jetzt noch der normale Trennstrich? Zum einen als Gedankenstrich, also immer dann, wenn Sie Gedanken an einen Hauptsatz anhängen oder einen Zwischensatz in Strichen einschieben. Außerdem dient der Trennstrich für die korrekte Schreibung von Eigennamen und zusammengesetzten Wörtern. Bei *Karl-Heinz* darf der Bindestrich nun mal genausowenig fehlen wie bei *Vertreter-Tagung* – gleich ob *Karl-Heinz* nun in der Zeilenmitte oder am Zeilenende auftaucht. Der normale Trenn-, Gedanken- oder Bindestrich heißt in der Textverarbeitung im Gegensatz zum weichen Trenner harter Bindestrich.

2.1.10 Weiche und harte Leerzeichen

Ein anderes Problem, das sich durch den automatischen Zeilenumbruch ergibt, ist die Trennung von zusammengehörenden Wörtern. In Ihrer Korrespondenz soll z. B. der Firmenname *Müller & Co. KG* bestimmt nicht

```
    Müller & Co.
KG
```

getrennt werden. Um nun diesen Firmennamen trotz der trennenden Leerschritte zusammenzuhalten, brauchen Sie nicht auf die Freiräume zu verzichten. Tippen Sie anstelle des normalen "weichen" Leerzeichens einfach ein "hartes" Leerzeichen mit [Strg-Umschalt-Leertaste]. Auf dem Bildschirm erscheint dafür ein ganz normales Leerzeichen. Dieses Leerzeichen versteht die Textverarbeitung wie einen normalen Buchstaben und kann entsprechend keine Zeilenumbrüche an dieser Stelle durchführen. So wird der Firmenname entweder komplett in die erste oder in die zweite Zeile gehoben.

Ein ähnlicher Fall ergibt sich bei historischen Abhandlungen über z. B. *Karl V.* Auch hier kann der Eigenname im unglücklichsten Fall vom automatischen Zeilenumbruch

```
    Karl
V.
```

zerstückelt werden. Auch dies ist wenig sinnvoll und läßt sich durch ein hartes Leerzeichen zwischen *Karl* und *V.* verhindern.

2.1.11 Automatischer Seitenumbruch

Neben dem automatischen Zeilenumbruch gibt es auch einen automatischen Seitenumbruch. Sie werden das bemerken, besonders wenn Sie sehr viel Text schreiben (über etwa die 56. Zeile hinaus). Sobald der Text nicht mehr auf eine Seite paßt, werden die Zeilen auf die nächste Seite geschoben, es entsteht eine neue Seite. Sie erkennen dies auf dem Bildschirm daran, daß eine gestrichelte Trennlinie quer über die Seite erscheint. Dieser Balken markiert den automatisch eingefügten Seitenumbruch. Dies funktioniert allerdings nur, wenn Sie unter EXTRAS/EINSTELLUNGEN/ALLGEMEIN den Schalter SEITENUMBRUCH IM HINTERGRUND aktiviert haben.

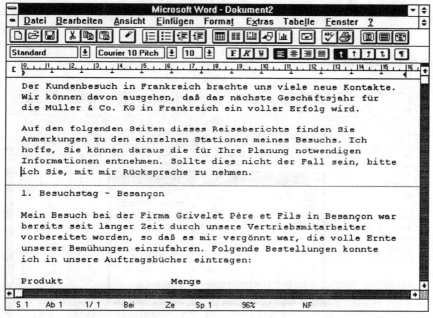

Abb. 2.2: Seitenumbruch auf dem Bildschirm

Nun kann es vorkommen, daß Sie den Seitenumbruch gerne früher im Text hätten (später geht nicht, denn mehr paßt einfach nicht auf die Seite, es sei denn, Sie wählen eine andere Papiergröße). Um einen früheren Seitenumbruch zu erzwingen, gehen Sie mit dem Cursor zunächst in die Zeile, an der die neue Seite beginnen soll. Dann drücken Sie [Strg-Eingabe]. Auf dem Bildschirm erscheint ein neuer Seitenumbruch. Eventuell erscheinen vorübergehend zwei Seitenumbrüche kurz hintereinander auf dem Bildschirm. Keine Sorge: Den nicht mehr benötigten Umbruch beseitigt WinWord in einigen Sekunden.

Aufgabe: Fügen Sie vor der Zwischenüberschrift *1. Besuchstag...* einen Seitenumbruch ein.

2.2 Im Text wandern

Neben den bereits erwähnten Möglichkeiten der Cursorbewegung über diverse Tasten und Tastenkombinationen, gibt es noch eine Alternative über das BEARBEITEN-Menü. Hier finden Sie den Befehl GEHE ZU, der Sie in aller Herren Länder, also an jede Stelle Ihres Textes führt.

2.2.1 Gehe zu

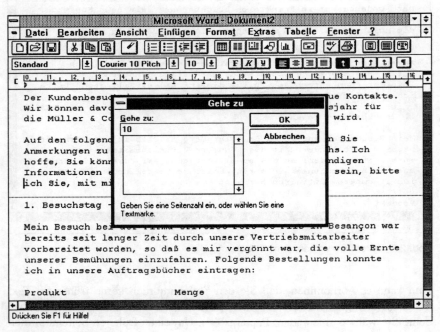

Abb. 2.3: Dialog GEHE ZU

Geben Sie die gewünschte Zielseite ein, z. B. *10*, und WinWord führt Sie dorthin. GEHE ZU rufen Sie auch über [F5] auf, dann erscheint die Abfrage der Zielseite aber in der Statuszeile.

Aufgabe: Springen Sie zunächst auf die zweite Seite und dann wieder auf die erste Seite des Textes.

60

2.2.2 Lesezeichen

Eine weitere interessante Möglichkeit ist der Sprung zu bestimmten Textmarken, sozusagen zu einem Lesezeichen. Doch bevor Sie solche Marken anspringen können, müssen Sie welche setzen. Wenn Sie an der aktuellen Cursorposition eine Marke plazieren wollen, dann rufen Sie im EINFÜGEN-Menü den Befehl TEXTMARKE auf.

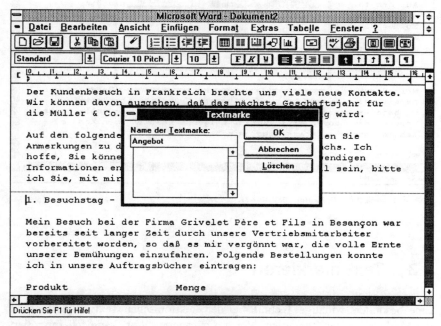

Abb. 2.4: Dialog TEXTMARKE

Jedes Lesezeichen muß einen Namen erhalten, z. B. *Angebot* oder *PS*. Der Name erscheint dann in der Liste der vorhandenen Lesezeichen.

Eine derart markierte Textstelle kann nun über GEHE ZU angesprungen werden. Dazu wählen Sie in der Liste der TEXTMARKEN das gewünschte Lesezeichen aus. Nach OK sind Sie dort, wo Sie hinwollten.

Aufgabe: Fügen Sie eine Lesemarke *Erster_Tag* auf der zweiten Seite ein und springen Sie dorthin.

61

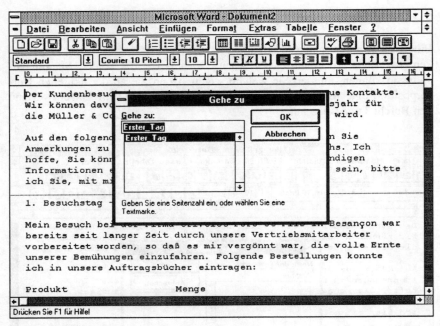

Abb. 2.5: Dialog GEHE ZU mit Textmarken

2.3   Text markieren

Eine besonders wichtige Technik bei der elektronischen Textverarbeitung ist die Markierung von Textteilen. Nur ein markiertes Wort kann fett formatiert werden, nur ein markierter Absatz kann zentriert werden, nur markierte Passagen können Sie löschen, verschieben und kopieren. Ohne Markieren läuft also nicht viel. Umso wichtiger ist es daher für Sie, die Markiertechniken zu erlernen und zu beherrschen.

Am leichtesten markiert sich ein Textteil mit der Maus. Sie zeigen einfach mit dem Mauspfeil auf den Anfang des zu markierenden Blocks und ziehen dann mit gedrückter linker Maustaste bis zum Ende des Blocks. Der Block wird invertiert und ist nun markiert und damit frei für weitere Bearbeitungsschritte. Der Block bleibt so lange markiert, bis Sie entweder wieder normalen Text eingeben oder eine andere Textpassage markieren. Ein Doppelklick über einem Wort markiert dieses komplett. Mit einem Klick am linken Rand der

Zeile markieren Sie die komplette Zeile und mit einem Doppelklick am linken Rand den gesamten Absatz. Mit der rechten Maustaste nehmen Sie eine Markierung zurück.

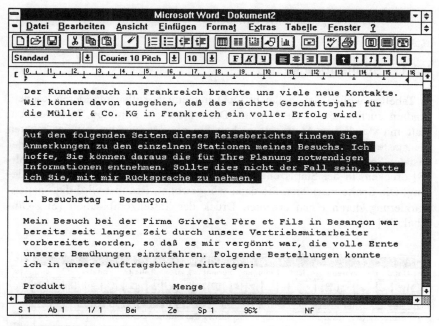

Abb. 2.6: Markierter Text

Über die Tastatur kann natürlich auch markiert werden. Zunächst gibt es den Weg über die Cursortasten. Jede einfache Cursorbewegung mit den Pfeiltasten oder [Pos1], [Ende] und [Bild↑], [Bild↓] wird zusammen mit [Umschalt] zu einer Markierbewegung. So markieren Sie etwa mit der Tastenkombination [Umschalt-Bild↑] ein ganzes Stück des zurückliegenden Textes.

Hinweis: Blöcke können normalerweise immer nur in der Horizontalen erweitert werden, also nach rechts und links. Wenn Sie mit der Markierung nach oben oder unten wandern, werden immer ganze Zeilen markiert. Darüber hinaus kann immer nur ein Textstück gleichzeitig markiert werden. Aus mehreren Stellen zusammengesetzte Markierungsblöcke sind also nicht möglich.

Aufgabe: Markieren Sie nacheinander

- den ersten Absatz
- eine Zwischenüberschrift
- die gesamte Bestelltabelle.

2.3.1 Spaltenblöcke

In Tabellen wollen Sie vielleicht nicht nur einige Zeilen markieren können, sondern auch eine einzelne Spalte. Dazu dient die Funktion SPALTENBLOCK. Statt mit der linken Maustaste ziehen Sie die Markierung mit der rechten Maustaste auf. Sie können dann die Zeilen in Spalten markieren. Um mit der Tastatur Spaltenblöcke markieren zu können, müssen Sie erst [Strg-Umschalt-F8] drücken. In der Statuszeile erscheint daraufhin "SM" für Spaltenmarkierung. Die Spalte markieren Sie dann wie gewohnt. Beendet wird die Spaltenmarkierung durch einen erneuten Druck der Tastenkombination [Strg-Umschalt-F8].

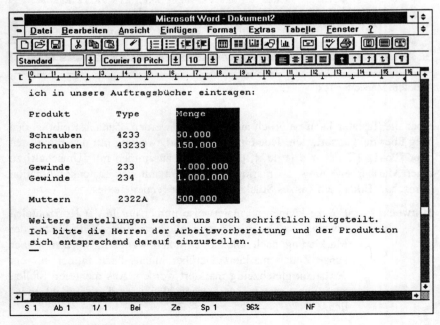

Abb. 2.7: Eine markierte Spalte

Sie sollten nun ein wenig mit den Blockmarkierungen herumexperimentieren, denn Übung macht den Meister, und viele der im folgenden vorgestellten Funktionen arbeiten nur dann korrekt, wenn Sie Blöcke markieren können.

Aufgabe: Markieren Sie in der Bestelltabelle die Typen-Spalte.

2.4   Blockfunktionen

Mit einem markierten Block sind nun allerhand Manipulationen möglich. Sie können den Block kopieren, verschieben und löschen. Um all diese Funktionen geht es in diesem Abschnitt. Die Blockbefehle finden Sie im BEARBEITEN-Menü.

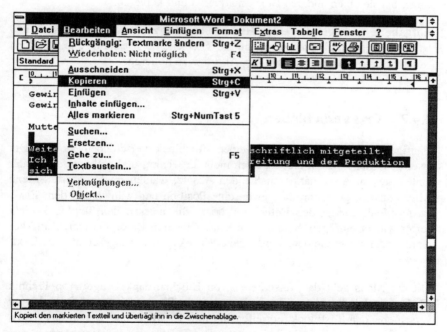

Abb. 2.8: BEARBEITEN-Menü und Blockbefehle

Hinweis: Die Blockbefehle arbeiten auch über mehrere Dokument-Fenster hinweg. Sie können also in einem Fenster einen Block markieren und kopieren und in einem anderen Fenster als Kopie einfügen. Sie müssen zwischendurch natürlich die Fenster über das FENSTER-Menü wechseln. So können Sie z. B. eine gelungene Passage aus dem Angebot an Firma Müller in das Angebot an Firma Meier kopieren.

2.4.1 Text kopieren

Um einen Textblock zu kopieren, z. B. weil Sie an anderer Stelle Ihrer Korrespondenz noch einmal dieselbe Passage verwenden können, markieren Sie den gewünschten Bereich, wählen im BEARBEITEN-Menü KOPIEREN, wandern dann mit dem Cursor auf die Zielposition und wählen im BEARBEITEN-Menü den Befehl EINFÜGEN. Mit dieser Befehlskombination können Sie auch Mehrfachkopien anfertigen, denn den markierten Textblock merkt sich WinWord so lange, bis sie einen anderen Block markieren und kopieren.

Aufgabe: Fügen Sie einen Bericht über den zweiten Besuchstag an und kopieren Sie hierhin die Titelzeile der Bestelltabelle, um dann auch für diesen Tag Aufträge zu notieren.

2.4.2 Text verschieben

Häufiger werden Sie sicherlich einen Textblock verschieben wollen. Der zweite Absatz Ihres Briefes ist doch nicht so wichtig und sollte besser weiter hinten stehen. Also markieren Sie den Absatz, wählen im BEARBEITEN-Menü AUSSCHNEIDEN, gehen an die gewünschte Position und wählen aus dem BEARBEITEN-Menü wieder den Befehl EINFÜGEN. Sie müssen den Textblock nicht sofort wieder einfügen. Solange Sie keinen anderen Block markieren und kopieren oder ausschneiden, merkt sich WinWord den ausgeschnittenen Textblock.

Mit der Maus geht das Verschieben von Blöcken dank Drag&Drop-Technik (Ziehen und Fallenlassen) besonders einfach. Sie markieren einfach den zu verschiebenden Textblock, ergreifen ihn mit der Maus und ziehen das gestrichelte Blocksymbol an die Zielposition. Der Textblock wird verschoben.

Aufgabe: Stellen Sie Bestelltabelle so um, daß die Spalten in der Reihenfolge *Menge, Produkt, Type* stehen.

2.4.3 Text löschen

Selbstverständlich können Sie auch Textblöcke löschen. Schließlich ist nicht alles, was Sie auf die Schnelle schreiben, gleich das Gelbe vom Ei. Ein markierter Textblock wird mit AUSSCHNEIDEN im BEARBEITEN-Menü gelöscht.

Solche Löschungen passieren bisweilen aber überstürzt und unbedacht und schon ist vielleicht die gelungenste Passage Ihres Angebotsschreibens verloren. Doch zum Glück gibt es ja noch den Befehl RÜCKGÄNGIG, der Ihren jeweils letzten Lösch-Befehl rückgängig macht.

Aufgabe: Löschen Sie den ersten Absatz und machen Sie die Löschung rückgängig.

2.4.4 Textbausteine

Textbausteine sind eine Erfindung fauler Leute, könnten diejenigen sagen, die gerne mehr als notwendig arbeiten und dies auch noch für moralisch geboten halten. Wer solche Glaubenssätze nicht verfechtet und sich gerne unnötige Mehrarbeit erspart, der ist mit den Textbausteinen bestens bedient. Textbausteine sind einmal geschriebene und dann als Block oder Baustein gespeicherte Textpassagen, die Sie immer wieder benutzen können. Klassische Beispiele für Textbausteine in Ihrer Korrespondenz sind die Grußformel,

```
Mit freundlichen Grüßen

Meier & Müller KG

i.A. Sepp
```

bestimmte immer wiederkehrende Verteilerlisten, häufig gebrauchte Adressen und Anreden oder Standard-Absagen an nervende Zulieferfirmen. Das Einsatzspektrum für Textbausteine ist breit.

Wie setzen Sie nun Textbausteine ein? Wollen Sie z. B. Ihre Grußformel als Baustein speichern, dann schreiben Sie zunächst die freundlichen Grüße nieder und markieren diese samt Zeilenumbrüchen und Leerzeilen als Block. Anschließend wählen Sie im BEARBEITEN-Menü den Befehl TEXTBAUSTEIN. Unter MARKIERUNG lesen Sie dort den Anfang Ihres markierten Grußabsatzes. Geben Sie nun unter TEXTBAUSTEINNAME Ihrer Grußformel einen aussagekräftigen Namen wie *Gruß*. Sobald Sie das getan haben, läßt sich der Schalter DEFINIEREN betätigen, womit Sie Ihre Grußformel unter der Bezeichnung *Gruß* als Textbaustein festschreiben.

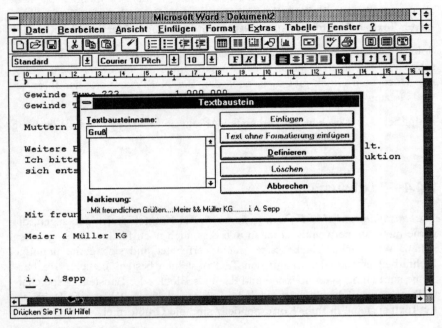

Abb. 2.9: Textbaustein definieren

Fortan läßt sich die Grußformel sehr einfach im Text einfügen. Sie wählen abermals aus dem BEARBEITEN-Menü den Befehl TEXTBAUSTEIN, markieren in der Liste der Textbausteine *Gruß* und tippen dann den Schalter EINFÜGEN. Schon steht die komplette Grußformel an der Cursorposition im Text.

Wenn Sie die Textbausteine komplett für die Zukunft speichern wollen, wählen Sie aus dem DATEI-Menü den Befehl ALLES SPEICHERN. Andernfalls fragt WinWord Sie beim Verlassen des Programms, ob Sie die Textbausteine speichern möchten oder nicht.

Fragen und Übungen

1. Geben Sie einen Korrespondenztext ein und korrigieren Sie ihn.

2. Wann setzen Sie harte und weiche Absatzumbrüche?

3. Wozu dienen harte und weiche Leerzeichen, harte und weiche Trenner?

4. Erstellen Sie eine kleine Tabelle mit Hilfe der Tabulatoren.

5. Verschieben und kopieren Sie Textblöcke.

6. Üben Sie Wanderungen mit dem Cursor und Markierungen.

7. Legen Sie sich Textblöcke für Standardwendungen wie Anrede und Grußformel und andere Zwecke an.

2.5 Suchen

Eine besondere Stärke der Textverarbeitung ist das Suchen nach bestimmten Begriffen und Passagen. Wie oft blättert man in gedruckten Texten nicht hin und her, auf der Suche nach den entscheidenden drei Zeilen. Mit Sicherheit durchstöbern Sie zunächst die Seiten, auf denen garantiert nichts zu Ihrem Thema steht.

Anders in der Textverarbeitung. Hier haben Sie unter BEARBEITEN/SUCHEN einen leistungsstarken Befehl, mit dessen Hilfe Sie eigentlich jede Textstelle ausfindig machen sollten. Sie rufen diesen Befehl über das BEARBEITEN-Menü auf.

Geben Sie nun Ihren Suchbegriff ein und bestätigen Sie mit OK. Eigentlich sollte WinWord nun in Windeseile Ihre gesuchte Textstelle gefunden haben. Wenn nicht, sollte einer der folgenden Tips Ihnen weiterhelfen.

Tip 1: Bewegen Sie den Cursor zu Beginn einer Suche auf den Textanfang. Nur dann wird der ganze Text durchsucht und nicht nur ab der Cursorposition. Erst, wenn die erste Fundstelle nicht das gewünschte zu Tage fördert, sollten Sie ab dort weitersuchen.

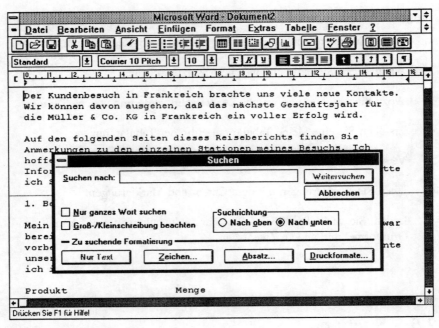

Abb. 2.10: Suchen-Dialog

Tip 2: Wenn WinWord nichts findet, kann dies mehrere Ursachen haben: 1. Kann es natürlich sein, daß die gesuchte Textstelle gar nicht in dem Text vorkommt. 2. Findet WinWord nur exakte Übereinstimmungen von Suchbegriff und durchsuchtem Text. Standardmäßig wird schon die Groß- und Kleinschreibung ignoriert, so daß viele Mißverständnisse in der Suche gar nicht auftreten können.

So ist es dem Programm gleich, ob Sie nach *GmbH*, *gmbh* oder *GMBH* suchen, jede Firma dieser Gesellschaftsform wird gefunden. Sie können aber diese Ignoranz auch mit dem Kreuzfeld GROß-/KLEINSCHREIBUNG abschalten. Dann wird genau zwischen dem Adjektiv *leer* und der Stadt *Leer* unterschieden.

Tip 3: Schwierig wird auch die Suche nach Begriffen und Namen, die in verschiedenen Schreibweisen auftauchen können. So führt die Suche nach *Meyer* bei Herrn *Maier* ins Leere, auch die Suche nach *Baden-Baden* führt bei *Baden Baden* ins

70

Nichts, und *Fotografie* findet die Photographie nie. Hier können Sie mit den von DOS bekannten Jokern * und ? arbeiten. Diese Zeichen ersetzen mehrere oder einen beliebigen Buchstaben. So finden Sie sämtliche *Meier* mit *ai, ey* etc. mit dem Suchbegriff *M??er. Baden Baden* wird mit *Baden???Baden* in jedem Fall gefunden, und die Fotografie entdecken Sie mit *??otogra??ie.*

Nach Silben und Wortbestandteilen sucht WinWord standardmäßig, so daß Micro auch im Firmennamen Microsystems gefunden wird. Dies schalten Sie mit dem Kreuzfeld Nur ganzes Wort suchen im Suchen-Dialog ab. Diese Option ist dann sinnvoll, wenn Sie nach Buchstabenfolgen suchen, die sehr häufig auch Silben oder Wortbestandteile sind, Sie aber nur die Stellen finden wollen, an denen Ihre Folge ein ganzes Wort ist. So würden Sie den Autohersteller *Audi* nicht in *Auditorium, auditiv* und *Raudi* finden wollen.

Nun kann es aber noch schlimmer kommen: Sie wollen zwar nur, wie eben beschrieben, ganze Wörter finden, wissen aber nicht mehr, wie genau sich ein Firmenname schrieb – war es nun *Microsystem, Microsystems, Microsysteme* oder nur *Microsys*? Hier hilft Ihnen der Suchbegriff *Micro** zusammen mit der Option Nur ganzes Wort suchen weiter. Der Suchen-Dialog verschwindet erst dann wieder vom Bildschirm, wenn Sie den Schließen-Schalter drücken.

Aufgabe: Suchen Sie im Beispieltext nach der Gewinde-Type 233.

2.6   Suchen & Ersetzen

Eine Weiterführung des Suchen-Befehls ist die Funktion Ersetzen, die Sie ebenfalls im Bearbeiten-Menü finden. Hier haben Sie nun die Möglichkeit, Silben, Wörter oder auch Sätze durch andere Formulierungen zu ersetzen. Dies kann in folgenden Fällen sinnvoll sein:

1.   Sie haben sich in der Wortwahl vergriffen und wollen einen Rückzieher machen. Sie wollen beispielsweise *Dummheit* durch *Inkompetenz* austauschen.

2.   Sie haben ein Wort schlicht falsch geschrieben und wollen den Patzer schnell richtigstellen. Sie haben beispielsweise *Prodact Placement* statt *Product Placement* geschrieben und wollen sich nun nicht lächerlich machen.

71

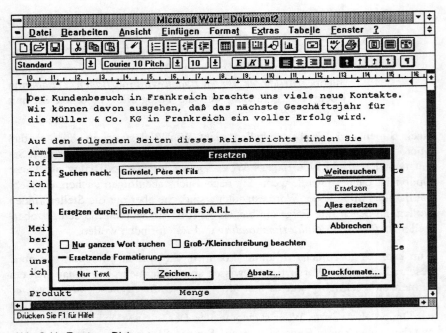

Abb. 2.11: Ersetzen-Dialog

3. Sie haben einen Begriff, ein Wort oder einen Namen nicht vollständig geschrieben, z. B. immer nur *Müller GmbH*, statt *Müller GmbH & Co. KG* oder *Herr Müller-Lüdenscheid* statt *Herr Dr. Müller-Lüdenscheid*. Durch richtige Schreibweisen schaffen Sie sich bei sehr peniblen Leuten Pluspunkte.

4. Sie haben im Text mit Kürzeln gearbeitet und wollen diese nun durch die Langformen austauschen. So empfiehlt es sich beispielsweise, Fachbegriffe wie *Desoxyribonukleinsäure* immer abzukürzen und hinterher durch die richtige Schreibung zu ersetzen. So erleichtern Sie sich die Arbeit ungemein und vermeiden unnötige Tippfehler.

5. Sie haben mit den falschen Begriffen gearbeitet und z. B. *ASCII-Code* geschrieben, obwohl Sie *ANSI-Code* meinten.

All diese Fälle sind durch einen Ersetzen-Lauf schnell zu beheben. Sie geben einfach den Suchbegriff und den entsprechenden Ersatzbegriff ein. Aus Erfahrung kann Ihnen dabei aber nur davon abgeraten werden, ohne Rückfrage zu arbeiten. Deshalb wählen Sie zunächst immer den Schalter WEITERSUCHEN in

Kombination mit ERSETZEN und nicht ALLES ERSETZEN. Diese Option beschleunigt zwar das Austauschverfahren ungemein, führt aber oft zu fatalen Fehlern.

Tip:	Achten Sie bei den Austauschpaaren darauf, daß Sie bei Substantiven immer dasselbe Geschlecht für Such- und Ersatzwort verwenden. Sonst bekommen Sie anstelle von *Die Konzernzentrale* auf einmal *Die Vorstand* oder ähnliches. Werden die Nomen auch noch dekliniert, wird es noch schlimmer. Genauso sollten Sie kein Plural-Nomen durch ein Singularnomen ersetzen, sonst wird aus *Die Aufsichtsrats-Mitglieder tagten* der Analphabetensatz *Die Aufsichtsrat tagten.* Also Vorsicht!
Hinweis:	Sollte der Ersetzen-Dialog die Fundstelle eines Austauschbegriffs verdecken, können Sie den Dialog verschieben. Am Ende des Austausches erscheint in der Statuszeile die Zahl der ausgetauschten Begriffe. Der Ersetzen-Dialog wird über den SCHLIESSEN-Schalter verlassen.
Aufgabe:	Tauschen Sie den Firmennamen *Grivelet, Père et Fils* durch die korrekte Firmenbezeichnung *Grivelet, Père et Fils S.A.R.L* aus.

2.7   Sonderzeichen eingeben

Immer wieder werden Sie die Notwendigkeit haben, bestimmte Sonderzeichen in Ihren Text einzufügen. Wenn Sie z. B. mit französischen Handelspartnern arbeiten, brauchen Sie neben den direkt auf der Tastatur verfügbaren Accents auch noch ein ç, für Skandinavien werden wiederum die *A*s mit dem Kringel obendrauf benötigt.

Auch die slawischen Sprachen kennen viele Sonderzeichen. Wenn Sie in Fremdwährungen abrechnen, wollen Sie sicherlich auch neben dem Dollar-Zeichen mit den Symbolen für Pfund und Peseten arbeiten.

Nun sind diese Zeichen allesamt nicht über die Tastatur erreichbar. Über den Befehl EINFÜGEN/SONDERZEICHEN kommen Sie aber an jedes nur denkbare Symbol und Zeichen heran.

73

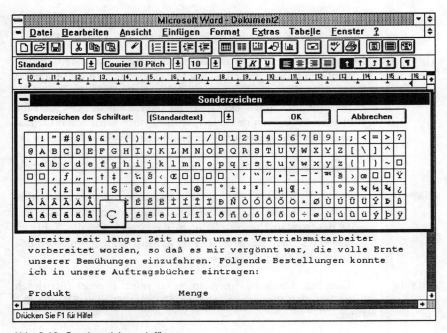

Abb. 2.12: Sonderzeichen einfügen

Wie Sie jetzt in der Tabelle der verfügbaren Zeichen sehen, gibt es neben den ausländischen Buchstaben auch griechische Buchstaben für Chemie, Physik und Mathematik, mathematische Rechensymbole und eine Unzahl von Grafikzeichen.

Mit den Grafikzeichen (MS LineDraw) können Sie einfache Linien und Kästen zeichnen. Mit "Symbol" erreichen Sie Herzen, Telefone und anderen Schnickschnack.

Jedes Zeichen, das Sie in der Tabelle markieren, wird in den Eingabepuffer übernommen; leider kann aber immer nur ein Zeichen zugleich in den Text übernommen werden. Erst mit OK wird das zuletzt markierte Zeichen tatsächlich in den Text geschrieben.

Aufgabe: Schreiben Sie den Ort *Besançon* richtig, also mit einem *C Cedile* aus der Sonderzeichen-Tabelle und nicht mit einem normalen *C*.

74

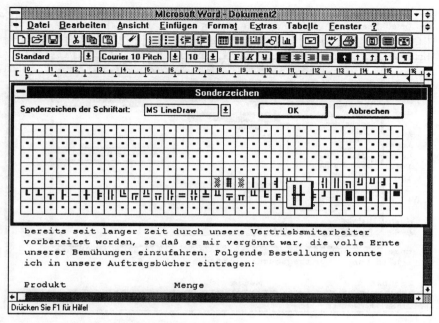

Abb. 2.13: Linien mit MS LineDraw

2.8 Text speichern und laden

Natürlich wollen Sie irgendwann auch einmal Ihre Arbeit beenden und den gerade geschriebenen Text sicher ablegen. In der EDV dient dazu das Speichern auf der Festplatte. Speichern ist also die altgewohnte Ablage.

2.8.1 Dateien speichern

Um Ihren Text zum erstenmal zu speichern, gehen Sie wie folgt vor. Wählen Sie aus dem DATEI-Menü den Befehl SPEICHERN. Es erscheint folgender Dialog:

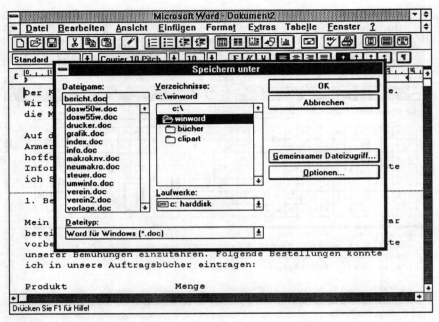

Abb. 2.14: Datei speichern

In der Liste DATEINAME sehen Sie die im aktuellen Verzeichnis gespeicherten Texte, unter VERZEICHNISSE finden Sie eine Übersicht über weitere Unterverzeichnisse des gegenwärtigen Verzeichnisses und unter LAUFWERKE eine Liste aller Laufwerke. Welches das aktuelle Verzeichnis ist, lesen Sie oberhalb der Verzeichnisliste. Normalerweise dürfte Ihr Standardverzeichnis C:\WIN-WORD sein.

Wie speichern Sie nun? In der Dateiliste sehen Sie, welche Dateinamen schon vergeben sind und folglich nicht mehr benutzt werden dürfen. Über die Verzeichnisliste können Sie das Zielverzeichnis für Ihren Text auswählen. Wenn Sie z. B. ein Verzeichnis C:\WINWORD\TEXTE für Ihre Texte erstellt haben, dann können Sie durch einen Klick auf TEXTE in der Verzeichnisliste zu diesem Verzeichnis wechseln. Genauso können Sie auch durch einen Klick auf A: oder B: in der Laufwerksliste zu den Diskettenlaufwerken wechseln und dort einen Text abspeichern.Im Eingabefeld unter DATEINAME brauchen Sie jetzt Ihrem Text nur noch einen Namen zu vergeben, der den DOS-Konventionen entspricht, d. h. der Dateiname darf nicht länger als acht Zeichen sein und weder das Leerzeichen noch andere Sonderzeichen enthalten. Gültige Dateinamen sind:

76

```
BERICHT
REISE
PROSPEKT
ANGEBOT1
ANGEBOT2
VERTRAG
BRIEF
```

WinWord setzt vor den Dateinamen automatisch die unter VERZEICHNISSE gewählte Laufwerks- und Verzeichnisangabe und hinter den Dateinamen automatisch die unter DATEITYP gewählte Dateiendung, die standardmäßig DOC ist. So wird aus

```
BERICHT
```

beim Speichern die vollständige Pfadangabe

```
C:\WINWORD\TEXTE\BERICHT.DOC
```

Hinweis: Die Extension dient auf Betriebssystem-Ebene zur Unterscheidung von Texten, Grafiken, Tabellen, Datenbanken und Programmen. So werden meist folgende Extensionen vergeben:

DBF, DAT	Datenbank
TXT, DOC	Texte
PIC, PCX ETC.	Grafiken
WKS, WK1, XLS	Tabellen
COM, EXE, OVL	Programme

Der Schalter GEMEINSAMER DATEIZUGRIFF erlaubt Ihnen die Eingabe eines Paßwortes für Ihren Text. So können Sie interne Strategiepapiere, geheime Umsatzzahlen und anderes vor den Augen anderer schützen. Dies ist natürlich nur dann sinnvoll, wenn auch andere Mitarbeiter an Ihrem PC arbeiten oder Ihr Rechner an einem Netzwerk angeschlossen ist. Wenn Sie nun mit OK endgültig abspeichern, erscheint die Abfrage DATEI-INFO. Schließlich dürfte schon nach kurzer Zeit der wenig aussagekräftige achtstellige Dateiname kaum bei der Suche nach einem bestimmten Text helfen. Die Datei-Info dagegen enthält

Angaben zum Thema des Textes, Schlüsselwörter und nennt Sie als Autor des Textes, was im Netzwerk durchaus sinnvoll ist.

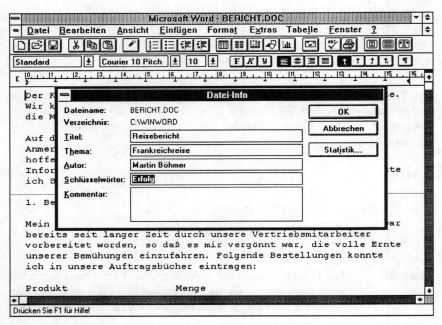

Abb. 2.15: Datei-Info

Unter THEMA geben Sie dem Text eine kurze Inhaltsbeschreibung, z. B. *Frankreich-Reise* oder *Abschluß mit Bayer* etc. Die SCHLÜSSELWORTE sind eine weitere Hilfe beim Auffinden von Texten mit Hilfe des Dokument-Managers von WinWord. Unter SCHLÜSSELWORTE geben Sie wichtige Passagen des Textes an, z. B. *Konventionalstrafen*, *Erfolg* oder *Reklamationen*. Mit OK schließlich schreiben Sie die Dokument-Infos fest.

Hinweis: Sie können die Datei-Info übrigens jederzeit ändern oder einsehen. Rufen Sie dazu den Befehl DATEI-INFO im DATEI-Menü auf.

Jetzt können Sie aber wirklich OK drücken, um die Datei zu speichern. In Zukunft geht das Speichern sehr viel schneller, denn jetzt kennt WinWord den Dateinamen und die Datei-Infos, und die Wahl des Speichern-Befehls ruft keinen Dialog mehr auf den Bildschirm. Die Datei wird direkt auf die Platte geschrieben.

Tip: WinWord verfügt über eine Autospeichern-Funktion. In einem Zeitabstand, den Sie unter EXTRAS/EINSTELLUNGEN/SPEICHERN oder das OPTIONEN-Feld im SPEICHERN-Dialog festlegen können, werden Sie automatisch zum Speichern aufgefordert. Hier können Sie auch bestimmen, ob die Datei-Info abgefragt werden soll, ob Sicherungskopien angelegt werden und ob Schnellspeicherungen zulässig sind.

Die Sicherungskopien sind sinnvoll, weil Sie die jeweils letzte Fassung eines Textes speichern und Sie damit unerwünschte, aber schon gespeicherte Änderungen rückgängig machen können. Die Sicherungskopien erhalten den Dateinamen mit der Endung .BAK und können mit einer entsprechenden Suchmaske im ÖFFNEN-Dialog (*.BAK) wieder als WinWord-Dokument geladen werden. Die Schnellspeicherung führt zwar zu einem schnelleren Speichern zwischendurch, birgt aber die Gefahr eines Datenverlustes und ist daher nicht zu empfehlen.

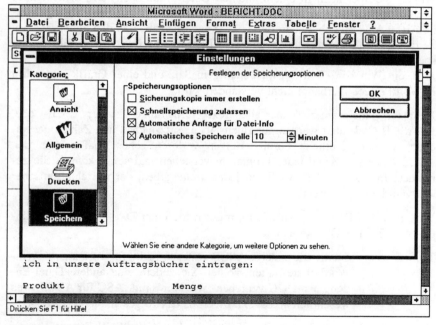

Abb. 2.16: Speichern-Optionen

Hinweis: Wenn der Text gespeichert wurde, wechselt in der Titelleiste des Textfensters der Name von UNBENANNT zur genauen Pfadangabe des Textes. So wissen Sie a) genau welchen Text Sie bearbeiten und b) ob dieser Text überhaupt schon mal gespeichert wurde.

2.8.2 Speichern unter

Gelegentlich kommt es vor, daß Sie eine Datei unter einem anderen Namen, auf einem anderen Laufwerk oder Verzeichnis oder in einem anderen Dateiformat als Kopie speichern wollen (Export).

Wie gewohnt suchen Sie nun Laufwerk und Verzeichnis und vergeben einen Dateinamen. Auch neue Dokument-Infos sind möglich. Wollten Sie die Datei nur an einem neuen Ort oder unter neuem Namen speichern, sind Sie damit bereits am Ende Ihrer Arbeit und können OK drücken.

Wollen Sie aber auch in einem anderen Dateiformat speichern, dann kommt noch einiges auf Sie zu. Jedes Textverarbeitungsprogramm muß auf irgendeine Art und Weise neben dem reinen Text auch Angaben zu den Seitenrändern, zu den gewählten Schriftarten und Schriftgrößen, zu integrierten Bildern etc. speichern. Leider beschreitet dabei jeder Hersteller einen anderen Weg, so daß z. B. ein WinWord-Text mit mehrspaltigem Satz und einer Grafik mittendrin in WordPerfect überhaupt nicht verstanden wird.

Kleinster gemeinsamer Nenner aller Textverarbeitungen ist der ASCII-Code. Im ASCII-Code aber werden nur Buchstaben, Satzzeichen und Zahlen gespeichert, so daß sämtliche Formatierungen verloren gehen. Dafür kann den ASCII-Code aber wohl jedes Programm verstehen und somit können Sie zumindest Ihre Texte über ASCII an jeden weitergeben, der mit elektronischer Textverarbeitung schreibt.

Um im ASCII-Format zu speichern, müssen Sie unter DATEI-FORMAT den Eintrag NUR TEXT (DOS) wählen.

Tip: Damit Sie solche ASCII-Dateien nicht für formatierte WinWord-Texte halten, sollten Sie zudem eine andere Datei-Endung als .DOC vergeben. Wie wär's mit .ASC für ASCII, was wesentlich aussagekräftiger als das vorgeschlagene .TX8 ist.

Nun können Sie den Text z. B. auf einer Diskette im ASCII-Format abspeichern und an Auftraggeber, Kunden, Abnehmer oder sonstwen weitergeben. Wenn Sie Ihren Text aber aufwendig gestaltet haben, werden Sie sich sicherlich ärgern, daß alle Ihre Formatierungen auf diesem Wege verlorengehen. Wenn doch der Empfänger auch mit WinWord arbeiten würde!

Aber es gibt noch einen anderen Weg: Wenn Ihr Abnehmer nämlich mit einer gängigen Textverarbeitung wie Word für DOS oder WordPerfect arbeitet, dann können Sie jeden gespeicherten WinWord Text in die entsprechenden Formate konvertieren. Dazu wählen Sie unter DATEIFORMAT einfach das gewünschte Format und speichern dann mit OK.

2.8.3 Datei schließen

Wenn Sie die Arbeit an einer Datei beenden oder besser abbrechen wollen, ohne zu speichern, dann ist der SCHLIESSEN-Befehl im DATEI-Menü für Sie genau richtig. Er kehrt den Bildschirm frei. Bevor die Datei aber wirklich geschlossen wird, erscheint eine Sicherheitsabfrage, ob Sie nicht doch lieber speichern wollen. Diese Abfrage ist zwar manchmal nervig, erspart einem aber oft den Datenverlust durch voreilige Entscheidungen.

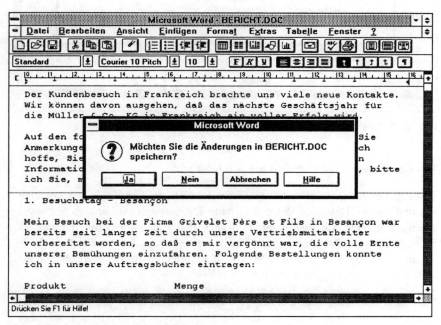

Abb. 2.17: Sicherheitsabfrage Speichern

2.8.4 Dateien laden

Jede gespeicherte WinWord-Datei kann selbstverständlich auch jederzeit wieder geladen und bearbeitet werden. Sie brauchen dazu nur den ÖFFNEN-Befehl im DATEI-Menü aufzurufen.

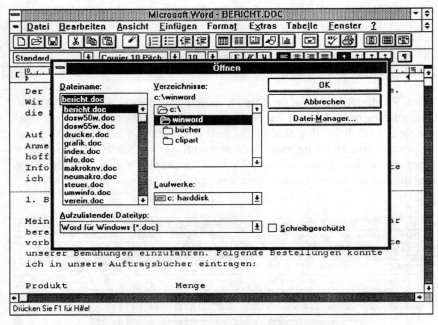

Abb. 2.18: Datei öffnen

Um eine Datei zu laden, gehen Sie wie folgt vor:

Wählen Sie in den Laufwerks- und Verzeichnislisten Laufwerk und Verzeichnis und in der Dateiliste die gewünschte Datei durch Anklicken. Selbstverständlich können Sie im Eingabefeld auch den Dateinamen direkt eingeben. Solange Sie den Dateinamen auswendig kennen, geht das ganz gut, doch das dürfte – je länger Sie mit dem WinWord schreiben – immer seltener der Fall sein. Mit OK wird der Text tatsächlich geladen.

Sie können auch mehrere Dateien gleichzeitig öffnen. Über das FENSTER-Menü haben Sie dann Zugriff auf die verschiedenen Dokument-Fenster. Doch übertreiben Sie es nicht. Fünf Texte zugleich kann wirklich niemand bearbeiten.

82

Hinweis: Den Datei-Manager erklärt Ihnen Kapitel 9 in gesonderten Abschnitten. Dieses Instrument kann Ihnen beim Auffinden der richtigen Datei sehr behilflich sein.

2.8.5 Fremdtexte laden

Wenn Sie Fremdtexte von Ihren Kollegen laden wollen, dann sind unter Umständen noch weitere Vorkehrungen zu treffen. Solange die Kollegen ebenfalls mit WinWord arbeiten, ergeben sich keine Veränderungen, lediglich der Weg zum richtigen Verzeichnis kann länger sein. Wenn die Kollegen Ihnen aber einen ASCII-Text liefern, wird es schwieriger.

Dann nämlich müssen Sie die Extension von *.DOC auf *.* ändern, um alle Dateien in der Dateiliste zu sehen. Schließlich wissen Sie ja nicht, welche Datei-Endung der Kollege seiner ASCII-Datei verpaßt hat. Nicht jeder nimmt *.ASC. Haben Sie die Datei ausfindig gemacht, müssen Sie zudem unter DATEIFORMAT auf NUR TEXT (DOS) umschalten. Dann steht dem Ladevorgang nichts mehr im Wege. Es sei denn, der Kollege hat doch keinen ASCII-Text gespeichert, sondern den Text im Format seiner Textverarbeitung abgelegt. Dann hilft nur die Textkonvertierung über den entsprechenden Importfilter unter DATEIFORMAT.

2.8.6 Datei neu anlegen

Ein neues Blatt Papier erhalten Sie über den Befehl NEU im DATEI-Menü.

Wenn Sie ein Dokument anlegen, dann basiert dieses grundsätzlich auf einer Vorlage, die gewisse Grundelemente wie Seitenränder und Standardtexte enthalten kann. Nehmen Sie zunächst immer die Vorlage NORMAL.DOT aus dem Verzeichnis C:\WINWORD, die auch als Vorgabe eingestellt ist. Bei dieser Vorlage handelt es sich um ein leeres Blatt DIN-A4-Endlospapier. Welche weiteren Vorlagen es gibt und was Sie damit anstellen können, erfahren Sie im Anhang unter 11.3. Den Knopf VORLAGE lassen Sie unbedingt ausgeschaltet, weil Sie sonst eine Vorlage und kein Dokument erstellen. Mehr zu Vorlagen im nächsten Kapitel.

Nach einem OK erhalten Sie ein neues leeres Textfenster mit dem Titel DOKUMENT. Hier können Sie nun mit der Erstellung Ihres neuen Textes beginnen.

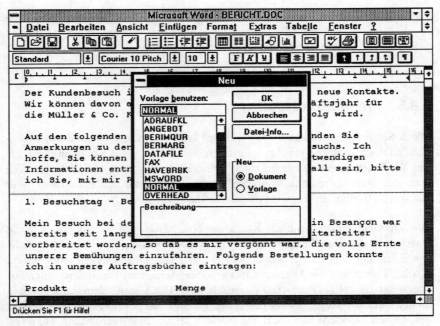

Abb. 2.19: Datei neu anlegen

Hinweis: NEU öffnet immer ein zusätzliches Textfenster für Ihren neuen Text. Sie sollten also nach NEU die alten Textfenster schließen, wenn Sie verhindern wollen, daß Sie bald vor lauter Fenstern Ihren eigentlichen Text nicht mehr sehen.

Fragen und Übungen

1. Speichern Sie Ihren Text im Standard-Laufwerk und -Verzeichnis.

2. Speichern Sie den Text erneut im ASCII-Format auf Diskette, damit Ihre Kollegen damit weiterarbeiten können.

3. Lesen Sie den Text von Diskette wieder ein.

4. Legen Sie ein neues leeres Blatt an.

2.9 Text drucken

Texte zu drucken ist, vorausgesetzt, alle Einstellungen stimmen, nicht weiter schwierig. Sie wählen einfach aus dem DATEI-Menü DRUCKEN und bestätigen den folgenden Dialog schlicht mit OK. Auf dem Bildschirm erscheint in Form eines Fensters die Vollzugsmeldung.

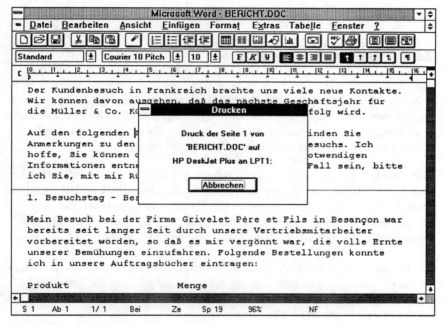

Abb. 2.20: Druck im Gang

Am Ende des Druckvorgangs halten Sie genau ein gedrucktes Exemplar Ihres Briefes, Memos oder internen Papiers in der Hand. Sie haben die erste Arbeit am PC mit WinWord erfolgreich erledigt. Sollte beim Druck etwas schiefgehen (Papier wird schräg eingezogen, Tinte schmiert etc.), können Sie mit [Esc] oder einem Druck auf den ABBRECHEN-Schalter den Druck sofort beenden. Sollte allerdings die Druck-Vollzugsmeldung nicht mehr eingeblendet sein, müssen Sie zum Druck-Manager wechseln (nächster Abschnitt), um den Druck noch zu stoppen. Sie sollten in keinem Fall den Druck durch Ausschalten des Druckers beenden.

Viele Leser werden dieses Erfolgserlebnis aber leider nicht haben, da sich auf dem Drucker nichts tut. Der banalste Grund für das Versagen ist noch, daß der Drucker gar nicht angeschlossen ist. So kann der Drucker weder an den PC angestöpselt sein, noch Saft aus der Steckdose bekommen. Zudem muß der Drucker natürlich vor dem Druckbefehl angeschaltet worden sein. Sorgen Sie also dafür, daß der Drucker arbeiten kann und versuchen Sie es erneut. Passiert wieder nichts, müssen Sie sich notgedrungen mit den Druckereinstellungen und dem Druck-Manager beschäftigen.

2.9.1 Der Druck-Manager

Der Druck-Manager übernimmt für alle Windows-Programme – wozu ja auch WinWord gehört – den Ausdruck von Dokumenten. Er sorgt dafür, daß sich keine Überschneidungen von Druckaufträgen ergeben, daß alle Druckaufträge ordnungsgemäß erledigt werden und dafür, daß Sie während des Ausdrucks schon wieder weiterarbeiten können (Hintergrunddruck).

Der Druck-Manager bricht Druckaufträge aber auch ab, wenn der Drucker sich nicht muckst, das Papier ausgegangen ist oder sonstwas Unerwartetes passiert. Schließlich können Sie über den Druck-Manager Ausdrucke stoppen, die Sie nur versehentlich gestartet haben oder die sich schnell als Fehldruck herausstellen. Sie sehen, ein Rendezvous mit dem Druck-Manager lohnt sich.

Sie können den Druck-Manager sinnvollerweise immer dann aufrufen, wenn gedruckt wird oder gedruckt werden sollte. Dazu drücken Sie [Strg-Esc] für den Task-Manager und wählen in der Task-Liste den DRUCK-MANAGER, den Sie mit [Wechseln] auch tatsächlich aktivieren.

Im Druck-Manager finden Sie in einer Liste die Druckaufträge aufgereiht. Jeder dieser Aufträge kann markiert und über die entsprechenden Schalter angehalten, fortgesetzt oder gar gelöscht werden. Wann tun Sie was?

■ Wenn Sie versehentlich den Drucker nicht angeschaltet oder kein Papier eingelegt haben, markieren Sie den Druckauftrag und wählen FORTSETZEN.

■ Wenn Sie versehentlich das falsche Papier eingelegt haben, wählen Sie ANHALTEN, legen das richtige Papier ein und drücken FORTSETZEN.

■ Wenn Sie das falsche Dokument drucken, wählen Sie LÖSCHEN.

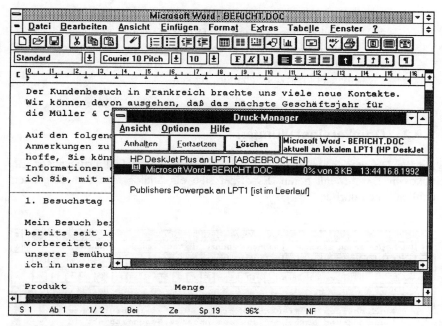

Abb. 2.21: Der Druck-Manager

Haben Sie Ihre Arbeit im Druck-Manager erledigt, kommen Sie über den Task-Manager ([Strg-Esc]) wieder zurück zu WinWord. Der Druck-Manager beendet sich nach Erledigung seiner Druckaufträge automatisch von selbst. Näheres zu den weiteren Optionen des Druck-Managers erfahren Sie in Ihrem Windows-Handbuch. Für den Alltag reicht das hier Gesagte.

Hinweis: Der Druck-Manager reagiert äußerst säuerlich, wenn Sie ihm die Kontrolle entziehen und z. B. einen Fehldruck durch Ausschalten des Druckers selbst beenden. Dann nämlich versucht der Druck-Manager den Ausdruck anzuhalten und beim nächsten Anschalten des Druckers fortzusetzen. Sie können sich vorstellen, was dabei herauskommt.

Also, immer erst den Druckauftrag über den Druck-Manager beenden. Erst, wenn auch der nichts mehr bewirkt (z. B. weil der Auftrag schon komplett zum Drucker gegangen ist), betätigen Sie den Drucker.

Anschließend sollte der Drucker zurückgesetzt werden (Reset-Schalter drücken) und der Druck-Manager auf eventuelle Stör- und Fehlermeldungen überprüft werden. Heißt es dort z. B. DRUCKER ANGEHALTEN, müssen Sie vor dem nächsten Ausdruck den FORTSETZEN-Schalter drücken.

2.9.2 Druckereinstellungen

An die Druckereinstellungen kommen Sie über den Befehl DRUCKEREINRICHTUNG im DATEI-Menü heran. Es öffnet sich ein Dialog, der dem folgenden ähnlich sehen dürfte:

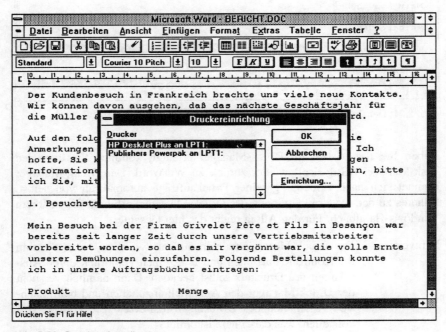

Abb. 2.22: Druckereinstellungen

Aus einer Liste wählen Sie den aktiven Drucker und Druckertreiber. Unter Windows haben Sie nämlich die Möglichkeit, zwischen verschiedenen Druckermodellen zu wechseln. Dies macht natürlich nur Sinn, wenn Sie verschiedene Drucker angeschlossen haben oder ein Dokument für den Ausdruck auf einem Fremddrucker vorbereiten wollen. WinWord gestaltet Dokumente nämlich nach den Möglichkeiten des gewählten Druckertreibers, gleich, ob dieser tatsächlich vorhanden ist oder nicht. So könnten Sie z. B. ein Dokument mit einem PostScript-Lasertreiber gestalten, um es später bei einem Belichtungsservice zu Papier bringen zu lassen.

Über den Schalter EINRICHTUNG kommen Sie an die für Ihren gewählten Drukker spezifischen Einstellungen heran. Und nun wird es für Erklärungen schwierig, denn welche Einstellmöglichkeiten Sie genau haben, hängt ganz wesentlich von Ihrem Drucker ab. Und jeder Drucker ist anders. Daher hier nur die wichtigsten Einstellungen, die am häufigsten zu Fehlern führen.

- Hinter jeder Druckertreiber-Datei verbergen sich mehrere Druckermodelle. Beim HP Deskjet z. B. der HP Deskjet, der HP Deskjet 500 und der HP Deskjet Color. Sie sollten in der Liste also das richtige Modell wählen, denn sonst sprechen Sie vielleicht Druckfunktionen an, die der Drucker gar nicht beherrscht.

- Die grundsätzliche Papiergröße dürfte wohl DIN A4 sein. Andere Papiereinstellungen können zu endlosen Fehlermeldungen führen.

- Die Druckrichtung ist gewöhnlich "Hochformat", Sie können bei manchen Druckern aber auch für überbreite Tabellen "Querformat" einstellen. Nur können Sie einen normalen Brief kaum quer drucken.

- Wählen Sie die tatsächlich installierten Schriftarten und Schrift-Cartridges aus. Sonst funktioniert der Ausdruck nicht.

2.9.2 Druckoptionen

Neben dem Druck exakt einer Kopie gibt es noch einige Optionen beim Druck, die erwähnenswert sind. Im DRUCKEN-Dialog haben Sie die in Abbildung 2.23 abgebildete Auswahl:

- DRUCKEN bestimmt, was eigentlich gedruckt wird. Normalerweise natürlich das vorliegende Dokument. Doch Sie könnten auch nur die Textbausteine oder Anmerkungen zum Text drucken. Allerdings dürfte dies selten der Fall sein.

- EXEMPLARE gibt an, wieviel mal der Text gedruckt werden soll. Auch im Zeitalter des papierlosen Büros sind ja die Aktenkopien und Verteiler beliebt und so werden Sie sicherlich häufiger einen Bericht für mehrere Damen und Herren drucken müssen. Über EXEMPLARE kein Problem.

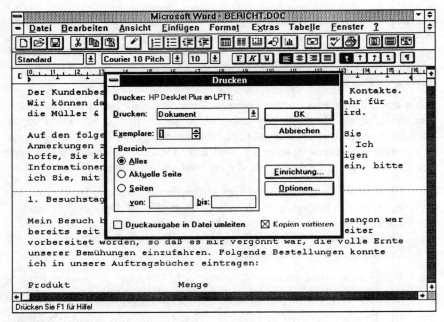

Abb. 2.23: Druck-Dialog

■ BEREICH erlaubt Ihnen, nur eine Auswahl von Seiten zu drucken. Vielleicht ist z. B. eine einzige Seite eines 400-Seiten-Machwerks vom Drucker falsch eingezogen worden. Da wollen Sie kaum noch einmal alles drucken. Geben Sie unter SEITEN also die entsprechende Seite an, und nur diese wird gedruckt. Außerdem können Sie Auszüge von bis, bis oder ab Seite x drucken. Schreiben Sie dazu

Von	Bis	Erklärung
7		druckt alles ab Seite 7
	7	druckt alles bis Seite 7
7	7	druckt Seite 7

■ Was bei ALLES und AKTUELLE SEITE ausgedruckt wird, dürfte sich wohl von selbst verstehen.

- DRUCKAUSGABE IN DATEI UMLEITEN erlaubt Ihnen, die Druckbefehle in eine Datei zu leiten, die Sie natürlich anschließend noch benennen müssen. Solch eine Datei können Sie zum Belichtungsservice geben und dort ausdrucken lassen, vorausgesetzt, Sie haben den Drucker und den Druckertreiber des Service unter DRUCKEREINRICHTUNG gewählt.

- OPTIONEN führt Sie zu weitergehenden Druckoptionen. Diese werden am Ende von Kapitel 3 zur Sprache kommen.

- EINRICHTUNG verzweigt erneut zum Druckereinrichtungs-Dialog, den wir ausführlich im letzten Abschnitt besprochen haben.

2.10 Briefumschläge

WinWord unterstützt Sie beim Drucken von Umschlägen in besonderer Weise. Im EXTRAS-Menü verfügen Sie nämlich über einen Befehl BRIEFUMSCHLAG. Hier eine Schritt-Für-Schritt-Anleitung, wie Sie mit diesem Befehl Ihre Korrespondenz postfertig machen:

1a) Verfügt Ihr Drucker über einen Umschlageinzug, schalten Sie unter der Kategorie DRUCKEN des Befehls EINSTELLUNGEN im EXTRAS-Menü das Kontrollkästchen BRIEFUMSCHLÄGEZUFUHR BEIM DRUCKEN BENUTZEN aus. Legen Sie dann den Umschlag in die Umschlägezufuhr ein.

1b) Verfügt Ihr Drucker über keinen Umschlageinzug, schalten Sie unter der Kategorie DRUCKEN des Befehls EINSTELLUNGEN im EXTRAS-Menü das Kontrollkästchen BRIEFUMSCHLÄGEZUFUHR BEIM DRUCKEN BENUTZEN aus. Legen Sie dann den Umschlag in den manuellen Einzug ein.

2) Haben Sie bereits einen Brief erstellt, für den Sie jetzt einen Umschlag drucken möchten, öffnen Sie die entsprechende Datei.

3a) Wählen Sie den Befehl BRIEFUMSCHLAG aus dem Menü EXTRAS.

3b) Wählen Sie in der Funktionsleiste das Symbol für Umschläge.

4) Geben Sie im Feld EMPFÄNGER(ADRESSE) die Adresse ein, an die Sie den Brief schicken möchten.

Hinweis: Enthält der Brief bereits eine Adresse, fügt WinWord diese automatisch in das Feld EMPFÄNGER(ADRESSE) ein.

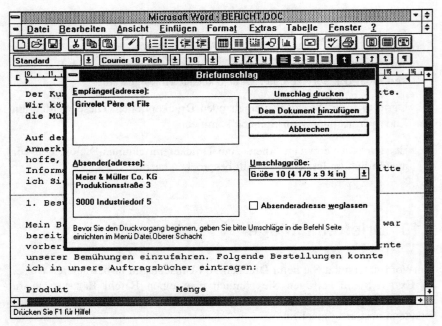

Abb. 2.24: Briefumschläge drucken

5) Überprüfen Sie die Absender-Adresse. WinWord nimmt diese Adresse aus den Angaben, die Sie unter EXTRAS/EINSTELLUNGEN/BENUTZERINFO gemacht haben. Diese Adresse sollte stimmen und die am häufigsten gebrauchte Adresse sein. Sie können jetzt im Briefumschlag-Dialog manuell eine andere Adresse eingeben oder die Adresse korrigieren. Dauerhafte Änderungen nehmen Sie aber besser unter EXTRAS/EINSTELLUNGEN/BENUTZERINFO vor.

6) Wählen Sie unter UMSCHLAGGRÖßE die gewünschte Größe.

7) Wählen Sie die Schaltfläche UMSCHLAG DRUCKEN. Der Umschlag wird nun bedruckt.

Hinweis: Um die Adressen- und Absenderinformationen in den Brief einzufügen, öffnen Sie den Brief, geben die Informationen in das Dialogfeld BRIEFUMSCHLAG ein und wählen dann die Schaltfläche DEM DOKUMENT HINZUFÜGEN.

Fragen und Übungen

1. Haben Sie den richtigen Drucker eingestellt?

2. Überprüfen Sie die Einstellungen Ihres Druckers.

3. Drucken Sie Ihr erstes Übungsdokument aus.

4. Versuchen Sie, über den Druck-Manager einen Ausdruck anzuhalten, fortzusetzen und zu löschen.

5. Bedrucken Sie einen Briefumschlag.

3 Texte gestalten
– Kataloge zusammenstellen

Inzwischen können Sie mit WinWord Ihre Texte erfassen, bearbeiten und ausdrucken. Wichtige Texte können Sie in Dateien speichern und bei Bedarf später wieder laden. So schön das alles ist – vielmehr als eine elektronische Speicherschreibmaschine scheint WinWord nicht zu leisten.

Doch der Eindruck täuscht, denn zur reinen Textbearbeitung kommt bei WinWord die Textgestaltung. Und die umfaßt nicht nur das Unterstreichen wichtiger Passagen und das Einrücken von Aufstellungen. Mit WinWord haben Sie alle Werkzeuge in der Hand, um Ihre Texte auch optisch bestens zu präsentieren.

Dazu gehören verschiedenste Schriftarten und Schriftgrößen, Attribute von fett über kursiv bis hin zu schattiert. Die Textabsätze können Sie linksbündig, zentriert, rechtsbündig und sogar im Blocksatz (wie in der Zeitung links und rechts bündig) setzen. Einzüge links und rechts oder auch nur der ersten Zeile sind kein Problem. Darüber hinaus wählen Sie zwischen verschiedenen Seitenformaten, Randeinstellungen und Kopf- und Fußtexten.

Mehr noch: Mit WinWord binden Sie in Ihre Texte Grafiken ein, legen Texte in Rahmen, fügen Strichzeichnungen hinzu und sehen sich das Ganze in einer Bildschirmvorschau an. So wird WinWord zu Ihrem Satzstudio. Und damit die Gestaltung gleicher Drucksachen noch schneller von der Hand geht, arbeiten Sie mit Druckformatvorlagen. Das sind feste Definitionen für z. B. eingerückte Zitate, zentrierte Überschriften oder kursiv gesetzte Bildunterzeilen.

Wie Sie all diese Möglichkeiten in den Griff bekommen und nutzen, erfahren Sie in diesem Kapitel. Als Praxisbeispiel haben wir die Erstellung eines Katalogs gewählt. Dazu sollten Sie einige kurze Produktbeschreibungen zusammenstellen, damit wir den Muster-Katalog auch mit Text füllen können. Sollte Ihnen dieses Beispiel nicht zusagen, können Sie die Formatierung auch an einem Korrespondenz-Text durchspielen. Da Sie ja keine der Änderungen speichern müssen, kann die Formatierung Ihrem Text auch keinen Schaden zufügen. Wenn Sie keinen eigenen Text verwenden mögen, tippen Sie bitte die folgenden Passagen ab.

BEISPIELTEXT

Katalog

Schön, daß Sie unseren Lieferkatalog 1993 zur Hand genommen haben. Auch in diesem Jahr bieten wir Ihnen eine Reihe von interessanten Produkten an. Neu aufgenommen wurden die Produktsparten Schrauben, Gewinde und Muttern. Damit denken wir, unsere Angebotspalette weiter abgerundet zu haben.

Schrauben

Schrauben finden Sie bei uns in allen Größen, Dikken und Längen. Unsere Qualitätsprodukte werden auch Ihre Erwartungen erfüllen. Etwa die

Type 223

Technische Spezifikationen: DIN-geprüft, 1A-Qualität.

Gewinde

Unsere Gewinde gibt es für alle denkbaren Belastungen.

Type	12	13	14	15
Belastung	244	256	280	310

Muttern

Preisgünstig wie nie. Bei uns sollten Sie einkaufen.

Vorbemerkung

Alles, was mit der Veränderung des Aussehens von Texten zu tun hat, fällt in der elektronischen Textverarbeitung unter den Oberbegriff "Formatierung". So werden Zeichen und Absätze formatiert, wobei bei den Zeichen (Buchstaben, Wörtern, Sätzen, Absätzen und ganzen Texten) damit die Änderung der Schriftart, -größe und -auszeichnung gemeint ist, bei den Absätzen die Änderung der Ränder, Zeilenabstände und Formatierungen (was hier nun wieder die Satzarten linksbündig, rechtsbündig, zentriert und Blocksatz meint).

Unter Seitenformatierung versteht man die Wahl der Papiergröße und die Einstellung der Blattränder.

Alle Befehle zur Formatierung finden Sie im FORMAT-Menü, und zwar getrennt nach Zeichen, Absätzen und Seiten. In dieser Reihenfolge wollen wir auch vorgehen.

3.1 Zeichen formatieren

Bevor Sie einzelne Buchstaben, ganze Wörter, Sätze, Absätze oder gar Seiten formatieren können, müssen Sie diese markieren. Sonst weiß WinWord bei den folgenden Formatierbefehlen nicht, auf welche Textstücke es diese anwenden soll.

Hinweis: Sollten Sie nicht mehr wissen, welche Möglichkeiten zur Markierung es gibt, sei Ihnen noch einmal das Kapitel 2.3 zur Lektüre empfohlen. Denn ohne Markierung geht auch bei der Formatierung fast nichts.

3.1.1 Schriftattribute wählen

Beginnen wir mit der Formatierung einer Überschrift. Ihr Katalog-Text soll mit einer deutlich hervorgehobenen Titelzeile beginnen. Dazu soll diese entweder fett formatiert oder unterstrichen werden.

Markieren Sie also zunächst die entsprechende Zeile und rufen Sie dann im FORMAT-Menü den Befehl ZEICHEN auf. Es erscheint folgender Dialog:

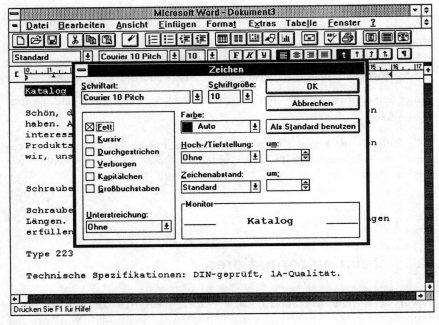

Abb. 3.1: FORMAT ZEICHEN

Jegliche Auszeichnung eines Textes wie Fett, Kursiv und Unterstrichen wird im Setzerdeutsch als (Schrift-)Attribut bezeichnet. Welche Attribute genau zur Verfügung stehen, hängt vom gewählten Druckertreiber und der Leistungsfähigkeit Ihres Printers ab. In jedem Fall sollten aber die Attribute Fett, Kursiv, Unterstrichen, Hochgestellt und Tiefgestellt zur Verfügung stehen.

Damit Sie sich unter den Attributen auch etwas vorstellen können, hier einige Druckbeispiele:

Attribut-Muster

- **Fetter** Text

- *Kursiver* Text

- <u>Unterstrichener</u> Text

- <u>Doppelt unterstrichener</u> Text

- ~~Durchgestrichener~~ Text
- Hochgestellter Text
- Tiefgestellter Text

Einsatz der Attribute

Vielleicht ist Ihnen auch nicht ganz klar, was Sie mit den verschiedenen Attributen anfangen sollen. Daher hier einige Grundbemerkungen:

1. Benutzen Sie nie zu viele Attribute. Ein Wort fett und kursiv zu setzen und dann noch zu unterstreichen ist ein Unding.

2. Häufen Sie keine Attribute. Attribute sollen einen bestimmten Textteil hervorheben. Diese Wirkung stellt sich aber nur dann ein, wenn nicht jedes zweite Worte fett oder unterstrichen ist.

3. Benutzen Sie Fettdruck oder Unterstreichungen für Überschriften, Zwischentitel und besonders wichtige Textpassagen.

4. Verwenden Sie Kursivdruck für Zitate, Anmerkungen und Hinweise.

5. Verwenden Sie Hoch- und Tiefstellungen nur für wissenschaftliche Grafiken, Formeln oder Fußnotenverweise.

6. Durchstreichungen machen eigentlich keinen Sinn. In der Textverarbeitung brauchen Sie Passagen, die Sie nicht mehr benötigen, ja auch nicht zu drucken. Es gibt ja den Lösch-Befehl.

7. Schattierte Schriften, Outline-Schriften und ähnliches sind Spielereien, die in normalen Texten nichts zu suchen haben. Lediglich bei Anzeigen, Einladungskarten und Briefköpfen können Sie solche Attribute benutzen.

Klicken Sie nun die gewünschten Attribute an, und der markierte Textbereich wird entsprechend formatiert.

Bildschirmdarstellung

Was nun tatsächlich auf Ihrem Bildschirm erscheint, hängt sehr von den gewählten Attributen sowie den Bildschirmeinstellungen ab. Wenn Sie unter ANSICHT die Einstellung KONZEPT gewählt haben, erscheinen alle Attribute nur als Unterstreichung. Erst im DRUCKBILD (entsprechender Befehl im ANSICHT-Menü) werden die Attribute auch so gezeigt, wie sie zu Papier kommen. Da dies die Übersicht fördert, kann diese Einstellung nur empfohlen werden.

Sie sollten nur dann zur KONZEPT-Ansicht wechseln, wenn Ihr Text sehr lang
oder Ihr Rechner sehr langsam ist. Sonst wird nämlich die Bildschirmanzeige
gähnend langsam.

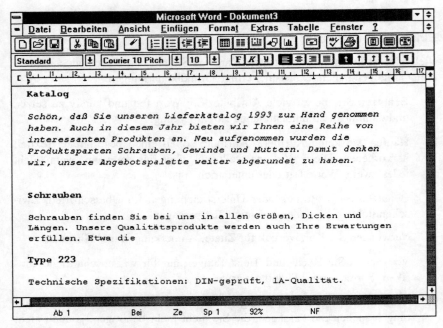

Abb. 3.2: Attribute auf dem Bildschirm

Formatleiste

Wer mit einer Maus arbeitet, kann die drei wichtigsten Attribute Fett, Kursiv
und Unterstrichen auch ohne den langen Weg über den Format-Zeichen-Dialog erreichen. Dazu muß aber die Formatierungsleiste über ANSICHT/FORMATIE-
RUNGSLEISTE eingeschaltet sein. In der Leiste finden Sie die drei Tasten "F"
(Fett), "K" ("Kursiv") und "U" (Unterstrichen). Ein Klick auf eine der Tasten
genügt, und schon wird der markierte Text entsprechend gesetzt.

Tastenkürzel

Doch auch Tastatur-Benutzer kommen schneller an die wichtigsten Attribute
heran als über den Format-Zeichen-Dialog. Drücken Sie folgende Tastenkombinationen:

100

[Strg-F]	Fettdruck
[Strg-K]	Kursivdruck
[Strg-U]	Unterstrichen
[Strg-H]	Hochgestellt
[Strg-T]	Tiefgestellt

Zurückgenommen werden die Attribute mit denselben Tastenkombinationen. Natürlich nur, wenn z. B. der fette Textabsatz noch markiert ist.

Formatierung vorab

Sie können Attribute auch schon vorab einstellen. Wenn Sie z. B. genau wissen, daß die folgenden Worte fett zu formatieren sind, stellen Sie einfach Fettdruck ein. Alles was Sie jetzt tippen, wird automatisch fett. Mit einer erneuten Wahl des Befehls FETT wird der Fettdruck dann wieder abgestellt. Andernfalls schaltet sich der Fettdruck automatisch am Absatzende, also beim nächsten [Eingabe], ab.

Tip: Schreiben Sie besser erst Ihren gesamten Text und formatieren Sie dann. So haben Sie einen Überblick über das gesamte Dokument und können besser abschätzen, was wirklich wichtig ist und entsprechend ausgezeichnet werden muß.

Aufgabe: Setzen Sie die Zwischenüberschriften des Kataloges fett und unterstreichen Sie die Hauptüberschrift *Katalog*. Das Vorwort setzen Sie kursiv.

3.1.2 Schriften wählen

Neben der Wahl verschiedener Attribute haben Sie auch die Möglichkeit, unterschiedliche Schriften für Ihren Text zu wählen. Um einen Absatz in einer anderen Schrift auszuzeichnen, markieren Sie den Text und wählen dann im FORMAT-Menü den Befehl ZEICHEN. Es erscheint der schon bekannte Format-Zeichen-Dialog; diesmal lenken wir unser Augenmerk aber auf die Schriftauswahl:

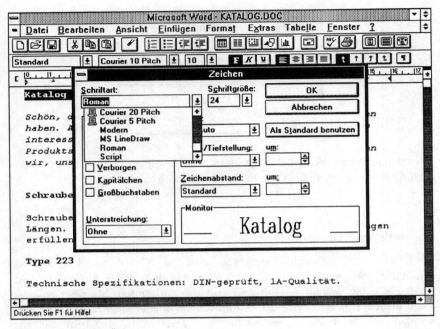

Abb. 3.3: Schriften wählen

Unter SCHRIFTART finden Sie eine Liste der zur Verfügung stehenden Schriften. Mit einem Klick auf die gewünschte Schrift und abschließendem OK wird der zuvor markierte Text entsprechend ausgezeichnet.

Tip: Wenn Sie mit der Maus arbeiten, fällt Ihnen die Wahl einer anderen Schriftart leichter, wenn Sie über das ANSICHT-Menü die Formatierungsleiste einschalten. Dort tauchen nämlich in der zweiten Aufklappliste links auch alle Schriften auf (vgl. Abb. 3.4).

Hinweis: Auch die Schrift können Sie für einen Absatz lang vorab einstellen. Wenn Sie also genau wissen, daß der nächste Absatz in einer bestimmten Schrift erscheinen soll, dann können Sie gleich zu Beginn über FORMAT/ZEICHEN diese Schrift einstellen.

        Tip: Tun Sie das besser nicht. Konzentrieren Sie sich zunächst auf Ihre Inhalte und erledigen Sie in einem zweiten Durchlauf die Gestaltung. Dann gelingen Inhalt und Optik besser.

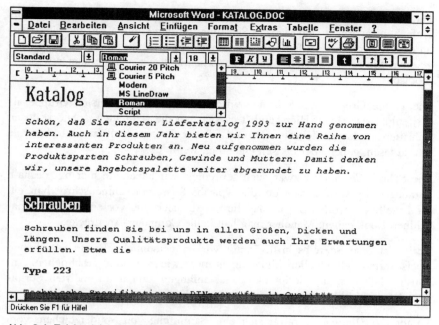

Abb. 3.4: Zeichenleiste mit Schriftauswahl

Schriftarten

Die Zahl der Schriften ist sehr von Ihrem Drucker und dem verwendeten Treiber abhängig, einige Grundschriften sollten Ihnen aber in jedem Fall zur Verfügung stehen. Dazu gehören

Serifen-Schriften

- Times, Times Roman, CG Times, Times Roman PS etc.

Serifenlose-Schriften

- Helvetica, Univers, Futura, Dutch, Elite etc.

Schreibmaschinen-Schrift

- Courier

Sonderschriften

- Script, ZapfDingbats, Symbol

Die erste Gruppe von Schriften bezeichnet man als Serifen-Schriften; etwas einfach ausgedrückt sind dies die Schriften mit den kleinen Häkchen (Serifen) an den Enden. Die Serifen-Schriften kennen Sie vermutlich von Ihrer Tageszeitung. Sie zeichnen sich durch gute Lesbarkeit aus, wirken aber etwas altmodisch.

Die zweite Gruppe von Schriften wird im Gegensatz zur ersten Gruppe als serifenlos bezeichnet. Hier handelt es sich um die schlichten, schnörkellosen Schriften moderner Zeitschriften und Bücher. Diese Schriften sind ebenfalls gut zu lesen, geben aber optisch eigentlich wenig her.

Die Schrift *Courier* ist zwar auch serifenlos, wir haben sie hier nur deshalb herausgestellt, weil es sich um die typische Schreibmaschinenschrift handelt. Und vielleicht wollen Sie ja, daß Ihre Texte nach wie vor einen Schreibmaschinen-Look haben. Mancher mag halt keine Computer-Ausdrucke.

Script ist eine Schreibschrift. Damit wirken persönliche Briefe natürlicher, Speisekarten individueller, Einladungen mehr wie von Hand geschrieben. Ansonsten läßt sich mit Script nicht viel anfangen, zumal die meisten Script-Schriften schlecht zu lesen sind.

Hinter *ZapfDingbats* verbirgt sich eine Sammlung von Sonderzeichen, vom kleinen Telefon bis zum Blitz. Mit diesem Schriftsatz können Sie allerhand Symbole in Ihren Text für Aufzählungen, Erläuterungen etc. einbauen. Zur Auszeichnung eines normalen Textes eignet sich diese Schrift aber nicht, denn dann würde aus *Dies ist ein Test* die unverständliche Zeichenfolge ✤✲❀▲ ✳▲▼ ✦✥■ ✴✲▲▼.

Symbol schließlich ist ein Schriftsatz mit einer Unmenge von griechischen, mathematischen und naturwissenschaftlichen Sonderzeichen. Damit sollte ein Fachaufsatz kein Problem mehr sein. Auch mit *Symbol* können Sie keinen Text auszeichnen, hier würde aus *Dies ist ein Test* die Zeichenfolge Διεσ ιστ ειν Τεστ.

Hinweis: Da Sie *ZapfDingbats* und *Symbol* nicht als Auszeichnung für Ihre Texte verwenden können, ist es sinnvoller, diese Sonderzeichen über EINFÜGEN/SONDERZEICHEN in den Text einzubauen.

Schriften-Muster

Times **Helvetica** `Courier`   ✳◗❑✳✦✳■✳☉◗▼▲

Σψμβολ (Symbol)

Schrifteinsatz

Mit den Schriften sollten Sie grundsätzlich sparsam umgehen. Prinzipiell gehört auf eine Seite nur eine Schriftart, die Grundschrift. Da haben Sie natürlich die freie Wahl, wenngleich sich Geschäftsbriefe in Schreibschrift doch seltsam ausnehmen. Ein Katalog sollte je nach Produkt gestaltet sein. Wenn Sie freche Mode präsentieren, ist eine poppig-moderne Schrift angebracht, wer Särge verkaufen möchte, sollte bei konservativen Lettern bleiben.

Zusätzlich zur Grundschrift, im Setzerdeutsch auch Brotschrift genannt, sollten Sie andere Schriften eigentlich nur dann verwenden, wenn ihr Einsatz Sinn macht. Und das wäre gegeben, wenn Sie z. B. eine Überschrift absetzen, einen Briefkopf hervorheben oder in Büchern Marginalien (Randbemerkungen) oder Eingaben besonders kenntlich machen wollen. Mehrere Schriften in einem Brieftext aber sind ein Unding, mit dem sich schon so mancher Computer-Freak lächerlich gemacht hat. Verfallen Sie also nicht in den Wahn, alle Schriften Ihres Druckers auf einer Seite präsentieren zu wollen. Sie müssen niemandem etwas beweisen.

Wenn Sie WinWord im Druckbild-Modus betreiben, erscheinen alle Schriften auf dem Bildschirm auch so, wie sie gedruckt werden. Ein großer Vorteil für Sie, denn Sie sehen sofort - auch ohne Probeausdruck - ob die gewählte Schrift Top oder Flop ist. Im Konzept-Modus verzichtet WinWord auf die Darstellung von Schriften. Dafür geht aber die Anzeige schneller vonstatten.

Tip: Erstellen Sie einmal einen Probetext und zeichnen Sie diesen mit allen vorhandenen Schriften aus. Davon machen Sie dann einen Ausdruck und haben damit für die Zukunft immer ein Merkblatt, welche Schrift eigentlich wie aussieht. Oft genug sieht nämlich trotz der Druckbild-Anzeige eine Schrift auf dem Bildschirm ganz gut und gedruckt ganz fürchterlich aus.

Aufgabe: Wählen Sie für die Überschriften eine Schrift wie Helvetica oder Univers. Zeichnen Sie den normalen Fließtext in der Schrift Times Roman aus und wählen Sie für die Produktbezeichnung die Schrift *Courier*.

3.1.3 Schriftgröße ändern

Zusätzlich zur Auswahl der Attribute und Schriften können Sie noch die Größe der Schriften beeinflussen. Dazu müssen Sie wiederum den größer oder kleiner zu setzenden Text markieren und anschließend den Format-Zeichen-

Dialog aufrufen. Unter GRÖßE wählen Sie die gewünschte Schriftgröße. Mit der Maus sind Sie natürlich über die Formatierungsleiste wieder schneller. Die dritte Liste zeigt Ihnen alle verfügbaren Größen an.

Die Größe einer Schrift wird in Punkt, einem Setzermaß, gemessen. 8 bis 9 Punkt ist die Standard-Schriftgröße Ihrer Tageszeitung, 10 bis 12 Punkt groß sind die Buchstaben einer Schreibmaschine. Überschriften in Tageszeitungen (keine Boulevard-Blätter) bewegen sich zwischen 28 und 40 Punkt. So haben Sie zumindest in etwa eine Vorstellung.

Größen-Muster

6 Punkt

8 Punkt

10 Punkt

12 Punkt

16 Punkt

20 Punkt

24 Punkt

32 Punkt

48 Punkt

72 Punkt

106

Auch die Auswahl der Punktgrößen hängt wieder von Ihrem Drucker und dem gewählten Treiber ab. Nicht jeder Drucker kann die Schriften beliebig skalieren. Und nicht jede Größe, die der Drucker noch zu Papier bringt, läßt sich auch lesen oder sieht noch schön aus. Auch hier sollten Sie einen Mustertext in Ihrer bevorzugten Schrift mal mit allen Größen auszeichnen und zu Papier bringen.

Auch die verschiedenen Schriftgrößen werden von WinWord im Druckbild-Modus korrekt auf dem Bildschirm dargestellt. Sehr große Schriften erscheinen aber bisweilen mit Treppchen, die zum Glück beim Druck aber meist nicht zu erkennen sind. Im Konzept-Modus erspart sich WinWord die Anzeige der Schriftgrößen.

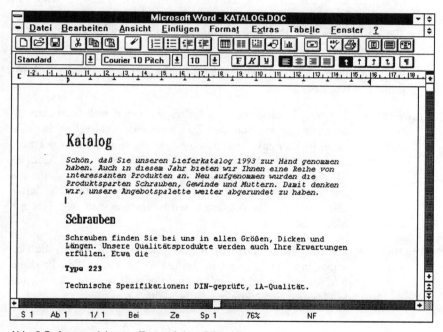

Abb. 3.5: Ausgezeichneter Text auf dem Bildschirm

Wechsel von Schriftgrößen

Mit dem Wechsel von Schriftgrößen sollten Sie genauso sparsam verfahren wie mit dem Einsatz verschiedener Schriften. Sie müssen niemandem auf Teufel komm raus zeigen, wie viele Schriftgrößen Ihr Drucker zu Papier bringen kann. Folgende Grundregeln helfen Ihnen weiter:

1. Für die Brotschrift gibt es nur eine Größe, die zwischen 8 und 12 Punkt liegen sollte.

2. Kleingedrucktes, wie Anmerkungen, Fußnoten etc., sollte nicht kleiner als 6 Punkt werden. Sonst wird man Sie der Böswilligkeit bezichtigen.

3. Überschriften werden in Briefen nur durch Fettdruck hervorgehoben. Eine Größenänderung ist hier unüblich. In Berichten oder Artikeln reicht für Überschriften eine Schrift bis maximal 24 Punkt, üblicher sind 14, 16 oder 18 Punkt. Gleiches gilt für Kataloge.

4. Lediglich wenn Sie Zeitungs- oder Zeitschriftenseiten bzw. Plakate mit WinWord gestalten wollen, können Sie auch Schriften in den Größen von 24 über 32 und 48 Punkt bis hin zu 72 Punkt oder noch mehr verwenden.

5. Initialen sollten nicht mehr als 2 oder 3 Punkt über der normalen Schriftgröße des Absatzes liegen.

Hinweis: Mit dem Wechsel einer Schriftgröße ändert sich normalerweise auch automatisch der Zeilenabstand. Schließlich ist eine Zeile in 32 Punkt wesentlich höher als eine Zeile in 6 Punkt. Es gibt aber Problemzonen, in denen WinWord diese Automatik nicht mehr in den Griff bekommt. Hier müssen Sie mit manuell eingefügten Leerzeilen verhindern, daß sich Zeilen überdrucken. Ein Ausdruck wird Ihnen zeigen, wo Not am Manne ist.

Aufgabe: Die Hauptüberschrift *Katalog* setzen Sie in 32 Punkt, die verschiedenen Zwischenüberschriften in 24 Punkt. Die Produktbezeichnungen sollten in 16 Punkt gesetzt werden, der normale Fließtext in 12 Punkt.

3.1.4 MS WordArt – Schriften manipulieren

WordArt ist eine nette Zugabe für die, die gerne Schriften manipulieren. Mit WordArt können Sie Schriften drehen, stauchen, schräg setzen oder gar auf den Kopf stellen. Zudem kann WordArt Schriften schattieren, vertikal strekken, verschieden ausrichten und in den verschiedensten Schriftarten setzen.

Im Katalog sollen die Abschnitte durch ganz besondere Textlogos gekennzeichnet sein. So soll z. B. der Abschnitt Schrauben mit einer entsprechenden Überschrift in WordArt gestaltet werden. Setzen Sie dazu den Cursor an die passende Textstelle und wählen Sie aus dem EINFÜGEN-Menü OBJEKT mit der Option WORDART. Es erscheint der WORDART-Bildschirm.

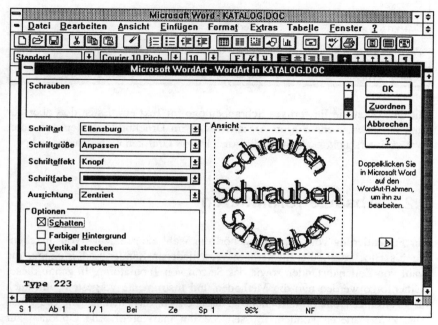

Abb. 3.6: WORDART im Einsatz

Den Beispieltext ersetzen Sie durch *Schrauben*. Und jetzt können Sie Ihrer Phantasie für das Schrauben-Logo freien Lauf lassen (was Ihre Manipulationen bewirken, sehen Sie im Beispielfenster des Dialogs):

SCHRIFTART	Wählt eine von vielen Schriftarten.
SCHRIFTGRÖßE	Stellt die Schriftgröße ein.
SCHRIFTEFFEKT	Wählt Effekt wie schräggestellt, gedreht, auf den Kopf gestellt etc.

FARBE	Wählt eine Farbe, was natürlich nur bei Farbdruck interessant ist.
AUSRICHTUNG	Bestimmt, ob die Schrift linksbündig, zentriert oder rechtsbündig erscheint.
OPTIONEN	
SCHATTEN	Schattiert die Schrift.
FARBIGER HINTERGRUND	Setzt einen kontrastierenden Hintergrund.
VERTIKAL STRECKEN	Streckt die Buchstaben nach oben und unten.

Mit OK bauen Sie Ihr fertiges Schraubenlogo im Text ein. Es ist dort aber nur dann zu sehen, wenn Sie im ANSICHT-Menü im Druckbild arbeiten und unter EXTRAS/EINSTELLUNGEN/ANSICHT die Ansicht von Grafiken eingeschaltet haben.

3.2 Absätze formatieren

Zur Formatierung von Absätzen gehört die Wahl einer Satzart (von linksbündig bis Blocksatz), die Einstellung verschiedener Ränder und Einzüge, die Wahl von Zeilenabständen sowie das Setzen von Tabulatoren. In genau dieser Reihenfolge werden nun die Methoden und Instrumente vorgestellt, um auch Ihren Absätzen ein professionelles Aussehen zu verleihen. Bevor Sie einen Absatz formatieren können, müssen Sie ihn markieren! Alle Optionen zur Formatierung eines Absatzes finden Sie im FORMAT-Menü unter ABSATZ. Es erscheint der in Abbildung 3.7 dargestellte Absatz-Dialog.

3.2.1 Formatierungen

Unter der Aufklapp-Liste AUSRICHTUNG verbergen sich die einzelnen Formatierungsmöglichkeiten für einen Absatz. Dazu zählen

- linksbündig

- rechtsbündig

- zentriert

- Blocksatz

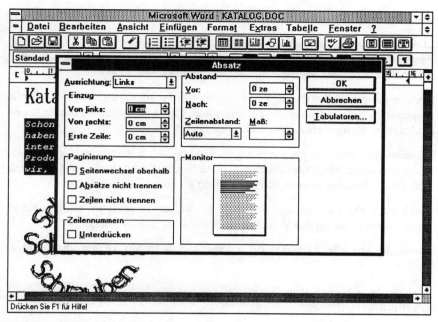

Abb. 3.7: Format-Absatz-Dialog

Hinweis: Die wichtigsten Formatierungen erreichen Sie auch über die Zeichenleiste mit der Maus. Dabei stehen folgende Schalter für folgende Satzarten:

Schalter	Satzart
![Blocksatz-Symbol]	Blocksatz
![Linksbündig-Symbol]	Linksbündig
![Zentriert-Symbol]	Zentriert
![Rechtsbündig-Symbol]	Rechtsbündig

111

Satzarten

Linksbündig heißt, daß alle Zeilen links bündig an einer senkrechten Linie ausgerichtet und rechts die Zeilenenden variabel sind (flattern). Linksbündig ist die Satzart, in der Sie auch mit der Schreibmaschine schreiben.

Rechtsbündig meint, daß alle Zeilen rechts bündig an einer senkrechten Linie ausgerichtet sind und links die Zeilenanfänge flattern. Bildzeilen, die links am Bild stehen, werden oft rechtsbündig gesetzt.

Zentriert sind Zeilen dann, wenn sie um eine gedachte senkrechte Linie in der Mitte angeordnet sind, und zwar so, daß zu beiden Seiten der Linie gleich viel Text steht. Gedichte werden häufig zentriert gesetzt, Überschriften auch.

Blocksatz heißt, daß die Zeilen sowohl am linken als auch am rechten Rand bündig stehen. Sie kennen den Blocksatz aus Ihrer Tageszeitung.

Damit Sie sich die Satzarten besser vor Augen führen können, hier einige Muster:

Satzmuster

Dies ist ein Probetext für linksbündigen Satz. Dies ist ein Probetext für linksbündigen Satz. Dies ist ein Probetext für linksbündigen Satz. Dies ist ein Probetext für linksbündigen Satz. Dies ist ein Probetext für links-bündigen Satz.

Dies ist ein Probetext für rechtsbündigen Satz. Dies ist ein Probetext für rechtsbündigen Satz. Dies ist ein Probetext für rechtsbündigen Satz. Dies ist ein Probetext für rechtsbündigen Satz. Dies ist ein Probetext für rechtsbündigen Satz.

Dies ist ein Probetext für zentrierten Satz. Dies ist ein Probetext für zentrierten Satz. Dies ist ein Probetext für zentrierten Satz. Dies ist ein Probetext für zentrierten Satz. Dies ist ein Probetext für zentrierten Satz.

Dies ist ein Probetext für Blocksatz. Dies ist ein Probetext für Blocksatz. Dies ist ein Probetext für Blocksatz. Dies ist ein Probetext für Blocksatz. Dies ist ein Probetext für Blocksatz. Dies ist ein Probetext für Blocksatz.

Einsatz der Formate

Linksbündig ist die Standardformatierung, und für Ihre Korrespondenz sollte auch eigentlich keine andere Formatierung als linksbündig in Frage kommen.

Bei manchen Firmen ist zwar der Blocksatz für Briefe in Mode gekommen, doch diese Briefe sehen meist recht schäbig aus. Schließlich macht sich der Blocksatz nur dann gut, wenn entweder die Zeilen recht breit sind oder sehr viele Trennungen eingefügt werden. Ansonsten entstehen häßliche, klaffende Lücken im Text. Doch die Mühe, jede Zeile optimal zu umbrechen, macht sich im Büro-Alltag kaum einer. Also bleiben Sie besser bei linksbündig.

Rechtsbündig ist eine Satzart, die eigentlich nur für Spezialfälle interessant ist. Dazu zählen Marginalien auf der linken Seite, Bildzeilen links und eventuell Überschriften.

Der Blocksatz wird bei mehreren Spalten gern verwendet, um die Zeilen optimal zu füllen. Klassischer Anwendungsbereich des Blocksatzes ist der Zeitschriften- und Zeitungssatz. Der Blocksatz wird ebenfalls bei Büchern, Dokumentationen, wissenschaftlichen Arbeiten und anderen buchähnlichen Veröffentlichungen benutzt.

Hinweis: Studenten sollten ihre Hausarbeiten besser nicht im Blocksatz schreiben, da einige Professoren nur daran computer-geschriebene Traktate erkennen. Und die sind aus falsch-verstandener Technik-Kritik oft nicht sehr beliebt.

Der zentrierte Satz schließlich ist etwas für Überschriften (obwohl die linksbündig meist besser aussehen) und Gedicht-Bände. Doch wer schreibt Gedichte mit dem Computer? Viel Romantik kommt auf klappernden Tastaturen in neon-beleuchteten Büros ja wohl nicht auf.

Formate auf dem Bildschirm

Im Gegensatz zu den Schriften und Schriftgrößen zeigt WinWord die Formatierarten auf dem Bildschirm auch direkt an. So sehen Sie gleich, ob ein Absatz nun linksbündig, rechtsbündig oder zentriert steht.

Aufgabe: Setzen Sie die Hauptüberschrift *Katalog* zentriert, die Zwischenüberschriften linksbündig und den Fließtext im Blocksatz.

Blocksatz überarbeiten

Den Blocksatz können Sie eigentlich nur selten unüberarbeitet lassen. Zu viele häßliche Lücken und unpassende Zeilenumbrüche verunstalten den Text. Dem können Sie nur mit weichen Trennern und harten Leerzeichen (Sie erinnern sich an Kapitel 2.1.9) begegnen. Mit den Trennern ([Strg- –]) trennen Sie

Wörter und teilen sie so über zwei Zeilen auf. Mit den harten Leerzeichen ([Strg-Leertaste]) schieben Sie zusammenhängende Worte und Begriffe zusammen und damit auf eine Zeile.

Abb. 3.8: Formatierarten auf dem Bildschirm

So sollte es Ihnen eigentlich möglich sein, auch die häßlichsten Wortumbrüche auszumerzen und den Blocksatz ansehnlich zu machen.

Aufgabe: Überprüfen Sie den Umbruch des Fließtextes und trennen Sie, wo nötig.

3.2.2   Ränder und Einzüge

Neben den Formatierarten haben Sie die Möglichkeit, jeden Absatz durch Randbegrenzungen schmaler als die übliche Seitenbreite zu machen. Zudem kann die erste Zeile eingerückt oder herausgeschoben werden.

Grundvoraussetzung ist natürlich auch hierfür, daß der zu formatierende Absatz oder die Absätze markiert sind. Wählen Sie dann den Befehl FORMAT/ABSATZ und achten Sie jetzt auf die Angaben unter EINZUG.

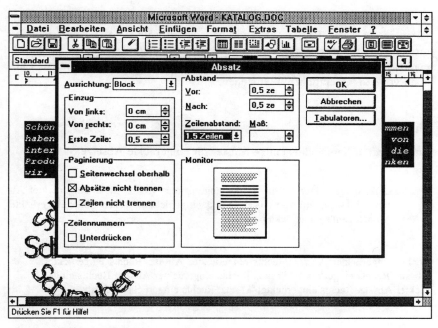

Abb. 3.9: Absätze einrücken

Über die Angabe LINKS rücken Sie den kompletten Absatz ab der 1. Zeile vom linken Rand ab. Wenn der linke Rand normalerweise 2 cm groß ist und Sie für den Absatz unter LINKS 1 cm angeben, dann wird der Absatz insgesamt 3 cm eingerückt.

Das gleiche gilt für die Angabe RECHTS. Jede Angabe wird zum sowieso bestehenden rechten Blattrand hinzuaddiert, so daß ein rechter Einzug von 4 cm bei einem Blattrand von 2 cm zu einer Einrückung von insgesamt 6 cm führt.

Sie können die Einrückungen LINKS und RECHTS beliebig kombinieren. Einrückungen an beiden Seiten führen zu sehr schmalen Absätzen, Einrückungen RECHTS schaffen Platz für Illustrationen, die vielleicht später in den Ausdruck eingeklebt werden sollen. Einrückungen LINKS werden oft verwandt, um Zitate deutlich zu machen oder einen Absatz aus anderen Gründen hervorzuheben.

115

Über ERSTE ZEILE haben Sie Gelegenheit, die erste Zeile des Absatzes herauszustellen oder noch weiter einzurücken. Setzen Sie unter ERSTE ZEILE einen größeren Einzug als unter LINKS fest, dann wird die erste Zeile weiter eingerückt, setzen Sie einen negativen Einzug fest, wird die erste Zeile ausgerückt.

Von Zeitungen her kennen Sie die zusätzlich eingerückte erste Zeile. Damit fallen die Absätze besser auf, zwischen den Absätzen muß kein besonders großer Platz mehr gelassen werden. Ausgerückte erste Zeilen sind für Strichpunkt-Aufzählungen besonders geeignet, wo die Strichpunkte auf einer Linie noch vor dem eigentlichen Text stehen.

Muster

Zum besseren Verständnis einige Muster für eingerückte Absätze:

> Links eingerückter Absatz. Links eingerückter Absatz. Links eingerückter Absatz. Links eingerückter Absatz. Links eingerückter Absatz. Links eingerückter Absatz. Links eingerückter Absatz.

Rechts eingerückter Absatz. Rechts eingerückter Absatz. Rechts eingerückter Absatz. Rechts eingerückter Absatz. Rechts eingerückter Absatz. Rechts eingerückter Absatz. Rechts eingerückter Absatz. Rechts eingerückter Absatz.

> Links und rechts eingerückter Absatz. Links und rechts eingerückter Absatz. Links und rechts eingerückter Absatz. Links und rechts eingerückter Absatz. Links und rechts eingerückter Absatz. Links und rechts eingerückter Absatz.

Zusätzlich eingerückte erste Zeile. Zusätzlich eingerückte erste Zeile. Zusätzlich eingerückte erste Zeile. Zusätzlich eingerückte erste Zeile. Zusätzlich eingerückte erste Zeile. Zusätzlich eingerückte erste Zeile. Zusätzlich eingerückte erste Zeile.

Herausgestellte erste Zeile. Herausgestellte erste Zeile. Herausgestellte erste Zeile. Herausgestellte erste Zeile. Herausgestellte erste Zeile. Herausgestellte erste Zeile. Herausgestellte erste Zeile.

Auch die Ränder und Einzüge sehen Sie bei WinWord direkt auf dem Bildschirm.

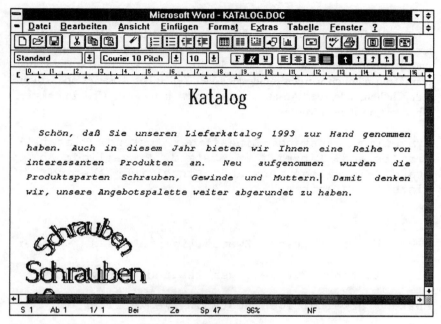

Abb. 3.10: Eingerückte Absätze auf dem Bildschirm

Aufgabe: Rücken Sie bei den im Blocksatz gesetzten Fließtexten die erste Zeile zusätzlich um einen halben Zentimeter ein.

3.2.3 Zeilenabstände

Im Dialog FORMAT/ABSATZ können Sie zudem die Abstände zwischen Zeilen und Absätzen bestimmen. Gewöhnlich arbeiten Sie mit einzeiligem Zeilenabstand, den können Sie aber auch bei ZEILENABSTAND auf anderthalb oder gar zwei Zeilen erhöhen.

Über den Absatzabstand bestimmen Sie einen Abstand zwischen den Absätzen. Damit entfällt das vielleicht lästige Tippen von Leerzeilen zwischen den Absätzen. Außerdem können Sie so den Absatzabstand leicht wieder ändern, denn der kann über den Dialog jederzeit variiert werden, während Sie manuell eingefügte Leerzeilen auch nur zu Fuß wieder entfernen können.

ABSÄTZE NICHT TRENNEN unter PAGINIERUNG bewirkt, daß zusammengehörige Absätze nicht wild über Spalten oder Seiten verteilt werden. Wie häßlich ist es,

117

wenn die erste Zeile eines Absatzes auf Seite 1 steht und auf Seite 2 fortgesetzt wird. Genauso schlimm wirkt es, wenn die letzte Zeile eines Absatzes schon auf der nächsten Seite steht. Der Setzer spricht hier von Hurenkindern und Schusterjungen, und die können Sie über ABSÄTZE NICHT TRENNEN vermeiden. Dann nämlich werden mindestens vier Zeilen des Absatzes noch zusammengehalten, oder der Absatz wird komplett umgesetzt. Und zur besseren Übersicht noch zwei Muster:

```
Einzeiliger Abstand. Einzeiliger Abstand. Einzeili-
ger Abstand. Einzeiliger Abstand. Einzeiliger Ab-
stand. Einzeiliger Abstand. Einzeiliger Abstand.
Einzeiliger Abstand.
```

```
Zweizeiliger Abstand. Zweizeiliger Abstand. Zweizei-

liger Abstand. Zweizeiliger Abstand. Zweizeiliger

Abstand. Zweizeiliger Abstand. Zweizeiliger Ab-

stand. Zweizeiliger Abstand.
```

Die Zeilenabstände sehen Sie in allen Ansicht-Modi sofort auf dem Bildschirm.

Aufgabe: Wählen Sie für die Überschriften einen Absatzabstand von einem halben Zentimeter unterhalb und von einem Zentimeter oberhalb. Die Fließtexte setzen Sie mit einem anderthalbfachen Zeilenabstand. Über den Schalter ABSÄTZE NICHT TRENNEN halten Sie zusammengehörige Textinformationen beisammen.

3.2.4 Tabulatoren

Tabulatoren kennen Sie bereits. Sie sind eine einfache Möglichkeit, einzelne Zeilen oder auch kleine Aufstellungen zeilenweise einzurücken. Selbst kleine Tabellen sind mit den Tabulatoren kein Problem. Hier wird es nun darum gehen, die Tabulatoren auf Ihre Bedürfnisse einzustellen. Dann können Sie nämlich auch komplizierte Zahlenreihen und vieles mehr fein säuberlich tabellarisch aufreihen.

118

Linealzeile

Welche Tabulatoren gesetzt sind, erkennen Sie in der Linealzeile an den kleinen auf den Kopf gestellten Ts. Sollten Sie die Linealzeile nicht auf dem Bildschirm haben, brauchen Sie nur den Befehl ANSICHT/LINEAL zu wählen.

Die Anordnung der Tabulatoren ändern Sie über den Befehl FORMAT/TABULATOREN oder vom Absatz-Dialog aus über den Schalter TABULATOREN. Mausbenutzer können alternativ auch die Linealzeile selbst doppelt anklicken. In allen Fällen öffnet sich der Tabulator-Dialog.

Hinweis: Die jetzt vorzunehmenden Tabulatoreinstellungen wirken sich nur auf den aktuellen Absatz aus. Sollen mehrere Absätze mit denselben Tabulatoren ausgestattet werden, müssen diese zuvor markiert worden sein.

Aufgabe: Markieren Sie im Katalog die Tabelle und rufen Sie den Tabulator-Dialog auf.

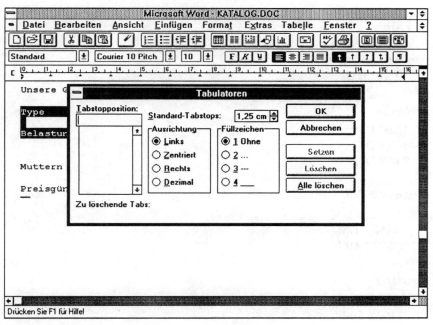

Abb. 3.11: Tabulator-Dialog

Einsatz von Tabulatoren

Wie Sie dem Dialog schnell entnehmen, gibt es die unterschiedlichsten Arten von Tabulatoren. Es sind dies

- Links-Tab

- Rechts-Tab

- Dezimal-Tab

- Zentrier-Tab

- Füllzeichen

Die Tabs verhalten sich ähnlich wie die namensgleichen Absatzformatierungen. Der Links-Tab richtet an einer gedachten Linie linksbündig aus, der Rechts-Tab entsprechend rechtsbündig. Der Zentrier-Tab ordnet alle Einträge mittig an. Der Dezimal-Tab setzt Zahlen immer dezimal geordnet auf Linie. Am besten ein paar Beispiele für die Wirkung der Tabs:

Links-Tab

    12,60 DM
    4460,4 DM
    230,2 DM

Rechts-Tab

    12,60 DM
  4460,4 DM
   230,2 DM

Dezimal-Tab

    12,60 DM
   4460,4 DM
   230,2 DM

Zentrier-Tab

    12,60 DM
   4460,4 DM
   230,2 DM

Sie sollten sich also vorab gut überlegen, wofür Sie die Tabulatoren brauchen. DM-Beträge werden am besten an Dezimal-Tabs ausgerichtet, Zahlen an

Rechts-Tabs und Texteinträge an Links-Tabs. Der Zentrier-Tab macht eigentlich selten Sinn.

Im Lineal werden die Tabs durch verschiedene Symbole dargestellt:

t	Links-Tab
⬆	Rechts-Tab
⬆.	Dezimal-Tab
≡	Zentrier-Tab

Tabulatoren löschen

Vielleicht ist Ihre Tabelle schon fertig, wenn Sie ein oder zwei vorgegebene Tabulatoren löschen. Sie markieren in der Liste TABSTOPPOSITION einfach den nicht mehr gewünschten Tabulator und wählen den Schalter LÖSCHEN. Wollen Sie grundsätzlich neu beginnen, dann sind Sie mit dem Schalter ALLE LÖSCHEN besser bedient.

Tabulatoren umdefinieren

Sie können Tabulatoren auch umdefinieren. Markieren Sie den Tabulator, der z. B. zum Dezimal-Tab werden soll, in der Liste der gesetzten Tabulatoren und klicken Sie dann DEZ-TAB an.

Genauso einfach ist es, einen Tabulator zu verschieben. Markieren Sie den Tabulator und geben Sie einen anderen Wert unter POSITION ein. Alternativ können Sie den Tabulator auch mit der Maus in der Linealzeile ergreifen und verschieben.

121

Tabulatoren setzen

Neue Tabulatoren werden über SETZEN gesetzt. Jeder neue Tabulator sitzt zunächst auf Position 0. Deshalb müssen Sie ihn als erstes über POSITION an die gewünschte Stelle verschieben. Anschließend bestimmen Sie, ob der neue Tab ein Rechts-, Links-, Dez- oder Zentrier-Tab sein soll.

Hinweis: Bis zu 32 Tabulatoren sind möglich. Nicht mehr und nicht weniger, aber bei den normalen 65 Anschlägen auf der DIN-A4-Seite sind 32 Spalten für eine Tabelle auch ganz ordentlich.

Füllzeichen

Leerräume zwischen den Tabulatoren können mit sogenannten Füllzeichen gefüllt werden. Im Inhaltsverzeichnis dieses Buches z. B. ist der Leerraum zwischen den Seitenzahlen und den Kapitelnamen mit Pünktchen aufgefüllt. Das wäre mit WinWord auch möglich, indem Sie dem Tab für die Seitenzahlen als Füllzeichen die Pünktchen zuweisen. Genauso gut können Sie eine gestrichelte oder eine durchgezogene Linie wählen. Mit Hilfe der Linien lassen sich z. B. Preislisten sehr übersichtlich gestalten.

Haben Sie alle Tabulatoren wie gewünscht eingerichtet, beenden Sie Ihre Arbeit mit OK. Im Text kommen Sie nun zwischen den Tabulatoren mit der [Tab]-Taste voran.

Aufgabe: Löschen Sie zunächst alle Tabulatoren. Setzen Sie dann einen Links-Tab für den Text auf Zentimeter 1 und fünf Rechts-Tabs für die Zahlenangaben in Abständen von je zwei Zentimetern beginnend bei Zentimeter 4.

3.2.5 Tabellen

Eine wesentlich einfachere Alternative zur Verwendung von Tabulatoren ist das Erstellen einer Tabelle, um Text- und Zahlenspalten übersichtlich anzuordnen. Nicht nur Zahlen können in einer Tabelle aufgeführt und berechnet werden (siehe dazu Kap. 7 "Berechnungen und Formeln"), sondern auch Text kann in Tabellenform erfaßt werden. Haben Sie bereits einmal mit Excel gearbeitet, werden Sie mit den WinWord-Tabellen gleich vertraut sein – wenn nicht, verlassen Sie sich darauf, daß Tabellen wirklich problemlos zu erstellen sind.

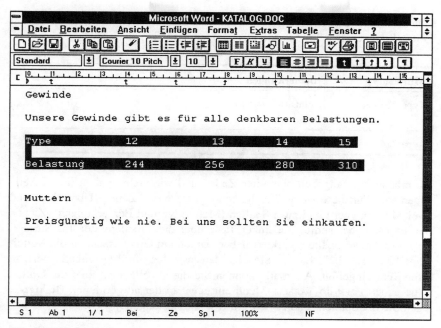

Abb. 3.12: Eine Tabelle

Eine Tabelle besteht immer aus Zeilen und Spalten und ist in einzelne sogenannte Zellen unterteilt. Zellen müssen nicht unbedingt einzeilig sein. Geben
Sie längeren Text in eine Zelle ein, wird der Text am Zellenende automatisch
in die nächste Zeile umbrochen.

Erstellen Sie nun im Katalog unter dem Abschnitt *Muttern* eine ganz einfache
Tabelle, indem Sie die Einfügemarke an die Stelle setzen, an der Sie eine
Tabelle einfügen möchten, und dann auf das Tabelle-Symbol in der Funktions-
leiste klicken (das zwölfte Symbol von links).

Abb. 3.13: Tabelle-Symbol in der Funktionsleiste

Unterhalb des Symbols klappt ein sogenanntes Tabellengitter mit mehreren Zellen herunter. Die Tabelle soll etwa folgendermaßen aussehen:

Mutterntyp	Bemerkungen
Type 2233.A	Industriestandard Erste Ware
Type 224	Äußerst günstiges Angebot, 1A-Qualität, Unser Top-Seller

Sie müssen nun angeben, wie viele Zeilen und wie viele Spalten Ihre Tabelle haben soll. Für diese kleine Tabelle benötigen Sie drei Zeilen (Überschrift und zwei Mutterntypen) und zwei Spalten (Mutterntyp und Bemerkungen). Ziehen Sie die Maus bei gedrückter linker Taste über die Tabellengitter, bis Sie drei Zeilen und zwei Spalten markiert haben. Unten am Gitter erscheint die Mitteilung: "3x2 Tabelle". Lassen Sie die Maustaste los, und die Tabelle wird in Ihren Text eingefügt. Alternativ können Sie die Tabelle auch über die Option TABELLE EINFÜGEN im TABELLE-Menü einfügen. In der aufgerufenen Dialogbox legen Sie die Spalten- und Zeilenzahl fest und bestätigen mit OK.

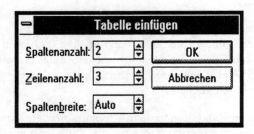

Abb. 3.14: Dialogbox TABELLE EINFÜGEN

Tabelle einfügen

Die Einfügemarke steht nun in der ersten leeren Zelle der Tabelle, so daß Sie mit der Eingabe des Textes beginnen können. Schreiben Sie *Mutterntyp* in die Zelle und drücken [Tab], um zur nächsten Zelle zu gelangen, in die Sie die Überschrift *Bemerkungen* eingeben. In der nächsten Zeile steht der erste Mutterntyp, gefolgt von den Bemerkungen zu dem Produkt. Drücken Sie nach der ersten Bemerkung *Industriestandard* [Eingabe], um die Zeile manuell zu umbrechen. Die zweite Bemerkung wird in die nächste Zeile gesetzt, und der

Umfang der Zelle wird automatisch angepaßt. Bei dem zweiten Mutterntyp lassen Sie WinWord die Zeile umbrechen, d. h. Sie schreiben die Bemerkungen einfach hintereinander. Sie sehen, daß WinWord die Zeile automatisch umbricht, so daß auch diese Zelle jetzt zwei Zeilen lang ist. Sind Sie an der letzten Zelle angekommen und möchten vielleicht zur Übung noch einen dritten Mutterntyp in die Tabelle aufnehmen, reicht ein [Tab], um eine neue Zeile hinzuzufügen.

Zellen hinzufügen

Angenommen, Sie möchten Ihre Tabelle insgesamt noch um weitere Spalten erweitern. Markieren Sie die Anzahl der Spalten, die Sie gern hinzufügen möchten, z. B. zwei, in der bereits vorhandenen Tabelle. Wählen Sie dann den Befehl SPALTEN EINFÜGEN aus dem TABELLE-Menü, und Ihre Tabelle wird um die gewünschte Anzahl von Spalten erweitert.

Wollen Sie mehrere neue Zellen einfügen, markieren Sie die gewünschte Anzahl und und wählen ZELLEN EINFÜGEN aus dem TABELLE-Menü.

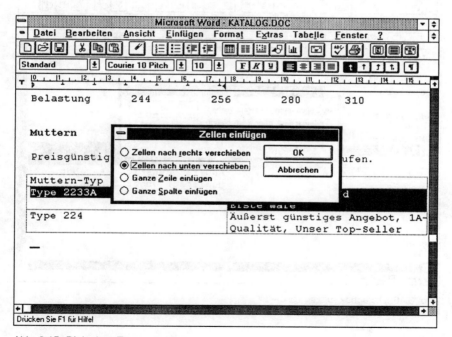

Abb. 3.15: Dialogbox ZELLEN EINFÜGEN

125

Zellen einfügen

■ ZELLEN NACH RECHTS VERSCHIEBEN bewirkt, daß die gewünschten Zellen eingefügt und die markierten Zellen nach rechts verschoben werden.

■ ZELLEN NACH UNTEN VERSCHIEBEN bewirkt, daß die gewünschten Zellen eingefügt und die markierten Zellen nach unten verschoben werden.

■ GANZE ZEILE EINFÜGEN fügt eine Zeile über den markierten Zellen ein.

■ GANZE SPALTE EINFÜGEN fügt eine Spalte links von den markierten Zellen ein.

Auf diese Weise können Sie Ihre Tabelle beliebig erweitern, um neue Inhalte einzugeben. Genausogut können Sie diese Erweiterungen nachträglich auch wieder rückgängig machen, indem Sie wiederum die entsprechenden Zellen markieren und die Option ZELLEN LÖSCHEN aus dem TABELLE-Menü auswählen.

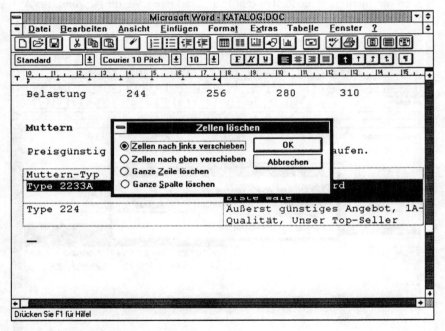

Abb. 3.16: Dialogbox ZELLEN LÖSCHEN

Zellen löschen

Möchten Sie Ihrer Tabelle abschließend noch eine Überschrift geben, z. B. *Unsere Mutterntypen*, müssen Sie dafür mehrere Zellen einer Zeile verbinden, um eine große Einzelzelle für die Überschrift zu erhalten, die alle Spalten überspannt.

Fügen Sie zu diesem Zweck zunächst eine leere Zeile oberhalb der ersten Zeile Ihrer Tabelle ein, indem Sie die erste Zeile markieren und im TABELLE-Menü die Option ZEILE EINFÜGEN wählen. Eine markierte Leerzeile wird in der ersten Zeile eingefügt.

Wählen Sie nun ebenfalls aus dem TABELLE-Menü die Option ZELLEN VERBINDEN und Sie haben Platz für die Überschrift. Der Übersichtlichkeit halber sollten Sie diese Überschrift noch zentriert und fett setzen. Ihre Tabelle müßte nun etwa so aussehen:

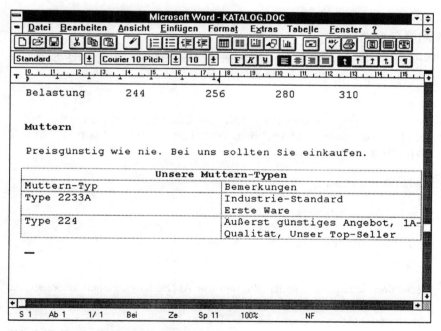

Abb. 3.17: Kundeninformationen in Tabellenform

Hinweis: Verbundene Zellen können Sie nachträglich über die Option ZELLEN TEILEN auch wieder teilen.

3.2.6   Aufzählungen und Numerierungen

Angenommen, Sie haben in Ihrer Produktbroschüre die Vorteile des betreffenden Produktes in Schlagworten untereinandergeschrieben. Diese Schlagworte sollen dem Leser sofort ins Auge fallen und durch ein wirksames optisches Mittel in sein Bewußtsein dringen.

Dieses optische Mittel kann sowohl eine Aufzählung als auch eine Numerierung sein. Absätze, die mit Aufzählungszeichen eingeleitet werden oder durchnumeriert sind, werden eher wahrgenommen als einfach untereinandergeschriebene.

Aufzählungen

Schreiben Sie zur Übung einfach einen kurzen Einleitungstext und dann zwei oder drei Schlagworte untereinander, z. B.:

```
Unsere Produkte werden auch Sie überzeugen. Zuviele Vor-
teile sprechen dafür, daß es sich tatsächlich um etwas
ganz Besonders handelt.

Weltneuheiten

Qualität zum Spitzenpreis

Solide Verarbeitung
```

Diese drei Schlagworte sollen Sie nun mit Aufzählungszeichen versehen, um sie optisch hervorzuheben. Markieren Sie die Zeilen und wählen die Option NUMERIERUNG/AUFZÄHLUNGEN aus dem EXTRAS-Menü.

128

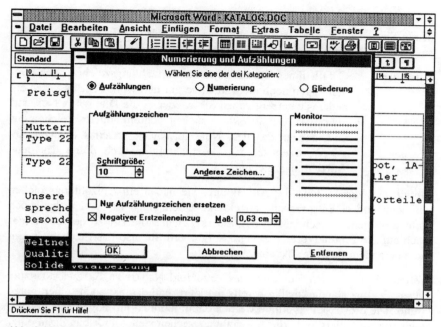

Abb. 3.18: Dialogbox NUMERIERUNG UND AUFZÄHLUNGEN

Klicken Sie zunächst die Kategorie AUFZÄHLUNGEN an und suchen Sie sich dann aus der Reihe der verfügbaren Aufzählungszeichen eines aus, indem Sie es anklicken. Finden Sie kein passendes Zeichen, drücken Sie den Schalter ANDERES ZEICHEN, und WinWord öffnet die Dialogbox SONDERZEICHEN.

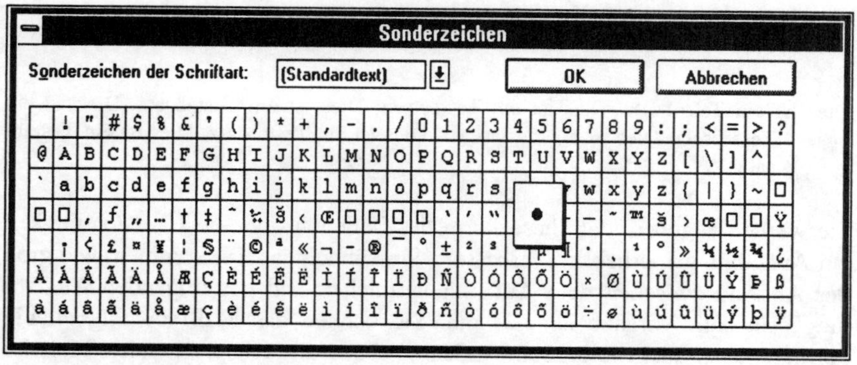

Abb. 3.19: Andere Aufzählungszeichen

Sie werden von einer unglaublichen Liste von Sonderzeichen erschlagen, von denen Sie jedes einzelne als Aufzählungszeichen für Ihre Produktschlagworte auswählen können.

Hinweis: Gefällt Ihnen das ausgewählte Aufzählungszeichen nach einigen Tagen doch nicht mehr so gut und wollen Sie es durch ein anderes ersetzen, gehen Sie wieder in die Dialogbox NUMERIERUNG UND AUFZÄHLUNGEN, suchen sich ein anderes Zeichen aus und kreuzen das Feld NUR AUFZÄHLUNGSZEICHEN ERSETZEN an. WinWord ersetzt das alte nun automatisch durch das neue Aufzählungszeichen.

Zurück zur Vorbereitung der Aufzählung. Sie haben ein Aufzählungszeichen gefunden und es entsprechend angeklickt. Doch Ihnen ist das Zeichen noch nicht groß genug – schließlich soll dieses Zeichen die Blicke der Leser magisch auf die Produktvorteile ziehen. Vergrößern Sie also das Zeichen, indem Sie eine andere Schriftgröße eingeben.

Werfen Sie nun einen Blick auf das Kreuzfeld NEGATIVER ERSTZEILENEINZUG. Dieses Feld ist standardmäßig bereits markiert, und das hat auch seinen guten Grund. Die drei Produktvorteile werden damit nämlich mit negativem Erstzeileneinzug formatiert, d. h. die Aufzählungszeichen stehen linksbündig in einer Linie mit dem übrigen Text auf der Seite, während die Schlagworte nach rechts eingerückt werden. Bei einzeiligen Schlagwörtern fällt das noch nicht so sehr ins Gewicht, sinnvoll wird diese Option erst, wenn jeder Absatz, der mit Aufzählungszeichen versehen werden soll, mehrere Zeilen umfaßt, z. B.

Dies ist ein Testabsatz. Dies ist ein Testabsatz. Dies ist ein Testabsatz. Dies ist ein Testabsatz. Dies ist ein Testabsatz. Dies ist ein Testabsatz.

Dieser Absatz würde bei negativem Erstzeileneinzug so aussehen:

Dies ist ein Testabsatz. Dies ist ein Testabsatz. Dies ist ein Testabsatz. Dies ist ein Testabsatz. Dies ist ein Testabsatz. Dies ist ein Testabsatz. Dies ist ein Testabsatz.

Sie werden zugeben, daß diese Form des Zeileneinzugs die Übersichtlichkeit bei Aufzählungen erheblich verbessert. Sie können dabei bestimmen, wie groß der Abstand zwischen dem Aufzählungszeichen und der folgenden Aufzählung sein soll. Vorgabe ist 1,25 cm. Sie können das Maß sowohl beliebig verringern als auch vergrößern, indem Sie auf den entsprechenden Pfeil im Feld MASS klicken. Im Feld MONITOR wird Ihnen während Ihrer Suche nach

130

dem richtigen Abstand immer sofort angezeigt, welche Auswirkungen der aktuell gewählte Abstand auf die anschließende Aufzählung im Text haben wird.

Haben Sie Ihre Wahl getroffen, schließen Sie die Dialogbox mit OK, und Win-Word formatiert die drei Schlagwörter anhand der von Ihnen gemachten Angaben.

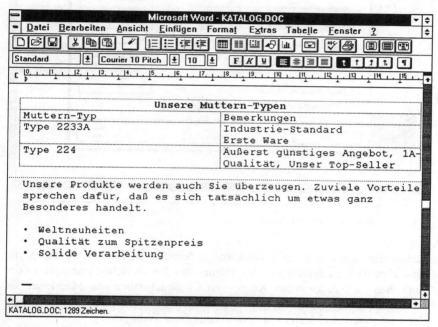

Abb. 3.20: Aufzählung im Text

Numerierung

Genausogut könnten Sie die drei Produktschlagworte auch durchnumerieren, statt sie mit Aufzählungszeichen zu versehen. Markieren Sie die drei Zeilen und gehen wiederum über das EXTRAS-Menü in die Dialogbox NUMERIERUNG UND AUFZÄHLUNGEN. Klicken Sie dieses Mal die Kategorie NUMERIERUNG an.

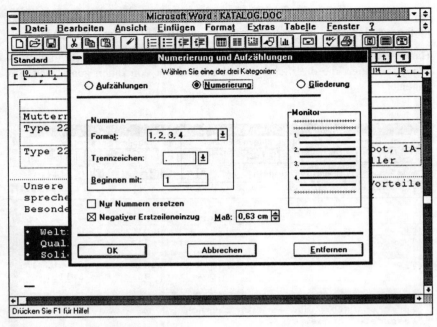

Abb. 3.21: Dialogbox Numerierungen

Suchen Sie sich zuerst ein Format aus, indem Sie im Bereich NUMMERN die Liste FORMAT herunterklappen. Sie können wählen zwischen arabischen oder römischen Zahlen, zwischen Klein- und Großbuchstaben etc. Markieren Sie ein Format Ihrer Wahl und werfen einen Blick auf die Anzeige MONITOR - hier wird Ihnen ein Muster mit dem Format Ihrer Wahl gezeigt.

In der Liste TRENNZEICHEN stehen Ihnen verschiedene Zeichen zur Verfügung, die hinter dem gewünschten Format stehen, z. B. "." für "1.", ":" für "1:", ")" für "1)" etc. Suchen Sie sich ein Trennzeichen aus, welches ebenfalls im Feld MONITOR angezeigt wird. Die Vorgabe "1" im Feld BEGINNEN MIT lassen Sie stehen, denn WinWord soll ja von Anfang an mit der Numerierung beginnen.

Auch bei der Numerierung der Absätze bietet Ihnen WinWord den negativen Erstzeileneinzug an. Sind Sie damit einverstanden, wird beim anschließenden Durchnumerieren der Absätze automatisch ein Tabulatorzeichen zwischen dem Trennzeichen und dem Text des Absatzes eingefügt. Verzichten Sie auf den negativen Erstzeileneinzug, setzt WinWord statt des Tab-Zeichens ein Leerzeichen dazwischen.

Bestätigen Sie die Eingaben mit Oĸ, und Ihr Text wird wunschgemäß durchnumeriert.

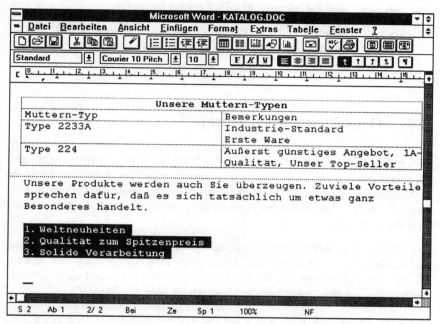

Abb. 3.22: Numerierung im Text

3.3   Formatierungen zurücknehmen

Bisweilen kommt es vor, daß Sie zu viele Schriftauszeichnungen, Attribut-Änderungen, Einzugs- und Abstands-Einstellungen vorgenommen haben. Ihr Text sieht nicht so aus, wie Sie es sich vorgestellt haben. Und schlimmer noch: Mit jeder weiteren Änderung entfernt sich der Text noch mehr von dem, was Sie eigentlich erreichen wollten.

Oder aber Sie haben es sich mit der Gestaltung einer Passage gänzlich anders überlegt. In beiden Fällen wäre es Ihnen lieb, wieder ganz von vorn beginnen zu können. Natürlich können Sie über die entsprechenden Dialoge versuchen, sämtliche Formatierungen für Zeichen, Absätze, Tabulatoren etc. wieder zurückzunehmen und einen Urzustand herzustellen. Wenn Sie aber wirklich bei

133

Null beginnen wollen, dann helfen Ihnen zwei Tastenkombinationen. [Strg-Leertaste] nimmt sämtliche Zeichenformatierungen wie Fett und Kursiv zurück, [Strg-S] kehrt zum Standardformat für Absätze zurück. Ihre Änderungen sind also passé, und Sie können Ihr Glück erneut versuchen.

Aufgabe: Nehmen Sie die Formatierung der Hauptüberschrift *Kapitel* zurück und gestalten Sie diese nach Ihren eigenen Vorstellungen neu.

3.4   Druckformatvorlagen

Bisher haben Sie Ihren Text direkt formatiert. Sie haben Textpassagen markiert und dann über das FORMAT-Menü die gewünschten Schriften, Attribute und Schriftgrößen oder Einrückungen gewählt. Zu dieser direkten Formatierung gibt es mit der indirekten Formatierung ein Gegenstück, und davon soll jetzt die Rede sein.

Die direkte Formatierung ist so lange sehr praktisch, wie Sie schnell und ohne viel Aufhebens z. B. ein Wort fett setzen oder einen Absatz einrücken wollen. Für kürzere Dokumente, die Sie nur einmal in dieser Form und dann nie wieder erstellen, ist dies außerdem der praktischere Weg.

Wenn es aber darum geht, z. B. die Korrespondenz einer Firma optisch zu vereinheitlichen, größere Dokumente in einem durchgängigen Stil zu gestalten, wiederkehrenden Veröffentlichungen ein bleibendes Outfit zu verpassen, dann ist die indirekte Formatierung der direkten weit überlegen.

In der indirekten Formatierung werden nämlich nicht von jedermann und zu jeder Zeit aufs neue Schriften, Attribute und Ränder individuell gewählt, was unweigerlich zu einem Chaos führt. Vielmehr wird einmal festgelegt, welches Aussehen z. B. die Betreffzeile, die Anredeformel, der normale Brieftext und die Grußformel haben sollen. Diese Festlegungen werden in einer sogenannten Formatvorlage bzw. einem Layoutbogen gespeichert.

Der Sachbearbeiter oder die Sekretärin zeichnen dann ihre Korrespondenz nicht mehr direkt, sondern mit Hilfe der Formatvorlagen indirekt aus. In der Praxis wird dann also z. B. der Brieftext nicht manuell linksbündig in Courier 10 Punkt gesetzt, sondern es wird nur die Vorlage "Brieftext" gewählt, und diese setzt den Text entsprechend um. Irgendwelche individuellen Besonderheiten und Abweichungen vom Firmen-Standard sind dann nicht mehr möglich.

134

Gleiches gilt für Bücher oder andere längere Texte. Einmal werden Gestaltungsvorgaben für Überschriften, Zwischentitel, Marginalien und den normalen Fließtext gemacht. Später werden diese nur angewandt. Das Buch oder die Dokumentation sehen so zwangsläufig von der ersten bis zur letzten Seite gleich aus.

Neben der Vereinheitlichung kommen weitere Vorteile hinzu:

1. Die Bearbeitungszeit für die Korrespondenz wird kürzer, da die Mitarbeiter auf vorgefertigte Dokumente und Layouts zugreifen können. Langes Suchen nach der passenden Schriftart oder der gewünschten Schriftgröße entfällt. Auch das zeitaufwendige Herumprobieren ist nicht mehr nötig, und Herumspielen gibt es erst recht nicht.

2. Die Formatierung wird leichter. Schließlich braucht sich nicht mehr jeder Mitarbeiter in die Feinheiten der Layout-Gestaltung einzuarbeiten. Er wählt nur noch vorgefertigte Druckvorlagen und kann sich auf deren Stimmigkeit verlassen.

3. Die gestalterische Überarbeitung eines Textes wird sehr viel leichter. Dazu ein Beispiel: Ein Buch von 300 Seiten ist zu gestalten. Stellt man bei einem Probeausdruck fest, daß die Überschriften sehr klein wirken, dann reicht eine kleine Änderung in der Formatvorlage für Überschriften, um dieses Manko zu beheben. Alle Kapitel-Titel werden automatisch neu formatiert. Bei der direkten Formatierung müßte Kapitel für Kapitel durchgegangen und manuell neu formatiert werden. Mal abgesehen von der Mehrarbeit, ist dieses Vorgehen auch ganz schön fehlerträchtig, denn wie leicht vergißt man bei einer derartigen Überarbeitung etwas. Und dann verdoppelt sich die Arbeit leicht.

Ihnen sollte jetzt klar sein, daß die indirekte Formatierung unbestreitbare praktische Vorteile hat. Diese wiegen die anfangs komplizierte Definition und Anwendung der Vorlagen schnell auf.

3.4.1 Das Konzept

WinWord arbeitet mit zwei Arten von Vorlagen, den Druckformatvorlagen/Absatzlayouts und den Dokument-Vorlagen.

Druckformatvorlagen – auch Layoutbögen genannt – bestimmen das Aussehen von Absätzen, Dokument-Vorlagen das Erscheinungsbild von Texten. Jeder Dokument-Vorlage ist dabei automatisch zumindest eine Druckformatvorlage zugeordnet. Jedesmal, wenn Sie über DATEI/NEU einen neuen Text erstellen, wählen Sie damit automatisch die Dokument-Vorlage NORMAL.DOT und damit erhalten Sie auch gleich die vier Druckformate "Standard", "Gliederung1", "Gliederung2", "Gliederung3" und "Gliederung4". Hinter NORMAL.DOT verbirgt sich eine leere DIN-A4-Seite, die Druckformate erlauben Ihnen die Gestaltung eines linksbündig formatierten Textes mit vier verschiedenen Überschriften.

In den folgenden Abschnitten werden Sie nun eine Dokument-Vorlage mit den zugehörigen Druckformat-Vorlagen für die künftige Katalog-Produktion unserer Beispiel-Firma erstellen und nutzen.

3.4.2 Dokument-Vorlagen

Als ersten Schritt rufen Sie den Befehl NEU im DATEI-Menü auf und klicken den Knopf VORLAGE an. Als Basis für die Katalog-Vorlage wählen Sie NORMAL.DOT, weil diese Vorlage Ihnen am wenigstens vorgibt. Es erscheint ein neues Dokument-Fenster mit dem Namen VORLAGE1.

Als zweiten Schritt geben Sie die Texte für Ihren Katalog ein, die Sie immer gebrauchen werden. Dazu zählen die Firmenanschrift am Ende, das Deckblatt und die Kapitelüberschriften. Den Vorlagentext für Ihren Katalog sollten Sie zunächst nicht formatieren, abgesehen von einigen Leerzeilen, um Überschriften voneinander zu trennen. Ihr Text sollte jetzt etwa so wie in Abbildung 3.23 aussehen.

Wählen Sie nun den Befehl SPEICHERN UNTER, um Ihre Brief-Vorlage ein erstes Mal zu sichern. Damit aus dem Dokument auch tatsächlich eine Vorlage wird, müssen Sie die Extension .DOT angeben, der Name sollte KATALOG sein.

Vorlagendateien können zur späteren Bearbeitung genauso geöffnet werden wie normale Dokumente. Im ÖFFNEN-Dialog geben Sie als Extension nur .DOT an. Mit SPEICHERN werden Ihre Änderungen dann gesichert. Über NEU im DATEI-Menü können Sie übrigens bereits jetzt Ihre Vorlage nutzen. Wenn Sie damit ein neues Dokument erstellen, enthält dieses bereits die von Ihnen vorgegebenen Texte.

Nun können Sie sich an die Gestaltung der Katalogvorlage begeben.

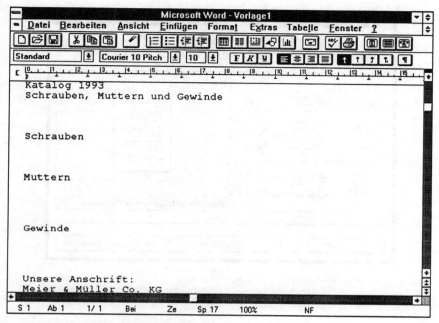

Abb. 3.23: Der Text für die Katalogvorlage

3.4.3   Seitenlayout

Rufen Sie den Befehl SEITE EINRICHTEN im FORMAT-Menü auf. Es erscheint ein sehr umfangreicher Dialog, der Sie aber nicht zu schockieren braucht (Abb. 3.24).

Für die Katalogvorlage sollten Sie unter GRÖßE UND AUSRICHTUNG das Format DIN A4 wählen. Als AUSRICHTUNG wählen Sie das Hochformat. Dann wechseln Sie zu den Seitenrändern (Abb. 3.25).

Setzen Sie die oberen und unteren Ränder auf 4 cm, die Ränder rechts und links auf 2 cm. Klicken Sie außerdem den Schalter GEGENÜBERLIEGENDE SEITEN an, denn im Katalog werden Sie wie in einem Buch mit rechten und linken Seiten zu tun haben.

Speichern Sie all Ihre Einstellungen erneut über SPEICHERN im DATEI-Menü in der Katalog-Vorlage ab.

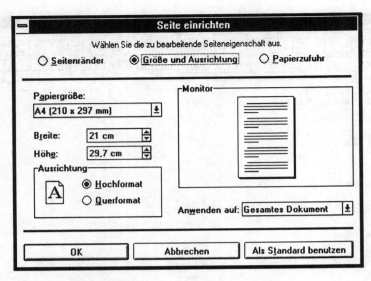

Abb. 3.24: Seite einrichten (Größe und Ausrichtung)

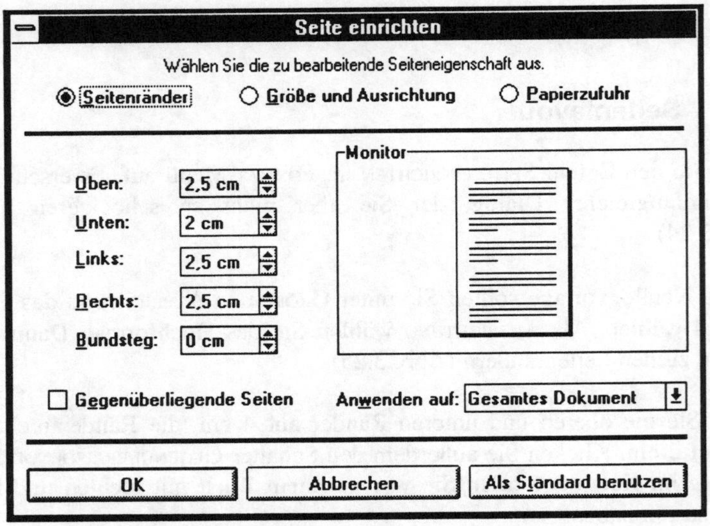

Abb. 3.25: Seite einrichten (Seitenränder)

138

3.4.4 Kopf- und Fußzeilen

Hinweis: Um den Schalter SEITENZAHLEN in der Dialogbox brauchen Sie sich an dieser Stelle noch nicht zu kümmern. Dieser wird erst beim Thema "Seitennumerierung" interessant, welches in Kapitel 10.4 ausführlich behandelt wird.

Ab der zweiten Seite wollen Sie Ihre Katalogseiten auch durchnumerieren. Dazu brauchen Sie nun die Kopf- und Fußtexte. Schließlich soll die Seitennummer automatisch auf jeder Seite erscheinen, und das erreichen Sie, indem Sie die Numerierung im Kopf- oder Fußtext eingeben. Der wird nämlich immer ohne weiteres Zutun oben und unten auf die Seite gedruckt. Sozusagen als Standard.

Sie können die Seitennumerierung entweder oben im Kopftext oder unten im Fußtext unterbringen. Abgesehen davon, daß das Ergebnis natürlich unterschiedlich aussieht, läuft es in der Bedienung nahezu identisch. Hier wird die Anwendung eines Fußtextes beschrieben. Wollen Sie einen Kopftext verwenden, müssen Sie natürlich statt Fußtext immer die entsprechenden Kopftext-Felder, -Schalter, -Knöpfe, -Einstellungen und -Befehle betätigen. Doch das schaffen Sie schon.

Wählen Sie also zunächst im ANSICHT-Menü den Befehl KOPF-/FUSSZEILE. Klikken Sie den Schalter ERSTE SEITE ANDERS an und wählen Sie dann in der Liste den Eintrag FUSSZEILE. Bestätigen Sie die Wahl mit OK. Am unteren Bildschirmrand öffnet sich nun ein Textfenster für den Fußtext (Abb. 3.26).

Hier hinein tippen Sie

```
Seite
```

und fügen dann über die Symbolleiste die Seitennummer ein. Verwenden Sie dazu das Symbol mit dem Lattenkreuz #. Dieser Befehl sorgt für eine automatische Seitennumerierung beim Druck.

Hinweis: Vergessen Sie nicht zwischen Kreuzbefehl und SEITE ein Leerzeichen zu setzen, sonst wird die Seitennummer direkt hinter SEITE gedruckt.

Wenn Sie möchten, können Sie den Fußtext auch noch über FORMAT/ABSATZ zentrieren und über FORMAT/ZEICHEN in einer bestimmten Schrift auszeichnen. Schließlich ist der Fußtext ganz normaler Text. Anschließend beenden Sie die Arbeit am Fußtextfenster über den Schalter SCHLIESSEN.

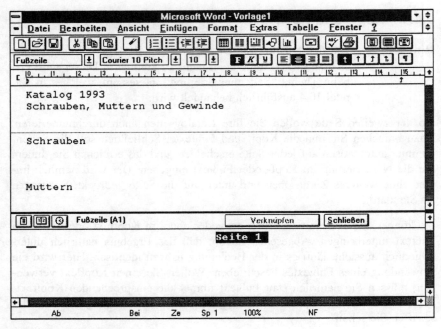

Abb. 3.26: Fußtextfenster

Hinweis: In der Normal- und Konzeptansicht (siehe ANSICHT-Menü) sehen Sie die Kopf- und Fußtexte nicht. Sie können nur über ANSICHT/KOPF-FUSSTEXTE und einen Doppelklick auf den entsprechenden Listeneintrag in der Liste KOPF-/FUSSZEILE wieder bearbeitet werden. In der Druckbild-Ansicht hingegen erscheinen die Kopf- und Fußtexte richtig auf der Seite und können auch direkt bearbeitet werden.

Aufgabe: Geben Sie der Katalog-Vorlage einen Kopftext, der für alle Seiten außer der ersten Seite, den Seitentitel *Katalog* fett und zentriert in einer größeren Schrift bringt.

3.4.5 Absatzlayout

Für den Katalog benötigen Sie eine ganze Reihe von Absatzlayouts oder Druckformatvorlagen:

■ Deckblattext

- Hauptüberschrift

- Zwischenüberschriften

- Fließtext

- Firmenadresse

Aus Platzgründen können hier unmöglich alle Absatzlayouts definiert werden. Nehmen wir eines heraus – das für den normalen Fließtext. Wählen Sie aus dem FORMAT-Menü DRUCKFORMAT und wählen Sie zunächst das Layout "Standard" über DEFINIEREN zur Bearbeitung. Es erscheint der Druckformat-Definitions-Dialog.

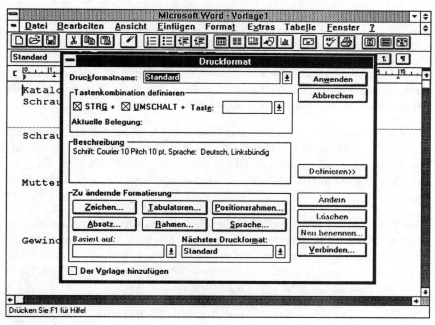

Abb. 3.27: Druckformat definieren

In diesem Dialog können Sie über Schalter zu den schon bekannten Dialogen FORMAT/ZEICHEN und FORMAT/ABSATZ verzweigen und so dem Format "Standard" eine bestimmte Schrift, Auszeichnung und Formatierung zuweisen. Besonderheiten wie Rahmen, Positionsrahmen etc. werden ab Kapitel 3.5 "Illustrationen" zur Sprache kommen. Außerdem können Sie für jedes Druckformat eine Tastenkombination zum schnelleren Aufruf bestimmen und eine kurze Beschreibung für Sinn und Zweck des Formats angeben.

Mit BASIERT AUF können Sie bei der Definition neuer Druckformate ein Basislayout bestimmen. So wird z. B. die zweite Überschriften-Ebene nicht so sehr von der ersten Ebene abweichen. Also empfiehlt es sich, das Format "Gliederung2" auf "Gliederung1" basieren zu lassen. NÄCHSTES DRUCKFORMAT erleichtert später die Arbeit mit den Formaten. So können Sie sich ersparen, nach der Auszeichnung einer Zeile mit dem Format "Überschrift" den nächsten Absatz manuell mit "Standard" auszuzeichnen. Das Format "Standard" kann über NÄCHSTES DRUCKFORMAT als automatisches Folge-Format für das Format "Überschrift" bestimmt werden.

DER VORLAGE HINZUFÜGEN sorgt dafür, daß ein geändertes Format unter einem neuen Namen der Sammlung der Druckformate hinzugefügt wird. Voraussetzung ist allerdings, daß oben der Druckformatname neu gewählt wird.

Für den normalen Fließtext wählen Sie als Schrift Times Roman in einer Größe zwischen 10 und 12 Punkt. Besondere Attribute sind nicht notwendig. Wechseln Sie dazu in den Zeichen-Dialog. Einrückungen und besonders große Ränder links und rechts erübrigen sich ebenfalls.

Der Zeilenabstand sollte normal eine Zeile sein, der Absatzabstand kann zusätzlich eine Zeile betragen. Die Absätze sollten über den Seitenumbruch hinweg zusammengehalten werden. Die Formatierung stellen Sie über die Aufklappliste FORMAT auf BLOCKSATZ. Für all das wechseln Sie zum Absatz-Dialog.

Über TABULATOREN haben Sie die Möglichkeit, Tabulatoren einzustellen. Zumindest drei Tabs auf Zentimeter 0.5, 1 und 2 sollten Sie als Linkstabs für den normalen Fließtext setzen. Mehr zu Tabulatoren steht in Kapitel 3.2.4. Von "Rastern" wird in Kapitel 3.5 unter "Rahmen" und "Raster" die Rede sein, von "Spalten" in Abschnitt 3.4.7 "Mehrspaltensatz".

Mit ÄNDERN und SCHLIESSEN können Sie nun die Definition des normalen Fließtextes abschließen. Speichern Sie die Katalog-Vorlage zur Vorsicht über SPEICHERN im DATEI-Menü ab. In der gleichen Weise legen Sie die anderen Formatvorlagen an.

Aufgabe: Legen Sie nun alle weiteren benötigten Formatvorlagen für den Katalog an und speichern Sie diese.

3.4.6 Vorlagen benutzen

Nichts ist nun leichter, als die Layout-Vorlagen zu nutzen. Am besten tun Sie das gleich in der Dokument-Vorlage für den Katalog. Zeichnen Sie dort alle bereits eingegebenen Texte mit den passenden Absatzlayouts aus. Dazu markieren Sie die betreffenden Zeilen oder Absätze, wählen den Befehl DRUCK-FORMAT im FORMAT-Menü, klicken das passende Layout an und drücken AN-WENDEN. Alternativ können Sie auch die Tastenkombination drücken, die Sie den Druckformaten zugewiesen haben. Am linken Seitenrand werden daraufhin die Namen des gewählten Formats/Layouts eingeblendet, und der Absatz wird entsprechend den Layoutangaben umformatiert.

Hinweis: Die Druckformatnamen erscheinen nur, wenn Sie unter EX-TRAS/EINSTELLUNGEN/ANSICHT die Druckformatspalte größer Null eingeschaltet haben.

Auch die Leerzeilen, in denen der Bearbeiter den normalen Fließtext einfügen wird, sollten markiert und mit dem Druckformat "Standard" formatiert werden. So wird auch neu eingegebener Text später automatisch richtig formatiert.

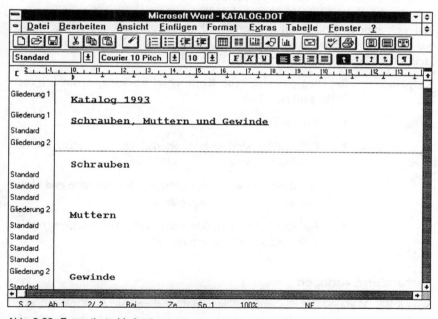

Abb. 3.28: Formatierte Vorlage

Speichern Sie nun Ihre Dokument-Vorlage über SPEICHERN als Vorlage ab.

Wollen Sie einen neuen Katalog auf der Basis der Katalog-Dokument-Vorlage mit all ihren voreingestellten Druckformaten und bereits eingegebenen Texten nutzen, brauchen Sie nur NEU aus dem DATEI-Menü zu wählen und als Vorlage Ihre Katalog-Vorlage zu wählen. Auf dem Bildschirm erscheint dann die bereits komplett ausgezeichnete erste Katalogseite mit allen feststehenden Texten. Sie brauchen nur noch auszufüllen und auszudrucken. Alle Formatierungen sind ja bereits erledigt.

Wollen Sie trotzdem eine Formatierung ändern, müssen Sie lediglich die betreffende Textstelle markieren und mit einem anderen Layout auszeichnen. Mehr noch: Sollte eine Stelle im Text komplett vom normalen Kataloglayout abweichen, dann können Sie diese auch über FORMAT/ZEICHEN und FORMAT/ABSATZ direkt formatieren. Direkte Formatierungen überschreiben nämlich die indirekt angegebenen Formate. So können Sie ein Wort oder eine Passage im normalen Katalogtext auf Wunsch sogar in einer völlig anderen Schriftart und -größe setzen. Auch ganze Absätze lassen sich abseits aller Layoutvorgaben z. B. linksbündig setzen oder links und rechts einrücken. Alles kein Problem, wenngleich natürlich die gesamte Vereinheitlichung flöten geht.

Außerdem können Sie alle vorgegebenen Texte wie Überschrift und Adreßangabe löschen oder überschreiben. Schließlich kann sich über die Jahre immer mal was ändern. Und wenn Sie den Katalogtext abspeichern wollen, können Sie dies ohne Gefahr für die Vorlage mit SPEICHERN tun. Kein normales Dokument überschreibt und zerstört je Ihre Vorlagen.

Aufgabe: Erstellen Sie sich eine Korrespondenz-Vorlage, die folgende Bedingungen erfüllt:

1. Format DIN A4

2. Randgrößen sind so gewählt, daß Sie Ihr Briefpapier verwenden können.

3. Standardtexte wie Anrede, Bezugszeichenzeile und Grußformel sind bereits eingegeben.

4. Es existieren Druckformate für Anschrift, normalen Brieftext, Aufzählungen und PS.

Vorhandene Vorlagen

Neben der Vorlage, die Sie nun selbst erstellt haben, bietet WinWord noch zahllose andere Vorlagen-Dateien, die Sie genauso einfach wie die Briefvorlage benutzen können. Schauen Sie sich doch einfach über Neu die Vorgaben der verschiedenen Vorlagen an. Vielleicht sind auch einige nützliche "Vordrucke" für Sie dabei.

Hinweis: Im Anhang finden Sie eine Übersicht über die vorhandenen Formatvorlagen.

Druckformate verwalten

Über den Dialog Druckformat/Definieren können Sie auch bestehende Druckformate verwalten. So ist es über die entsprechenden Schalter möglich, einzelne Formate zu löschen, umzubenennen oder in den Teildialogen Format/Zeichen und Format/Absatz vorgenommene Neudefinitionen als Änderungen festzuschreiben. Außerdem lassen sich die Druckformate aus zwei Vorlagendateien über Verbinden verschmelzen.

Über den Befehl Datei/Dokumentvorlage wechseln Sie für eine bestehende Datei die Vorlage. So könnte es möglich sein, daß Sie einen Katalogtext bereits auf der Vorlage NORMAL.DOT erstellt haben und nun an die neue Katalog-Vorlage KATALOG.DOT koppeln möchten. Mit Datei/Dokumentvorlage kein Problem.

3.4.7 Mehrspaltensatz

Wollen Sie in dem Katalog mit mehreren Spalten arbeiten, z. B. einer Spalte für den Text und einer Bildspalte, dann ist auch das mit WinWord kein Problem. Rufen Sie im Format-Menü den Befehl Spalten auf (vgl. Abb. 3.29).

Über Spaltenanzahl bestimmen Sie die Zahl der Spalten, also 2. Mit Spaltenabstand wird der Abstand zwischen den Spalten festgelegt, der ruhig bei der Vorgabe belassen werden kann. Zwischenlinie legt zwischen die Spalten eine Trennlinie – wie das aussieht, sehen Sie in dem Vorschau-Fenster rechts. Neue Spalte beginnen ist jetzt noch nicht von Belang, etwas später kommt diese Option auch noch zur Sprache. Unter Anwenden auf wählen Sie Gesamtes Dokument, damit der gesamte Katalog zweispaltig gesetzt wird. Mit Ok wird die Mehrspaltigkeit verabschiedet.

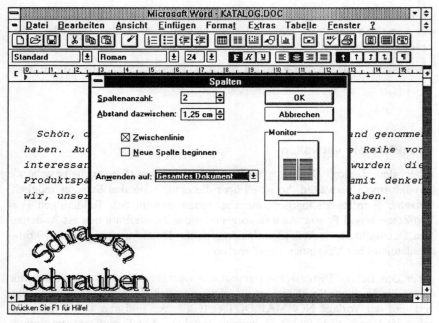

Abb. 3.29: Spalten-Dialog

In der Normal- und der Konzept-Ansicht merken Sie zunächst nur wenig davon. Lediglich der Text erscheint jetzt in sehr schmalen Bahnen. In der Druckbild-Ansicht aber steht der Text nebeneinander in Spalten. Wenn Sie noch das Lineal dazuschalten, sehen Sie dort auch die Spaltenränder und den Spaltenabstand. Sie haben damit die Gelegenheit, z. B. die Bildspalte schmaler als die Textspalte zu machen. Sie brauchen nur die Spaltenrand-Markierer (eckige Klammern) im Lineal zu ergreifen und an die gewünschte Stelle zu verschieben. Der Text wird entsprechend umformatiert.

Wenn Sie in einem Dokument erst die Mehrspaltigkeit herstellen und dann den Text eingeben, werden Sie den automatischen Spaltenumbruch kennenlernen. WinWord füllt erst die erste Spalte bis zum Seitenende mit Text und springt dann auf die nächste Spalte bis hin zur letzten Spalte.

Bei Ergänzungen und Löschungen sorgt WinWord automatisch für die Verteilung des Textes auf die Spalten. Dabei wird mit der linken Spalte begonnen. Nun kann es aber sein, daß Sie sich auf den automatischen Spaltenumbruch nicht verlassen können oder wollen. Z. B. soll eine Spalte vorzeitig beendet werden, um später darin ein Bild plazieren zu können. Hier hilft Ihnen der manuelle Spaltenumbruch weiter. Rufen Sie aus dem EINFÜGEN-Menü den Befehl MANUELLER UMBRUCH auf und wählen Sie SPALTENWECHSEL. WinWord setzt den Text hinter der Einfügemarke auf die nächste Spalte.

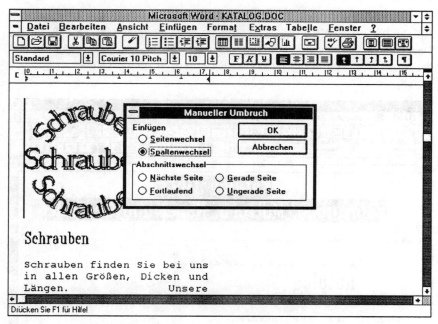

Abb. 3.30: Manueller Spaltenumbruch

Ein Problem entsteht dadurch, daß durch die Mehrspaltigkeit auch die Überschrift im Katalog in die kleinen Spalten gequetscht wurde. Schöner aber sähe es aus, wenn die Titelzeilen über die gesamte Seitenbreite laufen würden und nur der normale Fließtext zweispaltig wäre. Auch das ist möglich. Markieren Sie eine Überschrift und rufen Sie erneut den Spaltendialog auf. Dort setzen Sie die Zahl der Spalten zurück auf *1* und wählen Sie NEUE SPALTE BEGINNEN, damit die Überschrift nicht innerhalb einer Spalte auf volle Breite gesetzt wird.

In der Normal- und Konzept-Ansicht (beide ANSICHT-Menü) erscheinen für diesen Wechsel der Spaltenzahl vor und nach den Überschriften doppelte, gestrichelte Linien quer über die Seite. Diese Linien heißen Abschnittswechsel. Abschnitte teilen in WinWord einen Text grob in Teile verschiedener Gestaltung ein. Abschnitte entstehen automatisch durch eine Änderung der Spalten-

147

zahl, können aber auch dazu dienen, einen Textteil in jedem Fall auf die nächste Spalte oder Seite zu bringen. Dazu plazieren Sie über EINFÜGEN/MANUEL-
LER UMBRUCH einen Abschnittswechsel. Der neue Abschnitt beginnt an der
Cursorposition. Unter FORMAT/ABSCHNITT können Sie dann die Plazierung dieses Abschnitts beliebig festlegen.

Abschnitte lassen sich zudem vertikal auf der Seite ausrichten, so daß Sie ein
Deckblatt für den Katalog mit Hilfe eines Abschnitts so gestalten können, daß
die Angaben sowohl waagerecht als auch senkrecht zentriert stehen.

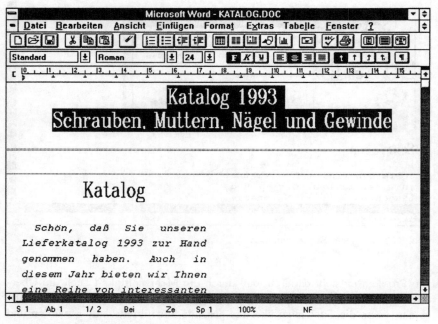

Abb. 3.31: Abschnitt formatieren

Aufgabe: Gestalten Sie ein Deckblatt für den Katalog mit dem Titel

Katalog 1993

Schrauben, Muttern, Nägel und Gewinde

3.4.8 Feldfunktionen

Feldfunktionen sind in WinWord eine ausgezeichnete Möglichkeit, Vorgänge zu automatisieren. Gekoppelt mit den Vorlagendateien können Sie z. B. für den Ausdruck des Datums bei Briefen, für eine automatische Seitennumerierung, für den Eindruck Ihrer Adresse als Absender und vieles mehr sorgen.

Hinweis: Auch im Kapitel 8.6 "Formulare" wird noch einmal sehr ausführlich von den Feldfunktionen in Zusammenhang mit Formular-Vorlagen die Rede sein. Feldfunktionen liegen außerdem den WinWord-Funktionen zur automatischen Indexerstellung, Fußnotenverwaltung usw. zugrunde (mehr dazu in Kapitel 10). Schließlich erfolgt auch die Berechnung von mathematischen Formeln über Felder (Kapitel 7.1)

Felder fügen Sie über den Befehl FELD im EINFÜGEN-Menü ein. Sie wollen den Katalog immer mit dem aktuellen Druckdatum versehen, damit die Kunden später genau wissen, von wann die Produkt-Übersicht ist.

Das Feld, das Sie brauchen, heißt DRUCKDATUM. Sie finden es in der Liste unter EINZUFÜGENDE FELDART. In der rechten Liste ANWEISUNG geben Sie anschließend an, wie das Datum gedruckt werden soll, die übliche Form ist TT.MM.JJ, was für Tag.Monat.Jahr oder 10.10.92 steht. Drücken Sie den Schalter HINZUFÜGEN, um die Feldfunktion zu komplettieren. Mit OK wird das Feld in den Text an der Cursorposition plaziert.

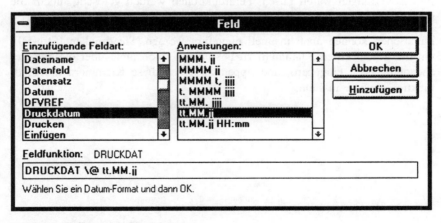

Abb. 3.32: Einfügen des Druckdatums

Was Sie von dem Feld auf dem Bildschirm sehen, hängt davon ab, ob im Ansicht-Menü der Befehl Feldfunktionen an- oder abgeschaltet ist. Ist der Befehl aktiviert, wird die Befehlsformulierung der Feldfunktion angezeigt, im Falle des Druckdatums also

{druckdatum \@tt.mm.jj}

Die geschweiften Klammern markieren Beginn und Ende der Feldfunktion und dürfen nicht entfernt werden. Ist der Befehl nicht aktiviert, wird das Ergebnis der Feldfunktion angezeigt, was momentan auf

00.00.00

hinausläuft, denn das Druckdatum wird natürlich erst bei einem Drucken-Befehl festgelegt. Hätten Sie das normale Datum eingefügt, was über die Feldfunktion "Datum/Aktualdat" geht, stünde an der Cursorposition z. B.

10.10.92

Wenn Sie das Gefühl haben, eine Feldfunktion zeigt nicht den aktuellen oder richtigen Wert an, dann können Sie explizit eine Aktualisierung verlangen. Sie markieren die Funktion und drücken [F9]. Ändert sich der Wert nicht, stimmt entweder tatsächlich etwas nicht, z. B. geht die Systemuhr falsch, oder aber Ihre Erwartungen waren falsch. Feldfunktionen werden gelöscht, indem Sie sie markieren und dann [Entf] drücken.

Funktionen können auch manuell eingefügt werden. Sie drücken [Strg-F9], um die geschweiften Klammern zu bekommen (bloß nicht über die entsprechenden Tasten eingeben), und tippen zwischen diese Klammern die Feldfunktion ganz normal ein.

Weitere Feldfunktionen

Funktion	Ergebnis
Datum:	Fügt das aktuelle Datum ein. Sinnvoll in Briefen und zeitgebundenen Dokumenten.
{DATUM \@ "tt MM jj"}	24.12.91
Anzahl Seiten:	Fügt die Gesamtanzahl der Seiten des Dokuments ein. Sinnvoll bei langen Dokumenten mit Seitennumerierung, bei denen keine Seite verlorengehen darf.
Beispiel:	Seite {SEITE} von {ANZSEIT}
Ergebnis:	Seite 13 von 34
Autor:	Fügt Ihren Namen ein. Sinnvoll als Unterschrifts-Zeile.
{AUTOR}	Ihr Name aus der Dokument-Info.
Benutzeradresse:	Fügt Ihre Adresse ein. Sinnvoll als Absender-Angabe.
{BENUTZERADR}	Ihre Adresse aus EXTRAS/EINSTELLUNGEN/-BENUTZER-INFO.
Benutzername:	Fügt Ihren Namen ein. Sinnvoll als Unterschrifts-Zeile.
{BENUTZERNAME}	Ihr Name aus EXTRAS/EINSTELLUNGEN/BENUTZER-INFO.
Dateiname:	Fügt den Dateinamen ein. So wissen Sie bei einem gedruckten Dokument gleich, aus welcher Datei es stammt.
{DATEINAME}	KATALOG.DOC
Speicherdatum:	Fügt das Speicherdatum ein. Dann wissen Sie gleich, wann das Dokument zum letzten Mal bearbeitet und aktualisiert wurde.
{SPEICHERDAT}	08.01.91

Hinweis: Eine umfangreichere Übersicht über interessante Feldfunktionen finden Sie im Anhang unter 11.4.

Hinweis: Ein besonders bequemer Weg, Datums- und Zeitfelder in den Text einzufügen, ist der Befehl DATUM UND ZEIT im EINFÜGEN-Menü. Der stellt Ihnen alle denkbaren Formen von Datums- und Zeitangaben in einer Liste zur Auswahl, mit einem Klick haben Sie die Angabe an der Cursorposition plaziert.

3.5   Illustrationen

Sie kennen den vielzitierten Spruch "Ein Bild sagt mehr als tausend Worte". Inzwischen ist diese Weisheit wohl derart platt getreten, daß kaum einer mehr aufhorcht, wenn er von Grafiken, Bildern und Symbolen hört. Und in der Tat ist in letzter Zeit der Umgang mit Bildelementen auch arg übertrieben worden.

Vor lauter Symbolen ist in manchem Buch der Text nicht mehr zu finden, Beschilderungen werden durch immer neue Zeichen immer unverständlicher, Zeitschriften liefern bald nur noch Bilder und nichts mehr zum Lesen. Und auf Faxen erscheinen Strichmännchen und wilde Zeichnungen, wohl in der Hoffnung, Aufmerksamkeit zu erregen. Das Gegenteil ist inzwischen oft der Fall, die Gags wirken zu aufgesetzt.

Dennoch sind Illustrationen wertvoll, solange Sie die Aussage des Textes unterstreichen, verdeutlichen oder klarer machen. Und dafür gibt es Anwendungsgebiete genug:

- Produktübersichten: Produktzeichnungen

- Einladungen: Anfahrtskizzen, Party-Zubehör

- Briefköpfe: Firmenlogo, eingescannte Unterschriften

- Technische Erläuterungen: Planskizzen

- Bedienungsanleitungen: Gerätebilder

- Werbezettel: Sonderangebots-Symbole, Produktbilder

- Zeitschriften: Bilder, optische Elemente zur Strukturierung der Seite

Mit WinWord haben Sie diverse Möglichkeiten, den Text um Illustrationen wie Grafiken, Diagramme und Bilder, grafische Elemente wie Kästen, Linien,

Raster und Strichzeichnungen zu ergänzen. Wie die entsprechenden Befehle und Funktionen bedient werden, erfahren Sie in diesem Kapitel.

3.5.1 Grafische Elemente einfügen

Striche, Linien, Kästen oder Rahmen oder ein Raster können aus einer Bleiwüste schon eine optisch schicke Seite machen. Mit WinWord haben Sie all diese grafischen Elemente relativ leicht auf der Seite plaziert.

Linien

Linien gliedern eine Seite optisch auf. Eine Form der Linie, den Spaltentrenner, haben Sie bereits in Kapitel 3.4.8 "Mehrspaltensatz" kennengelernt. Hier geht es um die Linien, die Sie an Absätze koppeln: Linien rechts und links des Absatzes, unter- und oberhalb.

Um z. B. den Überschriften eine doppelte Linie unterhalb zu verpassen, gehen Sie wie folgt vor: Markieren Sie die Überschrift und wählen Sie aus dem FORMAT-Menü den Befehl RAHMEN. Es erscheint der RAHMEN-Dialog.

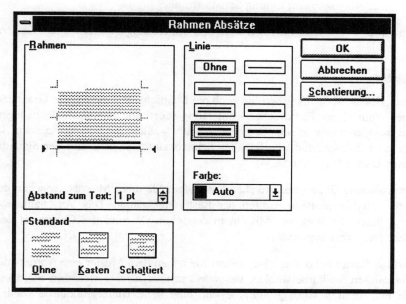

Abb. 3.33: Rahmen-Dialog

Wenn Sie eine Linie unterhalb des Absatzes plazieren wollen, markieren Sie in der Vorschau unter RAHMEN mit einem Klick den unteren Bereich. Es müssen dann zwei Dreiecke links und rechts unten an den symbolisierten Absatzzeilen erscheinen.

Jetzt wählen Sie unter LINIE die gewünschte Linienart, also die doppelte Linie. In der Vorschau wird diese Linie unten angezeigt. Wenn Sie über einen Farbdrucker verfügen, können Sie auch eine Farbe wählen. Mit OK erhält der markierte Überschrift-Absatz die Linie.

Aufgabe: Versehen Sie auch die anderen Überschriften mit Linien.

Kästen

Über den RAHMEN-Dialog im FORMAT-Menü plazieren Sie auch Kästen, also Linien oben, unten, rechts und links um einen Absatz herum. Wiederum markieren Sie den Absatz und rufen im FORMAT-Menü den Befehl RAHMEN auf. Diesmal markieren Sie aber nicht den unteren Bereich im Vorschau-Fenster, sondern markieren unter STANDARD den Eintrag KASTEN. Damit erhalten Sie Linien rundherum. Unter LINIE bestimmen Sie die Linienart und unter FARBE die gewünschte Färbung. Soll der Kasten zudem schattiert erscheinen, klicken Sie unter STANDARD den Eintrag SCHATTIERT an.

Aufgabe: Setzen Sie den Vorspann des Katalog-Textes in einen Kasten.

Raster

Über FORMAT/RAHMEN haben Sie auch die Möglichkeit, Text auf ein Grauraster oder – mit einem Farbdrucker – auf farbig schattierte Hintergründe zu legen. Sie markieren den zu schattierenden Absatz, wählen den Format-Rahmen-Befehl und drücken dort den Schalter SCHATTIERUNG. Es erscheint der Schattierungs-Dialog (vgl. Abb. 3.34).

Verschiedene Grauraster erreichen Sie, indem Sie unter MUSTER zwischen den unterschiedlichen Prozentstufen der Rasterung wählen. Das Vorschaufenster zeigt Ihnen die Wirkung. Mit einem doppelten OK wird das Grauraster dem markierten Text zugewiesen.

Farbige Raster bekommen Sie, indem Sie neben dem Muster eine Vorder- und eine Hintergrundfarbe wählen. Besonders schöne Effekte erreichen Sie, wenn Sie eine dunkle Vordergrundfarbe und eine helle Hintergrundfarbe wählen. Doch all das macht nur Sinn, wenn Sie einen Farbdrucker haben.

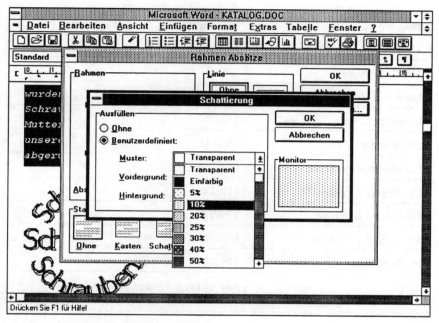

Abb. 3.34: Schattierungs-Dialog

Aufgabe: Legen Sie den Vorspann des Kataloges auf ein Grauraster mit 10%.

Hinweis: Linien, Kästen und Raster lassen sich auch über Druckformate definieren. Eine einfache Möglichkeit, direkt z. B. für Vorspänne ein Grauraster und für Zusammenfassungen einen Kasten als Gestaltung festzulegen.

3.5.2   Grafiken und Bilder einfügen

Neben den bescheidenen Möglichkeiten der Liniengrafik kann WinWord auch Grafiken und Bilder in den gängigsten Formaten aus anderen Programmen und Scannern einlesen und im Text plazieren. So lassen sich etwa PCX-Dateien aus Paintbrush oder PIC-Dateien aus Lotus 1-2-3 mühelos integrieren. Hier eine genaue Aufstellung:

155

Programme	Dateiformat
AutoCAD Format 2-D	(.DXF)
AutoCAD Import	(.PLT)
AutoCAD Plotter-Datei	(.PLT)
Computer Graphics Metadatei	(.CGM)
DrawPerfect	(.WPG)
Encapsulated PostScript	(.EPS)
HP Graphic Language	(.HGL)
Lotus 1-2-3 Graphics	(.PIC)
MicrografX Designer/Draw	(.DRW)
PC Paintbrush	(.PCX)
TIFF	(.TIF) (Tagged Image File Format = Dateiformat für eingescannte Abbildungen)

Dateiformat für eingescannte Abbildungen

Video Show Import	(.PIC)
Windows Bitmaps	(.BMP)
Windows Metadatei	(.WMF)
Zenographics Mirage	(.IMA)

Mit dieser Palette von Importformaten dürfte sich jede nur denkbare Grafik einbinden lassen. Nehmen wir an, Sie wollen im Katalog genaue technische Zeichnungen der Schrauben abbilden. Die Konstruktionszeichnungen wurden mit AutoCAD erstellt und liegen Ihnen auf einer Diskette vor. Wie bekommen Sie diese Zeichnungen nun in den Text?

Gehen Sie mit dem Cursor an die Textstelle, an der die Zeichnung eingefügt werden soll. Rufen Sie den Befehl GRAFIK im EINFÜGEN-Menü auf und wählen Sie dort in der Dateiliste die entsprechende Datei wie beim Öffnen aus.

Unter AUFZULISTENDER DATEITYP markieren Sie AutoCAD als Import-Filter. Wollen Sie vorab sehen, ob es sich um die richtige Zeichnung handelt, drükken Sie den VORSCHAU-Schalter. Im Vorschau-Fenster wird die Zeichnung in Miniatur eingeblendet.

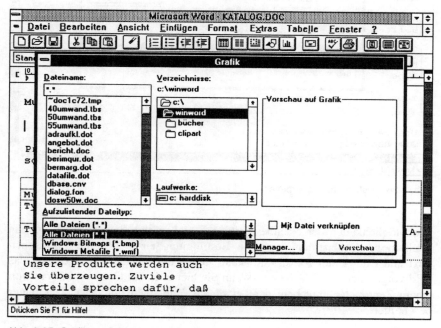

Abb. 3.35: Grafiken einlesen

Mit OK kommt die Grafik wirklich in den Text.

Hinweis: Sie sehen die Grafik nur im Druckbild-Modus und wenn unter EXTRAS/EINSTELLUNGEN/GRAFIK der Schalter PLATZHALTER FÜR GRAFIKEN abgeschaltet ist.

Nun haben Sie noch Gelegenheit, das Aussehen der Grafik im Text zu überarbeiten. Dazu dient der GRAFIK-Befehl im FORMAT-Menü.

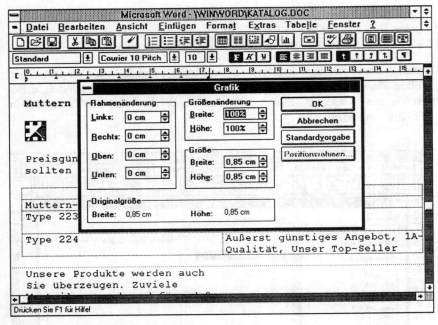

Abb. 3.36: Grafiken nachbearbeiten

Die Möglichkeiten der Nachbearbeitung beziehen sich hauptsächlich auf die Skalierung, Zuschneidung und die Bestimmung eines Abstandes zwischen Text und Bild. Unter RAHMENÄNDERUNG stellen Sie in Zentimetern die für das Bild vorgesehene Freifläche ein. Wenn Sie hier z. B. für OBEN einen Wert von einem Zentimeter eingeben, dann wird das Bild oben um einen Zentimeter beschnitten.

Geben Sie hier negative Werte an, wird die Freifläche für das Bild größer als das Bild selbst. So erreichen Sie mit Werten von -1 cm für oben, unten, rechts und links ein Passepartout für das Bild.

Die Größe ändern Sie unter GRÖSSE und GRÖSSENÄNDERUNG entweder konkret in Zentimetern oder prozentual. Wenn Sie Ihre Zeichnung nicht verzerren wollen, sollten Sie darauf achten, daß Sie Höhe und Breite proportional verkleinern oder vergrößern. Am leichtesten geht dies mit den Prozentangaben. Mit OK wirken sich Ihre Angaben auf die Grafik aus.

Positionsrahmen

Für gewöhnlich stehen die Grafiken linksbündig auf der Seite und der Text endet oberhalb der Grafik und wird unterhalb fortgeführt. Nun sieht es aber besser aus, wenn die Grafik z. B. mittig steht. Wenn Sie Grafiken frei auf der Seite plazieren wollen oder der Text seitlich um die Grafik herumfließen soll, dann müssen Sie zu den Positionsrahmen greifen.

Markieren Sie die Grafik und wählen Sie aus dem EINFÜGEN-Menü den Befehl POSITIONSRAHMEN. Die Grafik ist nun mit einem nicht sichtbaren Rahmen umgeben, der Ihnen erlaubt, die Grafik frei zu verschieben und zu plazieren. Der einfachste Weg dazu ist, die Grafik mit der Maus zu ergreifen und an die gewünschte Position zu ziehen. Die Grafik wird automatisch umgesetzt und der Text neu um die Grafik herum formatiert.

Wenn Sie genauer arbeiten wollen, sollten Sie aber die Grafik markieren und im FORMAT-Menü den Befehl POSITIONSRAHMEN wählen oder den Befehl GRAFIK erneut aufrufen und dort dann den Schalter POSITIONSRAHMEN aktivieren. Es erscheint der Positionsrahmen-Dialog.

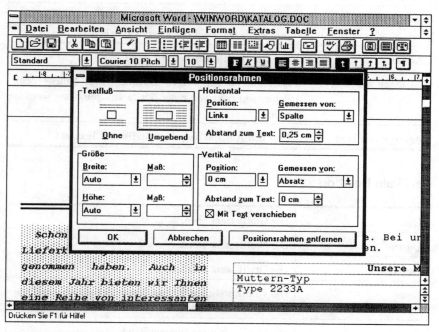

Abb. 3.37: Positionsrahmen-Dialog

Hier bestimmen Sie auf den Millimeter genau, wo die Grafik stehen, wie der Text formatiert werden und wie groß der Abstand zwischen Grafik und Text sein soll. Hier die Optionen im einzelnen:

Textfluß

OHNE	Setzt die Grafik im Positionsrahmen auf eine eigene Zeile. Der Text steht ober- und unterhalb der Grafik.
UMGEBEND	Formatiert den Text um die Grafik herum.

Horizontale Position

LINKS	Die Grafik steht links.
RECHTS	Die Grafik steht rechts.
ZENTRIERT	Die Grafik steht zentriert.
INNEN	Die Grafik steht am inneren Rand. Bei geraden und ungeraden Seiten wechselt innen und außen.
AUSSEN	Die Grafik steht am äußeren Rand.
GEMESSEN VON	Gibt an, ob die obigen Angaben vom Seiten- oder Papierrand oder von einer Spalte aus gemessen werden sollen.
ABSTAND ZUM TEXT	Legt den Abstand zwischen Grafik und Text fest.

Vertikale Position

OBEN	Die Grafik steht oben.
UNTEN	Die Grafik steht unten.
ZENTRIERT	Die Grafik steht zentriert.
INNEN	Die Grafik steht am inneren Rand. Bei geraden und ungeraden Seiten wechselt innen und außen.
AUSSEN	Die Grafik steht am äußeren Rand.

GEMESSEN VON	Gibt an, ob die obigen Angaben vom Seiten- oder Papierrand oder von einer Spalte aus gemessen werden sollen.
ABSTAND ZUM TEXT	Legt den Abstand zwischen Grafik und Text fest.
MIT TEXT VERSCHIEBEN	Gibt an, ob der Positionsrahmen an einer festen Position auf der Seite bleibt oder ob er mit dem zugehörigen Absatz zusammen verschoben wird.

Breite

AUTO	Die Breite wird der Grafik angepaßt.
GENAU	Sie geben eine Breite unter MAß fix an.
MAß	Gibt das genaue Maß für die Breite an, wenn Sie die Option GENAU gewählt haben. Die Angabe ist in verschiedenen Maßeinheiten möglich.

Höhe

AUTO	Die Höhe der Grafik wird automatisch angepaßt.
MINDESTENS	Geben Sie eine Mindesthöhe ein.
GENAU	Sie geben unter MAß eine Höhe fix an.
MAß	Wenn Sie die Option MINDESTENS oder GENAU gewählt haben, geben Sie die gewünschte Höhe ein. Dazu können Sie verschiedene Maßeinheiten verwenden.

3.5.3   Schnappschüsse

Wenn Sie mit WinWord Artikel oder Bücher zum Thema EDV schreiben möchten, dann werden Sie sicherlich auch Programmbildschirme als Grafiken in den Text einfügen wollen. Nun können Sie diese Bildschirme aber nicht abmalen oder in WinWord kopieren. Dennoch gibt es eine Möglichkeit, z. B. die Oberfläche von Superbase als Bild in einen WinWord-Text einzubauen.

161

Starten Sie die Anwendung, von der Sie einen Schnappschuß machen möchten und stellen Sie die zu fotografierende Programmsituation her. Wenn es soweit ist, drücken Sie die Taste [Druck]. Über den Task-Manager wechseln Sie zurück zu WinWord. Dort fügen Sie die Fotografie mit dem Befehl EINFÜGEN aus dem BEARBEITEN-Menü ein.

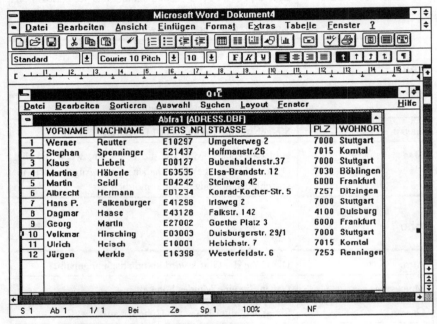

Abb. 3.38: Programm-Schnappschuß in WinWord

3.5.4   MS Draw – Vektorgrafiken anlegen

MS Draw ist ein Zeichenprogramm unter Windows, das im Lieferumfang von WinWord enthalten ist. Es handelt sich - wie gesagt - um ein selbständiges Programm, nicht um ein Programm-Modul. MS Draw bietet einen enormen Leistungsumfang und würde genügend Stoff für ein eigenes Buch liefern. Daher soll MS Draw im Rahmen dieses Buches anhand eines konkreten Praxisbeispiels kurz vorgestellt werden.

Mit MS Draw zeichnen Sie Vektorgrafiken, d. h. Zeichnungen, die Sie auf herkömmliche Weise mit Lineal, Zirkel und Bleistift erstellen würden. Vektorgrafiken eignen sich – global gesprochen – zum Zeichnen von Linien und geometrischen Figuren. Möchten Sie hingegen lieber freihandzeichnen, also Ihrer Phantasie freien Lauf lassen, bewerkstelligen Sie dieses am besten mit dem Programm Paintbrush, das im Lieferumfang von Windows enthalten ist.

Zeichnung für den Produktkatalog

Sie haben die Aufgabe, einen Produktkatalog zu erstellen, in dem natürlich auch Zeichnungen der einzelnen Produkte nicht fehlen dürfen. Sie möchten nun als Illustration des Kapitels "Nägel" einen Nagel zeichnen und diese Zeichnung anschließend in den Katalog übernehmen. Setzen Sie die Einfügemarke an die Stelle, an der später die Zeichnung stehen soll, und rufen aus dem EINFÜGEN-Menü die Option OBJEKT auf. In der Liste, die daraufhin eingeblendet wird, markieren Sie den Eintrag MICROSOFT DRAW und klicken auf OK. Nach kurzer Zeit sehen Sie das Zeichenfenster von MS Draw auf Ihrem Bildschirm. In der nachfolgenden Abbildung ist der Nagel bereits gezeichnet, damit Sie sich ein besseres Bild davon machen können, wie die Zeichnung tatsächlich aussehen sollte:

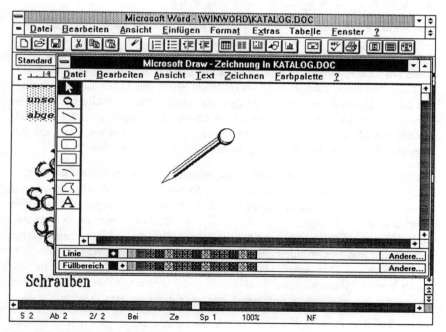

Abb. 3.39: Zeichenfenster von MS Draw

Am linken Bildschirmrand steht Ihnen eine Vielzahl von Zeichenutensilien zur Verfügung, im unteren Bildschirmbereich finden Sie eine Farbpalette für Linien und Füllfarben. Die Standardfarben für Linien und Füllbereich sind mit einem kleinen Karo gekennzeichnet: Linien schwarz, Füllbereich weiß. Diese Farben können Sie beliebig ändern – es stehen Ihnen genügend andere Farben zur Verfügung. Klicken Sie nur einmal auf den Schalter ANDERE, und Sie werden vom Farbangebot von MS Draw regelrecht erschlagen. Für den zu zeichnenden Nagel lassen Sie die Standardfarben Schwarz und Weiß bestehen.

Bevor Sie mit dem Zeichnen des Nagels beginnen, gehen Sie ins ZEICHNEN-Menü und schalten die Option AM RASTER AUSRICHTEN ab, falls diese mit einem Häkchen versehen sein sollte. Stellen Sie sich das Raster vor wie kariertes Papier: Versuchen Sie, auf kariertem Papier frei zu zeichnen, wird Ihnen dieses sehr schwerfallen, weil Sie sich mit Sicherheit automatisch an den Kästchen auf dem Papier orientieren. Solche Kästchen helfen Ihnen nur beim Zeichnen von geraden horizontalen oder vertikalen Linien, beim freien Zeichnen irritiert ein solches Raster nur. Das Raster auf dem PC ist nicht sichtbar – es ist lediglich ein gedachtes Raster. Jede Linie, die Sie zeichnen, wird jedoch an diesem Raster ausgerichtet, was Sie am freien Zeichnen des Nagels behindern könnte. Schalten Sie daher diese Option aus.

Nun kann es losgehen. Der Nagel besteht aus insgesamt fünf Linien und zwei Ellipsen obendrauf, um den Nagel dreidimensional, also wirklichkeitsgetreu, darzustellen. Die entsprechenden Zeicheninstrumente finden Sie in den Utensilien am linken Bildschirmrand. Zuerst die Linien, die Sie mit dem Hilfsmittel Linie zeichnen, dem dritten von oben unterhalb der Lupe. Klicken Sie auf das Linien-Symbol und setzen Sie den Mauszeiger an die Stelle im Zeichenfenster, an der Sie mit dem Zeichnen der ersten Linie beginnen möchten. Halten Sie die Maustaste gedrückt und ziehen sie solange, bis die Linie die gewünschte Länge erreicht hat. Dann lassen Sie die Maustaste los.

Nun folgt die zweite Linie parallel zur ersten in genau der gleichen Länge. Klicken Sie zunächst wieder auf das Linie-Symbol, um das Zeicheninstrument zu aktivieren, und zeichnen diese Linie. Eine dritte, ebenfalls parallel laufende Linie soll den 3D-Effekt verstärken und verläuft direkt oberhalb der unteren Linie. Um die Schattenwirkung zu erzielen, sollte diese Linie etwas dicker sein als die anderen. Wählen Sie im ZEICHNEN-Menü unter LINIENART die Stärke 2-PUNKT aus (Sie sehen, daß die Stärke 1-PUNKT standardmäßig für die ersten beiden Linien eingestellt war). Klicken Sie nun auf das Linien-Symbol und ziehen Sie die dickere Schatten-Linie ganz dicht an der unteren.

Sehen Sie sich diese drei Linien an: Sind sie alle exakt gleich lang? Wenn nicht, verkürzen oder verlängern Sie die Linien, bis alle die gleiche Länge

164

haben. Um Linien zu verkürzen oder zu verlängern, klicken Sie die gewünschte Linie mit der Maus an und ergreifen den entsprechenden Endpunkt, um die Linie auf die richtige Länge zu ziehen.

Ist Ihnen eine Linie nicht so ganz geglückt und etwas schief geraten, klicken Sie diese an und drücken [Entf]. Die Linie verschwindet vom Bildschirm, und Sie haben Gelegenheit, einen neuen Versuch zu starten. Das gleiche gilt für alle verunglückten Zeichnungen. Mit einem Klick auf das nicht gelungene Element und anschließendem Drücken der [Entf]-Taste machen Sie alle Pannen wieder rückgängig.

Als nächstes folgt die Nagelspitze - zwei kurze Linien, die spitz aufeinander zulaufen. Diese Linien sollten allerdings wieder in der normalen Stärke 1-PUNKT gezeichnet werden. Ändern Sie also die Linienart im ZEICHNEN-Menü entsprechend. Ein Klick aufs Linie-Symbol, und es folgt eine schräge, kurze Linie, die am Anfangspunkt der ersten Linie ansetzt. Ein zweiter Klick aufs richtige Symbol, und Sie ziehen die letzte Linie, die den Anfangspunkt der ersten Linie mit dem Endpunkt der soeben gezogenen kurzen Linie verbindet.

Wenn Sie den Nagel auf den Kopf treffen wollen, zeichnen Sie jetzt noch den dafür notwendigen Nagelkopf - ebenfalls in 3D-Effekt, versteht sich. Das Zeicheninstrument für dieses Vorhaben, die Ellipse, ist das Kreis-Symbol direkt unterhalb des Linie-Symbols. Zuerst zeichnen Sie die größere Ellipse als Schatten des Nagelkopfes. Auch dieser Schatten wird in der Stärke 2-PUNKT auf den Bildschirm gebracht. Stellen Sie diese Linienart entsprechend ein. Klicken Sie das Ellipse-Symbol an und setzen Sie den Mauszeiger ans obere Ende des Nagels. Halten Sie die linke Maustaste gedrückt und ziehen Sie die Ellipse bis zur gewünschten Größe. Denken Sie daran, daß die Größe des Nagelkopfes in etwa proportional zur Länge des Nagels sein sollte.

Nun folgt als letztes der eigentliche Nagelkopf, der natürlich etwas kleiner ist als sein kreisförmiger Schatten drumherum. Es empfiehlt sich, diesen Nagelkopf nicht sofort direkt auf den Nagel zu setzen, sondern ihn anschließend in Ruhe an die richtige Stelle zu verschieben. Dadurch behalten Sie eher den Überblick. Es kann nämlich schnell passieren, daß Sie die Größe des Kopfes nicht gleich hinbekommen und die Maustaste zu früh loslassen. Klicken Sie dann statt auf diesen verunglückten Kreis versehentlich auf ein anderes Element des Nagels, z. B. den Schatten des Nagelkopfes, um Änderungen durchzuführen, ist Ihre ganze bisherige Zeichnung im Eimer.

Klicken Sie also auf das Ellipse-Symbol und ziehen Sie den zweiten Kreis an einer freien Stelle des Zeichenfensters. Hat der Nagelkopf nach Ihrer Abschätzung die richtige Größe, lassen Sie die Maustaste los. Jetzt müssen Sie den

Kreis nur noch an die richtige Position verschieben. Markieren Sie den Nagelkopf, indem Sie ihn anklicken und aktivieren Sie das Verschieben-Symbol in der Liste der Zeichenutensilien – das Pfeil-Symbol ganz oben. Ergreifen Sie den Kreis und bewegen ihn in den Nagelkopf hinein, solange bis er dort sitzt, wo er hingehört.

Der Nagel ist fertig – vielleicht möchten Sie den Nagelkopf aber noch in dezenten Grautönen ausfüllen. Klicken Sie den Nagelkopf an und wählen Sie in der Farbpalette am unteren Bildschirmrand den gewünschten Grauton für den Füllbereich aus, indem Sie diesen anklicken und damit markieren. Genauso verfahren Sie mit dem Schatten des Nagelkopfes, der größeren Ellipse, nur daß Sie hier einen dunkleren Grauton wählen, um den 3D-Effekt auch wirklich gut hinzubekommen.

Schließen Sie MS Draw nun und übernehmen Sie den Nagel in den Produktkatalog. Gehen Sie dazu ins DATEI-Menü und wählen die Option BEENDEN UND ZURÜCKKEHREN ZU. Dahinter steht der Name des Dokuments, in das Sie zurückkehren möchten, nämlich Ihr Produktkatalog. Sie werden gefragt, ob Sie diese Datei aktualisieren möchten. Antworten Sie mit "Ja", und die Zeichnung des Nagels wird an der Position der Einfügemarke in Ihrem Produktkatalog eingefügt.

3.5.5 MS Graph – Geschäftsgrafiken anlegen

MS Graph ist das zweite eigenständige Programm, das in WinWord integriert wurde. Auch dieses Programm ist so umfangreich, daß die Funktionsweise hier nur kurz umrissen werden kann.

Mit MS Graph legen Sie Geschäftsgrafiken in Form von Diagrammen an, die Sie hinterher in ein beliebiges WinWord-Dokument direkt einbinden können. Das Programm übernimmt die Zahlen und Werte aus einem Datenblatt und setzt diese in eine Geschäftsgrafik um.

Zur Praxis, denn an einem konkreten Beispiel läßt sich auch MS Graph am besten erklären. Ihr Produktkatalog soll an einer Stelle eine Geschäftsgrafik enthalten, in der die Quartalsumsätze der einzelnen Produktgruppen anschaulich gegenübergestellt werden. Setzen Sie die Einfügemarke an die Stelle, an der das Diagramm später stehen soll, und rufen Sie aus dem EINFÜGEN-Menü die Option OBJEKT auf. Markieren Sie das Programm *Microsoft Graph* und klicken Sie OK. Nach kurzer Zeit erscheint der Arbeitsbildschirm von MS Graph mit zwei verschiedenen hintereinanderliegenden Fenstern: dem Datenblattfenster und dem Diagrammfenster, beide natürlich noch leer.

Datenblatt erstellen

Von Interesse ist für Sie zunächst einmal das Datenblattfenster, denn in dieses Fenster geben Sie, wie in eine Tabelle, alle relevanten Daten ein. Angenommen, das Datenblatt soll folgende Werte enthalten:

	1. Quartal	2. Quartal	3. Quartal	4. Quartal
Nägel	3939	4929	5949	6934
Schrauben	1939	2991	3990	1001
Muttern	4949	3003	6939	5392

MS Graph nimmt die spätere Umsetzung der Datenblattwerte in ein Diagramm auf der Basis von Datenreihen vor. Unter Datenreihe versteht man die Summe der zusammengehörigen Daten, die in einer Geschäftsgrafik in einem Balken oder einer Linie – je nach Diagrammart – dargestellt werden. Im DATENREIHE-Menü ist die Option DATENREIHE IN ZEILEN mit einem Häkchen versehen. MS Graph geht also davon aus, daß jede Zeile im Datenblatt eine Datenreihe darstellt. Das bedeutet im Klartext: Die einzelnen Produktgruppen bilden jeweils eine Datenreihe und erscheinen hinterher als Balken oder Linie in dem Diagramm und auch in der Legende, wenn Sie eine anlegen, also Datenreihe "Nägel", Datenreihe "Schrauben" und Datenreihe "Muttern".

Hinweis: Wählen Sie die Option DATENREIHE IN SPALTEN, bildet MS Graph aus jeder Spalte im Datenblatt eine Datenreihe. Im Diagramm sähe das so aus, daß die Quartale des Geschäftsjahres die Datenreihen darstellen und entsprechend als Balken oder Linien grafisch umgesetzt würden und auch in der Legende erschienen.

Sie lassen die Vorgabe DATENREIHEN IN ZEILEN bestehen. Geben Sie die Datenreihennamen, also die Produktnamen, in die erste Spalte von oben nach unten ein. In der ersten Zeile stehen die Quartalsbezeichnungen, die später beim Diagramm die Beschriftung der x-Achse bilden. Die erste Zelle (Zeile 1, Spalte 1) wird beim Umsetzen der Daten in ein Diagramm nicht berücksichtigt. Lassen Sie diese Zelle also in jedem Fall leer.

Beim Eingeben der Werte in das Datenblatt werden Sie feststellen, daß MS Graph jeden Wert automatisch und sofort nach der Eingabe in das Diagrammfenster hinter dem Datenblattfenster übernimmt. Das Diagramm wird also parallel zum Datenblatt erstellt.

Die anderen Zellen des Datenblatts enthalten die konkreten Umsatzzahlen der einzelnen Produktgruppen in den jeweiligen Quartalen. Geben Sie nun die erste Zahl ins Datenblatt ein, indem Sie die entsprechende Zelle markieren. Haben Sie die Zahl eingegeben, drücken Sie [Eingabe]. Genauso verfahren Sie mit allen übrigen Zellen. Mit [Tab] springen Sie von Zelle zu Zelle. Jede Zahl, die Sie eingeben, wird umgehend mit einem farbigen Balken in die Geschäftsgrafik umgesetzt.

Wenn Sie sich an einer Stelle vertan und eine falsche Zahl eingegeben haben, ist das nicht weiter tragisch: Ein Doppelklick auf die betreffende Zelle genügt. Die Zahl erscheint in der Dialogbox ZELLDATEN. Korrigieren Sie die Zahl und bestätigen Ihre Eingabe mit OK. Sie sehen, daß Ihre Änderungen sofort im Datenblatt umgesetzt und auch im Diagramm berücksichtigt werden.

Genausogut können Sie aber auch [F2] drücken, um die Dialogbox aufzurufen oder die Zahl direkt in der Zelle überschreiben.

In Ihrem Datenblatt stehen nun nur die nackten Zahlen ohne Punkt und Komma. Da es sich jedoch um Umsätze handelt, wäre es vielleicht sinnvoll, die Zahlen auch als Währungseinheiten zu kennzeichnen, z. B. "DM 3.939" statt "3939" und "DM 4.929" statt "4929". Markieren Sie dafür zunächst alle Zellen, denen Sie dieses Format zuweisen möchten, also alle Zellen, die Zahlen enthalten von Zeile 2, Spalte 2 bis Zeile 4, Spalte 5. Gehen Sie dann ins FORMAT-Menü und wählen die Option ZAHLENFORMAT.

In einer Liste werden Ihnen die unterschiedlichsten Zahlenformate angeboten, u. a. auch für die Schreibweise von Währungen. Entscheiden Sie sich für die Schreibweise "DM#.##0;-DM#.##0" und markieren diesen Eintrag entsprechend. Alle Umsatzzahlen werden in dieses Format geändert, und auch die Umsatzzahlen an der y-Achse des Diagramms werden so geschrieben.

Hinweis: Geben Sie negative Zahlen ein, um Verluste statt Umsätze zu kennzeichnen (daher auch "-DM#.##0" im Zahlenformat), werden die Diagrammsäulen für diese Verlustzahlen unterhalb der x-Achse plaziert, um sie von den Plus-Zahlen abzuheben.

Gleichzeitig mit dem Datenblatt ist auch die dazugehörige Geschäftsgrafik in Form eines Säulendiagramms fertiggestellt. Werfen Sie einen Blick auf das Diagramm, indem Sie sich das Diagrammfenster über das FENSTER-Menü oder mit einem Klick in das Diagrammfenster nach vorn auf den Bildschirm holen.

Diagramm bearbeiten

Sie sehen, daß jede Produktgruppe in einer anderen Farbe dargestellt wird. Damit Sie wissen, welche Farbe welchem Produkt zugeordnet wird, sollten Sie noch eine Legende einfügen. Wählen Sie dazu die Option LEGENDE EINFÜGEN aus dem DIAGRAMM-Menü.

MS Graph fügt rechts neben dem Diagramm eine Legende ein und ändert die Größe des Diagramms, um Platz für die Legende zu schaffen. Sie können die Position der Legende beliebig ändern, indem Sie die Legende einfach mit der Maus an die Stelle ziehen, wo sie stehen soll, oder indem Sie den Befehl LEGENDE im FORMAT-Menü aufrufen. Hier wählen Sie, ob die Legende unten, in der oberen rechten Ecke, oben, rechts oder links stehen soll.

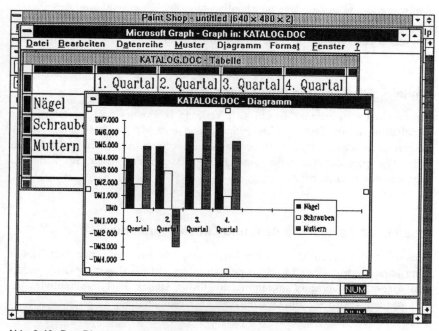

Abb. 3.40: Das Diagramm mit Legende

Vielleicht gefällt Ihnen das Säulendiagramm nicht so besonders, und Sie möchten die Diagrammart ändern. Das ist kein Problem: In MS Graph stehen Ihnen insgesamt zwölf Diagrammarten zur Verfügung, sieben zwei- und fünf dreidimensionale Diagramme. Für jede Diagrammart stehen zudem mehrere integrierte Diagrammformate zur Auswahl. Ganz zu schweigen davon, daß Sie jedes Diagramm auch noch nach Ihren Vorstellungen modifizieren können.

Diagrammarten

Gehen Sie ins MUSTER-Menü – dort finden Sie alle zur Verfügung stehenden Diagrammarten. Bevor Sie die Diagrammart ändern, sollten Sie sich jedoch einige Grundregeln zu den unterschiedlichen Diagrammarten vor Augen führen. Denn nicht jeder Diagrammtyp eignet sich gleichgut für alle Zahlenwerte.

Kreisdiagramme

Kreisdiagramme zeigen am anschaulichsten die Verteilung von Anteilen an einer Gesamtsumme, z. B. die Umsatzanteile einzelner Produkte. Ein Kreisdiagramm kann immer nur eine Datenreihe enthalten.

Säulen-, Flächen- und Liniendiagramme

Mit solchen Diagrammen lassen sich Verläufe besonders gut darstellen, z. B. Geschäftsverläufe, Produktionsentwicklungen etc. Mit Säulen- und Flächendiagrammen lassen sich zudem bestimmte Zusammenhänge veranschaulichen, z. B.: Wie entwickeln sich die Geschäfte der Branche insgesamt im Verhältnis zum eigenen Unternehmen?

Plus/Minus-Balken-, Säulen- und Liniendiagramme

Diese Diagramme illustrieren Minimum und Maximum, Höhen und Tiefen. Man kann sie mit einer Linie für den Durchschnitt überlagern – dann entstehen sogenannte Verbunddiagramme. So lassen sich z. B. Umsatzentwicklungen von der Verlust- in die Gewinnzone veranschaulichen.

Balkendiagramme

Diese Diagramme sind den Säulendiagrammen sehr ähnlich, nur daß die Balken horizontal ausgerichtet sind und damit besser Reichweiten, Geschwindigkeiten und Entfernungen darstellen können, z. B. die Haltbarkeit verschiedener Produkte in Jahren.

170

Punktdiagramme

Dieser Diagrammtyp eignet sich zur Analyse von Meßwerten, z. B. die Auswertung von Qualitätsmerkmalen bei der Qualitätssicherung in der Produktion.

Sämtliche Diagrammtypen – außer Punkt- und Verbunddiagramme – gibt es auch als 3D-Diagramme, denn dreidimensionale Grafiken wirken noch besser.

Sie haben nun erfahren, daß jede Diagrammart ihre ganz spezielle Aussage hat. Es macht also keinen Sinn, eine Geschäftsgrafik nach Lust und Laune in einen anderen Diagrammtyp zu ändern. Damit würde die Aussage des Diagramms total verzerrt, wenn nicht sogar verfälscht. Sie können nicht einfach Ihr Säulendiagramm in ein Punktdiagramm ändern – das Diagramm wäre nicht mehr aussagekräftig. Was Sie gefahrlos tun können, ist, eine andere Form des Säulendiagramms zu wählen oder Ihr Säulendiagramm dreidimensional darstellen zu lassen. Wählen Sie im MUSTER-Menü z. B. die Option 3D-SÄULEN, und es erscheint eine Dialogbox, in der Ihnen mehrere Säulentypen angeboten werden.

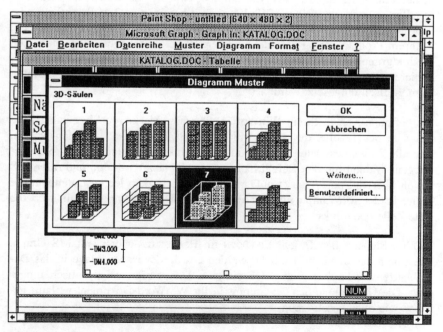

Abb. 3.41: Diagrammformat ändern

171

Reicht Ihnen diese Auswahl nicht, klicken Sie auf den Schalter BENUT-
ZERDEFINIERT, und Sie können jedes einzelne Format noch nach Ihren Wünschen modifizieren.

Haben Sie sich endgültig für eine Diagrammart entschieden, müssen Sie das
Diagramm noch in Ihren Produktkatalog, den Sie mit WinWord erstellt haben,
einbinden.

Gehen Sie dazu ins DATEI-Menü und wählen die Option BEENDEN UND ZU
(TEXTNAME) ZURÜCKKEHREN. Statt TEXTNAME steht in der Option der Da-
teiname Ihres WinWord-Dokuments, z. B. PRODUKTE. MS Graph wird nun
automatisch beendet, und die Geschäftsgrafik erscheint an der Position der
Einfügemarke. Schalten Sie das Kreuzfeld PLATZHALTER FÜR GRAFIKEN im EX-
TRAS-Menü unter EINSTELLUNGEN/ANSICHT sowie die Feldfunktionen im AN-
SICHT-Menü aus, und das Umsatzdiagramm wird in voller Größe sichtbar.

Daten nach MS Graph kopieren

In der Praxis dürfte es häufig vorkommen, daß Sie das Datenblatt nicht neu
erstellen müssen, da in Ihrem WinWord-Text bereits eine Tabelle enthalten ist
und diese noch in eine Geschäftsgrafik umgesetzt werden soll. Angenommen,
in Ihrem Produktkatalog befindet sich bereits die Umsatztabelle der einzelnen
Produktgruppen – nur das dazugehörige Diagramm fehlt noch. In diesem Fall
kopieren Sie die bestehende Tabelle einfach nach MS Graph, wo die Zahlen
dann grafisch umgesetzt werden.

Sie befinden sich in Ihrem WinWord-Dokument. Markieren Sie zunächst die
Daten in der Tabelle, die Sie in MS Graph als Diagramm darstellen wollen,
also alle Zellen des Datenblatts, inklusive Produktnamen und Quartalsbezeichnungen. Wählen Sie den Befehl KOPIEREN im BEARBEITEN-Menü und rufen MS
Graph über EINFÜGEN/OBJEKT auf. Markieren Sie in dem leeren Datenblatt die
Zelle, in der MS Graph mit der Eingabe der Daten beginnen soll, also die
erste Zelle oben links.

Wählen Sie nun den Befehl EINFÜGEN im BEARBEITEN-Menü von MS Graph.
Die Daten aus der Umsatztabelle werden aus der Zwischenablage in das Datenblattfenster kopiert und gleichzeitig im Diagrammfenster grafisch umgesetzt. Die Übernahme des Diagramms in Ihr WinWord-Dokument verläuft genauso wie oben beschrieben.

Fragen und Übungen:

1. Wie bekommen Sie einen Kasten um einen Absatz herum und rastern ihn?

2. Wie machen Sie ein Bildschirmfoto von einem anderen Programm?

3. Erstellen Sie in Paintbrush ein Firmenlogo und binden Sie dieses in den Katalog ein.

4. Erstellen Sie in MS Draw eine weitere Produktzeichnung und bauen Sie diese in den Katalog ein.

5. Erstellen Sie sich in MS Graph eine Zahlentabelle und spielen Sie die verschiedenen Diagrammarten durch. Überlegen Sie sich dabei, welche Diagrammart für welchen Zweck geeignet ist.

3.6 Druckausgabe

Nachdem Sie sich ausführlich mit der Gestaltung des Textes beschäftigt haben, wollen Sie sicherlich auch dafür sorgen, daß Ihre Ausdrucke hundertprozentig sind. Sie haben zwar bereits die Druckerinstallation, Druckereinstellung und den Druckbefehl kennengelernt, WinWord hält aber noch einige Funktionen mehr in petto. Und um die geht es hier.

Sie können nämlich den Seitenumbruch vor dem Druck noch einmal überarbeiten, sämtliche Druckseiten zur Probe auf den Bildschirm drucken (PREVIEW/DRUCKVORSCHAU/SEITENANSICHT) und die Druckausgabe über weitere Druckoptionen verfeinern.

3.6.1 Seitenumbruch

Den automatischen Seitenumbruch und wie Sie ihn mit harten Seitenumbrüchen ([Strg-Eingabe]) überwinden, haben Sie bereits in Kapitel 2.1.11 kennengelernt. Also sollten die Seitenumbrüche eigentlich alle in Ordnung sein. Vielleicht möchten Sie aber doch noch einen prüfenden Blick auf die Verteilung des Textes werfen und hier und da eine Änderung vornehmen. Also rufen Sie im EXTRAS-Menü den Befehl SEITENUMBRUCH auf. WinWord überprüft nun den Umbruch aller Seiten. Mit ANSICHT/DRUCKBILD gewinnen Sie einen genauen

Eindruck davon, wie WinWord die Seiten umbrechen wird. Sie können dann manuell nachbessern.

Aufgabe: Umbrechen Sie den Katalogtext so, daß Sinneinheiten jeweils auf einer Seite stehen.

3.6.2 Bildschirmvorschau

Gerade wenn Ihnen die Gestaltung eines Textes besonders am Herzen liegt und Sie nicht ständig Probeausdrucke machen wollen, wird Ihnen die Bildschirmvorschau weiterhelfen. Sie zeigt den Text genauso an, wie er auch gedruckt aussehen würde.

Anders als im Normal-Modus sehen Sie in der Druckbild-Ansicht also auch Grafiken, Seitenränder und genaue Umbrüche. Die Seitenansicht verkleinert die Seite so, daß Sie das Layout der gesamten Seiten überprüfen können. Und mit der Zoom-Funktion schalten Sie stufenlos zwischen Vergrößerung um 200 % und Verkleinerung auf Miniaturseiten hin und her. Schließlich gibt es die Konzept-Ansicht, die ein sehr flottes Erfassen von Texten erlaubt.

Hinweis: Im Zusammenhang mit der Bildschirmvorschau sind auch die Optionen unter EXTRAS/EINSTELLUNGEN/ANSICHT interessant. Diese wurden bereits in Kapitel 1.4.7 "Einstellungen" angesprochen. Vielleicht verstehen Sie jetzt aber die verschiedenen Einstellungsmöglichkeiten besser.

Druckbild

Die Druckbild-Ansicht dient dazu, die feine Endabstimmung des Textes vorzunehmen. Im Druckbild wird alles so dargestellt, wie es auch gedruckt wird, Rahmen, Spalten, Positionsrahmen, Bilder stehen an der richtigen Stelle und werden korrekt angezeigt. Gleichzeitig aber ist es möglich, den Text zu bearbeiten. Sie können also Text einfügen, löschen und korrigieren, Auszeichnungen vornehmen, Umbrüche entfernen oder setzen, Formatierungen ändern usw.

Sie wechseln in die Druckbild-Ansicht über den gleichnamigen Befehl im ANSICHT-Menü. Zurück zur normalen Ansicht kommen Sie mit NORMAL im ANSICHT-Menü.

174

Abb. 3.42: Der Katalog im Druckbild

Aufgabe: Betrachten Sie den Katalog im Druckbild und überprüfen Sie, ob alle Elemente die gewünschte Wirkung erzielen.

Konzept-Ansicht

Das Gegenteil der Druckbild-Ansicht ist die Konzept-Ansicht. Hier legt Win-Word keinerlei Wert auf die Richtigkeit der Darstellung. Korrekt sind nur die Buchstaben.

Alle Formatierungen, wie Fettdruck, Absatzabstände oder eingebettete Grafiken, werden mißachtet oder nur ansatzweise, z. B. durch einen leeren Kasten für die Grafik, gezeigt. Jede Schrift wird in einer Standard-Systemschrift gezeigt, Auszeichnungen erscheinen alle unterstrichen. Sie werden sich fragen, was das soll.

Der Konzept-Modus ist dann interessant, wenn Sie sehr lange Texte bearbeiten und sich zunächst auf die Texterfassung konzentrieren wollen. Der Konzept-Modus bringt den Text nämlich wesentlich schneller auf den Bildschirm als die Normal- oder gar die Druckbild-Ansicht. Und solange es auf die Ge-

175

staltung nicht ankommt, können Ihnen die Feinheiten des Zeilenumbruches oder ähnliches ziemlich schnurz sein.

Sie schalten in die Konzept-Ansicht über den entsprechenden Befehl im ANSICHT-Menü. Um zur Normal-Ansicht oder zur Druckbild-Ansicht zu kommen, wählen Sie die gleichnamigen Befehle, ebenfalls aus dem ANSICHT-Menü.

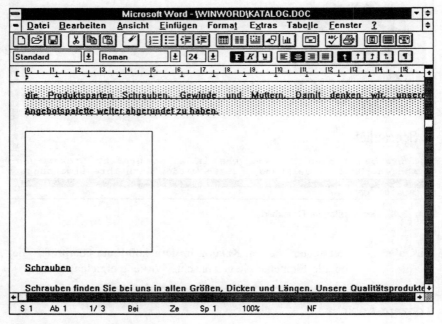

Abb. 3.43: Konzept-Ansicht

Aufgabe: Betrachten Sie den Katalog-Text in der Konzept-Ansicht.

Zoom

Mit der Zoom-Funktion im ANSICHT-Menü verkleinern oder vergrößern Sie die Ansicht des Textes ganz nach Ihren Wünschen. Die Stufen 50, 75, 100 und 200 sind vordefiniert, mit BENUTZERDEFINIERT können Sie stufenlos zoomen. Die Zoom-Funktion arbeitet zwar in jeder Ansicht, wirklich Sinn macht sie aber nur in der Druckbild-Ansicht, weil hier auch wirklich sichtbar vergrößert und verkleinert wird.

176

Abb. 3.44: Eine Vergrößerung auf 200 %

Von besonderem Interesse sind die beiden Schalter SEITENBREITE und GANZE SEITE. Der erste Schalter umbricht – interessant vor allem in der Konzept-Ansicht – die Zeilen so, daß sie komplett auf den Bildschirm passen. Normalerweise tun die Zeilen das auch so, nur wenn Sie z. B. mit sehr breiten Zeitungsseiten oder Tabellen arbeiten, dann müßten Sie ständig einen horizontalen Bildlauf durchführen.

Durch den Schalter SEITENBREITE aber werden auch diese Zeilen so umbrochen, das am Bildschirmende Schluß ist. Der Schalter GANZE SEITE verkleinert die Druckbild-Ansicht so, daß eine ganze Seite auf den Monitor paßt. So haben Sie eine Seitenansicht, die Sie bearbeiten können – im Gegensatz zur Seitenansicht im DATEI-Menü.

Aufgabe: Zoomen Sie den Katalog einmal auf Seitengröße, dann auf 200 Prozent, und wählen Sie schließlich in der Druckbild-Ansicht eine benutzerdefinierte Zoom-Stufe, in der Sie den Text optimal lesen können.

Seitenansicht

Die Seitenansicht, also die Anzeige einer kompletten Seite als Miniatur auf dem Bildschirm, dient dazu, Ihnen einen Überblick über die Wirkung und das Layout einer ganzen Seite zu verschaffen. Diese Funktion ist nicht dazu geeignet, Veränderungen im Text vorzunehmen. Lediglich die Seitenränder können geändert werden.

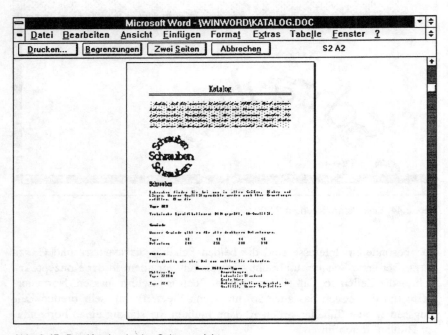

Abb. 3.45: Der Katalog in der Seitenansicht

Die Seitenansicht erreichen Sie über den gleichnamigen Befehl im DATEI-Menü. Es kann etwas dauern, bis die Seitenansicht erscheint, da zuvor noch einmal die Seitenumbrüche durchgerechnet werden. Geblättert wird über die Bildlaufleiste rechts. Mit dem Schalter DRUCKEN wechseln Sie zum Ausdruck des Textes, BEGRENZUNGEN verdeutlicht die Seitenränder mit gestrichelten Linien, DOPPELSEITE zeigt rechte und linke Seiten, z. B. in Büchern, gleichzeitig an, SCHLIESSEN kehrt zur zuletzt gewählten Ansicht zurück.

BEGRENZUNGEN ist insofern interessant, als hiermit die Seitenränder manuell geändert werden können. Es ist nämlich möglich, die gestrichelten Seitenränder mit der Maus zu ergreifen und an jede gewünschte Position zu ziehen. Der Text wird entsprechend umbrochen. Dies ist zwar keine sehr exakte Arbeitsweise, aber es geht schnell und ist sehr effektiv.

Aufgabe: Schalten Sie in die Seitenansicht um und stellen Sie über BE-GRENZUNGEN die Seitenränder so ein, daß der Katalogtext leicht auf einen Vordruck mit Firmenkopf und Adresse am Fuß gedruckt werden kann.

3.6.3 Druckoptionen

Im Drucken-Dialog sind noch einige Optionen nicht zur Sprache gekommen. Eigentlich betreffen sie alle nur Sonderfälle beim Druck, unerwähnt bleiben sollen sie deshalb trotzdem nicht.

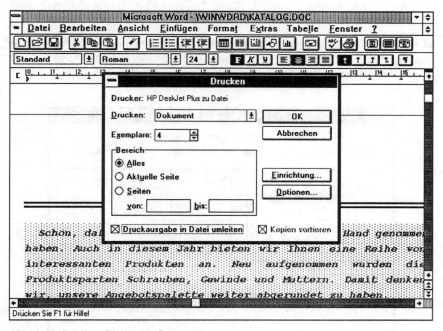

Abb. 3.46: Drucken-Dialog mit Optionen

Gehen wir die Optionen von oben nach unten durch:

- DRUCKAUSGABE IN DATEI: Dieser Befehl ist vor allem dann interessant, wenn Sie keinen Drucker vor Ort haben oder mit einem Belichtungsservice arbeiten. Durch den Druck in eine Datei werden alle Befehle, die normalerweise der Drucker erhalten würde, in eine Datei geschrieben. Wollen Sie z. B. den Katalog mit einem hochwertigen PostScript-Drukker beim Belichter zu Papier bringen lassen, dann installieren Sie in Windows den PostScript-Druckertreiber, aktivieren diesen über DRUCKEREINSTELLUNG im DATEI-Menü von WinWord und geben anschließend den Druck in eine Datei aus. Diese Datei kopieren Sie auf Diskette und bringen sie zum Belichter, der die Datei dann ausdrucken kann.

- KOPIEN SORTIEREN: Wenn Sie von einem mehrseitigen Schriftstück mehrere Exemplare drucken, dann erhalten Sie normalerweise, z. B. zehn erste Seiten, zehn zweite Seiten, zehn dritte Seiten usw. Sie müssen dann von Hand die Kopien in die richtige Reihenfolge bringen. Mit KOPIEN SORTIEREN ersparen Sie sich die Mühe. Sie erhalten Seite 1, 2, 3 usw. und dann wieder Seite 1, 2, 3 usw.

Etwas versteckt befinden sich unter FORMAT/SEITE EINRICHTEN Drucker-Optionen zur Wahl der Papierschächte. Wählen Sie diesen Befehl und aktivieren den Knopf PAPIERZUFUHR. Es erscheint der folgende Dialog:

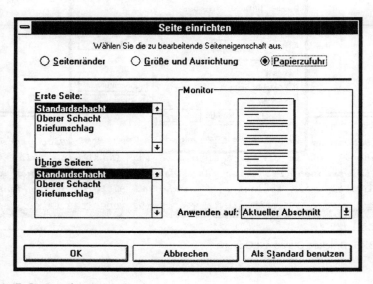

Abb. 3.47: Papierzufuhr bestimmen

Hier wählen Sie getrennt nach erster und Folgeseiten die Art der Papierzufuhr. In vielen Firmen wird z. B. für die erste Seite der Korrespondenz ein anderes Papier benutzt als für die Folgeseiten. Hier können Sie wählen, wo der Drukker das Papier ziehen soll.

Außerdem finden Sie unter EXTRAS/EINSTELLUNGEN/DRUCKER oder über den OP-TIONEN-Schalter im Druck-Dialog weitere Druckoptionen:

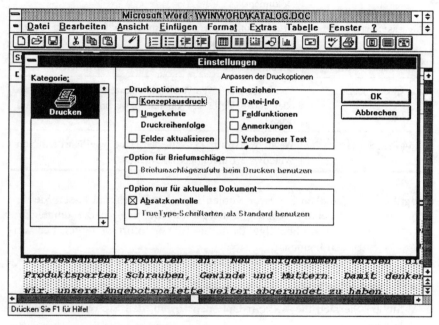

Abb. 3.48: Druck-Optionen festlegen

KONZEPTAUSDRUCK	Druckt das Dokument ohne Formatierungen. Formatierte Zeichen werden eventuell unterstrichen ausgedruckt. WinWord druckt Grafiken als leeren Positionsrahmen.
UMGEKEHRTE DRUCKREIHENFOLGE	Druckt die Seiten von der letzten zur ersten Seite. Dann müssen Sie die Blätter vor dem Zusammenheften nicht erst von vorn nach hinten umsortieren.
FELDER AKTUALISIEREN	Aktualisiert alle Felder im Dokument vor dem Drucken.

EINBEZIEHEN

DATEI-INFO	Druckt die Datei-Informationen auf einer separaten Seite nach dem Drucken des Dokuments und der Anmerkungen.
FELDFUNKTIONEN	Druckt die Feldfunktionen statt der Feldergebnisse im Dokument.
ANMERKUNGEN	Druckt vorhandene Anmerkungen auf separaten Seiten am Ende des Dokuments.
VERBORGENER TEXT	Druckt im Dokument vorhandenen verborgenen Text.
ABSATZKONTROLLE	Verhindert, daß WinWord eine einzelne Zeile als erste oder letzte Zeile am oberen bzw. unteren Seitenrand druckt.
TRUETYPE-SCHRIFT	Weist WinWord an, mit den TrueType-Schriften von Windows 3.1 und höher zu drucken.

Aufgabe:　　Drucken Sie zwei Kopien Ihres Kataloges und lassen Sie sich dabei die Kopien sortieren und wählen Sie die umgekehrte Druckreihenfolge, damit die Blätter sofort weitergegeben werden können.

Fragen und Übungen:

1. Stellen Sie sich die ANSICHT-Optionen so ein, daß Sie optimal arbeiten können.

2. Welche Möglichkeiten des Seitenumbruchs gibt es?

3. Stellen Sie die Druckoptionen so ein, daß Sie damit auf Dauer zurechtkommen.

4 Daten austauschen – Ein Geschäftsbericht

In kaum einem Unternehmen werden einheitliche Anwendungsprogramme eingesetzt – die Buchhaltung arbeitet mit einem anderen Programm als der Versand, die Sekretärin erstellt die Korrespondenz mit einer Textverarbeitung, während der Vertriebsleiter eine Tabellenkalkulation einsetzt. So mancher Mitarbeiter hat nicht nur eine Applikation, sondern gleich mehrere auf seinem PC installiert, um alle anfallenden Aufgaben flexibler erledigen zu können.

Bei einer so bunt gemischten Softwareumgebung spielt der Austausch von Daten eine große Rolle. Sei es, daß man eine Tabelle oder ein Diagramm in einen Text einbinden, eine Grafik einfügen, eine Zeichnung integrieren oder eine Textpassage aus einem anderen Dokument in den aktuellen Text einbauen möchte – der Informationsaustauch sollte gewährleistet sein. Auch Win-Word stellt drei unterschiedliche Formen und Stufen des Datenaustausches zur Verfügung.

4.1 Zwischenablage

Mit Hilfe der Zwischenablage können Sie Text an eine andere Stelle verschieben oder kopieren. Das kann innerhalb desselben Dokuments sein, in ein anderes geöffnetes Dokument oder sogar in ein Dokument, das mit einem anderen Anwendungsprogramm erstellt worden ist. Verschieben bedeutet, daß der Text an der alten Stelle gelöscht und an einer anderen Stelle wieder eingefügt wird; beim Kopieren wird er zusätzlich noch an einer weiteren Stelle eingefügt, ohne an der alten Position gelöscht zu werden.

Der Text – egal ob einzelne Sätze, Absätze, Textpassagen oder mehrere Textseiten – wird zunächst in die Zwischenablage übertragen. Die Zwischenablage ist ein temporärer Speicher, der dorthin übertragenen Text so lange festhält, bis dieser durch einen neuen Text ersetzt wird. Ein Text, der einmal in der Zwischenablage steht, kann beliebig oft wieder eingefügt werden – solange bis der neue Text den alten aus der Zwischenablage überschreibt.

Wenn Sie einen Text über die Zwischenablage in ein anderes Anwendungs-programm übertragen wollen, bleibt dieser in der Zwischenablage, auch wenn Sie WinWord vorübergehend beenden. Das Programm fragt Sie dann, ob der Inhalt in der Zwischenablage gespeichert werden soll. Antworten Sie mit JA, speichert WinWord den Text, so daß Sie ihn in das neue Anwendungspro-gramm übernehmen können.

Und so funktioniert das Verschieben oder Kopieren von Text über die Zwi-schenablage:

Text verschieben

Markieren Sie den Text, den Sie gern verschieben wollen, und wählen den Befehl AUSSCHNEIDEN aus dem BEARBEITEN-Menü. Der Text verschwindet vom Bildschirm und wird in die Zwischenablage geschrieben. Setzen Sie nun die Einfügemarke an die Stelle im Dokument, an die der Text verschoben werden soll. Handelt es sich hierbei um ein anderes Dokument, so haben Sie genug Zeit, dieses zu öffnen – der Text bleibt solange in der Zwischenablage. Wäh-len Sie anschließend den Befehl EINFÜGEN aus dem BEARBEITEN-Menü, und der Text erscheint an der neuen Position.

Text kopieren

Markieren Sie auch hier den Text, den Sie kopieren möchten, und wählen den Befehl KOPIEREN aus dem BEARBEITEN-Menü. Der Text wird in die Zwischen-ablage übertragen, bleibt aber dennoch an der bisherigen Position stehen. Set-zen Sie die Einfügemarke an die neue Stelle und wählen Sie den Befehl EIN-FÜGEN aus dem BEARBEITEN-Menü. Das Kopieren von Texten oder Textteilen macht sicherlich nur dann Sinn, wenn Sie exakt den Text aus Dokument A auch für Dokument B benötigen. Zweimal derselbe Text in ein und demselben Dokument ist wohl in der Praxis kaum denkbar.

Genauso verfahren Sie beim Verschieben oder Einfügen von Zeichnungen, Grafiken, Tabellen oder Diagrammen. Wollen Sie sich zwischendurch einmal den aktuellen Inhalt der Zwischenablage vor Augen führen, wählen Sie den Befehl AUSFÜHREN aus dem WinWord-Systemmenü. Der Knopf ZWISCHENABLA-GE ist bereits markiert, also bestätigen Sie mit OK.

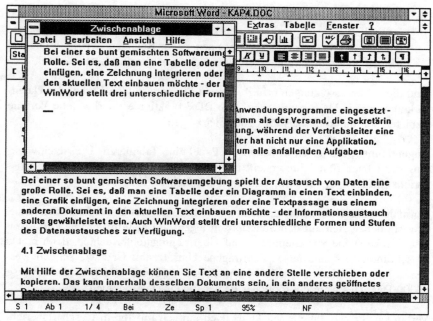

Abb. 4.1: Inhalt der Zwischenablage ansehen

In einer Dialogbox wird Ihnen nun der Inhalt der Zwischenablage angezeigt.

4.2 DDE

DDE bedeutet in Langform "Dynamic Data Exchange" und erlaubt den dynamischen Datenaustausch zwischen verschiedenen Anwendungen. Das Herstellen von Verknüpfungen mit Hilfe von DDE ist recht einfach: Sie kopieren einen markierten Text, eine Grafik, eine Tabelle etc. aus der sogenannten *Quellanwendung* in eine andere Anwendung, die *Zielanwendung*. Folgende Voraussetzungen müssen erfüllt sein, damit DDE funktioniert:

■ Daten können nur zwischen Anwendungsprogrammen ausgetauscht werden, die unter Windows laufen.

■ Die Anwendungsprogramme müssen DDE unterstützen.

185

■ Alle an DDE beteiligten Anwendungen müssen während der Arbeit geöffnet bleiben und parallel laufen können. Um diesen Anforderungen gerecht zu werden, benötigen Sie einen 386er-Rechner, der im Enhanced Modus laufen muß, und einen Hauptspeicher von mindestens 2 MB.

Sind diese Voraussetzungen erfüllt, können Sie vom großen Vorteil der Datenverknüpfung via DDE profitieren. Wie DDE funktioniert und welche Vorteile es bietet, soll ein konkretes Praxisbeispiel zeigen.

Angenommen, Sie haben in Microsoft Excel eine Tabelle zur Umsatzentwicklung der letzten fünf Jahre erstellt und möchten diese nun in Ihren Geschäftsbericht einfügen, den Sie mit WinWord erstellen.

Normalerweise würden Sie dafür die Tabelle zuerst aus Excel heraus ausdrukken, sie neben sich auf den Schreibtisch legen und in WinWord neu erfassen. Dabei müssen Sie vor allem auch auf Übertragungsfehler achten, denn nichts ist schlimmer als eine falsch übertragene Umsatzzahl. Und wie schnell werden in konzentrationsschwachen Momenten aus 500000 DM fälschlicherweise 50000 DM. Das wäre ein tödlicher Fehler für Ihr Unternehmen.

Verbinden Sie die Tabelle via DDE doch einfach mit Ihrem Geschäftsbericht in WinWord, und die Zahlen werden mit Sicherheit fehlerfrei übertragen. Dazu markieren Sie zuerst die gewünschte Tabelle in Excel und wählen den Befehl KOPIEREN aus dem BEARBEITEN-Menü.

Die Tabelle wird nun in die Zwischenablage kopiert. Schließen Sie Excel und wechseln zu WinWord. Gehen Sie in den gewünschten Text und setzen Sie die Einfügemarke an die Stelle im Geschäftsbericht, an der die Tabelle stehen soll. Wählen Sie dann im BEARBEITEN-Menü den Befehl INHALTE EINFÜGEN, und eine Dialogbox erscheint auf dem Bildschirm (vgl. Abb. 4.2).

In der ersten Zeile dieser Dialogbox steht hinter QUELLE die Anwendung, mit der Ihre Tabelle, die sich nun in der Zwischenablage befindet, ursprünglich erstellt wurde. Sie werden darunter zudem auch über den Dateinamen und den markierten Zellenbereich (z. B. Z1S1:Z5S5 = von Zeile 1, Spalte 1 bis Zeile 5, Spalte 5) der Excel-Tabelle informiert.

Unter DATENTYP sind alle für das zu verknüpfende Dokument verfügbaren Darstellungsformate aufgeführt. Diese sind grundsätzlich von Anwendung zu Anwendung unterschiedlich. WinWord markiert in dieser Formatliste automatisch ein Standardformat, welches für Ihre Excel-Tabelle "Formatierter Text (RTF)" ist.

186

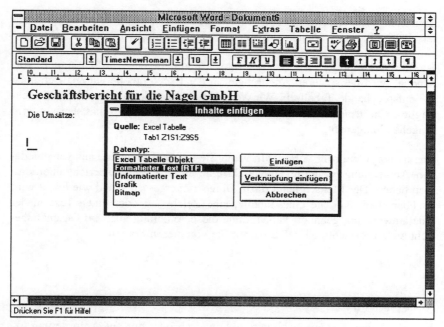

Abb. 4.2: INHALTE einfügen

Hinweis: Wenn Sie sich fragen, warum nicht das Format "Excel Tabelle
Objekt" ausgewählt wurde, wo es sich doch um eine Excel-
Tabelle handelt, so würde dieses Format bewirken, daß die Tabelle nicht via DDE eingefügt, sondern via OLE eingebettet
würde (Einzelheiten zu OLE im nachfolgenden Kapitel).

Drücken Sie nun den Schalter VERKNÜPFUNG EINFÜGEN, um die Tabelle in Ihren
WinWord-Geschäftsbericht zu übernehmen. Erscheint statt der ersehnten Tabelle nur eine wirre Funktionsfolge in geschweiften Klammern, welche mit
dem Wort *Verknüpfen* eingeleitet wird, so ist das kein Grund zur Panik. Schalten Sie über das BEARBEITEN-Menü die Feldfunktionen aus, und die Umsatz-
Tabelle wird an der gewünschten Stelle im Geschäftsbericht eingeblendet.

Ist der Schalter VERKNÜPFUNG EINFÜGEN nicht vorhanden, so bedeutet das, daß
die Anwendung, aus der Sie die Informationen kopiert haben, die Verknüpfung via DDE nicht unterstützt. In diesem Fall klicken Sie auf EINFÜGEN, was
mit der Option EINFÜGEN im BEARBEITEN-Menü identisch ist.

187

Zwischen VERKNÜPFUNG EINFÜGEN und EINFÜGEN gibt es einen gewaltigen Unterschied – hier liegt gleichzeitig auch der Hauptvorteil von DDE begründet:

Ist eine Verknüpfung zwischen der Tabelle und dem WinWord-Dokument vorhanden, wird bei späteren Änderungen in der Excel-Tabelle automatisch auch die entsprechende Tabelle in WinWord aktualisiert. So können Sie also nachträglich eine Umsatzzahl in Excel noch ändern, und Ihr Geschäftsbericht wird umgehend angepaßt.

Das ist vor allem sehr vorteilhaft, wenn Sie mehrere Elemente aus verschiedenen Anwendungsprogrammen via DDE in Ihren Geschäftsbericht übernommen haben. Der Mensch neigt dazu, Dinge zu vergessen – und wie leicht wird da übersehen, daß Sie eine Tabelle, eine Zeichnung oder einen Text in der Quellanwendung geändert haben, ohne diese Änderung auch im Geschäftsbericht zu berücksichtigen. DDE befreit Sie von diesen Sorgen.

Verknüpfungen aktualisieren

Verknüpfungen werden wahlweise automatisch oder nur auf Anforderung aktualisiert. Sie können bestimmen, ob sich die Informationen im WinWord-Dokument bei jeder Änderung der Tabelle ändern sollen oder nur, wenn Sie eine Änderung des WinWord-Dokuments wünschen.

Sie befinden sich im WinWord-Geschäftsbericht, in den Sie die Umsatztabelle aus Excel eingebunden haben. Mit dem Befehl VERKNÜPFUNGEN aus dem BEARBEITEN-Menü legen Sie die Verknüpfungsoption fest.

Markieren Sie in der Liste VERKNÜPFUNGEN das Dokument, dessen Aktualisierungsoption Sie ändern wollen, in diesem Fall die Excel-Tabelle. Entscheiden Sie sich für eine automatische Verknüpfung des Dokuments bei jeder noch so kleinen Änderung in der Quelldatei, klicken Sie den Knopf AUTOMATISCH in der Zeile AKTUALISIERUNG an.

Möchten Sie Änderungen aus der Quelldatei nur bei Bedarf anfordern, um eine größere Kontrolle über Ihren Geschäftsbericht zu behalten, wählen Sie MANUELL. Treffen Sie Ihre Wahl und bestätigen die Eingabe mit OK.

188

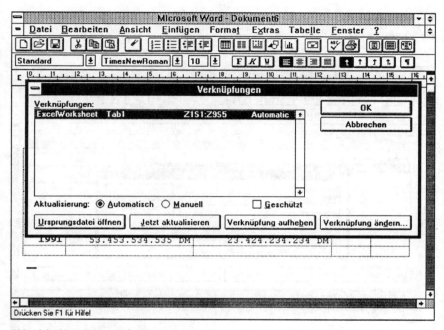

Abb. 4.3: Aktualisierung festlegen

Haben Sie sich für eine manuelle Aktualisierung entschieden, so nehmen Sie diese vor, indem Sie erneut die Dialogbox VERKNÜPFUNGEN öffnen, das zu verknüpfende Dokument markieren und auf den Schalter JETZT AKTUALISIEREN klicken. Setzen Sie die Einfügemarke im Geschäftsbericht nun auf eine beliebige Stelle innerhalb der Umsatztabelle und drücken Sie [F9], um diese Tabelle zu aktualisieren.

Angenommen, am 20.7. ist Abgabeschluß für den Entwurf des Geschäftsberichtes. Bis dahin soll die Umsatztabelle regelmäßig automatisch auf den neuesten Stand gebracht werden.

Drücken Sie dazu in der Dialogbox den Knopf AUTOMATISCH. Damit bleibt die gerade gewählte Aktualisierungsoption dauerhaft erhalten. Am 20.7. müssen Sie dann in der Dialogbox das Kreuzfeld GESCHÜTZT aktivieren, denn nach dem Abgabetermin sind Aktualisierungen ja nicht mehr erforderlich.

Sollten Sie nach einigen Tagen die Umsatztabelle in Excel unter einem anderen Namen speichern, kann WinWord diese Tabelle im Geschäftsbericht nicht mehr aktualisieren, weil sie unauffindbar ist. Die Verknüpfung ist somit unterbrochen. Um die Verknüpfung wiederherzustellen, klicken Sie auf den Schalter VERKNÜPFUNG ÄNDERN, und eine weitere Dialogbox wird aufgerufen.

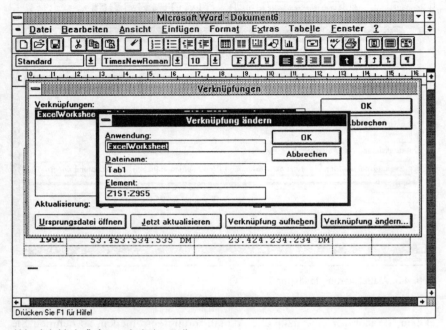

Abb. 4.4: Verknüpfung wiederherstellen

Geben Sie in das Feld DATEINAME den neuen Namen der Tabelle ein. Haben Sie die Tabelle auch in einem anderen Verzeichnis abgelegt, teilen Sie Win-Word die neue Pfadangabe mit, und bestätigen Sie die Eingabe mit OK. Klicken Sie nun noch auf den Schalter JETZT AKTUALISIEREN, um die neue Verknüpfung zu aktualisieren, oder klicken Sie auf OK.

Möchten Sie die Verknüpfung mit der Excel-Tabelle eines Tages wieder aufheben, klicken Sie in der Dialogbox VERKNÜPFUNGEN auf den Schalter VERKNÜPFUNG AUFHEBEN. WinWord fragt Sie vorsichtshalber nochmal, ob Sie die Verknüpfung wirklich endgültig lösen wollen. Sind Sie sich sicher, antworten Sie mit JA.

Änderungen nehmen Sie am besten direkt in der Quelldatei vor. Dazu brauchen Sie aber nicht extra wieder zu Excel zu wechseln, sondern können die Originaltabelle direkt von WinWord aus öffnen, indem Sie in der Dialogbox

190

VERKNÜPFUNGEN den Schalter URSPRUNGSDATEI ÖFFNEN anklicken. WinWord lädt nun umgehend die Quelldatei. Sollte das nicht klappen, startet WinWord die Anwendung und öffnet darin die Excel-Tabelle.

Zu Kontrollzwecken möchten Sie die Seite Ihres Geschäftsberichtes mit der Umsatztabelle einmal ausdrucken. Wählen Sie dazu die Option DRUCKEN aus dem DATEI-Menü und klicken auf den Schalter OPTIONEN.

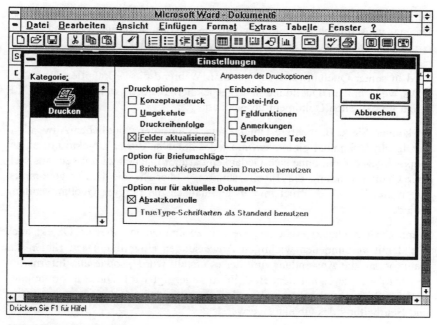

Abb. 4.5: Druckoptionen

Markieren Sie in der Dialogbox DRUCKOPTIONEN das Kreuzfeld FELDER AKTUA-LISIEREN und bestätigen Ihre Wahl mit OK. Nun können Sie die gewünschte Seite mit der aktuellen Tabelle ganz normal ausdrucken.

4.3 OLE

OLE hat nichts mit dem spanischen Ausruf zu tun, sondern OLE ist die Abkürzung für "Object Linking and Embedding" – wörtlich übersetzt bedeutet das die Verbindung und Einbettung von Objekten. Unter Objekten versteht man die eingefügten Informationen – das können Texte, Grafiken, Tabellen, Zeichnungen oder Diagramme sein.

OLE ist quasi eine Weiterentwicklung von DDE und macht den dynamischen Datenaustausch noch komfortabler: Wollen Sie das eingefügte Objekt bearbeiten, brauchen Sie nicht erst zu der Anwendung zurückkehren, mit der es erstellt worden ist. Statt dessen reicht ein Doppelklick auf das Objekt, und es wird in seiner Quellanwendung geöffnet. Während die verknüpften Daten bei DDE weiterhin im Quelldokument gespeichert bleiben, werden sie bei OLE direkt im aktuellen Dokument gespeichert.

So können Sie z. B. mehrere Objekte aus völlig unterschiedlichen Anwendungen in ein Dokument einbinden und jedes einzelne dieser Objekte mit einem Doppelklick öffnen, ohne sich Gedanken darüber machen zu müssen, aus welcher Quellanwendung die Tabelle stammt, woher Sie die Grafik genommen haben etc. WinWord öffnet immer automatisch die richtige Quellanwendung zu jedem Objekt.

Wenn Sie ein Objekt einbetten, werden zusammen mit diesem Objekt auch alle damit verbundenen wichtigen Anweisungen eingefügt. Dazu zählen das Dateiformat, die Anwendung, mit der es erstellt wurde, sowie alle Informationen darüber, wie es auf dem Bildschirm angezeigt wird. Diese Informationen sind für Sie nicht sichtbar, sie werden aber von der Anwendung zur Anzeige und Bearbeitung des Objektes verwendet.

Hinweis: Natürlich lassen sich nur solche Objekte einbetten, deren Quellanwendungen das OLE-Prinzip unterstützen.

Zurück zu Ihrem Geschäftsbericht. Sie haben die Excel-Tabelle mit Ihrem Geschäftsbericht in WinWord verknüpft. Nun fällt Ihnen ein, daß es doch schön wäre, die Umsatzentwicklung Ihrer Firma in den letzten fünf Jahren nicht nur in Tabellenform darzustellen, sondern die nackten Zahlen zusätzlich auch noch als Geschäftsgrafik anschaulich umzusetzen. Zu diesem Zweck wandeln Sie die Excel-Tabelle in eine Geschäftsgrafik um und fügen diese über OLE ein.

Wechseln Sie über den Task-Manager wieder zu Excel, genauer gesagt, zu Ihrer Umsatztabelle, und markieren Sie in der Tabelle den gesamten Bereich,

192

in dem die Zahlen und die Skalen stehen. Wählen Sie dann aus dem DATEI-Menü den Befehl NEU mit der Option DIAGRAMM und bestätigen Sie mit [Eingabe]. Daraufhin wird Ihnen auf dem Bildschirm die gewünschte Geschäftsgrafik angezeigt.

Nun wechseln Sie zurück zu WinWord und wählen im EINFÜGEN-Menü die Option OBJEKT. Eine Dialogbox erscheint und bietet Ihnen alle verfügbaren OLE-fähigen Anwendungen an.

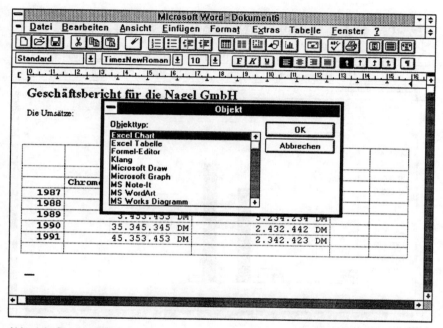

Abb. 4.6: Objekt einfügen

Markieren Sie in der Liste EXCEL CHART und klicken Sie auf OK. Excel wird geladen mit einem leeren Diagrammfenster, das mit einem sehr langen Namen betitelt wird, z. B. "WordDocument%Umsatz%WordObject#001". Ihr Umsatzdiagramm ist noch in einem anderen Fenster geöffnet.

WinWord ist jedoch nur in der Lage, den Inhalt des aktuellen, zur Zeit noch leeren Bildschirmfensters einzulesen. Es ist also nicht möglich, das Diagramm direkt aus dem anderen Fenster nach WinWord hinüberzubringen. Statt dessen müssen Sie Ihre Umsatzgrafik erst in das leere Fenster kopieren.

193

Rufen Sie das Fenster, in dem das Diagramm steht, über das FENSTER-Menü auf. Haben Sie das Diagramm vor Augen, markieren Sie es über den Befehl DIAGRAMM MARKIEREN im DIAGRAMM-Menü und wählen dann aus dem BEARBEI-TEN-Menü den Befehl KOPIEREN.

Wechseln Sie zum leeren Bildschirmfenster und fügen Sie über EINFÜGEN das Diagramm ein. Nun gehen Sie ins DATEI-Menü und wählen die Option AKTUA-LISIEREN. Damit erreichen Sie, daß in einem Schritt die Geschäftsgrafik in Ihr WinWord-Dokument eingefügt und gleichzeitig Excel geschlossen wird.

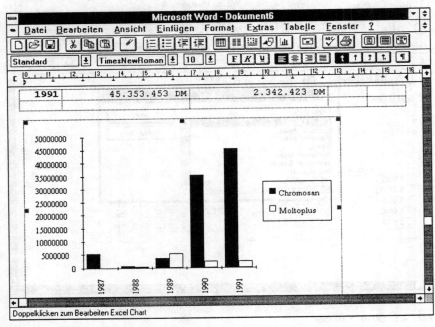

Abb. 4.7: Eingebettetes Objekt im Text

Sie befinden sich nun wieder in Ihrem WinWord-Geschäftsbericht und sind gespannt auf das eingefügte Diagramm. Sollten Sie statt der erwarteten Ge-schäftsgrafik nur eine Zeile mit Feldfunktionen in geschweiften Klammern sehen, so kann das folgende Gründe haben:

1. Sie arbeiten in der Konzept-Ansicht, in der ohnehin Grafiken nie ange-zeigt werden. Wechseln Sie zur Druckbild-Ansicht.

2. Sie sehen auch in der Druckbild-Ansicht nur einen leeren Kasten. Stellen Sie unter EINSTELLUNGEN im EXTRAS-Menü in der Kategorie ANSICHT das Kreuzfeld PLATZHALTER FÜR GRAFIKEN ab.

3. Erscheint statt der Grafik der Befehl EINBETTEN in geschweiften Klammern mit einer Reihe von Optionen, müssen Sie im ANSICHT-Menü den Befehl FELDFUNKTIONEN abschalten.

Möchten Sie die eingefügte Geschäftsgrafik nachträglich noch ändern, genügt ein Doppelklick darauf, um Excel zu öffnen und die Datei zu laden.

Fragen und Übungen:

1. Wie verschiebt und kopiert man Texte über die Zwischenablage?

2. Was versteht man unter dynamischem Datenaustausch?

3. Wo liegt der grundlegende Unterschied zwischen DDE und OLE?

4. Fügen Sie eine Geschäftsgrafik über Microsoft Graph in Ihren Text ein und bearbeiten Sie diese anschließend.

5 Texte mit Daten mischen – Ein Werbemailing

Das Jahr 1992 soll für Ihr Unternehmen eine gewaltige Umsatzsteigerung mit sich bringen. Der erste Schritt ist bereits getan – ein neues Produkt wurde entwickelt und soll nun auf den Markt gebracht werden. Um die Resonanz am Markt zu testen, planen Sie in der Marketing-Abteilung zunächst einmal ein Werbemailing an alle guten Kunden des Unternehmens. Sollte ein Großteil Ihrer Kunden positiv auf das neue Produkt reagieren, kann die Werbekampagne endgültig budgetiert, geplant und lanciert werden.

Wie jedes Großunternehmen verfügt auch Ihre Firma über einen beachtlichen Kundenstamm. Selbst wenn man die neuen Kunden, zu denen Sie noch keine regelmäßige Geschäftsverbindung pflegen, einmal abzieht, bleiben immer noch einige hundert Stammkunden übrig, die der Firma schon seit vielen Jahren die Treue halten.

Alle diese Kunden sollen nun einen Werbebrief bekommen, in dem ihnen das brandneue Produkt schmackhaft gemacht wird. Stellen Sie sich vor, dieses Werbeschreiben müßte mehrere hundertmal abgetippt und ausgedruckt werden – der immer gleichbleibende Brieftext, jeweils mit der individuellen Anschrift und dem spezifischen Ansprechpartner. Eine solche Methode kostet die damit beauftragte Sekretärin nicht nur viel Zeit und Nerven, sondern ist längst nicht mehr zeitgemäß.

Im Zeitalter des Computers gehört dieser manuelle Aufwand Gott sei Dank der Vergangenheit an, denn es gibt eine effektive und wirklich praxistaugliche Alternative: das Mischen von Brieftexten mit Adreßdaten, Serienbriefe genannt. Das Schreiben, in diesem Fall ein Werbemailing, wird einmal formuliert und entsprechend aufgesetzt, dann mit den gewünschten Adressen, in diesem Fall mit denen der Stammkunden, gemischt, und anschließend wird das Mailing für jeden Kunden individuell ausgedruckt. Sie müssen nichts mehr dazutun, lediglich Ihre Unterschrift müssen Sie noch unter die Briefe setzen. Das kann jedoch je nach Anzahl der Werbebriefe auch einen enormen Zeitaufwand bedeuten.

Hinweis: Haben Sie einen Scanner zur Hand, sollten Sie Ihre Unterschrift einmal einscannen – sie wird dann vom Programm automatisch unter den Brief gesetzt, und das mühsame Unterschreiben von Hand entfällt.

Auch mit WinWord können Sie Adressen und beliebige andere persönliche Daten automatisch in Dokumente einfügen. Was Sie für einen Serienbrief benötigen, sind eine Steuerdatei oder Steuersatzdatei, in der die Kundeninformationen stehen, und eine Serientextdatei, die das eigentliche Anschreiben des Werbemailings enthält. Welche einzelnen Schritte beim Erstellen und Drucken von Serienbriefen anfallen, soll dieses Kapitel zeigen.

5.1 Serientextdatei

Die Serientextdatei ist schlichtweg der Brieftext für das Mailing mit Leerzeichen und Interpunktion. Sie bauen den Brief genauso auf wie einen Standardbrief, nur zunächst noch ohne Briefkopf, denn in diesen werden hinterher die individuellen Kundenadressen eingebaut. Fangen Sie also mit Ort und Datum an und lassen dann - wenn erwünscht - eine Betreffzeile folgen, die fett und/oder unterstrichen hervorgehoben werden sollte. In die Anredezeile schreiben Sie nur den Stamm *Sehr geehrte* - welche Besonderheiten es mit dem Rest der Zeile auf sich hat, wird an späterer Stelle genau erklärt. Nun folgt der eigentliche Brieftext und am Ende die Grußformel mit Ihrer Unterschrift. Der Übersichtlichkeit halber können Sie die Stellen, an denen später variable Informationen eingefügt werden, z. B. mit xxxx oder anderen Platzhaltern markieren. Die Serientextdatei könnte etwa so aussehen:

```
xxxx
xxxx
xxxx

xxxx

                                    Düsseldorf, 31.07.92

Der Preishammer des Jahres

Sehr geehrtexxxx,

es ist unglaublich, aber wahr: Wir haben unsere
Produktpalette um einen Preishammer erweitert, der
Sie nicht kaltlassen wird. 1992 soll für uns ein
```

besonderes Jahr werden, deshalb werden wir Ihnen
auch etwas Besonderes bieten.

...

Wir hoffen, daß wir mit unserem Produkt richtig
liegen.

Mit freundlichen Grüßen

Nagel GmbH

Hermann Jansen

Marketing & Communications

Diese Vorlage für den Serienbrief speichern Sie wie einen ganz normalen
Brieftext ab.

5.2 Steuerdatei

Sollten Sie bereits einmal mit Microsoft Excel oder einer anderen Tabellenkalkulation oder auch einer Datenbank gearbeitet haben, sind Sie wahrscheinlich schon ein wenig mit Steuerdateien vertraut. Da ein solches Grundwissen
jedoch für die Arbeit mit WinWord wahrlich nicht vorausgesetzt werden kann,
soll hier einmal erläutert werden, was eine Steuerdatei ist und welchen Sinn
und Zweck sie hat.

Die Steuerdatei enthält alle variablen, austauschbaren Informationen, die Sie
für das zu erstellende Werbemailing benötigen. Das bedeutet im Klartext: In
der Steuerdatei stehen alle Kundenadressen und die jeweiligen Ansprechpartner, an die das Mailing gehen soll. Jeder einzelne Kunde stellt einen Datensatz dar, d. h. in einem Datensatz sind alle relevanten Kundeninformationen
enthalten. Die verschiedenen Arten von Informationen, z. B. Firmenname,
Straße und Ansprechpartner, werden als Felder bezeichnet. Jedes Feld hat einen Namen, also *Firmenname, Straße, PLZ, Ort*, etc. Die Namen stehen in
den meisten Fällen im ersten Datensatz der Steuerdatei, dem sogenannten

Steuersatz. Dieser Steuersatz definiert die Felder, die in der Steuerdatei enthalten sind. Alle weiteren nachfolgenden Datensätze enthalten die konkreten Kundeninformationen in der Reihenfolge, wie sie im Steuersatz vorgegeben sind.

5.2.1 Steuerdatei erstellen

Bevor Sie die Steuerdatei erstellen, sollten Sie sich einige Gedanken darüber machen, welche variablen Informationen aus Ihren Kundenadressen in den Serienbrief übernommen werden sollen. Für jeden Informationstyp werden entsprechende Felder definiert. Bevor Sie sich ans Werk machen, sollten Sie folgende wichtige Vorüberlegungen anstellen:

■ In einer Steuerdatei muß jeder einzelne Datensatz, d. h. jede Kundenanschrift, die gleiche Anzahl an Feldern aufweisen. Der Aufbau der Steuerdatei ist also für alle Datensätze identisch und kann nicht von Fall zu Fall variiert werden. Sie sollten sich gründlich überlegen, welche und wie viele Felder Sie anlegen. Ein Beispiel zur Verdeutlichung:

Firmennamen sind nicht immer gleich lang. So könnte sich in Ihren Kundenadressen ein Unternehmen *Müller & Partner* befinden und eine *Sonnenschirm- und Sonnenschutz-Herstellungs GmbH & Co. KG*. Beide Firmennamen sollen aber in die Steuerdatei hineinpassen. Schließlich darf der lange Name später beim Mischen mit der Serientextdatei nicht einfach abgeschnitten werden. Das würde einen denkbar schlechten Eindruck machen und bestimmt nicht zu einem Auftrag seitens des Kunden führen. Um solche Pannen zu vermeiden, reservieren Sie einfach entsprechend viele Felder für den Firmennamen. Angenommen, Sie entscheiden sich für zwei Felder, um den Firmennamen unterbringen zu können, dann könnten diese z. B. *Firma1* und *Firma2* heißen. Sehr lange Firmennamen passen auf diese Weise auf jeden Fall in die Steuerdatei; bei Unternehmen mit kürzeren Namen, die in einem Feld Platz haben, lassen Sie das Feld *Firma2* einfach leer.

Das gleiche gilt auch, wenn in einigen Datensätzen z. B. eine bestimmte Abteilung auftaucht, in anderen jedoch nicht. Richten Sie ein Feld mit dem Namen *Abteilung* ein und lassen Sie dieses leer, wenn die Abteilung nicht aufgeführt wird.

■ Wenn Sie die Datensätze sortieren möchten, z. B. nach Postleitzahl oder Ort, müssen Sie Ihre Planung der Steuerdatei schon vorab entsprechend organisieren. Das bedeutet im Klartext, daß für die Ortsangabe nicht ein Feld angelegt wird, sondern PLZ und Ort in zwei getrennte Felder geschrieben werden. Genauso sollten Sie mit dem Namen des Ansprechpartners verfahren. Im Briefkopf steht ja in den meisten Fällen der vollständige Name, bestehend aus Vor- und Nachname, während in der Anrede nur noch der Nachname auftaucht. Trennen Sie die Felder für Vor- und Nachname, haben Sie später beim Druck der Serienbriefe weniger Probleme.

Gehen Sie nun daran, die Steuerdatei für den geplanten Serienbrief anzulegen. Natürlich ist es in der Praxis nahezu undenkbar, einen Kundenstamm von sagen wir über 500 Adressen manuell in eine Steuerdatei zu schreiben. Damit wäre der zeitliche Aufwand ja fast genauso groß wie beim erneuten Abtippen jedes einzelnen Briefes. In den meisten Fällen wird in jedem Unternehmen wohl bereits eine Kundendatenbank vorhanden sein, in der sämtliche relevanten Kundeninformationen enthalten sind. Wie Sie mit bereits vorhandenen Adreßbeständen arbeiten, erfahren Sie im nachfolgenden Kapitel.

Zu Übungszwecken gehen wir einmal davon aus, daß Sie die Datensätze noch eingeben und sich den Kundenstamm neu aufbauen müssen. Folgende Schritt-für-Schritt Anleitung soll Ihnen dabei behilflich sein:

Öffnen Sie zuerst die Serientextdatei, die als Vorlage für den Serienbrief dienen soll. Befinden Sie sich in diesem Dokument, wählen Sie als nächstes den Befehl SERIENDRUCK aus dem DATEI-Menü.

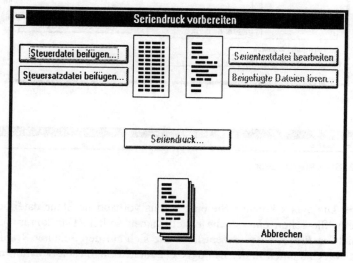

Abb. 5.1: SERIENDRUCK VORBEREITEN

Auf dem Bildschirm erscheint eine Dialogbox, die auf den ersten Blick vielleicht etwas verwirrend aussieht. Kümmern Sie sich noch nicht um die einzelnen Schalter und die Grafik in der Mitte – dazu kommen wir später.

Der einzige Schalter, der Sie an dieser Stelle interessieren sollte, ist die Schaltfläche STEUERDATEI BEIFÜGEN. Sie werden jetzt sicherlich sagen: *Ich habe doch noch gar keine Steuerdatei erstellt, wie kann ich dann schon eine angeben?*

Das ist richtig. Wenn Sie jedoch trotzdem diesen Schalter drücken, erscheint eine weitere Dialogbox, die Sie schon näher an das bringt, was Sie eigentlich machen wollen, nämlich eine Steuerdatei erstellen.

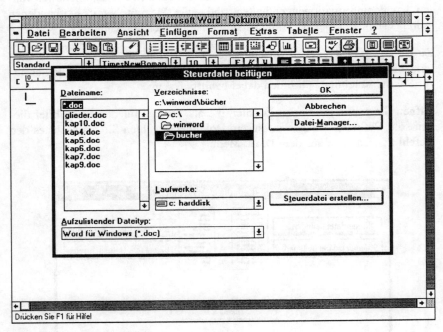

Abb. 5.2: STEUERDATEI BEIFÜGEN

In dieser Dialogbox könnten Sie eine bereits vorhandene Steuerdatei auswählen, wenn Sie schon eine solche erstellt haben sollten. Das kommt ja wohl noch nicht in Frage, also konzentrieren Sie sich auf den Schalter STEUERDATEI ERSTELLEN rechts unten in der Dialogbox. Drücken Sie diesen Schalter, und die Dialogbox STEUERDATEI ERSTELLEN wird endlich aufgerufen.

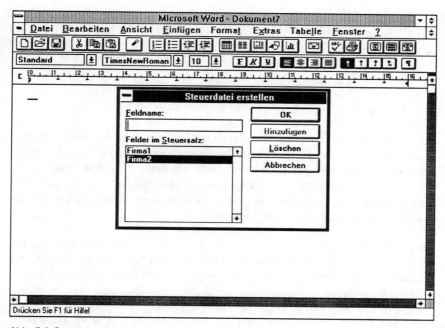

Abb. 5.3 STEUERDATEI ERSTELLEN

In das Eingabefeld FELDNAME geben Sie die Namen der Felder an, die in Ihrem Serienbrief auftauchen sollen.

Hinweis: Feldnamen können bis zu 32 Zeichen lang sein und Buchstaben sowie Zahlen, jedoch keine Leerzeichen enthalten. Jeder Feldname darf nur einmal vorkommen.

In welcher Reihenfolge Sie die Felder aufführen, ist völlig egal. Die Reihenfolge der Felder in der Steuerdatei hat keinerlei Einfluß auf die Reihenfolge, in der die Felder anschließend in die Serientextdatei eingebaut werden. Folgende Felder sollten auf jeden Fall enthalten sein:

- Firma1

- Firma2

- Zu Händen

- Vorname

- Nachname

- Straße

- PLZ

- Ort

- Anrede

Fangen Sie also an und geben Sie den ersten Feldnamen in das dafür vorgesehene Eingabefeld ein. Dann wählen Sie den Schalter HINZUFÜGEN oder drücken ganz einfach [Eingabe]. Das erste Feld erscheint daraufhin in der Liste FELDER IM STEUERSATZ darunter. Genauso verfahren Sie mit den übrigen Feldern so lange, bis alle Felder, die in die Serientextdatei übernommen werden sollen, in dieser Liste untereinanderstehen.

Haben Sie versehentlich einen falschen Feldnamen eingegeben, den Sie eigentlich gar nicht in die Liste aufnehmen wollten, markieren Sie diesen und drücken auf den Schalter LÖSCHEN. Das unerwünschte Feld verschwindet wieder vom Bildschirm.

Wenn alle Felder definiert sind, klicken Sie auf OK oder drücken [Eingabe]. Die nun erscheinende Dialogbox zum Speichern der Steuerdatei ist identisch mit der Dialogbox SPEICHERN UNTER zum normalen Speichern eines Dokuments.

Geben Sie in das Eingabefeld DATEINAME einen Namen für die Steuerdatei ein, z. B. STEUER.DOC und wählen Sie das Laufwerk sowie das Verzeichnis aus, in dem diese Steuerdatei gespeichert werden soll. Bestätigen Sie die Eingabe mit OK oder [Eingabe].

Hinweis: Sollten Sie aus Versehen auf ABBRECHEN drücken, brauchen Sie keine Angst zu haben, daß die Definition Ihrer Steuerdatei verlorengeht. WinWord macht Sie mit einer Meldung darauf aufmerksam, daß Sie die Daten-Datei speichern müssen, um die Einrichtung des Serienbriefdrucks fortsetzen zu können. Beantworten Sie die Frage *Daten-Datei jetzt speichern?* mit JA.

WinWord organisiert nun Ihre Steuerdatei in Form einer Tabelle, was für die Übersichtlichkeit der Datei durchaus von Vorteil ist. Die Tabelle erscheint in einem neuen Dateifenster. Die nachfolgende Tabelle zeigt eine als Tabelle eingerichtete Steuerdatei für das Verzeichnis von Kundenadressen.

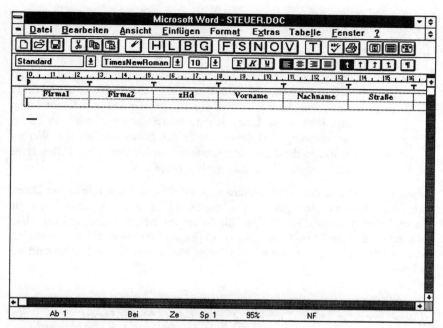

Abb. 5.4: Die Steuerdatei als Tabelle

In der ersten Zeile der Tabelle stehen die Feldnamen als Steuersatz, wie eingangs bereits erläutert. Jeder Feldname markiert eine Spalte, in welche die entsprechenden Bestandteile aus den Kundenadressen eingetragen werden. Jeder Datensatz steht in einer separaten Zeile.

Steuerdatei ausfüllen

Beginnen Sie nun damit, einige Beispieldatensätze in die Tabelle einzutragen. Sie sollen auf keinen Fall sämtliche Kundenadressen dort eintragen, nur einige wenige, denn Übung macht den Meister. Beginnen Sie in der ersten Zelle der Tabelle unter dem ersten Feldnamen FIRMA1. Mit [Tab] springen Sie zur nächsten Zelle FIRMA2, von dort zu ZU HÄNDEN etc. Beachten Sie beim Feld *Anrede* bitte folgende Grundregeln: Der Anredestamm *Sehr geehrte* steht – wie bereits erwähnt – im Brieftext; das Feld ANREDE wird später direkt und ohne Leerschritt an diesen Stamm angeschlossen. Geben Sie nun in der Steuerdatei das jeweilige Geschlecht des Ansprechpartners an. Handelt es sich um einen Herrn, tragen Sie in die Anrede-Spalte *r Herr* ein. Bei einer Dame schreiben Sie statt dessen *Frau* – beachten Sie dabei das Leerzeichen am An-

205

fang. Haben Sie keinen bestimmten Ansprechpartner, enthält das Anrede-Feld den Eintrag *Damen und Herren* - auch hier mit einem Leerzeichen am Anfang.

Hinweis: Enthält ein Datensatz zu einem der definierten Felder keine Informationen, drücken Sie [Tab], damit die entsprechende Zelle leer bleibt. Geben Sie auf keinen Fall ein Leerzeichen ein, denn diese Leerzeichen erscheinen sonst später in Ihrem Serienbrief. Und damit würde der ganze Aufbau des Werbemailings durcheinandergebracht - außerdem, wie häßlich sieht eine ungewollte Lücke im Briefkopf aus.

Haben Sie das Ende des ersten Datensatzes erreicht und alle relevanten Daten zum ersten Kunden eingegeben, drücken Sie [Tab], um eine neue Zeile für den nächsten Datensatz einzufügen. Sie haben die Möglichkeit, beliebig viele Datensätze hinzuzufügen. Geben Sie drei oder vier Datensätze ein und wählen dann den Befehl SPEICHERN aus dem DATEI-Menü, um den Adreßbestand zu speichern.

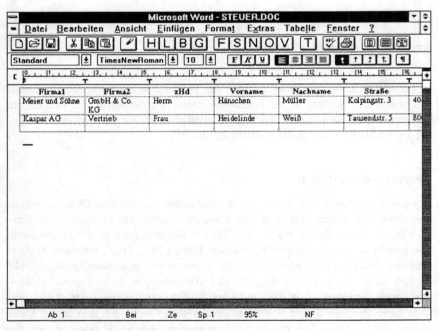

Abb. 5.5: Datensätze in der Steuerdatei

Steuerdatei anders definieren

Eine Tabelle darf maximal 31 Spalten enhalten. Nach Adam Riese kann der einzelne Datensatz also höchstens aus 31 verschiedenen Feldern bestehen. In der Regel dürften Sie damit hinkommen, denn Ihre Kundendatenbank wird wohl kaum mehr als 31 relevante Informationen pro Kunde enthalten. Gesetzt den Fall, Ihre Datensätze wären so umfangreich, daß Sie mit 31 Feldern nicht hinkämen, weil Sie z. B. auch das Geburtsdatum des jeweiligen Geschäftsführers, den Namen seiner Ehefrau und seine bisherige berufliche Laufbahn mit aufgenommen haben.

In einem solchen Fall müssen Sie jeden Datensatz mit [Eingabe] abschließen und die einzelnen Datensatzfelder mit Tabulatoren oder Semikolons voneinander abgrenzen. So manche Steuerdatei, die mit einem anderen Anwendungsprogramm erstellt und in das WinWord-Format umgewandelt wurde, weist ein solches Format auf. Wie Sie sich sicherlich vorstellen können, müssen die Daten in der Steuerdatei so strukturiert sein, daß WinWord sie problem- und vor allem fehlerlos mit der Serientextdatei mischen kann. Folgende Kriterien müssen daher erfüllt sein:

■ Die Anzahl der Felder jedes Datensatzes stimmt mit den Feldnamen des Steuersatzes überein.

■ Jeder Datensatz endet mit [Eingabe]. Dadurch wird jedem einzelnen Datensatz ein eigener Absatz zugewiesen. Vermeiden Sie unbedingt Leerzeilen durch mehrfaches Drücken von [Eingabe], denn WinWord versteht jede Leerzeile als falschen Datensatz.

■ Die Felder werden durchgängig mit demselben Zeichen voneinander getrennt, also entweder nur Tabulatoren oder nur Semikolons.

■ Sollte innerhalb eines Feldes das verwendete Trennzeichen, eine Absatzmarke oder Anführungszeichen vorkommen, müssen Sie das betreffende Feld in An- und Abführung setzen. Ein Beispiel: Im Feld VORNAME steht *Hans-Dieter "Hansi"*. Hansi steht bereits in An- und Abführung, weil es sich so eingebürgert hat, den Rufnamen dieses Herrn im Namensfeld mit anzugeben. In diesem Fall muß zusätzlich das gesamte Feld VORNAME in Anführungszeichen eingeschlossen werden, also: *"Hans-Dieter "Hansi""*.

Tip: Wenn eben möglich, sollten Sie Ihre Steuerdatei in Tabellenform anlegen, weil diese Methode mit Sicherheit die übersichtlichere ist.

207

5.2.2 Steuerdatei aus einem Fremdformat einlesen

Kommen wir nun zum Normalfall in der Praxis: Sie verfügen bereits über einen beachtlichen Kundenstamm, den Sie in einer Datenbank verwalten. Diese Adreßdaten möchten Sie nun in WinWord übernehmen. Angenommen, Ihre Kundendaten sind im Standard-Datenbankformat dBASE erstellt worden. Damit WinWord diese Datei einlesen kann, muß der entsprechende Umwandlungsfilter vorhanden sein. Haben Sie diesen speziellen dBase-Filter bei der Installation von WinWord bereits einbezogen, haben Sie es leicht. Sie müssen die Steuerdatei über die Option SERIENDRUCK im DATEI-Menü nur beifügen, indem Sie den Dateinamen, den Dateityp, das Verzeichnis und das Laufwerk angeben. WinWord wandelt daraufhin automatisch eine Kopie der Datenbankdatei in das Word-Format um.

Sind Sie sich nicht sicher, ob die Umwandlungsfilter zum Einlesen von Daten aus anderen Anwendungsprogrammen wirklich vorhanden sind, überprüfen Sie Ihr WinWord-Verzeichnis nach den folgenden Dateien:

Umzuwandelndes Dateiformat	Umwandlungsfilter
Microsoft Excel	XLBIFF.CNV
dBASE	DBASE.CNV
Lotus 1-2-3	LOTUS123.CNV
WordPerfect 4 bzw. 5	WPFT4.CNV bzw. WPFT5.CNV

Stehen Ihre Daten nicht in einem dieser Formate, dann müssen Sie ins ASCII-(CSV-)Format exportieren. Dabei müssen die Datenfelder durch Semikolon und die Datensätze durch [Eingabe] getrennt sein, damit WinWord die Datensätze einlesen kann.

Steuersatz hinzufügen

Sind in der eingelesenen Steuerdatei die Feldnamen nicht in einem Steuersatz definiert, müssen Sie Ihrer Steuerdatei noch einen Steuersatz hinzufügen, damit WinWord die Datei für den Serienbriefdruck verwenden kann. Der Steuersatz muß genauso viele Feldnamen aufweisen, wie die Steuerdatei Felder enthält. Sie gehen folgendermaßen vor, um einen Steuersatz zur Steuerdatei hinzuzufügen:

208

Setzen Sie die Einfügemarke an den Anfang der ersten Zeile der Tabelle, in der Ihre Steuerdatei steht. Wählen Sie dann den Befehl ZELLEN EINFÜGEN aus dem TABELLE-Menü.

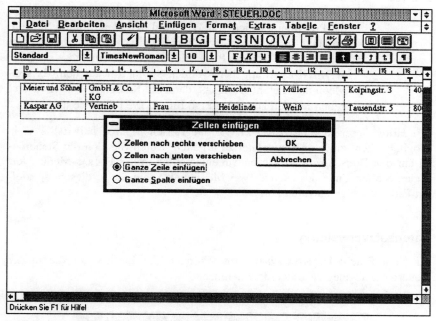

Abb. 5.6: ZELLEN EINFÜGEN

Da Sie für den Steuersatz eine komplette neue Zeile benötigen, klicken Sie auf das Kreuzfeld GANZE ZEILE EINFÜGEN und bestätigen Ihre Wahl mit OK oder [Eingabe]. WinWord fügt nun am Anfang der Tabelle eine neue Zeile ein. Geben Sie, beginnend mit der ersten Zelle, für jedes Feld der Steuerdatei einen Feldnamen ein. Mit [Tab] gelangen Sie jeweils zur nächsten Zelle. Mit dem Befehl SPEICHERN aus dem DATEI-Menü speichern Sie die Steuerdatei mit dem neuen Steuersatz ab.

5.2.3 Steuerdatei verwalten

Ihre Steuerdatei steht und könnte eigentlich mit dem Brieftext gemischt werden. Nun kann es aber immer mal wieder vorkommen, daß Sie die Steuerdatei

209

nachträglich noch ändern wollen. Dazu stellt Ihnen WinWord einige Makros zur Verfügung (ausführliche Einzelheiten zu Makros in einem späteren Kapitel), die in der Dokumentvorlage STEUERDA.DOT enthalten sind.

Hinweis: Die Vorlagedatei STEUERDA.DOT wird bei der Installation automatisch von Setup in das Verzeichnis kopiert, in dem sich die Programmdateien von WinWord befinden. Sollten Sie Ihre Vorlagen in einem anderen Verzeichnis speichern, müssen Sie den entsprechenden Pfad für dieses Verzeichnis in Ihrer WIN.INI-Datei angeben. Wählen Sie hierfür aus dem EXTRAS-Menü den Befehl OPTIONEN, dann die Kategorie WIN.INI, und geben Sie den korrekten Pfad für die DOT-Dateien an.

Mit Hilfe dieser in STEUERDA.DOT integrierten Makros haben Sie viele Möglichkeiten, an Ihrer Steuerdatei zu arbeiten. Rufen Sie sich die Steuerdatei auf den Bildschirm und werfen Sie einen Blick in das EXTRAS-Menü. Dort finden Sie am Ende des Menüs zwei Menüpunkte, die Sie in diesem speziellen Fall zusätzlich aufrufen können.

Datensatzverwaltung

Mit dem Befehl DATENSATZVERWALTUNG können Sie Einfluß auf die in der Steuerdatei abgelegten Datensätze nehmen.

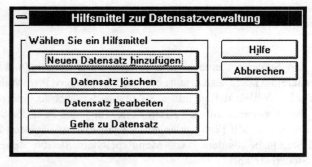

Abb. 5.7: Datensatzverwaltung

Hier stehen Ihnen verschiedene Optionen zur Verfügung. Drücken Sie den ersten Schalter NEUEN DATENSATZ HINZUFÜGEN, fragt WinWord Sie zunächst, ob der Datensatz vor der aktuellen Position der Einfügemarke im Text eingefügt oder ans Ende der Datenbank angehängt werden soll.

Entscheiden Sie sich, an welcher Stelle Sie den neuen Datensatz gern haben möchten, und es erscheint eine weitere Dialogbox:

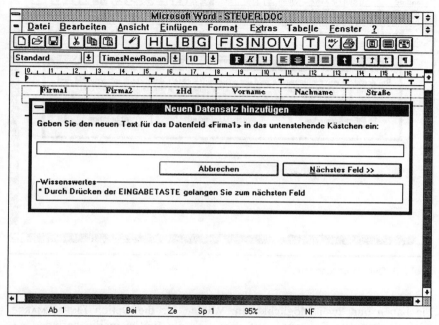

Abb. 5.8: NEUEN DATENSATZ HINZUFÜGEN

Sie werden nun aufgefordert, für das erste Feld in der Steuerdatei den gewünschten Text einzugeben, also den Firmennamen des Kunden, den Sie noch in die Datei aufnehmen wollen. Mit [Eingabe] oder durch Klicken auf den Schalter NÄCHSTES FELD gelangen Sie zum zweiten Feld.

Haben Sie alle Felder durchlaufen und auch die Informationen für das letzte Feld eingegeben, drücken Sie OK oder [Eingabe], und WinWord nimmt den neuen Datensatz in die Steuerdatei auf. Anschließend werden Sie gefragt, ob Sie noch einen weiteren Datensatz in Ihre Datei aufnehmen wollen. Ob Sie das möchten, liegt ganz bei Ihnen.

Weiterhin können Sie einen bereits eingetragenen Datensatz wieder löschen, indem Sie auf den Schalter DATENSATZ LÖSCHEN klicken.

211

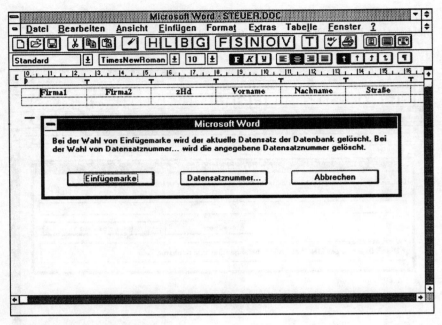

Abb. 5.9: Datensatz löschen

Sie haben nun zwei Möglichkeiten: Wählen Sie die Option EINFÜGEMARKE, wird der aktuelle Datensatz, auf dem sich die Einfügemarke befindet, gelöscht. Wollen Sie einen ganz bestimmten Datensatz aus der Steuerdatei herausnehmen, geben Sie WinWord die Nummer des Datensatzes an, und dieser wird umgehend entfernt. Genausogut können Sie einen einzelnen Datensatz auch nachträglich noch bearbeiten, wenn Sie z. B. von einer Adreßänderung erfahren, die Sie beim Erstellen der Steuerdatei noch nicht berücksichtigt hatten. Drücken Sie den Schalter DATENSATZ BEARBEITEN, und WinWord fragt Sie auch hier wieder, welchen Datensatz Sie gern bearbeiten möchten. Wollen Sie den Datensatz an der Einfügemarke bearbeiten, wählen Sie die entsprechende Option. Haben Sie einen anderen Datensatz im Auge, nennen Sie WinWord die entsprechende Datensatznummer, und der gewünschte Datensatz erscheint auf dem Bildschirm.

Eine letzte Möglichkeit ist das Auffinden eines bestimmten Datensatzes anhand der Datensatznummer. Damit ersparen Sie sich mühsames manuelles Durchsuchen der möglicherweise sehr umfangreichen Steuerdatei. Lassen Sie sich vom Programm helfen, indem Sie auf den Schalter GEHE ZU DATENSATZ klicken.

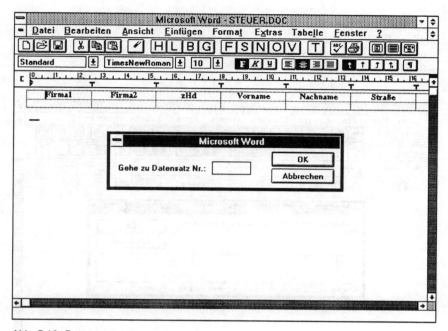

Abb. 5.10: Datensatz suchen

Datenbankverwaltung

Sie müssen die Änderungen in der Steuerdatei nicht auf einzelne Datensätze beschränken, sonden können sich auch die gesamte Datei vornehmen. Auch hierfür finden Sie im EXTRAS-Menü einen Zusatzbefehl, nämlich DATENBANK-VERWALTUNG.

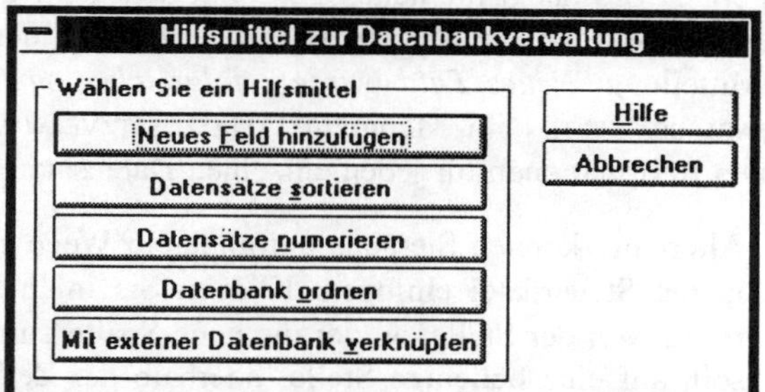

Abb. 5.11: Datenbankverwaltung

213

Angenommen, Sie möchten noch ein weiteres Feld in die Steuerdatei aufnehmen, z. B. den Titel des jeweiligen Ansprechpartners, dann klicken Sie auf den Schalter Neues Feld hinzufügen, und WinWord fragt Sie nach dem Namen des neuen Feldes.

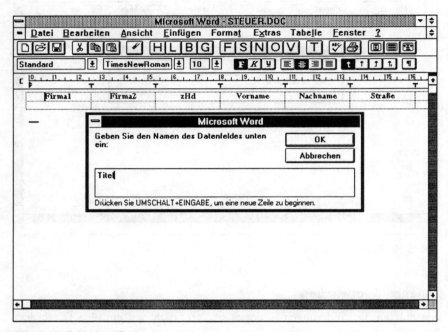

Abb. 5.12: Feld hinzufügen

Geben Sie dem Kind einen Namen und bestätigen Sie Ihre Eingabe mit Ok oder [Eingabe]. WinWord hängt die neue Spalte mit dem Feldnamen im Steuersatz in der ersten Zeile an die Steuerdatei an. Unten auf dem Bildschirm lesen Sie die Mitteilung: *Neues Feld wurde erfolgreich eingeführt*. Mit der Option Datensatz bearbeiten im Menüpunkt Datensatzverwaltung können Sie nun die neuen Informationen für jeden einzelnen Datensatz eingeben.

Hinweis: Alternativ können Sie auch auf anderem Wege ein neues Feld in die Steuerdatei einfügen. Klicken Sie in Ihrer Steuerdatei rechts von der Stelle, an der die neue Spalte eingefügt werden soll, auf eine beliebige Stelle innerhalb der Zellenspalte. Dabei liegt es bei Ihnen, an welcher Stelle Sie das neue Feld bzw. die neue Spalte einfügen möchten. Wählen Sie dann den

Befehl ZELLEN EINFÜGEN aus dem TABELLE-Menü und klicken Sie auf den Knopf GANZE SPALTE EINFÜGEN. Bestätigen Sie die Wahl mit OK oder [Eingabe], und eine neue Spalte wird an der gewünschten Stelle eingefügt.

Möglicherweise wollen Sie die Steuerdatei nach bestimmten Kriterien sortieren, z. B. nach der Postleitzahl, weil Sie feststellen wollen, wie viele Kunden aus dem norddeutschen Raum und wie viele aus Süddeutschland kommen. Wählen Sie die Option DATENSÄTZE SORTIEREN, und eine recht umfangreiche Dialogbox erscheint.

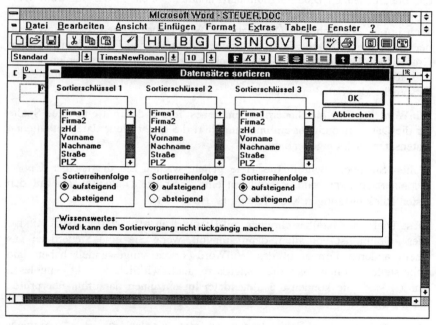

Abb. 5.13: DATENSÄTZE SORTIEREN

Bis zu drei Felder können Sie nun als Sortierschlüssel definieren. Unter jedem Sortierschlüssel sehen Sie eine Liste aller Felder, die in der Steuerdatei enthalten sind. Als erstes Sortierkriterium wählen Sie das Feld PLZ aus. Wollen Sie, daß die Berliner Firmen oben stehen, lassen Sie sich die Daten in aufsteigender Reihenfolge sortieren, sollen die Bayern oben stehen, klicken Sie auf den Knopf SORTIERREIHENFOLGE ABSTEIGEND. Wenn Sie wollen, können Sie noch zwei weitere Sortierkriterien angeben, z. B. die Sortierung nach Ortsnamen und/oder Nachnamen. Auch hier geben Sie wieder an, ob die Daten von A bis Z oder von Z bis A sortiert werden sollen. Die beiden letzten Sortierschlüssel sind dem ersten untergeordnet.

Beachten Sie den Hinweis unten in der Dialogbox, daß WinWord den Sortiervorgang nicht wieder rückgängig machen kann. Sind Sie sich Ihrer Sache ganz sicher, bestätigen Sie mit OK oder [Eingabe], und die Steuerdatei wird umgehend nach Ihren Wünschen sortiert.

Vielleicht haben Sie sich beim vorhergehenden Abschnitt "Datensatzverwaltung" gefragt, woher Sie für das Löschen oder Bearbeiten von Datensätzen die entsprechenden Datensatznummern nehmen sollen. In der Tat weiß WinWord zwar intern die Nummern der einzelnen Datensätze und zeigt Ihnen so auch immer den richtigen Datensatz an. Woher aber wissen Sie – vor allem bei einer langen Steuerdatei – welche Nummer die Firma Sonnenschein GmbH hat? Da Sie mit Sicherheit nicht alle Datensätze durchzählen wollen und können, lassen Sie sich doch die Datensätze numerieren, indem Sie den entsprechenden Schalter drücken.

WinWord fügt vor die Steuerdatei ein neues Feld und damit eine neue Spalte für die Datensatznummer ein und numeriert die in der Steuerdatei enthaltenen Datensätze auch umgehend durch.

Wollen Sie noch mehr in die Tiefe gehen, wählen Sie die nächste Option DATENBANK ORDNEN, und es erscheint eine komplexe Dialogbox mit auf den ersten Blick unzähligen Kreuzfeldern (s. Abb. 5.14).

Diese Dialogbox ist überschrieben mit DIAGNOSEHILFSMITTEL FÜR DATENBANKEN. Diese Option ist vor allem dann sinnvoll, wenn Sie eine Steuerdatei aus einem anderen Format in das WinWord-Format umgewandelt haben und sicherstellen wollen, daß die Datensätze auch wirklich korrekt eingelesen worden sind. Sie können die Steuerdatei im einzelnen daraufhin überprüfen lassen, daß

■ Leerräume vor Feldeinträgen entfernt werden, z. B. " Sonnenschein GmbH" statt "Sonnenschein GmbH";

■ Leerräume nach Feldeinträgen entfernt werden, z. B. "Sonnenschein GmbH   " statt "Sonnenschein GmbH";

■ alle Semikolons, die bei der Konvertierung Ihrer Steuerdatei übriggeblieben sind, entfernt werden;

■ alle zusätzlichen Absatzmarken entfernt werden;

■ Ihr Steuersatz auch wirklich gültig ist.

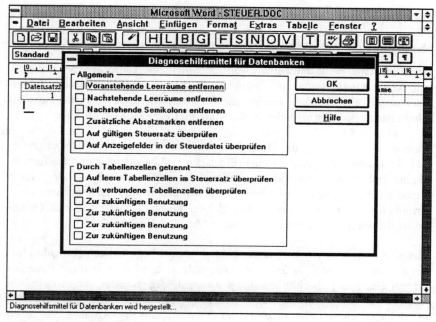

Abb. 5.14: Datenbank ordnen

Steht Ihre Steuerdatei in einer Tabelle, kann außerdem überprüft werden, ob sich im Steuersatz leere oder verbundene Zellen befinden.

Mit der letzten Option MIT EXTERNER DATENBANK VERKNÜPFEN können Informationen der Steuerdatei mit dem Anwendungsprogramm, mit dem sie erstellt wurden, ausgetauscht werden. Das gilt natürlich nur für Steuerdateien, die in einem anderen Format unter Windows erstellt und anschließend in das WinWord-Format umgewandelt worden sind. Was Verknüpfung via DDE bedeutet, wissen Sie ja bereits: Wenn Sie die Originaldatei im entsprechenden Anwendungsprogramm, z. B. Excel, ändern, wird Ihre Steuerdatei in WinWord automatisch aktualisiert.

5.2.4 Daten sortieren

Es gibt noch einen zweiten Weg, Daten in Ihrer Steuerdatei zu sortieren, nämlich über die Option SORTIEREN im EXTRAS-Menü. Diese Alternative ist zwar nicht ganz so komfortabel wie das Sortieren über die Option DATENBANK-

217

VERWALTUNG, aber Sie sollten diese Möglichkeit dennoch kennenlernen, vor allem, weil sich diese Form des Sortierens auch auf normale Textabsätze übertragen läßt, während die DATENBANKVERWALTUNG nur für Steuerdateien gilt.

Ihre Steuerdatei steht und enthält wahrscheinlich eine ganze Menge an Einträgen, da Ihr Kundenstamm sehr groß sein dürfte. Angenommen, in der Steuerdatei stehen alle Kunden wahllos und bunt durcheinander – Firma Sonnenschein ganz oben, Firma Adler in der Mitte und Firma Cäsar am Ende.

Wäre es nicht sinnvoll, die Datei nach Firmennamen alphabetisch zu sortieren? So können Sie gezielter nach Einträgen suchen oder Datensätze herausfiltern. Haben Sie eine bereits vorhandene Kundendatenbank aus einem Fremdformat eingelesen, ist diese wahrscheinlich bereits nach Firmennamen sortiert. In diesem Fall nehmen Sie sich vor, die Steuerdatei nach PLZ-Gebieten zu sortieren – als Übung zum Thema "Absätze sortieren".

Warum Absätze sortieren? Wie Sie bereits wissen, beginnt nach [Eingabe] immer ein neuer Absatz. Da Sie jeden Datensatz, d. h. jede Zeile Ihrer Steuerdatei, mit [Eingabe] abschließen, fängt zwangsläufig in jeder neuen Zeile ein neuer Absatz an. Wenn Sie nun die Datensätze, d. h. die Zeilen der Steuerdatei, alphabetisch sortieren möchten, sortieren Sie einzelne Absätze. Sie gehen dabei folgendermaßen vor:

Zunächst müssen Sie die Absätze markieren, die Sie gern sortieren möchten. Das ist die gesamte Steuerdatei, denn welchen Sinn sollte es machen, nur das erste Drittel alphabetisch zu ordnen und den Rest ungeordnet stehen zu lassen?

Denken Sie beim Markieren daran, die erste Zeile, in der der Steuersatz steht, auszulassen und erst in der zweiten Zeile zu beginnen. Sonst würde WinWord den Steuersatz ebenfalls sortieren und entsprechend einordnen. Der Steuersatz muß jedoch immer in der ersten Zeile stehen, er sollte also auch dort bleiben.

Hinweis: Steht der Steuersatz in einer getrennten Steuersatzdatei, so daß die Steuerdatei ausschließlich die Datensätze enthält, brauchen Sie überhaupt nichts zu markieren. Sind keine Absätze markiert, sortiert WinWord ungefragt das ganze Dokument. Und das kann Ihnen in diesem Fall ja nur recht sein, denn schließlich sollen alle Datensätze von der ersten bis zur letzten Zeile alphabetisch geordnet werden.

Wählen Sie nun im EXTRAS-Menü die Option SORTIEREN.

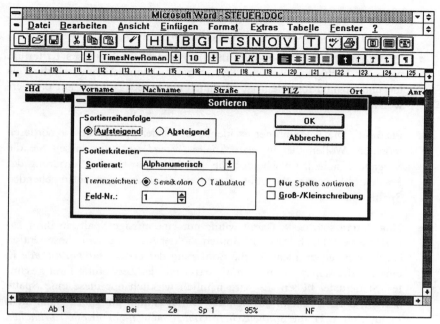

Abb. 5.15: Daten sortieren

In der auf dem Bildschirm erscheinenden Dialogbox legen Sie die Optionen für die anstehende Sortierung fest. Im einzelnen:

- SORTIERREIHENFOLGE: Wollen Sie die Datensätze von A bis Z sortieren, klicken Sie auf den Knopf AUFSTEIGEND, bei der Reihenfolge ABSTEIGEND würde WinWord bei Z anfangen und bei A aufhören.

- SORTIERKRITERIEN: Hier definieren Sie genau, wie WinWord Ihre Daten sortieren soll.

- SORTIERART: Wählen Sie aus der Liste den Eintrag ALPHANUMERISCH, sortiert WinWord zuerst die Zahlen und dann erst den Text. NUMERISCH würden Sie wählen, wenn nur nackte Zahlen sortiert werden sollen, z. B. die Jahresumsätze Ihrer Kunden. Nackte Zahlen deshalb, weil alle anderen Zeichen, z. B. Punkte oder Trennstriche, ignoriert werden. Die Schreibweise der Umsätze dürfte also nicht *50.000,–* sein, sondern *50000*. Stehen die Umsätze nicht als reine Zahlen in der Datei, wählen Sie ALPHANUMERISCH, damit andere Zeichen berücksichtigt werden. Wollen Sie Einträge nach Datum sortieren, z. B. das Datum der letzten Bestellung Ihrer

219

einzelnen Kunden, wählen Sie DATUM. Um Ihre Steuerdatei nach Firmennamen zu sortieren, wählen Sie die Sortierart ALPHANUMERISCH.

■ TRENNZEICHEN: Wenn Sie Ihre Tabelle sortieren, steht dieses Kriterium nicht zur Verfügung, weil die Trennung der Daten bereits durch die Zeilen und Spalten festgelegt ist. Dennoch ein kurzer Hinweis auf die Verwendung der Trennzeichen

■ FELD-NR., Die Feldnummer ist identisch mit der Spalte, die Sie sortieren möchten. Wollen Sie die erste Spalte *Firma1* sortieren, lassen Sie die Vorgabe *1* stehen. Entscheiden Sie sich hingegen für die Sortierung der Postleitzahl, geben Sie statt dessen die Nummer der entsprechenden Spalte ein.

■ NUR SPALTE SORTIEREN: Damit würde nur eine einzige Spalte in Ihrer Tabelle sortiert. Doch Vorsicht! Sollten Sie der Meinung sein, diese Option sei doch geradezu ideal für die Sortierung der Postleitzahlen, die alle in einer Spalte stehen, so müssen Sie dafür mit der Zerstörung Ihrer gesamten Steuerdatei büßen. Es wird nämlich wirklich nur diese eine Spalte sortiert, der Rest bleibt unverändert. Damit stimmt die ganze Datei nicht mehr, weil z. B. die *Sonnenschein GmbH* nicht mehr in *8000 München* sitzt, sondern in *1000 München*.

■ GROß- UND KLEINSCHREIBUNG: Dahinter verbirgt sich die Regel: Groß- vor Kleinschreibung. Klicken Sie dieses Kreuzfeld an, stehen nach der Sortierung alle Wörter mit großem Anfangsbuchstaben vor den Wörtern mit kleinen Anfangsbuchstaben, z. B. *Zimmermann KG* vor *adv-Versand GmbH*.

Doch es geht noch weiter: Bei Wörtern mit gleichem Anfangsbuchstaben ist entscheidend, ob der zweite Buchstabe groß- oder kleingeschrieben wird. So steht *BZV-Vertriebs GmbH* vor *Bachmann & Partner*. Kurz gesagt: Wenn Sie eine vernünftige Sortierung Ihrer Daten haben möchten, klicken Sie dieses Kreuzfeld auf gar keinen Fall an.

Haben Sie Ihre Entscheidung getroffen, bestätigen Sie die Eingaben mit OK, und die Firmennamen in Ihrer Steuerdatei erscheinen alphabetisch sortiert auf dem Bildschirm. Haben Sie einen Fehler gemacht oder entspricht das Ergebnis aus irgendeinem Grund nicht Ihren Vorstellungen, können Sie die Sortierung direkt im Anschluß mit dem Befehl RÜCKGÄNGIG aus dem BEARBEITEN-Menü noch rückgängig machen. Das klappt aber nur, wenn Sie nach dem Sortiervorgang noch keinen neuen Arbeitsschritt durchgeführt haben.

5.3 Steuersatzdatei

Es ist ebenso möglich, den Steuersatz nicht in den ersten Datensatz der Steuerdatei zu schreiben, sondern in eine getrennte Datei, die sogenannte Steuersatzdatei. Die Steuersatzdatei wird zwischen Steuerdatei und Serientextdatei geschaltet und enthält lediglich den Steuersatz. Das klingt auf Anhieb vielleicht etwas verwirrend, denn welche Vorteile sollte es haben, noch eine weitere Datei anzulegen. Es ist sicherlich schon schwierig genug, sich an den Umgang mit Steuerdateien und Steuersätzen zu gewöhnen – der Begriff der Steuersatzdatei macht das ganze noch komplizierter. Doch es gibt zwei konkrete Fälle in der Praxis, für die das Anlegen einer separaten Steuersatzdatei durchaus sinnvoll ist.

Wie bereits erwähnt, muß beim Importieren von Datensätzen aus anderen Formaten oft nachträglich noch der Steuersatz in die erste Zeile geschrieben werden, denn nicht jedes Anwendungsprogramm ist in der Lage, die Feldnamen automatisch nach WinWord zu exportieren. Stellen Sie sich vor, Sie schreiben Ihre Kunden in regelmäßigen Abständen an, um sie auf besondere Angebote aufmerksam zu machen oder – wie im vorliegenden Fall – die Resonanz auf ein neues Produkt zu testen. Wie Sie gelernt haben, organisieren Sie solche Schreiben in Form von Serienbriefen, schreiben die Kundendaten in eine Steuerdatei und tragen den Steuersatz mit den jeweiligen Feldnamen manuell nach. Diese Steuerdatei speichern Sie ab, und eigentlich könnten Sie die Datei für alle weiteren Serienbriefe verwenden.

Aber besonders wenn Ihr Kundenstamm sehr groß ist, wird es gelegentlich vorkommen, daß sich eine Kundenadresse ändert oder Ihr Ansprechpartner wechselt. In solchen Fällen müßten Sie die Datensätze immer wieder neu einlesen – es sei denn, Sie haben Ihre Datenbank via DDE mit WinWord verknüpft – und auch den Steuersatz jedes Mal von neuem manuell angeben. Das ist jedoch recht aufwendig, und Sie können sich diesen Aufwand sparen, indem Sie eine getrennte Steuersatzdatei anlegen. In diese Steuersatzdatei schreiben Sie einmal die Feldnamen, die Sie für Ihre Serienbriefe verwenden wollen, und WinWord weiß in Zukunft immer, welche Felder in die Schreiben an Ihre Kunden eingefügt werden sollen.

Der zweite denkbare Fall für das Anlegen einer Steuersatzdatei ist, daß Sie den gleichen Brief mit unterschiedlichen Datenbeständen koppeln wollen. Angenommen, Sie möchten das Werbemailing nicht nur an Ihre Kunden schicken, sondern auch an alle Interessenten, die sich schon öfter an Ihrer Produktpalette interessiert gezeigt hatten und deren Anschriften Sie ebenfalls in einer

Datenbank verwalten. Damit haben Sie also Datensätze aus zwei verschiedenen Datenbanken und den gleichen Brieftext. Wahrscheinlich sind sowohl die Feldbezeichnungen als auch die Tabellenformate der beiden Datenbanken unterschiedlich.

Die Kundendatenbank könnte folgendermaßen aufgebaut sein:

- Firma1
- Firma2
- Straße
- PLZ
- Ort
- Zu Händen
- Anrede
- Vorname
- Nachname
- Kunde seit
- Umsatz im Jahr
- Auftragsvolumen
- Bankverbindung

Die Interessentendatenbank hingegen könnte so aussehen:

- Firma
- Abteilung
- Straße
- PLZ
- Ort
- Zu Händen
- Anrede
- Vorname

- Nachname

- Position

- Interesse an

- Anfragedatum

Sie wandeln beide Datenbanken jeweils in eine WinWord-Steuerdatei um. Aufgrund der unterschiedlich aufgebauten Datensätze müßten Sie nun eigentlich zuerst die Kunden-Steuerdatei in den Serienbrief einbinden und in einem zweiten Durchgang die Interessenten-Steuerdatei mit der Serientextdatei mischen, weil die Feldnamen beider Dateien völlig unterschiedlich sind.

Mit Hilfe einer zusätzlichen Steuersatzdatei, die eine einheitliche Definition der Feldnamen enthält, können Sie beide Steuerdateien unter einen Hut bringen.

Diese Steuersatzdatei wird sozusagen als Bindeglied zwischen die jeweilige Steuerdatei und die Serientextdatei geschaltet und beiden Steuerdateien übergeordnet. Dadurch müssen Sie die Feldbezeichnungen in der Serientextdatei nicht jeder neuen Steuerdatei manuell anpassen, sondern stülpen einfach die Steuersatzdatei darüber.

Voraussetzung für eine solche Steuersatzdatei ist die gleiche Reihenfolge der Daten in beiden Steuerdateien und die gleiche Anzahl von Feldern. Doch für einen Serienbrief benötigen Sie ja ohnehin lediglich die Anschrift und den Namen des Ansprechpartners. Diese Daten dürften in beiden Dateien einheitlich aufgebaut sein.

Steuersatzdatei erstellen

Sie erstellen eine Steuersatzdatei in folgenden Schritten:

- Öffnen Sie die Serientextdatei, die Sie für den Serienbrief verwenden wollen, und wählen Sie den Befehl SERIENDRUCK aus dem DATEI-Menü. Es erscheint die Dialogbox, die Ihnen schon beim Erstellen einer Steuerdatei begegnet ist. Klicken Sie in diesem Fall auf den Schalter STEUERSATZDATEI BEIFÜGEN.

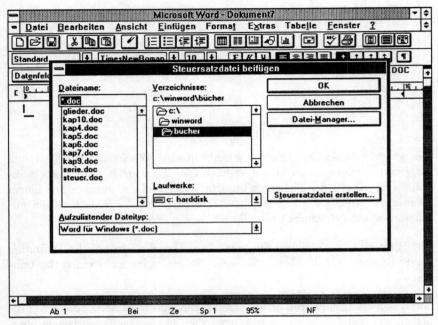

Abb. 5.16: STEUERSATZDATEI BEIFÜGEN

■ In dieser zweiten Dialogbox wählen Sie die Option NEUE STEUERSATZDA-TEI ERSTELLEN.

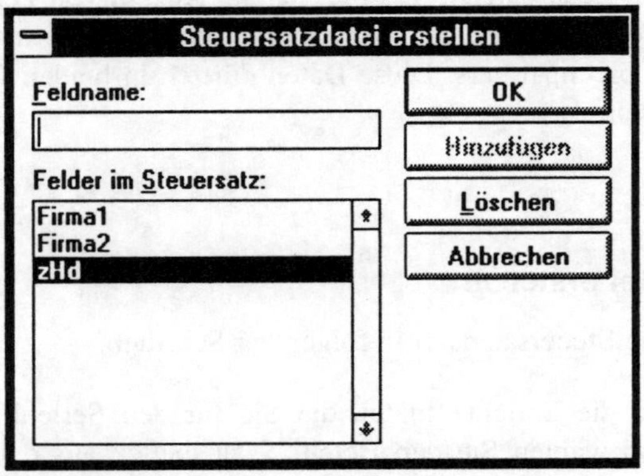

Abb. 5.17: STEUERSATZDATEI ERSTELLEN

Geben Sie nun die Namen der Felder ein, die die Steuersatzdatei enthalten soll, und klicken Sie nach jedem Feld auf den Schalter HINZUFÜGEN. Haben Sie alle Felder für die Steuersatzdatei definiert, drücken Sie OK oder [Eingabe], und WinWord zeigt Ihnen eine Dialogbox an, über die Sie die Steuersatzdatei speichern können. Geben Sie der Datei einen Namen und das gewünschte Laufwerk und das Verzeichnis an, in dem die Steuersatzdatei abgelegt werden soll. Bestätigen Sie Ihre Eingabe mit OK oder [Eingabe], und auf Ihrem Bildschirm erscheint ein neues Dateifenster mit einer Tabelle, die aus einer Zeile besteht. In dieser Zeile stehen die soeben definierten Felder der Steuersatzdatei.

Wollen Sie eine bereits erstellte Steuersatzdatei aufrufen, gehen Sie genauso vor, mit dem Unterschied, daß Sie in der zweiten Dialogbox SERIENDRUCK VOR-BEREITEN den Schalter STEUERSATZDATEI BEIFÜGEN wählen und anschließend den Namen der gewünschten Steuersatzdatei markieren und mit OK bzw. [Eingabe] bestätigen.

5.4   Serienbriefe mischen

Sie haben nun alle Vorbereitungen für das Anlegen des Serienbriefes getroffen und können damit beginnen, die Datenfelder aus der aktuellen, d. h. geöffneten, Steuerdatei bzw. Steuersatzdatei - wenn vorhanden - in die geöffnete Serientextdatei einzufügen. Wenn Sie sich ein umständliches Vorgehen beim Mischen der Adreßdaten mit dem Brieftext ersparen wollen, werfen Sie einen Blick auf die Symbolleiste für den Seriendruck oberhalb des Lineals. Diese Leiste erleichtert Ihnen die Arbeitsschritte beim Erstellen und Drucken von Serienbriefen, und Sie müssen nicht jeden einzelnen Schritt über das Menü aufrufen.

Datenfelder einfügen

Setzen Sie die Einfügemarke an die Stelle in der Serientextdatei, an der das erste Datenfeld aus der Steuerdatei eingefügt werden soll, also in die erste Zeile im Briefkopf. Sollten Sie dort bei der Erstellung des Textes der Übersichtlichkeit halber Platzhalter eingegeben haben, entfernen Sie diese vorher. Klicken Sie nun in der Symbolleiste auf den linken Schalter DATENFELD EINFÜ-GEN, und es erscheint eine Dialogbox, in der Sie sich bitte zunächst nur um die linke Liste DATENFELDER kümmern.

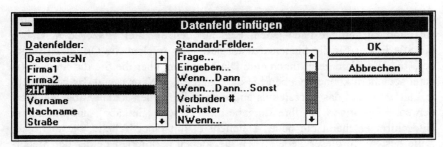

Abb. 5.18: Datenfeld einfügen

In dieser Liste stehen alle Feldnamen, die in Ihrer Steuerdatei oder Steuersatz-datei enthalten sind. Welche Steuerdatei Sie dem Serienbrief zugrundelegen, wird Ihnen ganz rechts in der Symbolleiste angezeigt. Dort steht der Name der Steuerdatei und auch der Name der Steuersatzdatei, wenn Sie für diesen Serienbrief eine angelegt haben.

Markieren Sie nun den ersten einzufügenden Feldnamen, z. B. *Firma1* und klicken Sie auf Ok. Das Feld Firma1 erscheint in die Seriendruckzeichen "<<" und ">>" eingeschlossen an der gewünschten Stelle in Ihrem Dokument.

Die Seriendruckzeichen teilen WinWord mit, daß es sich hier nicht um norma-len Text, sondern um einen Feldnamen handelt, der beim Ausdruck durch die variablen Informationen aus der Steuerdatei ersetzt werden soll.

Hinweis: Die Reihenfolge in der Steuerdatei bzw. Steuersatzdatei muß nicht mit der Reihenfolge der einzufügenden Felder in der Se-rientextdatei übereinstimmen. Sie können sich jedes beliebige Feld aus der Liste aussuchen, egal an welcher Stelle es steht.

Genauso verfahren Sie mit allen übrigen Datenfeldern. Setzen Sie die Einfü-gemarke in die nächste Zeile und wählen Sie aus der Dialogbox Datenfeld einfügen den Feldnamen Firma2. In der folgenden Zeile steht zuerst das Feld Zu Händen, dann kommt ein Leerzeichen, gefolgt vom Feld Vorname, danach folgt ein weiteres Leerzeichen und das Feld Nachname.

In der nächsten Zeile steht die Straße, gefolgt von einer Leerzeile, weil Straße und Ortsangabe nach DIN 5008 immer durch eine Leerzeile voneinander ge-trennt werden. Als erstes Feld in der neuen Zeile fügen Sie PLZ ein, dann setzen Sie ein Leerzeichen und lassen das Feld Ort folgen.

Nun kommen Sie zur Anrede. Dort steht bereits der Anredestamm *Sehr geehr-te.* Fügen Sie direkt, d. h. ohne Leerzeichen, hinter diesen Stamm das Feld

Anrede ein, und dann – durch ein Leerzeichen voneinander getrennt – als letztes Feld nochmals den Nachnamen. Damit steht die Maske für Ihren Serienbrief.

Möchten Sie die Datensätze in der Steuerdatei vor Augen haben, wenn Sie die Datenfelder einfügen, klicken Sie auf den zweiten Schalter STEUERDATEI BEARBEITEN in der Symbolleiste. Die aktuelle Steuerdatei erscheint in einem separaten Fenster auf dem Bildschirm.

Verschieben Sie dieses Fenster an einen Platz, an dem es Sie beim Einfügen der Datenfelder nicht stört. Mit Hilfe dieses Schalters können Sie die Steuerdatei auch nachträglich noch bearbeiten, ohne sie erst wieder über das DATEI-Menü auf den Bildschirm rufen zu müssen.

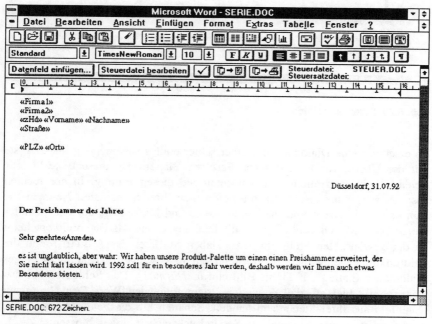

Abb. 5.19: Serientextdatei mit eingefügten Feldern

Es gibt noch einen zweiten Weg, die Datenfelder in den Brieftext einzubauen, nämlich die manuelle Methode. Setzen Sie die Einfügemarke wieder an die Stelle, an der das erste Feld stehen soll, und rufen Sie aus dem EINFÜGEN-Menü den Befehl FELD auf.

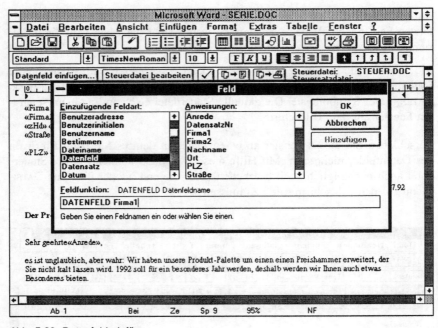

Abb. 5.20: Datenfeld einfügen

Es erscheint eine Dialogbox mit einer schier endlos scheinenden linken Liste mit der Überschrift Einzufügende Feldart. Blättern Sie diese Liste bis zur Feldart Datenfeld durch und markieren Sie diesen Eintrag. In der rechten Liste Anweisungen erscheinen die Feldnamen Ihrer Steuerdatei. Nehmen Sie sich das Feld Firma1 vor, markieren Sie es und klicken Sie auf den Schalter Hinzufügen. Mit Ok schließen Sie die Dialogbox, und das Datenfeld erscheint an der gewünschten Stelle im Text. Haben Sie über das Ansicht-Menü die Feldfunktionen eingeblendet, erscheint ein in geschweifte Klammern eingeschlossener Eintrag auf Ihrem Bildschirm: {Firma1}. Das Schlüsselwort Datenfeld gibt hier an, daß es sich bei dem folgenden Wort *Firma1* um ein Datenfeld aus Ihrer Steuerdatei handelt. Schalten Sie die Feldfunktionen aus, wird das Feld – wie gewohnt – in Seriendruckzeichen eingeschlossen.

Steuerdatei wechseln

Gehen wir zu dem Fall zurück, daß Sie das Werbemailing nicht nur an Ihre Kunden, sondern auch an die Interessenten schicken möchten. Sie erinnern sich: Zu diesem Zweck haben Sie eine Steuersatzdatei angelegt, deren Feldnamen für beide Steuerdateien Gültigkeit haben. Angenommen, Sie haben den Brief an Ihre Kunden bereits ausgedruckt (wie das funktioniert, dazu im Anschluß) und wollen die Serientextdatei nun auch mit der Interessenten-Steuerdatei mischen.

Zu diesem Zweck entfernen Sie zunächst die Kunden-Steuerdatei, d. h. Sie lösen die Verknüpfung mit der Serientextdatei. Gehen Sie dazu ins DATEI-Menü und rufen die bekannte Option SERIENDRUCK auf. In der aufgerufenen Dialogbox klicken Sie auf den Schalter BEIGEFÜGTE DATEIEN LÖSEN, und eine Meldung wird auf dem Bildschirm eingeblendet:

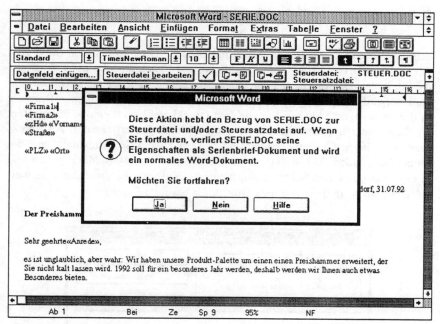

Abb. 5.21: Steuerdatei lösen

WinWord fragt Sie, ob Sie Ihre Serientextdatei in ein normales Dokument umwandeln möchten. Klicken Sie auf JA, wird Ihre Kunden-Steuerdatei zusammen mit der übergeordneten Steuersatzdatei entfernt und Ihr Text in ein ganz normales Dokument umgewandelt. Damit ist der Seriendruck-Modus abgebrochen, was Sie daran erkennen, daß die Symbolleiste vom Bildschirm verschwindet. Überlegen Sie es sich anders und entscheiden sich für NEIN, bleibt alles beim alten, und die Dialogbox wird wieder geschlossen.

Nun müssen Sie sozusagen nochmal von vorn anfangen und die neue Steuerdatei zusammen mit der Steuersatzdatei beifügen. Gehen Sie also bei geöffnetem Brieftext – der jetzt wieder in eine Serientextdatei umgewandelt werden soll – ins DATEI-Menü zur Option SERIENDRUCK und klicken Sie zuerst auf den Schalter STEUERDATEI BEIFÜGEN, um Ihre Interessentendatei zu aktivieren. In einem zweiten Durchgang klicken Sie auf den Schalter STEUERSATZDATEI BEIFÜGEN, um die Steuersatzdatei aufzurufen, in der die Feldnamen stehen, die Sie dann anschließend in den Text einfügen müssen.

5.5   Serienbriefe drucken

Zurück zum Werbemailing an Ihre Kunden! Der Serienbrief ist nun fertig zum Ausdruck. WinWord fügt beim anschließenden Druck anstelle der Feldnamen die konkreten Datensätze aus der Steuerdatei ein, d. h. jeder Kunde erhält sein ganz persönlich an ihn gerichtetes Schreiben. Mit Hilfe des Häkchen-Symbols in der Symbolleiste können Sie vor dem Druckbefehl noch einmal überprüfen, ob Steuerdatei und Serientextdatei auch wirklich fehlerfrei sind. Angenommen, alles ist in Ordnung, so verbinden Sie jetzt die Serientextdatei mit der Steuerdatei, indem Sie in die Option SERIENDRUCK im DATEI-Menü gehen und in der Dialogbox den Schalter SERIENDRUCK anklicken. Es erscheint eine weitere Dialogbox, in der Sie einige Optionen auswählen können:

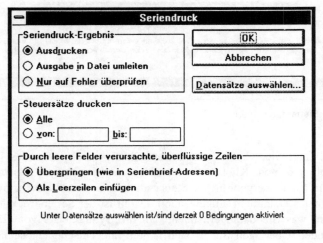

Abb. 5.22: Seriendruck vorbereiten

Im ersten Kasten SERIENDRUCK-ERGEBNIS haben Sie drei Alternativen zur Auswahl:

■ Sie vertrauen darauf, daß alles in Ordnung ist, und lassen die Serienbriefe an alle Kunden ausdrucken.

■ Sie speichern sämtliche Briefe zunächst einmal in einer neuen Datei, um unvorhergesehene Fehler beim Ausdruck zu unterbinden und sich vor dem eigentlichen Druck alle Briefe vorsichtshalber nochmal auf dem Bildschirm anzusehen. Stellen Sie sich vor, Sie drucken 500 Briefe aus und stellen hinterher fest, daß Sie z. B. die Einbindung des Datenfeldes FIRMA2 vergessen haben und die langen Firmennamen dadurch im Briefkopf einfach abgeschnitten werden. Welch eine Papierverschwendung! Schreiben Sie die Briefe hingegen in einer Datei, können Sie den Fehler noch rechtzeitig bemerken und beheben.

■ Sie bitten WinWord, Ihren Serienbrief noch nicht auszudrucken, sondern die einzelnen Briefe vorab auf eventuell vorhandene technische Fehler hin zu überprüfen.

Suchen Sie sich eine Option aus und klicken den entsprechenden Knopf an.

Hinweis: Sie können die beiden ersten Optionen auch über die Symbolleiste direkt und ohne Umschweife aufrufen. Mit einem Klick auf das Symbol rechts neben dem Häkchen werden die Serienbriefe in eine neue Datei geschrieben, das Symbol daneben bewirkt den sofortigen Ausdruck der Briefe an jeden einzelnen Kunden.

Weiterhin haben Sie die Möglichkeit, nur einzelne Datensätze zu drucken. Lassen Sie sich nicht durch die Überschrift STEUERSÄTZE DRUCKEN verwirren – gemeint sind Datensätze; schließlich gibt es ja auch nicht mehrere Steuersätze, sondern nur einen einzigen. WinWord geht zunächst einmal davon aus, daß Sie das Schreiben an alle Kunden schicken wollen. Angenommen, Sie haben vor, lediglich ein Testmailing an die ersten 50 Kunden der Steuerdatei zu schicken, dann klicken Sie auf den zweiten Knopf und geben dem Programm an, daß alle Datensätze von 1 bis 50 mit dem Text gemischt werden sollen.

Sie erinnern sich, daß in Ihrer Steuerdatei leere Tabellenzellen vorhanden sind, weil z. B. das Feld FIRMA2 bei Firmen mit kurzem Firmennamen keinen Eintrag enthält. Diese fehlenden Einträge sollen sich beim Ausdruck des Serienbriefes natürlich nicht als ungewollte Leerzeilen entpuppen. Es sieht komisch aus, wenn zwischen dem Firmennamen und dem Ansprechpartner eine

Leerzeile steht. Solche Pannen vermeiden Sie, indem Sie WinWord mitteilen, daß solche Zeilen, die durch leere Felder in der Steuerdatei verursacht werden, überflüssig sind und übersprungen werden sollen. Dadurch werden die Daten eines Datensatzes zusammengezogen und häßliche Lücken vermieden. Klicken Sie den entsprechenden Knopf in der Dialogbox an.

Datensätze auswählen

Sie sehen in der Dialogbox einen weiteren Schalter: DATENSÄTZE AUSWÄHLEN. Diesen Schalter klicken Sie an, wenn Sie einzelne Datensätze nicht anhand der Datensatznummer, sondern durch die Eingabe bestimmter Kriterien herausfiltern wollen.

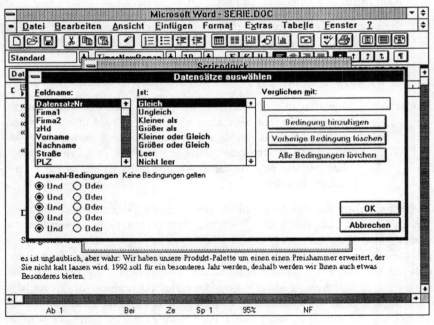

Abb. 5.23: DATENSÄTZE AUSWÄHLEN

Angenommen, Sie möchten alle Kunden aus München anschreiben. Diese lassen sich selektieren, wenn das Feld PLZ den Wert *8000* aufweist. In der Dialogbox machen Sie die entsprechende Eingabe, indem Sie zuerst in der Liste "Feldnamen" das Feld PLZ markieren, in der Liste IST daneben die Bedin-

232

gung markieren – in diesem Fall GLEICH – und anschließend in das Textfeld VERGLICHEN MIT den Wert, den die Datensätze aufweisen müssen, nämlich *8000*. Klicken Sie auf den Schalter BEDINGUNG HINZUFÜGEN, und Ihr Selektionskriterium erscheint in der Zeile AUSWAHL-BEDINGUNGEN. Darunter stehen insgesamt sechs Und-/Oder-Optionen untereinander. Das bedeutet, daß Sie zu dieser ersten definierten Bedingung noch bis zu sechs weitere Kriterien festlegen können, die dann alle miteinander verknüpft werden. Wollen Sie das nicht, klicken Sie auf OK, und Ihr Serienbrief wird an alle Münchener Kunden geschickt.

Möchten Sie die Auswahl der Kunden jedoch noch weiter eingrenzen, überlegen Sie sich noch zusätzliche Bedingungen.

Angenommen, Sie möchten nur die Münchener Damen in den Reihen Ihrer Kunden über Ihr neues Produkt informieren, so geben Sie folgende zweite Bedingung ein: Der Knopf UND in der ersten Zeile unter Auswahl-Bedingungen ist bereits aktiviert. Markieren Sie nun den Feldnamen ANREDE und erneut die Bedingung GLEICH, und schreiben Sie in das Textfeld VERGLICHEN MIT den Feldinhalt *Frau* (beachten Sie hier die richtige Schreibweise mit dem Leerschritt am Anfang).

Genausogut können Sie die Bedingung UNGLEICH R HERR definieren, um alle Herren der Schöpfung auszuschalten. Das läuft beides aufs selbe hinaus. Neben der ersten Und-/Oder-Verknüpfung erscheint Ihr zweites Auswahlkriterium. Bestätigen Sie Ihre Wahl mit OK, wird der Brief an alle Damen geschickt, deren Firma in München ansässig ist, weil WinWord nur die Datensätze auswählt, die beide Bedingungen erfüllen. Sie könnten auch noch beliebige weitere Und-Verknüpfungen angeben.

Wählen Sie statt dessen eine Oder-Verknüpfung, wobei Sie vor der Definition des zweiten Auswahlkriteriums den entsprechenden Knopf aktivieren müssen, wird der Serienbrief an alle Firmen in München geschickt und an alle weiblichen Ansprechpartner. Diese müssen sich aber nicht unbedingt in München aufhalten, sondern können genausogut in Berlin sitzen. WinWord sucht nämlich alle Datensätze heraus, die wenigstens eine Bedingung, aber nicht unbedingt beide erfüllen.

Entscheiden Sie sich für ein anderes Auswahlkriterium, löschen Sie einfach die vorherige Bedingung mit dem Schalter VORHERIGE BEDINGUNG LÖSCHEN wieder und geben das neue Kriterium ein. Mit dem Schalter ALLE BEDINGUNGEN LÖSCHEN werden alle Auswahlbedingungen für die aktuelle Serientextdatei wieder entfernt.

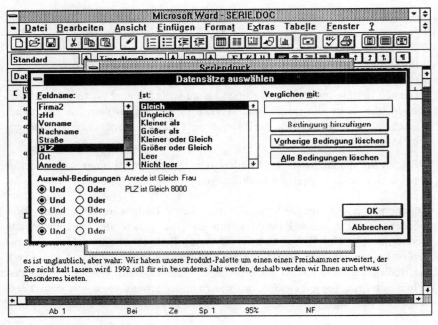

Abb. 5.24: Und-Verknüpfungen

5.6 Adreßaufkleber anlegen und drucken

Vielleicht wollen Sie sich gar nicht erst die Mühe machen, jeden Ihrer Kunden persönlich anzuschreiben, sondern ziehen es vor, das Faltblatt mit Informationen zu Ihrem neuen Produkt formlos und ohne Anschreiben zu verschicken. Sie könnten ja durchaus der Meinung sein, daß die Produktbroschüre für sich spricht und keiner zusätzlichen Erläuterung bedarf. In diesem Fall wird für jeden Kunden ein Exemplar der Produktinformation einfach in einen Umschlag gesteckt.

Doch die Umschläge müssen ja auch entsprechend beschriftet werden – schließlich muß die Bundespost ja wissen, wer der Empfänger sein soll. Entscheiden Sie sich für ein Werbemailing mit persönlichem Anschreiben via Serienbrief-Funktion, falzen Sie das Schreiben so, daß der Briefkopf in einen Fensterumschlag paßt. Diese Möglichkeit entfällt aber, wenn Sie nur die nack-

234

te Broschüre verschicken. Da müßte jeder Umschlag eigentlich von Hand mit der Anschrift des jeweiligen Kunden versehen werden.

Müßte deshalb, weil WinWord glücklicherweise ein Makro zur Verfügung stellt, mit dessen Hilfe Sie Adreßaufkleber anlegen und drucken können. Diese Aufkleber müssen dann anschließend nur noch auf den Umschlag geklebt werden, und ab geht die Post. Dieses Makro ist in der Vorlagendatei ADRAUFKL.DOT gespeichert und wird automatisch aktiv, wenn Sie Adreßaufkleber erstellen wollen. Sie haben dabei drei Möglichkeiten zur Auswahl:

■ Sie richten eine neue Steuerdatei zum Speichern von Namen und Adressen speziell für Adreßaufkleber ein und drucken mehrere Adreßaufkleber – z. B. für alle Kunden – über die Option SERIENDRUCK.

■ Sie drucken mehrere Adreßaufkleber auf der Grundlage einer bereits vorhandenen Steuerdatei.

■ Sie drucken einen einzigen Adreßaufkleber.

Mehrere Aufkleber drucken

Als ersten Schritt zum Anlegen von Adreßaufklebern wählen Sie im DATEI-Menü die Option NEU. Markieren Sie in der Liste VORLAGE BENUTZEN die Vorlagendatei ADRAUFKL.DOT und bestätigen Ihre Wahl mit OK.

WinWord öffnet daraufhin ein neues Dokument, das auf der gewählten Vorlage beruht, und beginnt mit der Ausführung des Makros für Adreßaufkleber. Die erste Eingabeaufforderung erscheint auf dem Bildschirm und fragt Sie nach dem Druckertyp, den Sie verwenden wollen. Sie haben die Wahl zwischen Matrix- und Laserdrucker. Treffen Sie Ihre Wahl, und bestätigen Sie Ihre Eingabe mit OK. Anschließend erscheint eine Dialogbox mit den verfügbaren Aufklebergrößen für den von Ihnen ausgewählten Druckertyp (Abb. 5.25).

Angenommen, Sie haben einen Laserdrucker installiert und diesen Druckertyp auch entsprechend ausgewählt. Blättern Sie in der Liste der Aufklebergrößen und suchen sich die gewünschte Größe heraus. Die verschiedenen Größen hängen mit den unterschiedlichen Aufkleberbögen zusammen, die es gibt. Neben mehreren Formaten für Adressen gibt es z. B. auch Maße für die Beschriftung von Disketten oder Videokassetten, für Aktenordner, für Namenschilder etc.

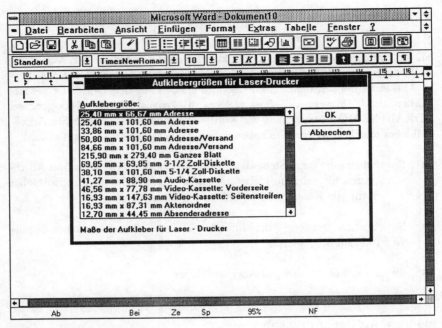

Abb. 5.25: Maße für Aufkleber

Sie treffen Ihre Wahl anhand der Etikettenbahn, die Sie in Ihrem Unternehmen benutzen. Zu Übungszwecken suchen Sie sich einfach irgendein beliebiges Format heraus, z. B. *25,40 mm x 101,60 mm Adresse*, markieren dieses entsprechend und bestätigen die Eingabe mit OK.

WinWord richtet nun die Serientextdatei in Form eines sogenannten Aufkleberbogens ein, indem es die Bildschirmseite in Adreßfelder unterteilt, deren Größe und Anzahl sich nach dem ausgewählten Aufkleberformat richtet. Anschließend werden Sie nach der Anzahl der Aufkleber gefragt, die Sie drucken möchten (Abb. 5.26).

Drücken Sie den Schalter MEHRERE AUFKLEBER, und Sie werden gefragt, ob die Namen und Daten in zwei verschiedenen Dateien, einer Steuerdatei und einer Steuersatzdatei, enthalten sind.

Wir gehen in diesem Fall davon aus, daß alle Daten in der Kunden-Steuerdatei stehen und keine zusätzliche Steuersatzdatei angelegt werden soll. Antworten Sie also mit NEIN, und WinWord zeigt Ihnen die bekannte Dialogbox STEUERDATEI BEIFÜGEN an.

236

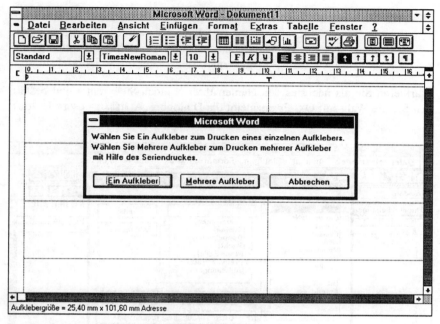

Abb. 5.26: Anzahl der Aufkleber festlegen

Die Steuerdatei für Ihre Kundenadressen haben Sie ja bereits für den Ausdruck Ihres Werbemailings erstellt; also können Sie diese Datei für den Druck von Adreßaufklebern verwenden, denn sie enthält ja alle dafür relevanten Felder:

■ Firma1

■ Firma2

■ Zu Händen

■ Vorname

■ Nachname

■ Straße

■ PLZ

■ Ort

237

Hinweis: Natürlich steht es Ihnen frei, zu Übungszwecken eine ganz neue Steuerdatei zu erstellen. Klicken Sie hierfür auf den Schalter STEUERDATEI ERSTELLEN und verfahren Sie dann genauso wie beim Anlegen einer Steuerdatei für Serienbriefe.

Markieren Sie als nächstes den Namen Ihrer Kunden-Steuerdatei und bestätigen Sie die Wahl mit OK. Es erscheint die Dialogbox ADREßAUFKLEBER-LAYOUT.

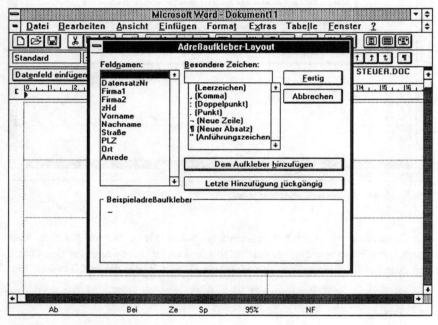

Abb. 5.27: ADREßAUFKLEBER-LAYOUT

Mit Hilfe dieser Dialogbox legen Sie den Inhalt und das Layout Ihrer Adreßaufkleber fest. Der fertige Aufkleber sollte etwa so aussehen:

Firma1
Firma 2
Zu Händen Vorname Nachname
Straße

PLZ Ort

238

Beginnen Sie nun damit, die Adreßaufkleber für den Druck einzurichten, indem Sie in der Liste FELDNAMEN das erste in Frage kommende Feld FIRMA1 markieren und auf den Schalter DEM ADREßAUFKLEBER HINZUFÜGEN klicken. Die Dialogbox verschwindet kurz vom Bildschirm, taucht aber sofort wieder auf. Im Feld BEISPIELADREßAUFKLEBER am unteren Ende der Dialogbox sehen Sie, daß das Feld FIRMA1 bereits hinzugefügt wurde. Genauso verfahren Sie nun mit den übrigen Feldern. Achten Sie darauf, daß alle Felder genau dort stehen, wo sie hinterher auf dem Aufkleber stehen sollen. Das funktioniert folgendermaßen:

Nachdem Sie das Feld FIRMA1 plaziert haben, müssen Sie dafür sorgen, daß das nächste Feld FIRMA2 in einer neuen Zeile steht. Wenn Sie WinWord solche Layout-Wünsche nicht mitteilen, schreibt das Programm alle ausgewählten Felder hintereinander in eine Zeile. Um eine neue Zeile einzufügen, wählen Sie im folgenden Schritt aus der Liste SPEZIELLES ZEICHEN den Eintrag NEUE ZEILE aus, indem Sie diesen markieren und DEM AUFKLEBER HINZUFÜGEN drükken. Das entsprechende Zeichen für den Beginn einer neuen Zeile steht hinter dem ersten Feld FIRMA1. Wählen Sie nun das Feld FIRMA2 aus, fügen Sie es dem Aufkleber hinzu, und Sie sehen, daß WinWord dieses Feld tatsächlich in die nächste Zeile gesetzt hat.

Genauso verfahren Sie auch mit den anderen Feldern. In der dritten Zeile des Adreßaufklebers sollen drei Felder jeweils durch ein Leerzeichen getrennt nebeneinander stehen, nämlich ZU HÄNDEN, VORNAME und NACHNAME. Diesen Leerschritt bewirken Sie durch die Wahl des Leerzeichens aus der eben genannten Liste jeweils nach Auswahl der Felder ZU HÄNDEN und VORNAME. Um zwischen Straße und Ortsangabe eine Leerzeile einzufügen, müssen Sie zweimal hintereinander das Zeichen NEUE ZEILE hinzufügen.

Haben Sie einen Eingabefehler gemacht und z. B. versehentlich das Leerzeichen zwischen PLZ und ORT vergessen, machen Sie diesen mit dem Schalter HINZUFÜGEN RÜCKGÄNGIG ungeschehen und können nun erst das notwendige Leerzeichen einschieben. Haben Sie mehrere falsche Elemente in Folge hinzugefügt, können Sie diese durch wiederholtes Klicken auf den Schalter allesamt wieder rückgängig machen.

Steht das Layout für Ihre Adreßaufkleber, klicken Sie auf den Schalter FERTIG und schließen damit die Dialogbox. WinWord kehrt nun zu Ihrer Serientextdatei zurück und fügt die angegebenen Feldnamen entsprechend in jeden einzelnen Aufkleber des Aufkleberbogens auf Ihrem Bildschirm ein. Das kann - je nach gewähltem Format - eine Weile dauern. Danach werden Sie aufgefordert, diese Serientextdatei zu speichern.

Hinweis: Wenn Sie sich wundern, was der ab dem zweiten Aufkleber in geschweiften Klammern stehende Befehl NÄCHSTER bedeutet, so legt WinWord hiermit automatisch fest, daß an dieser Stelle der nächste Datensatz aus der Steuerdatei eingefügt wird. Dieser Befehl wird allerdings nur dann sichtbar, wenn die Option FELDFUNKTIONEN im ANSICHT-Menü aktiviert ist.

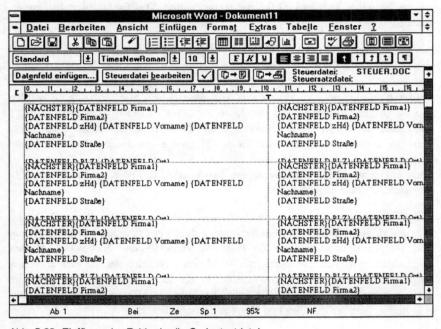

Abb. 5.28: Einfügen der Felder in die Serientextdatei

Nun können Sie hingehen und die Adreßaufkleber ausdrucken. Wie Sie im einzelnen dabei vorgehen, haben Sie beim Drucken von Serienbriefen bereits kennengelernt. Auch hier können Sie die Aufkleber wahlweise sofort ausdrucken, sie auf Fehler hin überprüfen lassen oder die Aufkleber zunächst in eine neue Datei schreiben. Letzteres empfiehlt sich z. B., wenn an Ihrem Arbeitsplatz kein eigener Drucker installiert ist und Sie die Datei auf einen anderen Computer übertragen müssen, um sie ausdrucken zu können.

Wie beim Drucken von Serienbriefen sind Sie auch bei den Adreßaufklebern nicht gezwungen, alle Aufkleber auszudrucken. Sie können genausogut Aufkleber für einen Teil Ihrer Kunden erstellen - entweder durch die Angabe der

240

Anzahl der zu druckenden Datensätze (von...bis) oder indem Sie in der Dialogbox DATENSÄTZE AUSWÄHLEN präzise Bedingungen festlegen, anhand derer die Datensätze selektiert werden, z. B. PLZ GLEICH 8000. Es steht Ihnen ebenfalls frei, mehrere Bedingungen mit Und-/Oder-Verknüpfungen zu definieren.

Letztlich können Sie auch beim Ausdruck der Adreßaufkleber vermeiden, daß ungewollte Leerzeilen eingefügt werden, weil ein Datenfeld in der Steuerdatei keinen Eintrag aufweist. Instruieren Sie WinWord mit Hilfe des entsprechenden Schalters, überflüssige Leerzeilen einfach zu überspringen.

Nun steht dem endgültigen Druck der Adreßaufkleber nichts mehr im Wege. Haben Sie in der Dialogbox den Knopf AUSDRUCKEN aktiviert, öffnet WinWord nun die Dialogbox DRUCKEN, in der Sie in bekannter Weise alle Druckoptionen wunschgemäß festlegen können.

Einen einzelnen Adreßaufkleber drucken

Alternativ zu mehreren Adreßaufklebern haben Sie durchaus auch die Möglichkeit, einen einzelnen Aufkleber zu drucken. Es kommt schon mal vor, daß Sie einem bestimmten Kunden etwas schicken wollen und schlichtweg zu faul sind, den Adreßaufkleber von Hand zu beschriften. In diesem Fall werden die Informationen direkt eingegeben, Sie brauchen also keine Serientextdatei und Steuerdatei.

Die ersten Schritte zum Anlegen eines einzelnen Adreßaufklebers sind identisch mit denen für den Druck mehrerer Aufkleber, bis Sie zu der Eingabeaufforderung gelangen, wo Sie die Anzahl der zu druckenden Adreßaufkleber festlegen sollen. Hier wählen Sie jetzt EIN AUFKLEBER. Die Dialogbox ADREß-AUFKLEBER erscheint (Abb 5.29).

In dieser Dialogbox sehen Sie insgesamt sechs Textfelder. Jedes dieser Felder entspricht einer Zeile auf dem Adreßaufkleber. Mit [Tab] bewegen Sie sich von einem Eingabefeld zum nächsten. Geben Sie z. B. folgenden Datensatz ein:

```
Sonnenschein GmbH
Geschäftsführung
Herrn Fred Feuerstein
Sonnenallee 13

1000 Sonnenhausen
```

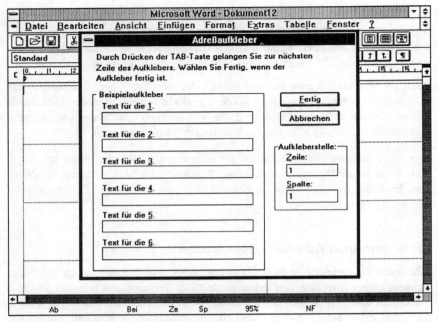

Abb. 5.29: Einzelnen Adreßaufkleber anlegen

Die Leerzeile zwischen Straße und Ortsangabe müssen Sie mitangeben, indem Sie das fünfte Textfeld einfach leerlassen.

In der Dialogbox haben Sie weiterhin die Möglichkeit, die Aufkleberstelle genau festzulegen. Das bedeutet im Klartext, daß Sie WinWord mitteilen, auf welchen Aufkleber des Aufkleberbogens die Adresse gedruckt werden soll. Sie erinnern sich: Ihr Bildschirm ist in Tabellenform unterteilt. Die Anzahl der Zeilen und Spalten in dieser Tabelle richtet sich nach den verwendeten Aufklebermaßen. So paßt immer eine bestimmte Anzahl von Adreßaufklebern auf einen Aufkleberbogen. Wenn Sie in das Eingabefeld hinter ZEILE z. B. 2 und in das Feld hinter SPALTE 3 eingeben, wird die Adresse auf den zweiten Aufkleber von oben und den dritten Aufkleber von links gedruckt. Voraussetzung ist natürlich, daß die von Ihnen eingegebenen Zahlen nicht größer sind als die maximal vorhandenen Spalten und Zeilen. In einem solchen Fall erscheint eine entsprechende Fehlermeldung.

Haben Sie alle Adreßdaten eingegeben, klicken Sie auf den Schalter FERTIG, und WinWord fügt das Anschriftenfeld in den gewünschten Adreßaufkleber ein.

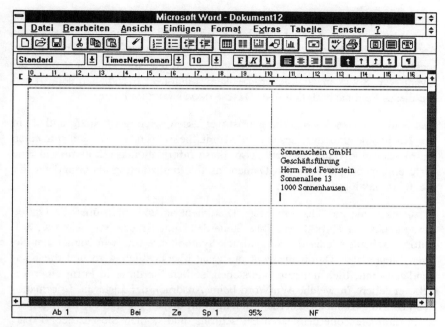

Abb. 5.30: Adreßdaten in Aufkleber einfügen

Nun bleibt Ihnen nur noch, diesen Adreßaufkleber ganz normal über die Option DRUCKEN im DATEI-Menü auszudrucken.

5.7 Listen anlegen und drucken

Eine weitere Möglichkeit, Ihre Kunden-Steuerdatei in der Praxis zu nutzen, ist das Erstellen von Listen. Es wäre z. B. denkbar, daß Sie für eine telefonische Kundenumfrage, die Ihr Telefonmarketing durchführen soll, eine Liste ausdrucken wollen, die folgende Angaben enthält:

Firma1
Firma2
Zu Händen
Nachname
Telefonnummer

243

Die Telefonnummer dürfte auf jeden Fall in Ihrer Steuerdatei enthalten sein, denn was wäre ein Kundenadreßbestand ohne Telefon- und Telefaxnummer des jeweiligen Kunden? Sie haben dieses Feld TELEFONNUMMER nur bisher nicht genutzt, weil es für das Werbemailing und die Adreßaufkleber nicht relevant war. Sollte in der Steuerdatei kein Telefon-Feld enthalten sein, fügen Sie dieses Feld nachträglich über DATENBANKVERWALTUNG hinzu.

Das Feld VORNAME können Sie getrost weglassen, wichtig ist einzig und allein der Nachname und das Geschlecht, damit Sie wissen, ob es sich um einen Herrn oder eine Dame handelt. Also, diese Informationen gilt es nun in eine Liste einzugeben, welche den Damen im Telefonmarketing als Grundlage für die Telefonaktion dienen soll.

Dazu legen Sie zunächst ein neues Dokument an und rufen über die Option SERIENDRUCK im DATEI-Menü Ihre Steuerdatei mit STEUERDATEI BEIFÜGEN auf. Sofort erscheint wieder die Seriendruck-Symbolleiste mit dem Namen der aktiven Steuerdatei. Damit die geplante Liste übersichtlich wird und die Kundendaten einheitlich untereinanderstehen, sollten Sie diese in Form einer Tabelle erstellen, in welche WinWord beim Ausdruck der Liste die Informationen aus Ihrer Kunden-Steuerdatei übernimmt. Setzen Sie nun die Einfügemarke in die erste Zeile des leeren Bildschirms, und wählen Sie aus dem TABELLE-Menü die Option TABELLE EINFÜGEN. WinWord fragt Sie, wieviele Spalten und Zeilen die Tabelle enthalten soll. Die Anzahl der Spalten steht fest, denn Sie wollen insgesamt fünf Datenfelder in die Liste aufnehmen, d. h. die Tabelle soll fünf Spalten enthalten.

Die Anzahl der Zeilen richtet sich nach der verwendeten Schrift und der Größe der Seite. Die Tabelle muß eine Seite komplett füllen. Standard-Seitenhöhe und -Seitenränder sowie eine normale Standard-Schrift vorausgesetzt, passen rund 55 Zeilen auf eine Seite. Sollten Sie hinterher feststellen, daß diese 55 Zeilen nicht auf einer Seite Platz haben, sondern WinWord einen Seitenumbruch macht, rufen Sie die Tabelle-Option erneut auf und ändern die Zeilenzahl entsprechend, bis die Seite wirklich voll ist. Da hilft nur Ausprobieren, wenn es nicht gleich beim ersten Mal klappt. Aber denken Sie daran, daß Ihre Liste dadurch um einiges übersichtlicher wird, als wenn Sie die Kundenangaben einfach untereinanderschreiben. Dabei würden mit Sicherheit z. B. die Telefonnummern nicht exakt in einer Linie untereinanderstehen. WinWord paßt die Spaltenbreite automatisch der gewählten Tabellengröße an. Sie können, wenn Sie wollen, aber auch eine bestimmte Spaltenbreite festlegen und eine entsprechende Zahl eingeben. Haben Sie alle Zahlen definiert, bestätigen Sie Ihre Eingaben mit OK, und auf Ihrem Bildschirm erscheint die Tabelle mit leeren Zellen.

244

Sie beginnen nun damit, die Tabelle mit Informationen zu füllen. Grundsätzlich gilt: Ein Kunde pro Zeile. Plazieren Sie die Einfügemarke in die erste Zelle ganz oben links und klicken Sie auf den Schalter DATENFELD EINFÜGEN in der Symbolleiste. In der linken Liste der aufgerufenen Dialogbox stehen alle Datenfelder Ihrer Steuerdatei. Markieren Sie das erste Feld FIRMA1 und schließen Sie die Dialogbox mit OK. Das Datenfeld wird in die erste Zelle Ihrer Tabelle übernommen. Mit [Tab] springen Sie zur nächsten Zelle in der ersten Zeile und rufen erneut die Dialogbox DATENFELD EINFÜGEN auf, um das nächste Feld FIRMA2 zu markieren und mit OK in die Tabelle zu übernehmen. Genauso verfahren Sie auch mit allen übrigen Feldern, die allesamt in der ersten Zeile stehen müssen.

Ist das vollbracht, müssen Sie WinWord mitteilen, daß in der zweiten Zeile die Informationen aus dem nächsten Datensatz folgen sollen. Tun Sie das nicht, würde das Programm ungefragt für jeden Kunden eine neue Seite beginnen, d. h. Sie hätten bei 500 Kunden 500 ausgedruckte Seiten mit jeweils einer einzigen Zeile. Das ist nun wahrlich nicht Sinn und Zweck der ganzen Sache. Des Rätsels Lösung liegt darin, daß Sie vor alle nun folgenden Datensätze, d. h. an das Ende jeder Zeile, jeweils den Befehl NÄCHSTER setzen, um WinWord zu veranlassen, zum jeweils nächsten Datensatz in der Datei zu springen. Den Befehl NÄCHSTER finden Sie ebenfalls in der Dialogbox DATENFELD EINFÜGEN in der rechten Liste STANDARD-FELDER.

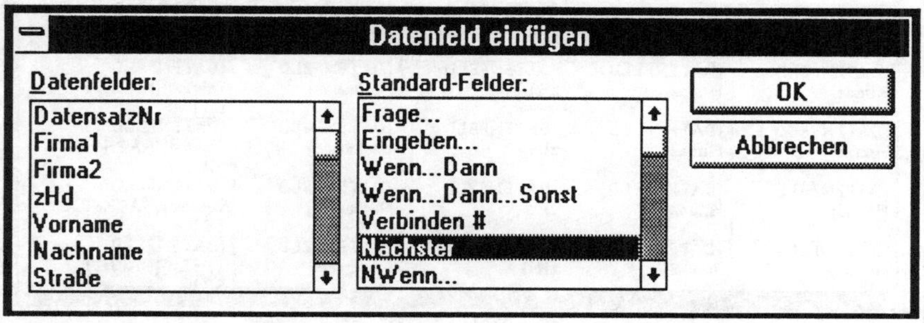

Abb. 5.31: Der Befehl NÄCHSTER

Markieren Sie diesen Befehl, bestätigen Sie Ihre Wahl mit OK, und Sie sehen, daß der Befehl in geschweiften Klammern in der letzten Zelle der ersten Zeile auftaucht. Springen Sie nun zur zweiten Zeile und tragen Sie ganz normal die Felder ein. In der letzten Zeile muß wieder der Befehl NÄCHSTER stehen, bevor Sie in die nächste Zeile springen. Sie werden jetzt bestimmt erschrecken angesichts der 53 Zeilen, die noch vor Ihnen liegen, und die Sie alle manuell

mit Feldern füllen müssen. Jedesmal den Schalter DATENFELD EINFÜGEN anklik-
ken, die Felder auswählen - das bedeutet bei 53 Zeilen à 5 Spalten eine ganz
schöne Arbeit.

Doch glücklicherweise gibt es einen viel leichteren Weg zum Ziel. Da alle
weiteren Zeilen der Seite genauso aussehen wie die erste, markieren Sie diese
erste Zeile, wählen den Befehl KOPIEREN aus dem BEARBEITEN-Menü, markieren dann die gesamte zweiten Zeile und wählen im BEARBEITEN-Menü die Option ZELLEN EINFÜGEN. In gleicher Weise verfahren Sie mit allen weiteren Zeilen. Da die kopierte Tabellenzeile in der Zwischenablage enthalten bleibt,
reicht der Befehl ZELLEN EINFÜGEN am Anfang jeder neuen Zeile. Ist die Seite
voll, speichern Sie das Dokument unter einem beliebigen Namen ab.

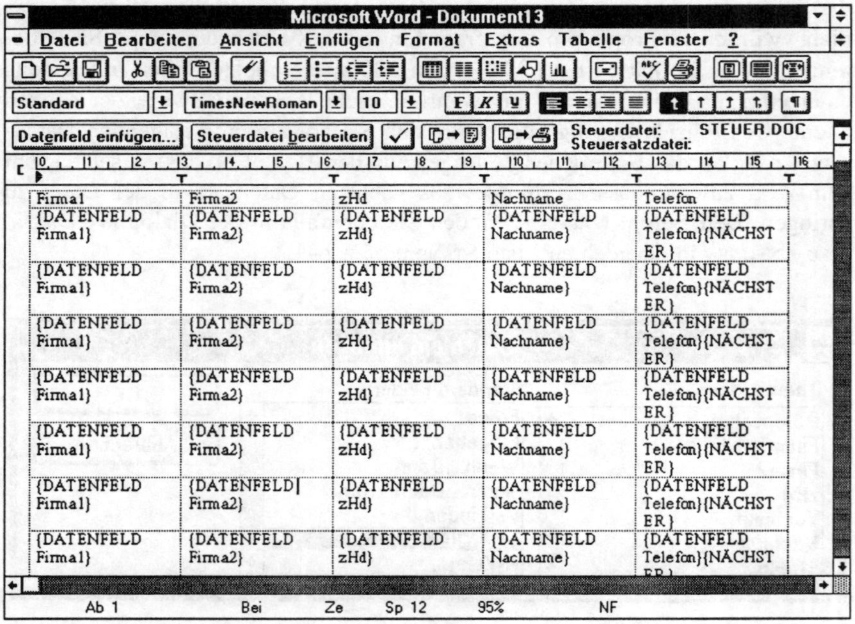

Abb. 5.32: Datenfelder in der Tabelle

Drucken Sie diese Liste nun über SERIENDRUCK aus. WinWord wird die Kundeninformationen Zeile für Zeile eintragen. Ist das Ende der Seite erreicht,
schreibt das Programm alle weiteren Datensätze automatisch auf die nächste
Seite und hält sich dabei an die von Ihnen vorgegebene Struktur.

246

Fragen und Übungen

1. Legen Sie eine Steuerdatei an.

2. Worin liegt der Unterschied zwischen einer Steuerdatei und einer Steuersatzdatei?

3. Setzen Sie einen kurzen Serienbrief auf und mischen Sie diesen mit Datensätzen aus der Steuerdatei, die Sie anhand mehrerer Und-Verknüpfungen aus der Steuerdatei herausfiltern.

4. Sortieren Sie zur Übung einen Teil Ihrer Steuerdatei nach beliebigen Feldern.

5. Wie sieht die Serientextdatei beim Anlegen von Adreßaufklebern aus?

6. Legen Sie einige Adreßaufkleber für ein Aufkleberformat Ihrer Wahl an.

7. Erstellen Sie eine kurze Liste mit Daten aus Ihrer Steuerdatei.

6 Texte sprachlich überarbeiten

Wie oft gehen nicht fehlerhafte Briefe an Geschäftspartner hinaus, in denen die Rechtschreibfehler nur so ins Auge springen, aber beim Unterzeichnen der Briefe unentdeckt blieben. Dabei sind stilistisch und sprachlich einwandfreie Briefe sozusagen die Visitenkarten eines Unternehmens.

Wie oft fragt man sich nicht selbst, ob nun an dieser Stelle ein Komma gesetzt wird oder nicht. Die deutsche Kommasetzung ist nun wirklich nicht so einfach, daß man sämtliche Regeln und Ausnahmen von der Regel im Kopf haben könnte.

Wie oft weiß man auf Anhieb nicht, wie ein kompliziertes Wort geschrieben wird, z. B. *Rhythmus*. Wieviele *h* und an welcher Stelle?

Wie oft möchte man ein Wort trennen, ist sich aber nicht sicher, an welcher Stelle. Heißt es nun *her-aus* oder *he-raus*? Wird *ck* immer zu *kk*, wird auch *dicker* zu *dik-ker*, obwohl das irgendwie komisch aussieht?

Wenn solche und ähnliche Fragen auftauchen, kann man sich natürlich auf sein Gefühl verlassen und annehmen, daß es schon richtig sein wird. Man kann aber auch WinWord zu Rate ziehen und alles dem Programm überlassen. Wollen Sie von diesem Komfort profitieren, müssen Sie die entsprechenden Korrekturbefehle - Rechtschreibprüfung, Thesaurus und Silbentrennung - auch bei der Installation von WinWord berücksichtigen. Nur dann stehen sie Ihnen im EXTRAS-Menü bei Ihrer Arbeit mit dem Programm auch zur Verfügung.

6.1 Rechtschreibprüfung

Fangen wir mit der Rechtschreibprüfung an. WinWord überprüft Ihr Dokument auf Rechtschreibfehler anhand eines Standardwörterbuches, welches in das Programm integriert ist. Dabei werden nicht nur falsch geschriebene Worte erkannt, sondern auch Wortwiederholungen und ungewöhnlich geschriebene Wörter, z. B. *DoKtor*. Wollen Sie nur einen Abschnitt Ihres Textes der automatischen Rechtschreibprüfung unterziehen, markieren Sie diesen entsprechend. Ist kein Abschnitt markiert, überprüft WinWord das gesamte Dokument.

Bleiben wir als Beispiel bei Ihrem Geschäftsbericht, in dem Sie z. B. die einleitenden Worte des Vorstandsvorsitzenden vorsichtshalber noch einmal auf Rechtschreibfehler hin überprüfen wollen. Rufen Sie die Seite in Ihrem Dokument auf und markieren Sie sie. Angenommen, in den einleitenden, freundlichen Worten des Herrn Vorstandsvorsitzenden an seine Aktionäre steht etwa folgendes: *Meine lieben Aktionäre, vor Ihnen liegt der neueste Geschäftsbericht der Nagel GmbH. Wie Sie sicherlich feststellen werden, hat sich besonders der Umsatz an Chromasan, unserem bewährten Metallsäuberungsmittel, nahezu verdoppelt ....*

Rufen Sie nun die Option RECHTSCHREIBUNG im EXTRAS-Menü auf. Alternativ können Sie auch auf das Symbol für die Rechtschreibprüfung in der Funktionsleiste klicken: der Korrekturhaken, der mit ABC beschriftet ist (fünftes Symbol von rechts). WinWord beginnt daraufhin sofort mit der Überprüfung des markierten Textes auf Rechtschreibfehler. Stößt das Programm dabei auf ein Wort, das es in sein Wörterbuch nicht einordnen kann, wird das Wort im Text markiert und eine Dialogbox auf Ihrem Bildschirm eingeblendet. In den oben genannten ersten Sätzen stößt WinWord zunächst auf das Wort *Chromasan*, einem Fachbegriff, der in dem Standardwörterbuch nicht enthalten ist.

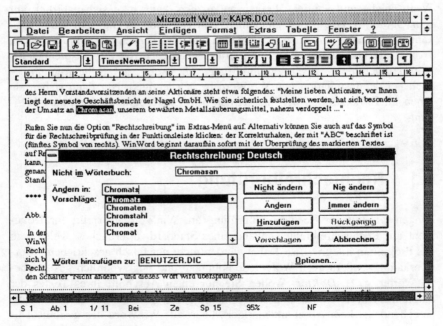

Abb. 6.1: Rechtschreibprüfung

In der ersten Zeile hinter NICHT IM WÖRTERBUCH steht das Wort *Chromasan*. In der Liste darunter macht WinWord Ihnen Änderungsvorschläge, da das Programm davon ausgeht, daß es sich um einen Rechtschreibfehler handeln muß, weil das Wort im Wörterbuch nicht vorkommt. Sie wissen jedoch, daß es sich bei *Chromasan* nicht um einen Fehler, sondern ein Produkt Ihrer Firma handelt. Also können Sie die Rechtschreibprüfung getrost fortsetzen, denn der Begriff ist völlig korrekt geschrieben. Klicken Sie also auf den Schalter NICHT ÄNDERN, und dieses Wort wird übersprungen.

Nun kann es aber vorkommen, daß der Vorstandsvorsitzende in seiner Ansprache noch mehrmals auf die lobenswerten Eigenschaften von Chromasan zu sprechen kommt. Wissen Sie das und wollen vermeiden, daß WinWord bei jedem neuen Auftauchen des Begriffes wieder innehält, klicken Sie statt dessen auf den Schalter NIE ÄNDERN. Dann weiß das Programm, daß dieser Begriff in Ordnung ist und überspringt ihn an allen nachfolgenden Stellen im Dokument.

Das ist so lange gut, wie Sie nur diese eine Seite des Geschäftsberichtes korrekturlesen lassen. Wollen Sie noch weitere Bestandteile auf Rechtschreibfehler hin überprüfen lassen und vielleicht auch noch die Produktbroschüre zu Chromasan, dann wird WinWord Sie erneut auf das ihm immer noch unbekannte Wort *Chromasan* hinweisen.

In diesem Fall sollten Sie das Wort in einem Benutzerwörterbuch fest verankern. Dieses Benutzerwörterbuch nimmt alle Begriffe auf, die im Standardwörterbuch nicht enthalten sind, die Sie aber gern der Rechtschreibprüfung zugrundelegen möchten. WinWord wird dann in Zukunft neben seinem eigenen Wörterbuch auch das Benutzerwörterbuch geöffnet haben.

Das Benutzerwörterbuch BENUTZER.DIC finden Sie in der Liste ganz unten in der Dialogbox hinter WÖRTER HINZUFÜGEN ZU. Klicken Sie auf den Schalter HINZUFÜGEN, nimmt WinWord das im Text markierte aktuelle Wort – in diesem Falle *Chromasan* – in dieses Wörterbuch auf.

Natürlich können Sie auch beliebig viele zusätzliche Wörterbücher nach Ihren Vorstellungen erstellen, z. B. eines für Fachbegriffe, eines für Firmennamen, eines für Abkürzungen etc. Angenommen, Sie wollen für *Chromasan* ein neues Benutzerwörterbuch anlegen.

Klicken Sie dazu auf den Schalter OPTIONEN, und es erscheint die Dialogbox EINSTELLUNGEN, in der Sie mehrere Optionen für die Rechtschreibprüfung definieren können.

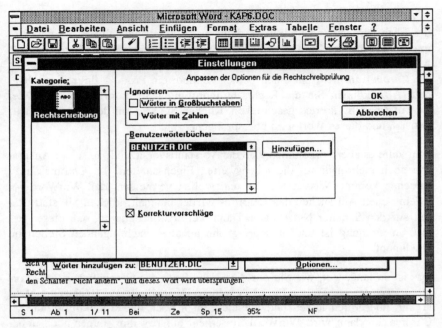

Abb. 6.2: Benutzerwörterbuch erstellen

Klicken Sie unter BENUTZERWÖRTERBÜCHER den Schalter HINZUFÜGEN an. Win-Word fordert Sie in einer weiteren Dialogbox auf, dem Wörterbuch einen Namen zu geben. Die Endung .DIC (Dictionary = Wörterbuch) ist die Kennung für Wörterbücher. Haben Sie einen Namen eingegeben, z. B. FACH.DIC, das Benutzerwörterbuch für alle Fachbegriffe, bestätigen Sie die Eingabe mit OK. Das neue Wörterbuch ist nun in der Liste BENUTZERWÖRTERBÜCHER aufgeführt und markiert, was bedeutet, daß es geöffnet ist.

Kommt später ein Fachbegriff im Text vor, den WinWord nicht kennt und entsprechend markiert, wählen Sie nicht das vorgegebene Wörterbuch BENUTZER.DIC, sondern das Fachwörterbuch FACH.DIC aus.

An dieser Stelle noch einige Worte zu den übrigen Optionen, die in der Dialogbox EINSTELLUNGEN zur Verfügung stehen. Unter IGNORIEREN können Sie auswählen, welche Art von Wörtern WinWord bei der Rechtschreibprüfung überspringen soll. Kreuzen Sie das Feld WÖRTER IN GROßBUCHSTABEN an, ignoriert WinWord bei seinem Korrekturdurchgang alle ausschließlich in Groß-buchstaben geschriebenen Wörter sowie alle Kombinationen von Großbuch-staben und Zahlen, z. B. PLZ oder L090. Das Ankreuzen des Feldes WÖRTER

MIT ZAHLEN würde WinWord davon abhalten, jede Zeichenkombination, die Zahlen enthält, zu überprüfen, z. B. HS-HJ 171.

Soll WinWord Ihnen in Zukunft keine Korrekturvorschläge für die gefundenen Wörter mehr unterbreiten, löschen Sie die Markierung im Kreuzfeld KORREKTURVORSCHLÄGE. WinWord zeigt dann nicht immer eine ganze Liste von Änderungsvorschlägen, sondern zeigt lediglich den gefundenen Begriff an. Dadurch läuft die Rechtschreibprüfung natürlich um einiges schneller, was vor allem bei längeren Dokumenten von Vorteil ist.

Haben Sie alle Optionen festgelegt, klicken Sie auf OK und kommen zur ersten Dialogbox zurück, die Sie auch fürs erste mit OK schließen. WinWord fährt fort, Ihren Text auf Rechtschreibfehler hin zu durchsuchen, und findet tatsächlich sehr schnell das nächste Wort, mit dem offensichtlich irgendetwas nicht stimmt. "... der Rhythmus der Zeit ist auch für uns maßgebend!" Das Wort *Rythmus* ist doch nicht richtig – WinWord bietet Ihnen im Feld ÄNDERN IN umgehend die richtige Schreibweise an. Klicken Sie auf den Schalter ÄNDERN, und das Wort wird im Text korrigiert. Befürchten Sie, daß gerade dieses Wort noch öfter falsch geschrieben im Text vorkommt, klicken Sie auf IMMER ÄNDERN. WinWord ersetzt dann im weiteren Verlauf der Rechtschreibprüfung den falschen automatisch durch den richtigen *Rhythmus*, wann immer der Begriff auftaucht.

Im weiteren Verlauf des Textes hat sich eine Wortdoppelung eingeschlichen: ... *werden werden wir* .... WinWord stellt das scharfsinnig fest und macht Sie darauf aufmerksam (Abb. 6.3).

Klicken Sie einfach auf den Schalter LÖSCHEN, um das wiederholte Wort zu entfernen. Der letzte Problemfall ist ein typischer Dreher, wie er immer wieder vorkommt: ... *Sie wissen ja, miene lieben Aktionäre* .... WinWord zeigt Ihnen auch sofort an, daß hier ein Fehler vorliegt, doch das Programm kommt nicht darauf, daß nur zwei Buchstaben verdreht sind. Es bietet Ihnen eine Liste von Vorschlägen an, z. B. *Miene, miese, etc.*, die allesamt nicht zutreffen. Also korrigieren Sie das Wort von Hand, indem Sie es in die Zeile ÄNDERN IN schreiben und auf den Schalter ÄNDERN drücken.

Mit dem Schalter RÜCKGÄNGIG können Sie theoretisch die letzten fünf Korrekturen wieder rückgängig machen.

Hat WinWord Ihren gesamten markierten Text überprüft, werden Sie gefragt, ob der restliche Text auch noch überprüft werden soll. Wählen Sie JA, wenn der ganze Geschäftsbericht anschließend auch noch korrekturgelesen werden soll, bzw. NEIN, wenn Sie das nicht wünschen.

253

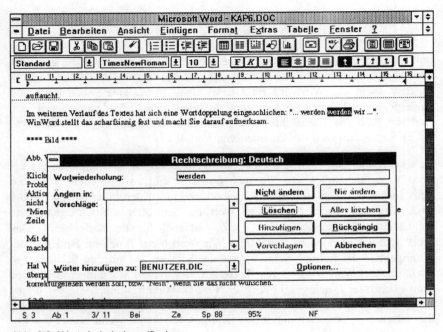

Abb. 6.3: Wortwiederholung löschen

6.2 Synonymwörterbuch

Nichts ist schlimmer als ein Brief, in dem sich bestimmte Formulierungen ständig wiederholen. Sätze wie *... bieten wir Ihnen auch unsere volle Unterstützung an. Auch Sie werden sehen, ...* sind ein Angriff auf guten Briefstil. Das gleiche Wort, in diesem Fall das Füllwort *auch*, sollte möglichst nicht in zwei aufeinanderfolgenden Sätzen auftauchen. Machen Sie Ihren Stil abwechslungsreicher und klarer mit Hilfe des Synonymwörterbuches von Win-Word - nach den Wörterbüchern in der Antike auch *Thesaurus* genannt. Im Thesaurus wird Ihnen für jedes Wort, das Sie nicht schon wieder verwenden wollen, eine Liste sinnverwandter Begriffe angezeigt, aus denen Sie sich ein zu den inhaltlichen Zusammenhängen passendes Wort aussuchen können.

Markieren Sie dazu das Wort, für das Sie ein Synonym suchen, in diesem Fall das Wörtchen *auch* im ersten Satz. Der zweite Satz sollte weiterhin mit *Auch* beginnen dürfen.

254

Alternativ können Sie auch die Einfügemarke an eine beliebige Stelle dieses Wortes setzen. Anschließend rufen Sie im EXTRAS-Menü die Option THESAURUS auf.

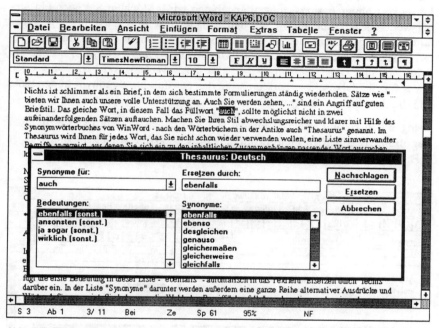

Abb. 6.4: Thesaurus

In der aufgerufenen Dialogbox wird in der Liste unter SYNONYME FÜR das Wort angezeigt, das Sie durch einen verwandten Begriff ersetzen wollen. In der Liste BEDEUTUNGEN darunter sehen Sie die verschiedenen Bedeutungen, die das so unscheinbare Wörtchen *auch* hat: ebenfalls, ansonsten, ja sogar, wirklich. WinWord fügt die erste Bedeutung in dieser Liste – *ebenfalls* – automatisch in das Textfeld ERSETZEN DURCH rechts darüber ein. In der Liste SYNONYME darunter werden außerdem eine ganze Reihe alternativer Ausdrücke und Wörter dafür angezeigt. Sie haben nun die Wahl, den Begriff *ebenfalls* zu akzeptieren oder eines der Synonyme darunter auszuwählen, z. B. *ebenso, genauso, gleichermaßen, gleichfalls, in gleicher Weise* etc.

Klicken Sie nun auf ERSETZEN, und Ihr Briefstil wird an der gewünschten Stelle verbessert. Ein weiteres Beispiel zum Vertiefen der Funktion: Im Geschäftsbereich ist zum x-ten Male vom Verantwortungsbewußtsein der Mitarbeiter

255

die Rede. Es wäre längst an der Zeit, diesen Begriff durch ein anderes Wort mit gleicher Bedeutung zu ersetzen. Fragen Sie den Thesaurus nach Alternativvorschlägen, und er blendet Ihnen wieder die Dialogbox ein. Unter BEDEUTUNGEN finden Sie den Begriff *Pflichtgefühl*, der Ihnen gleichzeitig auch als Ersatzwort hinter ERSETZEN DURCH angeboten wird. Möchten Sie noch ein wenig weitersuchen, klicken Sie auf den Schalter NACHSCHLAGEN, und *Pflichtgefühl* wird nun zu dem Begriff, für den Sie ein Synonym suchen. In der Synonymliste stehen eine Vielzahl von Wörtern, von *Pflichtbewußtsein* über *Arbeitsethos* und *Gewissenhaftigkeit* bis hin zu *Zuverlässigkeit*. Da sollte doch etwas für Sie dabeisein – markieren Sie das gewünschte Synonym in der Liste und drücken Sie auf ERSETZEN.

Gelegentlich kommt es schon einmal vor, daß Ihnen WinWord zu bestimmten Begriffen, vor allem zu Fremdworten, keine Synonyme anbieten kann. Das ist z. B. bei dem Wort *chronologisch* der Fall.

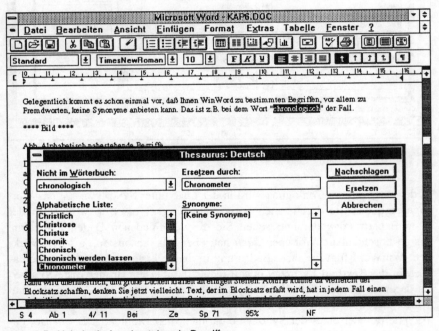

Abb. 6.5: Alphabetisch nahestehende Begriffe

Das Programm hat keine Synonyme dafür auf Lager; statt dessen werden in der Liste BEDEUTUNGEN alphabetisch nahestehende Wörter aufgeführt. Diese

256

Wörter haben jedoch so gut wie gar nichts mit *Chronologie* zu tun, was Sie leicht daran erkennen können, daß WinWord Ihnen als Ersatzwort das erste Wort der Liste *Chronometer* unterschieben will. Das paßt überhaupt nicht, da es sich bei einem Chronometer um ein Zeitmeßgerät handelt, was auch bestätigt wird, wenn Sie auf den Schalter NACHSCHLAGEN klicken. Also brechen Sie den Thesaurus in diesem Fall besser ab und überlegen sich selbst ein passendes Synonym.

6.3 Silbentrennung

Wie Sie wissen, werden Texte in WinWord im Fließtext erfaßt, d. h. jede Zeile wird automatisch umbrochen und darf auf gar keinen Fall manuell mit [Eingabe] beendet werden. Da kann es vorkommen, daß besonders lange Worte vollständig in die nächste Zeile geschrieben werden, wenn sie in die vorherige Zeile nicht mehr ganz hineinpassen. Die Folge davon ist ein sogenannter großer Flattersatz am rechten Seitenrand - der rechte Rand wird uneinheitlich, und große Lücken klaffen an einigen Stellen. Abhilfe könnte da vielleicht der Blocksatz schaffen, denken Sie jetzt vielleicht. Text, der im Blocksatz erfaßt wird, hat in jedem Fall einen einheitlichen, schnurgeraden linken und rechten Seitenrand; allerdings häufig auf Kosten von enormen Textlücken innerhalb der Zeilen, weil zum Ausfüllen der Zeilen Leerräume zwischen den Wörtern eingefügt und die Zeilen so künstlich bis zum rechten Rand langgezogen werden. Ein Brief mit einem uneinheitlichen rechten Rand wirkt unschön, und Korrespondenz im Blocksatz sollte unbedingt vermieden werden.

Ein guter Weg, solche Lücken zu vermeiden und für einen einheitlichen rechten Rand zu sorgen, ist die automatische Silbentrennung von WinWord. Dabei werden Trennstriche nur dann in Ihr Dokument gedruckt, wenn sie zum Trennen eines Wortes am Ende einer Zeile benötigt werden. Innerhalb einer Zeile ist die Silbentrennung ja nicht notwendig.

Angenommen, Sie haben Ihren Kunden ein Angebot unterbreitet, das Sie anschließend per Serienbrief ausdrucken und verschicken möchten. Bevor Sie WinWord bitten, die automatische Silbentrennung anzuwenden, sollte die Bearbeitung des Textes endgültig abgeschlossen sein. Denn die Silbentrennung gestaltet Ihr Dokument so, daß es danach sofort ausgedruckt werden kann. Müssen Sie nach der automatischen Silbentrennung noch umfangreiche Änderungen an Ihrem Text vornehmen, können sich die Zeilen wieder verschieben und entsprechend auch die eingefügten Silbentrennungen. Ein Wort, das am

Ende einer Zeile steht, könnte so in die nächste Zeile rutschen, womit die Silbentrennung hinfällig würde. In diesem Fall bliebe Ihnen nichts anderes übrig, als einen zweiten Trenndurchgang zu starten.

Gehen Sie zum Anfang des fertigen Dokuments und wählen Sie im EXTRAS-Menü die Option SILBENTRENNUNG. WinWord läßt Ihr Dokument daraufhin in Druckbild-Ansicht auf dem Bildschirm erscheinen, damit Sie auch sofort sehen, wie der Text nach erfolgter Silbentrennung anschließend ausgedruckt erscheinen wird. Daraufhin öffnet sich eine Dialogbox auf Ihrem Bildschirm, in der Sie Optionen für die nachfolgende Silbentrennung festlegen können.

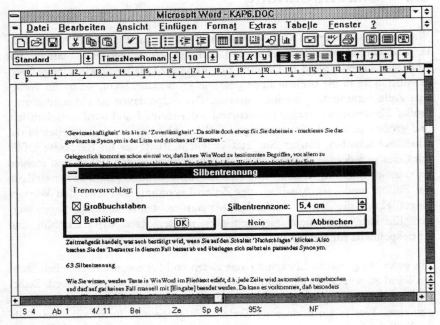

Abb. 6.6: Optionen für die Silbentrennung

Um den Flattersatz am rechten Rand möglichst klein zu halten, wählen Sie im Feld SILBENTRENNZONE einen entsprechend kleinen Wert aus. Grundsätzlich gilt: Je kleiner die Maßangabe, desto mehr Wörter werden getrennt – Folge: ein einheitlicher rechter Rand. Soll die Silbentrennung auch für Wörter in Großbuchstaben zugelassen sein – soll also z. B. auch *UNESCO* getrennt werden dürfen – klicken Sie das Kreuzfeld GROßBUCHSTABEN entsprechend an. Möchten Sie jeden Trennvorschlag, den WinWord Ihnen während des Trenn-

258

durchlaufes machen wird, zur Kontrolle bestätigen, kreuzen Sie das Feld Bε-
STÄTIGEN an. Bedenken Sie dabei jedoch, daß dieses vor allem bei längeren
Texten recht viel Zeit kostet. Die Silbentrennung ist zudem so zuverlässig,
daß Sie WinWord ruhig vertrauen dürfen – schalten Sie das Kreuzfeld aus,
und das Programm führt die Silbentrennung automatisch in einem Rutsch
durch. Zu Übungszwecken sollten Sie für diesen konkreten Fall das Feld jedoch angekreuzt lassen. Haben Sie Ihre Wahl getroffen, schließen Sie die Dialogbox wieder mit Oκ.

WinWord beginnt nun mit der Silbentrennung. Befindet sich am Ende der
ersten Zeile ein Wort, das getrennt werden kann, wird Ihnen dieses Wort in
der Dialogbox SILBENTRENNUNG angezeigt.

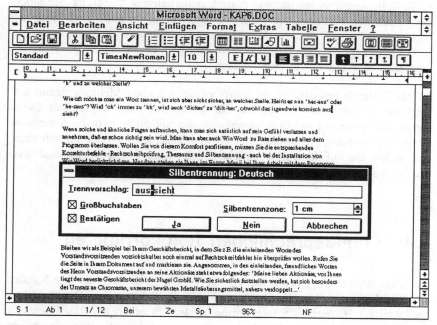

Abb. 6.7: Silbentrennung

Das betreffende Wort erscheint im Textfeld TRENNVORSCHLAG, wobei alle möglichen Silbentrennungen bereits eingefügt sind. Die gestrichelte senkrechte Linie im Wort gibt den Seitenrand an. WinWord versucht auf jeden Fall, das
Wort so nah wie möglich vor Erreichen des Seitenrandes zu trennen – die
vorgeschlagene Trennstelle wird blinkend hervorgehoben. Sind Sie mit dem

259

Vorschlag einverstanden, klicken Sie auf den Schalter JA, und WinWord verschiebt den Wortteil hinter der Trennstelle in die nächste Zeile.

Angenommen, WinWord bietet Ihnen z. B. folgende Trennung an: *Ar-beit*. Sie möchten dieses Wort nicht trennen, weil es bei einem so kurzen Wort nicht gut aussieht, wenn in der ersten Zeile nur zwei Buchstaben stehenbleiben. Sie ziehen es daher vor, das gesamte Wort in die nächste Zeile zu setzen, und klicken auf den Schalter NEIN. Das Wort wird nun nicht getrennt, sondern komplett in die nächste Zeile verschoben.

Ein anderes Wort: *Ar-beits-ge-biet*. Der Seitenrand befindet sich vor den letzten beiden Buchstaben *et*, und WinWord schlägt Ihnen eine Trennung hinter der zweiten Silbe *-beits-* vor, weil damit das Wort in zwei ungefähr gleichgroße Teile gesplittet würde, was optisch sicherlich von Vorteil ist. Sie möchten jedoch den Flattersatz so klein wie möglich halten und lieber hinter der vorletzten Silbe *-ge-* trennen. Verschieben Sie die blinkende Trennmarke einfach an die gewünschte Position und drücken den Schalter JA. WinWord kommt Ihren Wünschen umgehend nach.

Ist das Textende erreicht, macht WinWord Sie mit einer Meldung darauf aufmerksam und fragt Sie, ob Sie die Silbentrennung vom Anfang des Dokuments aus fortsetzen möchten. Antworten Sie mit NEIN, und die Silbentrennung wird beendet. Sie können den Trennvorgang auch zwischendurch beenden, indem Sie auf ABBRECHEN drücken. Wörter, die bis dahin getrennt wurden, bleiben mit der Trennstelle in Ihrem Text stehen.

6.4 Fremdsprachlichen Text korrigieren

Der Geschäftsbericht Ihres Unternehmens soll in erster Linie an Ihre Kunden und Geschäftspartner in der Bundesrepublik, der Schweiz und Österreich gehen, weil der Hauptumsatz Ihrer Firma im deutschsprachigen Raum gemacht wird. Vor zwei Jahren wurde jedoch der Sprung auf den internationalen Markt gewagt, und seitdem gibt es auch eine Vielzahl von Kunden und Partnern hauptsächlich im britischen Raum. Landessprache ist hier Englisch, also muß der Geschäftsbericht für diese Geschäftspartner auch in englischer Sprache zur Verfügung stehen. Die Übersetzung des Inhalts übernimmt ein Übersetzer-Team in Ihrem Hause, da Sie ebenfalls solide Englischkenntnisse besitzen und für die Produktion des Geschäftsberichtes verantwortlich sind, bleibt das Korrekturlesen der Textentwürfe an Ihnen hängen.

Lassen Sie sich dabei von WinWord helfen, denn alle Korrekturbefehle sind so konzipiert, daß sie auch für verschiedene Sprachen eingesetzt werden können.

Hinweis: Die englischen Korrekturdateien sind im Lieferumfang von WinWord bereits enthalten; weitere fremdsprachliche Korrekturhilfen, z. B. für Dänisch, Finnisch, Schwedisch etc., müssen separat käuflich erworben werden.

Voraussetzung für die Anwendung der englischen Korrekturhilfen ist natürlich, daß diese auch installiert sind. Haben Sie die englischen Korrekturdateien bei der Installation von WinWord nicht berücksichtigt, holen Sie dieses Versäumnis nach, indem Sie das Setup-Programm erneut starten und die Installation nachträglich vornehmen. Nun kann es losgehen.

Öffnen Sie das fremdsprachliche Dokument, das Sie gern sprachlich überarbeiten möchten, also die englische Fassung Ihres Geschäftsberichtes. Zu Übungszwecken reicht ein kleiner imaginärer Absatz:

```
We are glad to be in a position to present to you
our most curent Annual Report which we are very
proud of. As you will surely note, our business
has rapidly expanded, and incredibly high sales fi-
gures could be reached.
```

Natürlich wird *curent* im ersten Satz mit Doppel-*r* geschrieben – diesen Rechtschreibfehler haben wir absichtlich eingebaut, um WinWord später bei der Rechtschreibprüfung die Möglichkeit zu geben, diesen Fehler zu finden.

Zuerst müssen Sie diesem Abschnitt das entsprechende Sprachformat zuweisen, indem Sie im FORMAT-Menü den Befehl SPRACHE auswählen.

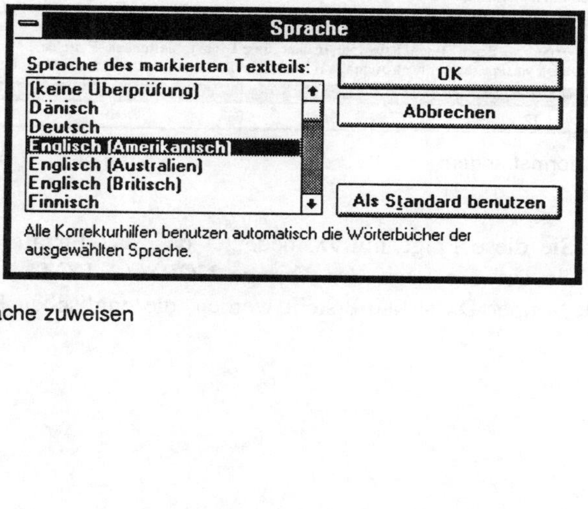

Abb. 6.8: Sprache zuweisen

In der Liste unter SPRACHE DES MARKIERTEN TEXTTEILS erscheinen sämtliche theoretisch zur Verfügung stehende Sprachen. Theoretisch deshalb, weil jede einzelne nur dann eingesetzt werden kann, wenn Sie die entsprechenden Korrekturdateien bei Ihrem Händler erworben und installiert haben.

In der Liste finden Sie die Sprache Englisch. WinWord unterscheidet zwischen britischem, australischem und amerikanischem Englisch, was auch sinnvoll ist, denn diese drei Sprachen weisen abgesehen von einem gemeinsamen Grundwortschatz mehr oder minder große Unterschiede auf. Markieren Sie den Eintrag ENGLISCH (BRITISCH) und bestätigen Ihre Wahl mit OK. Möchten Sie in der nächsten Zeit ausschließlich englische Dokumente korrekturlesen lassen, machen Sie Englisch zur Standardsprache, indem Sie den Schalter ALS STANDARD BENUTZEN anklicken. WinWord blendet folgende Bildschirmmeldung ein:

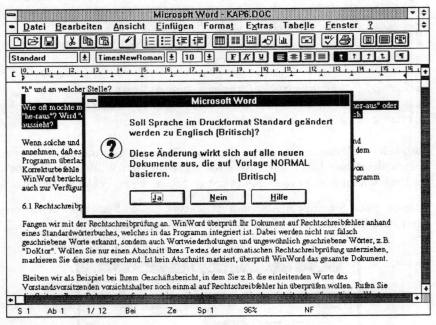

Abb. 6.9: Druckformat ändern

Beantworten Sie diese Frage mit JA, bedeutet das, daß für alle zukünftigen Dokumente, die auf der Basis der Vorlage NORMAL.DOT - einer leeren DIN-A4-Seite - über DATEI NEU erstellt werden, die englischen Korrekturhil-

262

fen zur Anwendung kommen. Überprüfen Sie diese neue Einstellung, indem Sie aus dem FORMAT-Menü über die Option DRUCKFORMAT die entsprechende Dialogbox auf den Bildschirm holen. Im unteren Feld BESCHREIBUNG sehen Sie den Eintrag SPRACHE: ENGLISCH (BRITISCH).

Sie können nun Ihren englischen Text sowohl auf Rechtschreibfehler hin überprüfen lassen als sich auch Synonyme für zu oft vorkommende Begriffe anzeigen lassen. Nicht zuletzt führt WinWord auf Wunsch auch die automatische Silbentrennung in der Fremdsprache durch.

Zuerst die Rechtschreibprüfung. Markieren Sie den oben genannten, kurzen englischen Textabschnitt und rufen Sie aus dem EXTRAS-Menü die Option RECHTSCHREIBUNG auf. Wie erwartet, findet WinWord den Rechtschreibfehler *curent* und bietet Ihnen auch gleich die richtige Schreibweise *current* an.

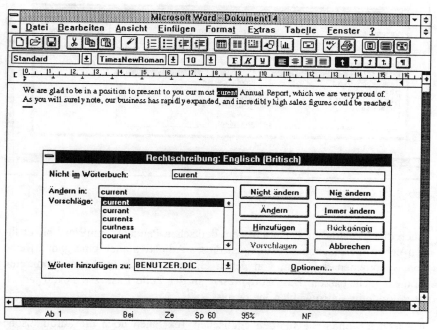

Abb. 6.10: Englische Rechtschreibprüfung

Die Dialogbox – und damit auch die einzelnen Optionen und Schalter – ist identisch mit der Dialogbox bei der deutschen Rechtschreibprüfung.

263

Als zweites folgt das Auswählen von sinnverwandten Begriffen. Angenommen, Sie möchten ein anderes Wort für *current* (= aktuell) verwenden, so markieren Sie dieses Wort und rufen aus dem EXTRAS-Menü den Thesaurus auf.

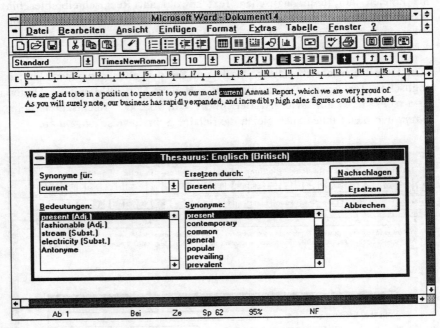

Abb. 6.11: Englischer Thesaurus

Auch diese Dialogbox entspricht dem deutschen Pendant. WinWord bietet Ihnen neben mehrfachen Bedeutungen dieses Adjektivs auch eine ganze Reihe von Synonymen dafür an, von denen einige natürlich in diesem konkreten Kontext nicht passen. Das Wort *present* in der Zeile ERSETZEN DURCH jedoch ist goldrichtig - also wählen Sie es aus.

Als letztes wollen Sie für den englischen Text auch noch die automatische Silbentrennung durchführen, um auch hier einen einheitlichen rechten Seitenrand zu gewährleisten. Markieren Sie den Text und rufen aus dem EXTRAS-Menü die Silbentrennung auf.

Wenn WinWord ein Wort findet, wird der Trennvorschlag wie bei der deutschen Silbentrennung in einer Dialogbox eingeblendet. Da im Englischen jedoch längst nicht soviel getrennt wird wie bei uns, meldet WinWord Ihnen nach kurzer Zeit für den kurzen Übungsabschnitt SILBENTRENNUNG ABGESCHLOSSEN, ohne eine Trennung eingefügt zu haben.

6.5   Texte überarbeiten

Der Geschäftsbericht wird bis zu seiner endgültigen Fertigstellung sicherlich nicht nur auf Ihrem Schreibtisch liegen, sondern auch noch durch andere Hände gehen, z. B. zum Produktmanagement, zum Vertrieb und – last but not least – zum Vorstand zwecks endgültiger Absegnung. Jede Abteilung nimmt sich dabei das Recht, an den Textentwürfen zu feilen, indem Textteile oder auch Grafiken gelöscht, hinzugefügt, ersetzt oder verschoben werden.

Wenn der Entwurf des Werkes auf Papier ausgedruckt durch die einzelnen Abteilungen geht und anschließend beim Vorstandsvorsitzenden zur Endkorrektur landet, wird dieser, angesichts der durch die bereits vielfältig vorgenommenen Korrekturen völlig unübersichtlich gewordenen Seiten, mit Recht einen Tobsuchtsanfall bekommen.

Solche Mißgeschicke müssen nicht sein, wenn die Texte am Bildschirm korrigiert und überarbeitet werden, statt ihnen mit verschiedenfarbigen Stiften zu Leibe zu rücken und sie damit förmlich auseinanderzunehmen. WinWord bietet Ihnen Korrekturmarkierungen an, anhand derer Sie auf Anhieb erkennen können, welche Änderungen seit der letzten Bearbeitung an einem Dokument vorgenommen worden sind.

Zur Praxis: Sie erhalten Produktinformationen zu Ihrem Marktrenner *Chromosan* aus dem zuständigen Produktmarketing. Diese Produktinformationen sollen in den Geschäftsbericht integriert werden. Also rufen Sie sich die vom Product Manager entworfene Version auf Ihren Bildschirm, um den Text für die Aufnahme in den Geschäftsbericht noch einmal zu überarbeiten. Über den Befehl ÜBERARBEITEN aus dem EXTRAS-Menü stellt WinWord Ihnen die dazu notwendigen Korrekturmarkierungen zur Verfügung.

In der Dialogbox stehen Ihnen einige Optionen zur Verfügung. Das zunächst wichtigste Element dieser Dialogbox ist das Kreuzfeld ÄNDERUNGEN MARKIEREN. Hiermit bestimmen Sie, ob die Überarbeiten-Funktion ein- oder ausgeschaltet ist. Kreuzen Sie dieses Feld nicht an, treten die Korrekturmarkierungen der Überarbeiten-Funktion auch nicht in Kraft.

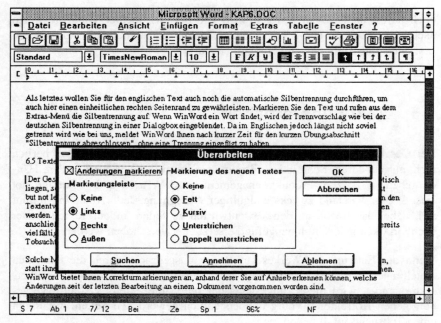

Abb. 6.12: Überarbeiten-Optionen

Wollen Sie Korrekturen im Textentwurf mit Hilfe der Korrekturmarkierungen
übersichtlich halten, kreuzen Sie dieses Feld jedoch in jedem Fall an. Das ist
vor allem wichtig, wenn Sie Textteile löschen: In der Überarbeiten-Funktion
werden gelöschte Wörter nicht vom Bildschirm verbannt, sondern lediglich
durchgestrichen. Sie bleiben aber im Text stehen, so daß sie für jedermann,
der den Text nach Ihnen in die Finger bekommt, weiterhin sichtbar sind.

Im Bereich MARKIERUNGSLEISTEN darunter sehen Sie vier verschiedene Knöpfe.
Zuerst einmal ein paar Worte zur Erklärung, was eine Markierungsleiste überhaupt ist und wozu sie dient. Es handelt sich dabei um Korrekturleisten, die
auf Wunsch am Seitenrand angezeigt werden und auf vorgenommene Korrekturen deutlich und auf den ersten Blick hinweisen. Sie haben nun die Wahl,
ob

- Sie auf solche Markierungsleisten gänzlich verzichten wollen – klicken
  Sie dafür den Knopf KEINE an;

- die Leisten am linken Seitenrand angezeigt werden sollen – wählen Sie
  den Knopf LINKS;

266

■ die Markierungsleisten am rechten Seitenrand stehen sollen - drücken Sie den Knopf RECHTS;

■ die Markierungsleisten im Außenrandbereich von zwei gegenüberliegenden Seiten gedruckt werden sollen - klicken Sie den Knopf AUßEN an. Bei geraden Seiten stehen die Markierungsleisten am linken Rand, bei ungeraden Seiten am rechten Seitenrand.

Im Normalfall stehen die Markierungsleisten am linken Seitenrand. Wählen Sie also entsprechend die Option LINKS. Weiterhin können Sie in der Dialogbox festlegen, wie neu hinzugefügter Text gekennzeichnet werden soll. Im Bereich MARKIERUNG DES NEUEN TEXTES definieren Sie, ob neue Textteile fett, kursiv, unterstrichen, doppelt unterstrichen oder gar nicht markiert werden sollen.

Gar keine Markierung macht natürlich keinen Sinn, denn alle Kollegen, die den Text nach Ihnen erhalten, werden Ihre Änderungen optisch nicht nachvollziehen können. Klicken Sie auf den Knopf Ihrer Wahl und schließen Sie die Dialogbox mit OK.

Wenn Sie sich nun an die Bearbeitung der Produktinformationen zu *Chromosan* machen, markiert WinWord alle Löschungen und Ergänzungen, die Sie vornehmen, mit dem gewählten Format.

Tip: Bearbeiten Sie das Dokument in der Druckbildansicht, denn nur da erscheint gelöschter Text durchgestrichen und hinzugefügter Text fett oder kursiv markiert - je nachdem, was Sie gewählt haben. In der Normalansicht werden alle Textteile, die Sie überarbeitet haben, grundsätzlich unterstrichen - egal, ob es sich um gelöschten oder hinzugefügten Text handelt. In der Druckbildansicht behalten Sie den besseren Überblick über alle Korrekturen, die Sie vornehmen.

Zwei Wochen später: Der Rohentwurf für den Geschäftsbericht ist durch alle verantwortlichen Hände gegangen und wird nun dem Vorstand präsentiert. Der Assistent des Vorstandsvorsitzenden lädt den Text auf seinen Bildschirm, wechselt in die Druckbildansicht und ruft die Überarbeiten-Option im EXTRAS-Menü auf. Er klickt auf den Schalter SUCHEN, und WinWord geht zu der ersten Stelle mit einer Korrekturmarkierung.

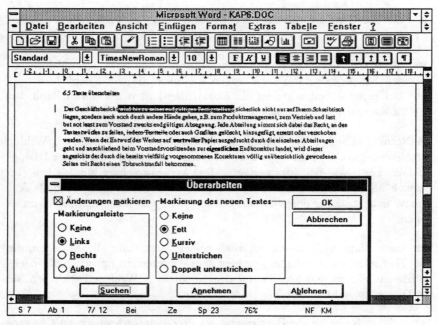

Abb. 6.13: Korrekturen annehmen oder ablehnen

Der Assistent entscheidet nun, ob diese konkrete Änderung in Ordnung ist oder nicht. Findet er die Korrektur gut, ANNEHMEN. Handelt es sich um zu löschenden Text, wird die Löschmarke entfernt und der Text gelöscht. Ist ein Vorschlag für neuen Text gemacht worden, wird das Korrekturformat entfernt, und der hinzugefügte Text nimmt das normale Format des gesamten Textes an. Auch die Markierungsleisten verschwinden.

Genausogut können Änderungswünsche über den Schalter ABLEHNEN auch abgeschmettert werden. Text, der als zu löschender Text markiert ist, wird beibehalten und die Kennzeichnung DURCHGESTRICHEN entfernt. Zusätzlicher Text wird wieder gelöscht und durch die ursprüngliche Fassung ersetzt. Auf diese Weise wird mit dem Schalter SUCHEN jede einzelne Korrektur nacheinander überprüft, bis das Textende erreicht ist. WinWord bietet an, den Suchvorgang nochmals von Anfang an aufzunehmen. Ist das nicht erwünscht, muß mit NEIN geantwortet werden.

Angenommen, ein Kollege hat vergessen, bei der Korrektur des Textentwurfes die Überarbeiten-Funktion zu aktivieren, so sind alle vorgenommenen Änderungen für Sie auf Anhieb nicht sichtbar. Das ist jedoch nicht unbedingt ein

Grund zum Verzweifeln, denn Sie können trotzdem feststellen, an welchen Stellen der Text geändert wurde. Rufen Sie dazu im EXTRAS-Menü die Option VERSIONSVERGLEICH auf.

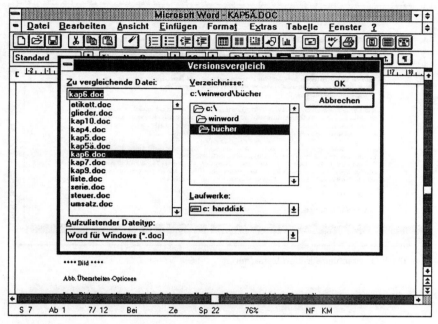

Abb. 6.14: Versionen vergleichen

Geben Sie im Textfeld DATEINAME den Namen Ihrer ursprünglichen Textversion ein und bestätigen die Eingabe mit OK. WinWord beginnt nun, Ihre ältere Fassung und den frisch korrigierten Text Ihres Kollegen inhaltlich miteinander zu vergleichen.

Wie weit das Programm in seinen Bemühungen bereits fortgeschritten ist, wird Ihnen am unteren Bildschirmrand in der Zeile *Dokumente werden verglichen*, gefolgt von einer Prozentzahl, angezeigt.

Ist der Vergleich abgeschlossen, gehen Sie in die Druckbildansicht, und die Textpassagen, die nicht übereinstimmten und infolgedessen geändert wurden, erscheinen markiert und mit einer Markierungsleiste versehen.

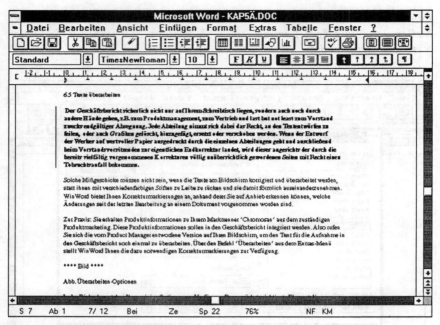

Abb. 6.15: Unterschiede in den Versionen

6.6 Anmerkungen machen

Anmerkungen sind Kommentare, die beim Korrekturlesen eines Dokuments an beliebigen Stellen in den Text eingefügt werden können. Das ist ein weiteres zweckmäßiges Mittel, wenn mehrere Kollegen an ein und demselben Text arbeiten müssen.

Anmerkungen erleichtern sowohl demjenigen, der diese in den Text einbaut, als auch demjenigen, der den Text anschließend liest, die Überprüfung direkt am Bildschirm. Anmerkungen können in einem separaten Ausschnitt eingegeben werden, so daß sie nicht den Text durcheinanderbringen, und der nächste Kollege hat die Möglichkeit, den Text mit allen Kommentaren auf einmal einzusehen. Mischen mehrere Kollegen bei der Gestaltung des Textes mit und geben entsprechend auch Ihren Senf in Form von Anmerkungen dazu, können diese Anmerkungen mit den Initialen des einzelnen versehen werden. Dadurch ist sehr schnell herausgefunden, welche Anmerkung von wem stammt.

6.6.1 Anmerkungen

Angenommen, Sie sind an der Reihe, den Umsatzteil des Geschäftsberichtes korrekturzulesen, und Ihnen fällt auf, daß für das Produkt *Chromasan* die falschen Umsatzzahlen genommen wurden. Setzen Sie die Einfügemarke hinter die entsprechende Textstelle, die Sie kommentieren wollen, und wählen Sie die Option ANMERKUNG aus dem EINFÜGEN-Menü. WinWord fügt an der Position, an der die Einfügemarke steht, ein Anmerkungszeichen ein. Dieses Zeichen besteht aus Ihren Initialen und einer Nummer, also z. B. *MM1* für *Martin Mustermann, erste Anmerkung.*

Hinweis: Fragen Sie sich, woher WinWord Ihre Initialen kennt? Sie haben Ihren Namen bei der Installation des Programms für die Lizenzvereinbarung eingegeben, und WinWord hat Ihre spezifischen Benutzerinformationen automatisch im EXTRAS-Menü unter EINSTELLUNGEN BENUTZERINFO festgehalten.

Anschließend wird ein Anmerkungs-Fenster in der unteren Hälfte des aktuellen Dokument-Fensters eingeblendet.

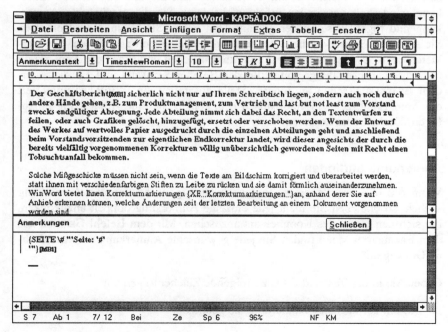

Abb. 6.16: Anmerkung machen

Geben Sie hier hinter dem Anmerkungszeichen, das natürlich mit dem Zeichen im Text zwecks späterer Identifizierung identisch ist, Ihren Kommentar ein, z. B. *Umsatzzahlen falsch! Bitte überprüfen!*. Klicken Sie auf den Schalter SCHLIEßEN, und das zusätzliche Fenster verschwindet wieder vom Bildschirm. Zurück bleibt das Anmerkungszeichen im Text. Mit einem Doppelklick auf dieses Zeichen können Sie in Zukunft jederzeit einsehen, welcher Kommentar sich hinter diesem Anmerkungszeichen verbirgt.

Wird der Text anschließend an andere Kollegen weitergegeben und möchten Sie verhindern, daß Ihre gemachten Anmerkungen bearbeitet werden, sperren Sie diese einfach für Ihre Kollegen, indem Sie die Anmerkungszeichen im Text über den Befehl EINSTELLUNGEN im EXTRAS-Menü verbergen. Markieren Sie die Kategorie ANSICHT und löschen Sie im Bereich NICHT DRUCKBARE ZEICHEN die Markierung des Kreuzfeldes VERBORGENER TEXT. Verlassen Sie die Dialogbox mit OK, und die Anmerkungszeichen sind ab sofort im Text nicht mehr sichtbar.

WinWord numeriert alle Anmerkungen der Reihe nach durch. Sie können eine Anmerkung nachträglich wieder löschen, indem Sie einfach das Anmerkungszeichen im Text markieren und entfernen. Wenn Sie den Text einer Anmerkung wiederholt verwenden möchten, kopieren Sie die gewünschte Anmerkung und fügen diese an der gewünschten neuen Stelle ein. Damit ersparen Sie sich das Prozedere, diese Anmerkung neu eingeben zu müssen. Sie markieren dazu das entsprechende Anmerkungszeichen und fügen die Anmerkung über die Zwischenablage mit Hilfe der Befehle KOPIEREN und EINFÜGEN aus dem BEARBEITEN-Menü an anderer Stelle zusätzlich ein. WinWord numeriert die Anmerkungszeichen automatisch neu, sobald Sie eine Anmerkung hinzufügen, löschen oder kopieren.

Anmerkung auffinden

Wenn Sie in einem längeren Text nach einer ganz bestimmten Anmerkung suchen, so brauchen Sie nicht jede einzelne Anmerkung doppelt anzuklicken, um sich den Inhalt des Kommentars anzusehen. Mit dem Befehl GEHE ZU aus dem BEARBEITEN-Menü finden Sie jede gewünschte Anmerkung sofort und ohne Umweg auf.

Geben Sie in das Textfeld GEHE ZU folgende Zeichenfolgen ein:

- *a*, um zur nächsten Anmerkung zu gelangen;

- *a-*, um zur vorhergehenden Anmerkung zu gelangen;

- *a n*, um zu einer bestimmten Anmerkung zu gelangen, z. B. *a 4*, um die vierte Anmerkung aufzurufen;

- *a+n*, um eine bestimmte Anzahl von Anmerkungen nach vorne zu gehen, z. B. *a+4*, um vier Anmerkungen weiter nach vorn zu kommen;

- *a–n*, um eine bestimmte Anzahl von Anmerkungen zurückzugehen, z. B. *a–4*, um vier Anmerkungen zurückzugehen;

- *sxan*, um zu einem bestimmten Anmerkungszeichen auf einer bestimmten Seite zu gehen, z. B. *s2a4*, um zur vierten Anmerkung auf Seite 2 zu springen.

Anmerkungen drucken

Anmerkungen können nicht nur auf dem Bildschirm sichtbar gemacht, sondern auf Wunsch auch ausgedruckt werden. Dabei können Sie auswählen, ob die Anmerkungen separat oder zusammen mit dem betreffenden Text gedruckt werden sollen. Wenn Sie nur die Anmerkungen drucken möchten, druckt Win-Word die Nummer der Seite, auf der das Anmerkungszeichen steht, die Initialen dessen, der die Anmerkung eingegeben hat, die Anmerkungsnummer und den Text der Anmerkung. Wählen Sie den Befehl DRUCKEN aus dem DATEI-Menü, blättern Sie in der Liste DRUCKEN bis zum Eintrag ANMERKUNGEN und markieren Sie diesen entsprechend. Mit OK verlassen Sie die Dialogbox.

Wenn Sie die Anmerkungen zusammen mit dem Dokumenttext drucken, druckt WinWord die Anmerkungen auf einer separaten Seite im Anschluß an den Dokumenttext. Verborgener Text einschließlich der Anmerkungszeichen wird ebenfalls mitausgedruckt. Vor den Anmerkungen werden die Nummer der Seite, auf der die Anmerkung steht, die Initialen des Kommentators und die Nummer des Kommentars gedruckt. Wählen Sie dazu ebenfalls die Druckoption im DATEI-Menü und dort den Schalter OPTIONEN zum Anpassen der Druckoptionen. Klicken Sie im Bereich EINBEZIEHEN auf das Kreuzfeld ANMERKUNGEN und schließen Sie diese Dialogbox sowie die Dialogbox DRUK-KEN jeweils mit OK.

6.6.2   MS Note-It

Eine zweite Möglichkeit, Anmerkungen in Dokumente einzubauen, ist der Weg über das Zusatzprogramm MS Note-It, welches - genau wie Microsoft Graph, Microsoft Draw und MS WordArt - im Lieferumfang von WinWord enthalten ist und in der Option OBJEKT im EINFÜGEN-Menü zur Verfügung steht. Rufen Sie MS Note-It mit einem Doppelklick auf den Programmnamen oder durch Markieren und anschließendes OK auf, erscheint folgende Dialogbox:

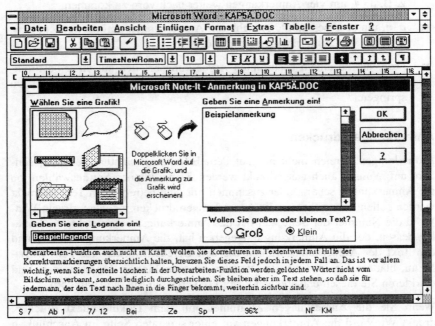

Abb. 6.17: MS Note-It

Mit MS Note-It können Sie zu jeder Art von Windows-Dokument eine sogenannte Pop-up-Note hinzufügen, die eingebettete Objekte unterstützt (siehe OLE, Kap. 4.3). Pop-Up-Note bedeutet nichts anders, als daß Sie den Kommentar, der sich hinter dem Anmerkungssymbol verbirgt, jederzeit durch einen Doppelklick auf das entsprechende Symbol wieder auf den Bildschirm holen können.

Wenn Sie die Anmerkung erst in Ihrem Dokument haben, können Sie diese öffnen und lesen, die Anmerkung verschieben, kopieren, die Größe der Note-It-Grafik ändern oder die Anmerkung löschen.

Wählen Sie in der Dialogbox zuerst eine Grafik aus, um die Anmerkung optisch ansprechend darzustellen. Diese Grafik erscheint anschließend als Anmerkungssymbol an der entsprechenden Stelle in Ihrem Text. WinWord stellt

274

Ihnen eine ganze Reihe von Symbolen zur Verfügung. Mit Hilfe der Bildlaufpfeile unterhalb der Symbolliste können Sie sich die schönste Grafik aussuchen, z. B. die Sprechblase, um dem ganzen den Touch eines Comic-Streifens zu geben. Markieren Sie das Symbol Ihrer Wahl.

Im Textfeld unterhalb dieser Grafikliste werden Sie aufgefordert, eine Legende einzugeben. Diese Legende steht hinterher unter dem Anmerkungssymbol in Ihrem Text und enthält sozusagen einen Hinweis auf die Art von Kommentar, die sich hinter dem Symbol verbirgt. Löschen Sie die Vorgabe *Beispiellegende* und geben z. B. ein: *Falsche Umsatzzahlen!*, und jeder weiß sofort, woher der Wind weht.

Kommen Sie nun zum eigentlichen Inhalt der Anmerkung. Sie schreiben Ihren Kommentar in das dafür vorgesehene Textfeld in der rechten Hälfte der Dialogbox. Löschen Sie zuvor die Vorgabe *Beispielanmerkung* und fangen an:

```
Aufforderung an den Vertriebsleiter, die Umsatzzah-
len für Chromosan umgehend zu überprüfen und ggfs.
mit dem zuständigen Produktmarketing Rücksprache
zu nehmen ...
```

Eine Anmerkung kann etwa 25 Zeilen lang sein, wobei eine Zeile maximal 40 Zeichen hat. Zum Schluß können Sie auch noch die Größe der Anmerkung bestimmen. Sie werden gefragt, ob Sie lieber großen oder kleinen Text wollen.

Bei längeren Anmerkungen empfiehlt sich eine kleinere Schrift; handelt es sich hingegen um ein kurzes prägnantes Schlagwort wie *Umsätze neu!*, sollten Sie große Schrift vorziehen, damit auch wirklich jeder von Ihrem Kommentar Notiz nimmt. Klicken Sie den entsprechenden Knopf an und bestätigen Ihre Eingaben mit Oĸ.

Sie gelangen nun in Ihren Text zurück, in dem wahrscheinlich zunächst einmal an der Stelle, wo die Anmerkung stehen soll, nur eine Funktionszeile in geschweiften Klammern erscheint. Schalten Sie die Feldfunktionen über das Ansicht-Menü aus.

WinWord zeigt Ihnen sowohl das Symbol für Ihre Anmerkung als auch die dazugehörige Legende an (falls Sie eine eingegeben haben). Mit einem Doppelklick auf die Grafik wird der Inhalt der Anmerkung angezeigt.

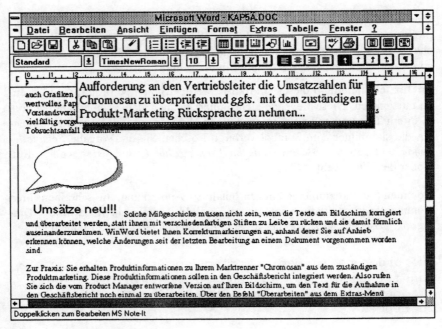

Abb. 6.18: Anmerkung im Text

Fragen und Übungen:

1. Lassen Sie ein Dokument Ihrer Wahl auf Rechtschreibfehler hin überprüfen, und führen Sie anschließend die automatische Silbentrennung durch.

2. Legen Sie ein neues Benutzerwörterbuch an.

3. Finden Sie Synonyme zu *Interesse, Vorhaben, Gedanken* und *Konzept*.

4. Wenden Sie die Korrekturhilfen der Überarbeiten-Funktion für einen Textausschnitt Ihrer Wahl an.

5. Welche Möglichkeiten gibt es, Anmerkungen zu machen?

7 Berechnungen und Formeln

Auch wenn Sie kein Mathematiker sind, der den ganzen Tag mit Zahlen, Formeln und Berechnungen zu tun hat, wird es von Zeit zu Zeit sicherlich immer mal wieder vorkommen, daß Sie zwischendurch kleinere und vielleicht auch größere Berechnungen durchführen müssen. Zu diesem Zweck sind Sie nicht verpflichtet, WinWord zu verlassen, um die Berechnungen in einer speziell dafür ausgelegten Tabellenkalkulation zu erledigen und die Ergebnisse anschließend in Ihr WinWord-Dokument zu importieren.

WinWord bietet Ihnen zwei Möglichkeiten an, mathematische Berechnungen anzustellen – sowohl die Durchführung elementarer Grundberechnungen im Text als auch die Definition komplexer mathematischer und wissenschaftlicher Formeln mit dem integrierten Formel-Editor.

7.1. Berechnungen durchführen

Sie arbeiten am Quartalsbericht für Ihre Abteilung und müssen das gesamte Umsatzvolumen Ihrer Kunden addieren, damit der Vorstand sich ein Bild davon machen kann, wieviel Quartalsumsatz nun unterm Strich tatsächlich gemacht wurde. Angenommen, diese Zahlen stehen in einer Tabelle aufgelistet, welche Sie entweder über das TABELLE-Menü erstellt oder einfach mit Tabulatoren in Spalten aufgeteilt haben. Diese Tabelle könnte etwa so aussehen:

Müller KG	15498
Aue & Sohn	5522
Maier GmbH	11394
Kuckuck OHG	25190

Die oben genannten Umsätze der einzelnen Kunden möchten Sie nun zum Gesamtumsatz des Quartals addieren. Natürlich könnten Sie diese Zahlen schnell in den Taschenrechner eintippen, der griffbereit neben Ihnen auf dem Schreibtisch liegt, doch das ist nicht Sinn und Zweck der Übung. Für die vier Zahlen, die in der Übungstabelle stehen, kommen Sie manuell per Taschenrechner vielleicht noch etwas schneller zum Ergebnis; haben Sie jedoch umfangreichere Berechnungen durchzuführen, z. B. die Addition der Umsätze aller 500 Kunden, hat WinWord mit Sicherheit das Ergebnis schneller zur Hand.

Markieren Sie zunächst die Spalte mit den zu addierenden Zahlen. Handelt es sich um eine Spalte innerhalb einer echten Tabelle, klicken Sie mit der rechten Maustaste auf eine beliebige Stelle innerhalb der Spalte. Haben Sie die Tabelle mit Hilfe von Tabulatoren erstellt, halten Sie die rechte Maustaste gedrückt, ziehen die Maus von einer Ecke der Spalte zur gegenüberliegenden Ecke und lassen sie dann los. Sie brauchen für die Addition kein Pluszeichen "+" einzugeben, da WinWord markierte Zahlen automatisch addiert – es sei denn, Sie geben eine andere mathematische Operation an (dazu später).

Wählen Sie nun den Befehl BERECHNEN aus dem EXTRAS-Menü und werfen Sie einen Blick auf die Statuszeile in der linken unteren Ecke des Bildschirms. WinWord zeigt dort nämlich das Ergebnis der Berechnung einige Sekunden lang an – in diesem Fall die Summe *57604*. Dann wird das Ergebnis automatisch in die Zwischenablage kopiert, so daß Sie es an einer beliebigen Stelle in Ihrem Text einfügen können, z. B. *Die Summe der getätigten Kundenumsätze im ersten Quartal dieses Jahres beläuft sich auf insgesamt 57604 DM.* Setzen Sie dazu die Einfügemarke an die Stelle, an der das Ergebnis stehen soll, und wählen Sie die Option EINFÜGEN aus dem BEARBEITEN-Menü. Abschließend sollten Sie noch die Währungseinheit ergänzen, denn WinWord präsentiert Ihnen nur die nackte Zahl.

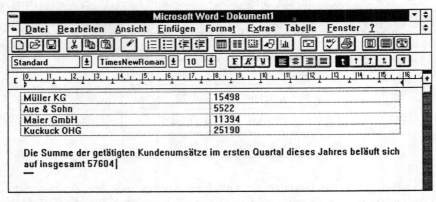

Abb. 7.1: Berechnungen im Text

Andere Berechnungen

Den Befehl BERECHNEN können Sie ebenfalls für andere Rechenoperationen verwenden – zum Subtrahieren, Dividieren, Multiplizieren von Zahlen sowie für das Berechnen von Potenzen, Prozenten und Quadratwurzeln. Dazu müssen Sie jedoch die entsprechenden Rechenzeichen einfügen, damit WinWord weiß, daß es sich bei der anstehenden Berechnung nicht um eine Addition handelt. Einige Beispiele für andere Berechnungen:

Berechnung: Subtrahieren

Rechenzeichen: - oder ()

Anwendung: Rest des Monatsbudgets

Beispiel: 1500–976 oder 1500 (976)

Ergebnis: 524

Berechnung: Dividieren

Rechenzeichen: /

Anwendung: Monatliche Kosten

Beispiel: 6500/12

Ergebnis: 541,67

Berechnung: Multiplizieren

Rechenzeichen: *

Anwendung: Jahresmiete

Beispiel: 12*700

Ergebnis: 8400

Berechnung: Potenzieren

Rechenzeichen: ^

Anwendung: Sechs hoch drei

Beispiel: 6^3

Ergebnis: 216

Berechnung:	Prozentrechnen
Rechenzeichen:	%
Anwendung:	Mehrwertsteuer
Beispiel:	1500*14%
Ergebnis:	210

Berechnung:	Wurzelziehen
Rechenzeichen:	^
Anwendung:	Quadratwurzel von 16
Beispiel:	16^(1/2)
Ergebnis:	4

Hinweis: Das Rechenzeichen für Potenzrechnen und Wurzelziehen ist das gleiche, nämlich "^" ganz links oben auf Ihrer Tastatur oberhalb der Tabulatortasten. Bedingt durch den von Ihrem Betriebssytem verwendeten Tastaturtreiber kann es sein, daß dieses Zeichen nicht sofort beim Drücken der Taste auf dem Bildschirm erscheint, sondern erst ein Zeichen weiter. Drükken Sie dann nach Auswahl dieses Zeichens einmal die [Leertaste].

Um Berechnungen durchzuführen, müssen die Zahlen nicht unbedingt in Tabellenform untereinanderstehen. Sie können genausogut in einer Textzeile stehen oder über den Text eines oder sogar mehrerer Absätze verteilt sein. In letzterem Fall müssen Sie jeweils vor und nach den Zahlen ein Leerzeichen eingeben. Durch Markieren der Zahlen und der dazugehörigen Rechenzeichen (außer dem Pluszeichen, welches nicht zwingend erforderlich ist) teilen Sie WinWord mit, welche Zahlen wie berechnet werden sollen. Dabei gilt folgende Reihenfolge:

■ Prozentrechnen vor Potenzrechnen und Wuzelziehen vor Multiplizieren und Dividieren vor Addieren und Subtrahieren.

Runde Klammern haben zudem grundsätzlich Priorität, vorausgesetzt, es stehen Zahlen und ein Rechenzeichen in dieser Klammer. Eine runde Klammer, die nur eine Zahl enthält, ist das Rechenzeichen für eine Subtraktion (statt des Minuszeichens).

Beispiel: Schreiben Sie *25 (5*2)*, berechnet WinWord *35* als Ergebnis, weil die Rechenoperation in der runden Klammer Priorität hat. Steht da jedoch statt dessen *25 (5)*, kommt *20* als Ergebnis heraus, denn es handelt sich um eine Subtraktion.

Rechnen in der Tabelle

Sie können ein einfaches Tabellenkalkulationsprogramm erstellen, mit dessen Hilfe sich umfangreiche Berechnungen in einer Tabelle mühelos durchführen lassen. Angenommen, Sie haben eine Tabelle erstellt, in der die ersten drei Monate des ersten Quartals – Januar, Februar und März – in der ersten Zeile und die Kundennamen jeweils in der ersten Spalte stehen. In der letzten Zeile soll der Gesamtumsatz der einzelnen Monate stehen. Das sieht dann etwa so aus:

	S1	S2	S3	S4
Z1		Januar	Februar	März
Z2	Müller	3939	4999	5999
Z3	Aue	4949	3999	1000
Z4	Karl	1009	3939	5995
Z5	Total			

S steht für Spalte, *Z* für Zeile (diese Bezeichnungen nur als Hinweis und Wegführer für Sie).

Normalerweise müßten Sie jetzt jede einzelne Spalte mit Umsatzzahlen markieren, die Zahlen mit dem Befehl BERECHNEN addieren und das Ergebnis über die Zwischenablage an der richten Stelle in der letzten Zeile einfügen. Über sogenannte Ausdruckfelder verweisen Sie statt dessen auf die Zellen in der Tabelle, in denen die Zahlen stehen, welche Sie gern addieren möchten, und WinWord erledigt den Rest für Sie. Das funktioniert folgendermaßen:

Setzen Sie die Einfügemarke in die Zelle, in der das erste Rechenergebnis stehen soll, also in die Zelle Z5S2, Zeile 5, Spalte 2. Gehen Sie nun ins EINFÜGEN-Menü und wählen Sie den Befehl FELD. Eine Dialogbox wird aufgerufen.

281

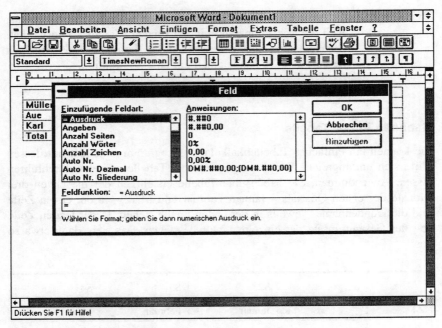

Abb. 7.2: Ausdrucksfeld einfügen

In der linken Liste EINZUFÜGENDE FELDART ist der Eintrag *Ausdruck* bereits markiert. Geben Sie nun unten in das Textfeld FELDFUNKTION den betreffenden Ausdruck ein. Dieser Ausdruck enthält sowohl die entsprechende Rechenoperation als auch die Bezugskoordinate für die Zellen, die die zu berechnenden Zahlen enthalten. Sie verweisen auf den Zellenbereich, der für die Berechnung zugrundegelegt werden soll, indem Sie zwischen zwei Zellenbezugskoordinaten einen Doppelpunkt eingeben. Der Ausdruck in der Textzeile sieht so aus:

=Summe ([Z2S2:Z4S2])

Das heißt übersetzt: *Addiere mir alle Zahlen in den Zellen von Zeile 2, Spalte 2 bis Zeile 4, Spalte 2.* Der Gesamtausdruck steht in runden Klammern, die Bezugskoordinaten zusätzlich noch einmal in eckigen Klammern. Schließen Sie die Dialogbox mit OK, und das Ausdrucksfeld erscheint in der Zelle, in der das Ergebnis stehen soll. Drücken Sie nun noch [F9], und der Ausdruck wird durch das konkrete Ergebnis ersetzt – vorausgesetzt, Sie haben die Feldfunktionen im ANSICHT-Menü ausgeschaltet.

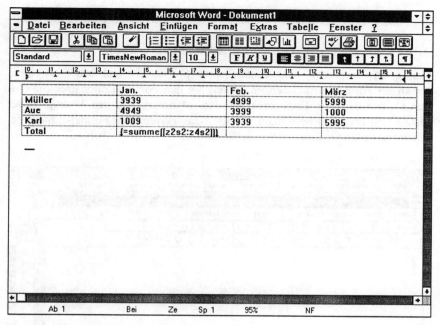

Abb. 7.3: Ausdrucksfeld in der Tabelle

Genauso verfahren Sie mit den beiden anderen Spalten, um die Umsätze für Februar und März auszurechnen. Die Ausdrucksfelder lauten jeweils:

= *Summe ([Z2S3:Z4S3])*

= *Summe ([Z2S4:Z4S4]).*

7.2 Formeln erstellen

Der Formel-Editor, der im Lieferumfang von WinWord enthalten ist, erlaubt das Erstellen komplexester Formeln. Es handelt sich nicht um eine Programmfunktion, sondern um ein selbständiges Programm, das der WinWord-Oberfläche angepaßt ist. Den gesamten Leistungsumfang des Formel-Editors zu durchleuchten, würde den Rahmen dieses Buches sprengen. Der Formel-Editor ist so komplex und leistungsfähig, daß man dazu ein eigenes Buch schreiben könnte. Daher wollen wir uns in diesem Kapitel auf die wichtigsten Funktionen beschränken. Sie sollen einen ersten Einblick in die Arbeitsweise

283

des Formel-Editors bekommen und zur Übung einfache Formeln selbst erstellen. Mal ganz ehrlich – wer von Ihnen beschäftigt sich bei seiner täglichen Arbeit schon mit komplizierten wissenschaftlichen Formeln?

Genug der Ansprache – am besten lernen Sie den Formel-Editor an einem konkreten Formelbeispiel kennen. Rufen Sie den Formel-Editor über die Option OBJEKT aus dem Einfügen-Menü aus. Markieren Sie den Eintrag in der Liste OBJEKTTYP und bestätigen mit OK. Das Fenster des Formel-Editors erscheint nach kurzer Zeit auf Ihrem Bildschirm.

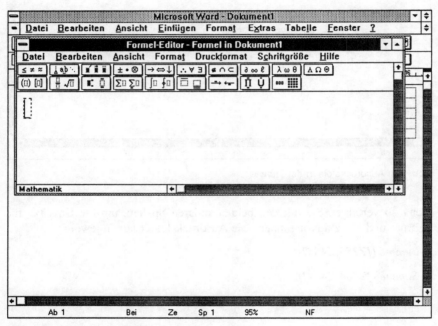

Abb. 7.4: Das Fenster des Formel-Editors

Symbolpaletten

Einige kurze Worte zu diesem Arbeitsfenster. Unterhalb der Menüleiste finden Sie eine Zeile mit sogenannten Symbolpaletten, die Gruppen zusammengehöriger mathematischer Symbole enthalten. Folgende Gruppen stehen zur Verfügung (von links nach rechts):

■ Relationszeichen, um eine Beziehung zwischen zwei Größen auszudrükken;

284

- Abstände und Auslassungszeichen, um die Formel auszurichten, z. B. Zwischenräume einfügen;

- Ornamente, sogenannte Zeichenornamente, als Zusatz zu mathematischen Variablen, z. B. Überstrich, Tilde, etc.;

- Operatorenzeichen, um mathematische Operatoren einzugeben;

- Pfeilsymbole, wobei insgesamt 14 verschiedene Pfeilsymbole zur Verfügung stehen;

- Logische Zeichen, z. B. "nicht", "oder", "und" etc.;

- Mengenlehre-Zeichen, z. B. "Teilmenge von", "leere Menge" etc.;

- Sonstige Symbole, die keiner anderen Kategorie zuzuordnen sind, z. B. Integral, Grad- und Winkelzeichen etc.;

- Griechische Zeichen mit Kleinbuchstaben des griechischen Alphabets;

- Griechische Zeichen mit Großbuchstaben des griechischen Alphabets.

Klickt man auf eine dieser Symbolpaletten, klappt eine Liste mit verschiedenen Symbolen herunter.

Vorlagenpaletten

Unter den Symbolpaletten stehen Vorlagenpaletten, die aus Kombinationen von mathematischen Symbolen und Feldern bestehen. Folgende Hauptgruppen stehen zur Verfügung (auch von links nach rechts):

- Vorlagen für Klammern, um einen Ausdruck zwischen zwei sich ergänzende Zeichen zu setzen, z. B. runde, eckige oder geschweifte Klammern;

- Vorlagen für Brüche und Wurzeln, um Brüche und Quadratwurzeln zu erstellen;

- Vorlagen für Hoch- und Tiefstellungen, um einem Ausdruck Hoch- und Tiefstellungen beizufügen oder Elemente über- bzw. untereinander anzuordnen;

- Vorlagen für Summenbildungen, um verschiedene Arten von Summen zu bilden;

- Vorlagen für Integrale, um 20 verschiedene Integrale berechnen zu können;

285

■ Vorlagen für Unter- und Überstreichungen für Ausdrücke, die mit einer Unter- oder Überstreichung versehen sind und für die Darstellung oberer und unterer Grenzen;

■ Vorlagen für bezeichnete Pfeile, um die Konvergenz zu einem Grenzwert oder die Eigenschaft einer Funktion zu beschreiben;

■ Vorlagen für Produkte und für die Mengenlehre für Produkte, Koprodukte sowie für Schnittmengen und Vereinigungen der Mengenlehre;

■ Vorlagen für Matrizen, um Spaltenvektoren, Determinanten, Matrizen und andere tabellarische Layouts zu erstellen.

Auch bei einem Klick auf die gewünschte Vorlagenpalette klappt eine Auswahl von Vorlagen herunter.

Nun zur Praxis: Sie erstellen eine Formel mit Hilfe des Formel-Editors und fügen diese in Ihr WinWord-Dokument ein. Setzen Sie die Einfügemarke an die Stelle, an der später die Formel stehen soll, und rufen Sie den Formel-Editor aus dem EINFÜGEN-Menü auf. Sie können nun mit der Arbeit beginnen. Die Aufgabe besteht darin, die Formel

y= Wurzel aus (3/16 – c2 – k)

zu erstellen. Wie dieser Ausdruck als Formel aussieht, werden Sie nun definieren. Sie sehen im Fenster des Formel-Editors ein gepunktetes Kästchen, in dem sich die Einfügemarke befindet. Dieses Kästchen stellt ein leeres Feld dar. Geben Sie in das Feld als erstes Element *y=* ein. Versuchen Sie dabei nicht, ein Leerzeichen zwischen dem *y* und dem *=* einzugeben. Der Formel-Editor paßt die Abstände automatisch an. Das Drücken der [Leertaste] hat also keinerlei Auswirkung. Das *y* wird automatisch kursiv dargestellt, da der Formel-Editor jedes Zeichen, das er als mathematische Variable erkennt, grundsätzlich kursiv setzt.

Als nächstes folgt die Eingabe des Quadratwurzelzeichens. Dieses Zeichen bringen Sie mit Hilfe der Vorlagenpalette BRÜCHE UND WURZELN – zweite Vorlagenpalette von links – auf den Bildschirm. Klicken Sie die Palette an, und eine Liste von verfügbaren Symbolen klappt herunter. Wählen Sie in der linken Spalte das fünfte Symbol von oben, und das Quadratwurzelzeichen erscheint im Feld auf dem Bildschirm. Die Einfügemarke befindet sich nun unterhalb des Quadratwurzelzeichens.

An dieser Stelle geben Sie das nächste Element ein, nämlich den Bruch 3/16. Auch für den Bruch gibt es eine Vorlage, die sich in der gleichen Palette wie die Quadratwurzel befindet. Klicken Sie die Vorlagenpalette an und wählen

Sie aus der rechten Spalte der Liste das zweite Symbol von oben aus. Hierbei handelt es sich um einen sogenannten *Bruch reduzierter Größe* – der Bruch in Standardgröße würde nicht unter ein Wurzelzeichen passen.

Die Einfügemarke befindet sich nun im oberen Feld des Bruches. In dieses Feld geben Sie den Zähler *3* ein. Mit [Tab] oder einem Klick auf das untere Feld setzen Sie die Einfügemarke in den Nenner und geben dort *16* ein. Drükken Sie ein weiteres Mal [Tab], und die Einfügemarke bewegt sich hinter den Bruch. Es folgt das nächste Element, eingeleitet mit der Eingabe von *-c* (verwenden Sie dazu den Bindestrich). Das Quadratwurzelzeichen verlängert sich automatisch, so daß es alle neuen Elemente einschließt.

Der Variablen c fehlt nun noch die Hochstellung, der Exponent. Auch diesen wählen Sie aus den Vorlagenpaletten aus, und zwar aus der Palette Hoch-/Tiefstellung direkt rechts neben der vorab benutzen Palette Brüche/Wurzeln. Klicken Sie die Palette an und wählen in der linken Spalte der Liste das zweite Symbol von oben. Neben dem *c* erscheint ein Feld für die Hochstellung. In dieses Feld geben Sie nun die Zahl *2* ein und drücken dann [Tab], um die Einfügemarke aus dem Feld für die Hochstellung zu entfernen und an die nächste Stelle zu bewegen.

Geben Sie hier *-k* ein (verwenden Sie auch hier den Bindestrich). Das war der letzte Schritt zur Erstellung dieser Formel – die Formel ist jetzt vollständig und sollte so wie in Abbildung 7.5 aussehen.

Diese Formel möchten Sie nun in Ihr WinWord-Dokument einfügen, auch wenn sie strenggenommen eigentlich gar nicht in den Kontext paßt – es dient nur zu Übungszwecken. Mit einem Doppelklick auf das Systemmenü des Formel-Editors schließen Sie diesen.

WinWord fragt Sie nun, ob die Formel gespeichert werden soll. Beantworten Sie die Frage mit Ja, und die Formel wird an der Position, an der die Einfügemarke steht, in den Text eingebunden. Sie sehen die Formel, wenn Sie die Feldfunktionen ausschalten und sich Ihr Dokument in der Druckbildansicht anzeigen lassen.

Möchten Sie die Formel optisch besonders hervorheben, verändern Sie einfach deren Größe, indem Sie auf die Formel klicken, um sie zu markieren, die [Umschalt]-Taste gedrückt halten und den Punkt in der rechten unteren Ecke des Kästchens bis zur gewünschten Größe ziehen.

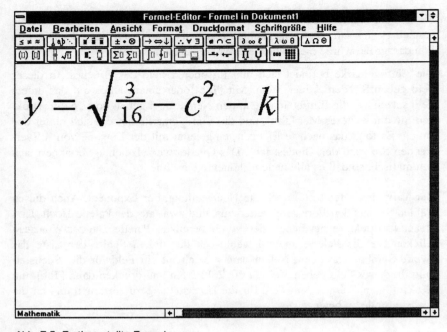

Abb. 7.5: Fertig erstellte Formel

Fragen und Übungen:

1. Erstellen Sie eine kleine Tabelle und führen Sie einige kleinere Additionen durch, mal zeilenweise, mal spaltenweise.

2. Berechnen Sie: 25*(195+394)/3 und denken sich weitere ähnliche Beispiele aus.

3. Was sind Symbolpaletten, was versteht man unter Vorlagenpaletten?

4. Probieren Sie, mit dem Formel-Editor eine einfache Bruchformel zu erstellen.

8 Makros

Makros sind eine komfortable Möglichkeit, häufig wiederkehrende Aufgaben zu automatisieren. Statt z. B. ständig benutzte Druckereinstellungen immer wieder manuell vor dem Ausdruck zu ändern, legt man ein Makro an, das alle notwendigen Kommandos enthält und automatisch ablaufen läßt. Diesem Makro wird dann eine Tastenkombination, z. B. [Strg-D] zugewiesen oder gar ein eigener Menüpunkt eingerichtet, damit der Makro jederzeit aufgerufen werden kann.

Die Funktionalität der Makros in WinWord geht weit über das gewohnte Maß hinaus. So können Sie mit Makros völlig neue Menübäume und Tastaturbelegungen entwickeln, ja eigene Arbeitsumgebungen schaffen. Mit der zugrundeliegenden Makro-Sprache WordBasic läßt sich wohl jede Aufgabe lösen. Selbst die in Kapitel 5 vorgestellten Möglichkeiten zur Adreßverwaltung sind in Wahrheit keine echten WinWord-Funktionen, sondern Makros. Schließlich lassen sich die Makros an Vorlagen koppeln, so daß auf einem Arbeitsplatz die unterschiedlichsten WinWord-Anwendungen realisiert werden können.

Leider reicht der Umfang dieses Buches nicht aus, um wirklich in die Tiefen der WinWord-Makro-Programmierung einzusteigen. Lohnend wäre ein solches Unterfangen. Hier soll zumindest ein kurzes Makro zur Automatisierung des Drucks vorgestellt werden. Daran werden Sie die grundlegende Arbeitsweise des Makro-Rekorders und die Bearbeitung eines aufgezeichneten Makros erlernen. Außerdem werden Sie ein wenig an der Tastaturbelegung und dem Menübaum feilen, um WinWord wirklich zu Ihrem Programm zu machen. Am Ende werden Sie erfahren, wie aus der Kombination von Makros, Tastaturbelegungen, Menübaum-Änderungen und Vorlagen eigene Anwendungen kreiert werden.

8.1 Der Makro-Rekorder

Der Makro-Rekorder ist der einfachste Weg, wiederkehrende Arbeiten als Makro zu speichern und damit zu automatisieren. Sie brauchen den Rekorder nur wie Ihren Kassetten-Rekorder auf Aufnahme zu schalten und dann die Befehle nacheinander aufzurufen, die das Makro enthalten soll. WinWord zeichnet jeden Ihrer Schritte auf und speichert diese unter einem Makro-Namen ab. Wie läuft das nun in der Praxis?

In Ihrem Büro wird die Ablage sehr gründlich durchgeführt, daher wird jeder ausgehende Brief als doppelte Kopie in verschiedenen Ordnern abgeheftet. Das bedeutet für Sie, daß jeder Brief dreimal ausgedruckt werden muß. Über den Drucken-Dialog im DATEI-Menü können Sie dies einstellen. Jetzt wird die Sache aber noch komplizierter. Da die abgelegten Briefe in den seltensten Fällen je wieder gebraucht werden, lohnt es sich nicht, sie alle in sauberster Qualität zu Papier zu bringen. Der Konzeptdruck reicht völlig, er spart Toner oder Tinte und geht zudem schneller vonstatten. Den Konzeptdruck schalten Sie über EXTRAS/EINSTELLUNGEN/DRUCKEN ein und aus.

Welche Schritte sind nun zu erledigen, wenn Sie Ihren Brief ausdrucken wollen?

1. Wahl des Druck-Befehls im DATEI-Menü und Ausdruck des Originals.

2. Einstellung des Konzept-Drucks unter EXTRAS/EINSTELLUNGEN/DRUCKEN.

3. Wahl des Druck-Befehls im DATEI-Menü und Ausdruck der zwei Kopien.

4. Abschalten des Konzept-Drucks unter EXTRAS/EINSTELLUNGEN/DRUCKEN, um den nächsten Brief wieder in ordentlicher Qualität zu Papier zu bringen.

Eine Menge Arbeit, die da auf Sie zukommt. Doch mit einem Makro läßt sich all das auf einen Tastendruck reduzieren.

Rufen Sie im EXTRAS-Menü den Befehl MAKRO AUFZEICHNEN auf. Es erscheint folgende Dialogbox:

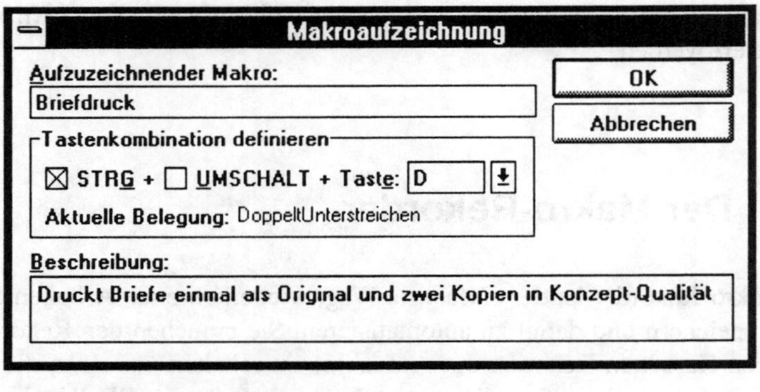

Abb. 8.1: Dialogbox Makro-Aufzeichnung

Hier geben Sie dem Makro einen möglichst aussagekräftigen Namen, bestimmen eine Tastenkombination, mit der der Makro aufgerufen werden kann und beschreiben Einsatz und Nutzen des Makros. Als Name eignet sich in unserem Beispiel *Briefdruck*, als Tastenkombination [Strg-D], auch wenn diese bereits durch DOPPELT UNTERSTREICHEN belegt ist. Doch wer unterstreicht schon doppelt? Wenn Ihnen das mißfällt, können Sie auch [Strg-B] oder eine andere Kombination wählen. Als Beschreibung geben Sie an

Druckt Briefe einmal als Original und zwei Kopien in Konzeptqualität.

Anschließend bestätigen Sie mit OK. Nun ist der Makro-Rekorder aktiv. In der Statuszeile erscheint die Kennung "MA". Von jetzt ab sollten Sie sehr vorsichtig mit Tastenanschlägen sein, denn alles, was Sie tun, wird aufgezeichnet. Nur mit der Maus können Sie sich noch frei bewegen, ihre Bewegungen werden nicht registriert.

Für unseren Briefdruck-Makro ist nun folgendes zu tun: Drücken Sie

- [Alt-D]   für das DATEI-Menü

- [D]   für DRUCKEN

- [Eingabe]   zur Bestätigung. Original wird ausgedruckt.

- [Alt-x]   für EXTRAS-Menü

- [E]   für EINSTELLUNGEN

- [D]   für DRUCKEN

- [Tab]   um in das Dialogfeld zu gelangen.

- [Leertaste]   um Konzeptdruck einzuschalten.

- [Eingabe]   zur Bestätigung

- [Alt-D]   für das DATEI-Menü

- [D]   für DRUCKEN

- [2]   für zwei Kopien

- [Eingabe]   zur Bestätigung. Kopien werden ausgedruckt.

- [Alt-x]   für EXTRAS-Menü

- [E]   für EINSTELLUNGEN

- [D]   für DRUCKEN

- [Tab]   um in das Dialogfeld zu gelangen.

291

- [Leertaste]   um Konzeptdruck abzuschalten.

- [Eingabe]   zur Bestätigung.

Während Sie dies eintippen, wird WinWord Ihre Befehle direkt ausführen, also auch drucken, damit Sie sehen, was geschieht. Damit Sie nicht drei Blatt umsonst verdrucken, sollten Sie vorab vielleicht einen Brief laden, der ohnehin zu Papier gebracht werden muß.

Achten Sie darauf, daß Ihr Drucker eingeschaltet ist und keine Probleme macht. Sonst werden die Tastendrücke, die Sie brauchen, um über den Druck-Manager ein Druckproblem zu lösen, auch gleich mit aufgezeichnet.

Wenn nun alles erledigt ist, das Makro also steht, müssen Sie die Aufzeichnung beenden. Dies erreichen Sie über den gleichnamigen Befehl im EXTRAS-Menü. Damit Ihr Makro auch dauerhaft gesichert ist, sollten Sie noch den Befehl ALLES SPEICHERN im DATEI-Menü wählen. Der fragt, ob Sie die aktuelle Datei sichern möchten und dann, ob Sie die globalen Textbausteine, Makros und Tastenbelegungen speichern wollen. Zumindest die zweite Frage sollten Sie mit OK beantworten, damit das Briefdruck-Makro künftig immer zur Verfügung steht.

Um nun das Original und die zwei Kopien zu drucken, brauchen Sie in Zukunft nur noch den Brief zu laden und [Strg-D] oder die von Ihnen gewählte Tastenkombination zu drücken. Der Druck und der Wechsel zum Konzeptdruck laufen automatisch ab.

8.2   Die Makro-Befehle

Da den Makros von WinWord die Makro-Sprache WordBasic mit ihren Befehlen zugrundeliegt, ist es nicht weiter tragisch, wenn bei der Aufzeichnung des Makros ein Malheur passiert. Eine Neuaufzeichnung ist also nicht notwendig.

Schließlich können Sie jedes Makro wie ein Basic-Programm bearbeiten. Dabei ist es möglich, falsche Anweisungen zu streichen oder zu korrigieren und neue Anweisungen hinzuzufügen. Nehmen wir an, bei der Aufzeichnung des Briefdruck-Makros haben Sie Probleme mit dem Drucker bekommen und mußten daher den Druck-Manager aufrufen oder einfach den Druck abbrechen. Nun ist dieser Abbruch auch im Makro gespeichert, und folglich wird das Briefdruck-Makro den Druck zwar immer starten, aber sofort auch wieder abbrechen. Das ganze Makro nützt also herzlich wenig.

Um ein Makro zu bearbeiten, rufen Sie im EXTRAS-Menü den Befehl MAKRO auf. Der folgende Dialog ist der Kern-Dialog zur Bearbeitung und Verwaltung von Makros.

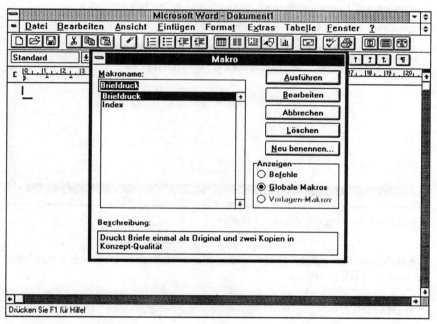

Abb. 8.2: Der Dialog Makro

In einer Liste sehen Sie die bereits aufgezeichneten Makros. Wählen Sie den Briefdruck-Makro, erscheint unten die bei der Aufzeichnung eingegebene Beschreibung. Sie wissen also genau, um welchen Makro es sich handelt. Haben Sie einen Makro gewählt, werden rechts die Schalter aktiviert. Sie können jetzt den Makro von hier aus ausführen, was vor allem dann Sinn macht, wenn Sie keine Tastenkombination für den Makro vorgesehen haben. Jedes markierte Makro läßt sich zudem löschen und umbenennen.

Interessant für uns ist der Schalter BEARBEITEN, der das Makro zur Bearbeitung freigibt. Drücken Sie diesen Schalter und Sie sehen folgenden Bildschirm:

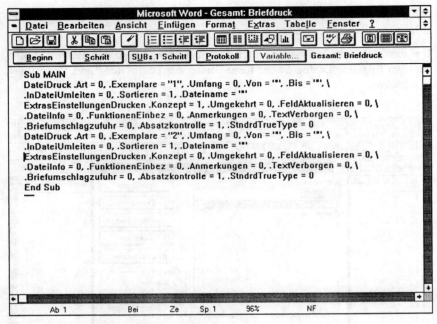

Abb. 8.3: Bearbeitung des Briefdruck-Makros

Die Befehlszeilen mögen Ihnen zunächst wirr und unverständlich erscheinen, sie sind aber leicht erklärt.

```
Sub MAIN
```

bezeichnet den Beginn des Makro-Programms. Jedes Programm kann aus mehreren Sub-Prozeduren, also Programmteilen bestehen. Der immer gleiche Name des Hauptprogramms ist MAIN.

```
DateiDruck .Art = 0, .Exemplare = "1",
.Umfang = 0, .Von = "", .Bis = "", \

.InDateiUmleiten = 0, .Sortieren = 1,
.Dateiname = ""
```

ruft den Befehl DRUCKEN im DATEI-Menü ("DateiDruck") auf. Die weiteren Angaben sind die Parameter, die Sie aus dem Druck-Dialog kennen. Exemplare, Umfang etc. sollten Ihnen bekannt vorkommen. Hinter den Gleichheitszei-

294

chen lesen Sie, welche Einstellung für den jeweiligen Parameter gewählt wurde. Beim ersten Druck, dem Ausdruck des Brief-Originals, hatten Sie z. B. nur ein Exemplar gewählt, also

```
Exemplare = "1"
```

Die folgenden Befehle wie

```
ExtrasEinstellungenDrucken .Konzept = 1,
.Umgekehrt = 0, .FeldAktualisieren = 0, \

.DateiInfo = 0, .FunktionenEinbez = 0,
.Anmerkungen = 0, .TextVerborgen = 0, \

.Briefumschlagzufuhr = 0, .Absatzkontrolle = 1,
.StndrdTrueType = 0
```

müßten Sie sich nun selbst erklären können. Am Anfang steht immer der Befehlsaufruf, und es folgen die gewählten Parameter. Die Rückstriche stehen übrigens als Kennzeichen dafür, daß die folgende Zeile noch dazugehört und keinen neuen Befehlsaufruf enthält.

Zum Schluß steht die Zeile

```
End Sub
```

Sie beendet unser Makro.

Wenn Sie nun wirklich Probleme bei der Aufzeichnung hatten und irgendwo den Druck abbrechen mußten, dann werden Sie in Ihrem Makro-Programm die Zeile

```
Abbrechen
```

finden. Makro-Programme werden genauso bearbeitet wie Text. Sie können jetzt also den Cursor auf die Abbrechen-Zeile bewegen, diese markieren und dann löschen, um den Abbruch des Drucks für die Zukunft auszuschließen.

Genauso können Sie natürlich Änderungen vornehmen. Wenn Sie z. B. versehentlich auch nur eine Kopie gedruckt haben, dann sollten Sie unter Exemplare beim zweiten Aufruf des Druckbefehls eine *2* eintragen.

```
DateiDruck .Art = 0, .Exemplare = "2",
.Umfang = 0, .Von = "", .Bis = "", \

.InDateiUmleiten = 0, .Sortieren = 1,
.Dateiname = ""
```

Selbstverständlich können Sie auch eigene Befehle ergänzen. Wie wäre es mit einem automatischen Trenndurchgang vor dem Ausdruck des Briefes, damit die Korrespondenz auch wirklich säuberlich formatiert ist? Oder der automatischen Wahl eines bestimmten Druckers über DATEI/DRUCKEREINRICHTUNG? Alle Menübefehle sind nämlich auch als Makro-Befehle in WordBasic eingebaut, und so ist es kein Problem, jeden Menüaufruf auch zu programmieren.

Darüber hinaus kennt WordBasic zahlreiche basic-ähnliche Befehle, mit denen Sie Befehle wiederholen oder nur unter bestimmten Bedingungen ausführen können. Leider würde eine Behandlung der über 300 WordBasic-Befehle nun wirklich den Rahmen dieses Buches sprengen. Daher sei hier auf die Hilfe-Funktion verwiesen. Dort finden Sie im Inhaltsverzeichnis den Abschnitt "WordBasic-Befehle", der sämtliche Programmierbefehle samt aller Optionen auflistet.

Um nun die Bearbeitung des Makros zu beenden, wählen Sie aus dem DATEI-Menü den Befehl SCHLIEßEN. Das Fenster mit dem Makro-Programm wird geschlossen. Damit Ihre Änderungen nicht verlorengehen, fragt WinWord zuvor natürlich an, ob diese gespeichert werden sollen. Wenn Sie nur mal das Makro ansehen wollten, speichern Sie besser nicht (vielleicht haben Sie ja versehentlich etwas geändert); haben Sie das Makro wissentlich bearbeitet, sollten Sie sichern, damit die Änderungen auch von Dauer sind.

Fragen und Übungen

1. Überlegen Sie sich weitere Anwendungsmöglichkeiten für Makros in Ihrem Alltag.

2. Versuchen Sie ein Makro zu entwickeln, das Ihnen automatisch eine angenehme Arbeitsumgebung verschafft. Dieses Makro sollte die von Ihnen bevorzugte Ansicht einstellen, die von Ihnen gewünschten Sonderzeichen anzeigen, Formatierungs-, Funktions-, Status- und Linealzeilen wunschgemäß an- oder abschalten etc. Dann kann Ihnen niemand Ihren sorgsam erstellten WinWord-Arbeitsplatz vernichten.

3. Wofür stehen die Befehle Sub MAIN und End Sub in einem Makro?

296

4. Wie erreichen Sie, daß Ihr Makro auch dauerhaft gespeichert wird?

5. Mit Makros können Sie auch automatisch Texte einfügen und formatieren, denn bei der Aufzeichnung werden Eingaben registriert. Entwickeln Sie Makros, die automatisch ganze Rechnungsformulare, Angebote oder Mahnschreiben vorgeben.

8.3 Tastenbelegung ändern

Die Tastenbelegung von WinWord ist bisweilen recht unglücklich gewählt. Da werden wichtige Funktionen, wie der Seriendruck, mit überhaupt keiner Tastenkombination bedacht, an völlig nebensächliche Möglichkeiten wie die doppelte Unterstreichung werden eingängige Tasten vergeben ([Strg-D]), und die Befehle des Alltags wie DATEI DRUCKEN werden mit völlig absurden Tasten wie [Strg-Umschalt-F12] belegt. Wer sich diese Tastenbelegung ausgedacht hat, lebt entweder auf dem Mond oder hat Spreizfinger. Aus der Zehnfinger-Grundstellung heraus jedenfalls läßt sich so der Druck niemals starten.

Grund genug also, an der Tastenbelegung einiges zu tun. Dazu ein paar Vorschläge:

Funktion	Belegung
Datei Öffnen/Laden	[Strg-L]
Datei speichern	[Strg-S]
Datei drucken	[Strg-D]
Datei Seriendruck	[Strg-Umschalt-D]
Beenden	[Strg-X]
Bearbeiten Textbaustein	[Strg-T]
Format Zeichen	[Strg-Z]
Format Absatz	[Strg-A]

Wie belegen Sie nun die Tasten neu? Da hilft Ihnen am besten eine Schritt-Für-Schritt-Anleitung weiter:

■ Wählen Sie den Befehl EINSTELLUNGEN aus dem Menü EXTRAS.

■ Wählen Sie im Feld KATEGORIE die Option TASTATUR.

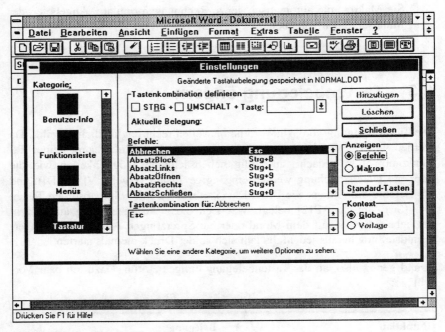

Abb. 8.4: Dialog Tastatur-Einstellungen

■ Um Tastenkombinationen nur Dokumenten, die mit Hilfe der angeführten Vorlage erstellt wurden, zuzuweisen, wählen Sie unter KONTEXT die Option VORLAGE. Um die Tastaturzuweisung allen Dokumenten zugänglich zu machen, wählen Sie die Option GLOBAL. Das sollten Sie auch tun. Arbeiten Sie mit der Vorlage NORMAL.DOT, gelten Ihre Änderungen automatisch global, also für alle Dokumente.

■ Zum Anzeigen der in Word verfügbaren Befehle wählen Sie unter ANZEIGEN die Option BEFEHLE. Sie können hier auch MAKROS wählen. Dann werden die von Ihnen entwickelten Makros mit ihren Tastenbelegungen angezeigt und Sie können diese ändern.

■ Wählen Sie in der Liste der Befehle den Befehl, dem Sie eine Tastenkombination zuweisen wollen. In dem Feld TASTENKOMBINATION FÜR: zeigt

Word eine Liste an, die alle gegenwärtigen Tastenkombinationen für den Befehl enthält.

■ Wählen Sie unter TASTENKOMBINATION DEFINIEREN die für den Befehl gewünschte Tastenkombination aus. Wenn für diese Tastenkombination bereits eine Belegung besteht, zeigt Word diese rechts neben dem Begriff AKTUELLE BELEGUNG an. Wenn Sie zum Beispiel das Kontrollkästchen für die Taste [Strg] einschalten und dann [D] eingeben, erscheint der Eintrag DOPPELT UNTERSTREICHEN, da in Word die Tastenkombination [Strg-D] bereits der doppelten Unterstreichung zugewiesen ist. Wenn Sie eine Tastenkombination zuweisen, die Word derzeit für einen anderen Befehl, ein anderes Druckformat oder einen Makro verwendet, weist Word die Kombination neu zu und löscht die vorhandene Zuweisung. Wenn Sie die vorhandene Zuweisung nicht überschreiben möchten, geben Sie eine andere Tastenkombination ein.

■ Wählen Sie den Schalter HINZUFÜGEN, um eine neue Kombination zu aktivieren, oder LÖSCHEN, um eine Kombination aufzuheben.

■ Wählen Sie den Schalter SCHLIEßEN oder nehmen Sie weitere Tastaturbelegungen vor.

Um die neue Tastenbelegung dauerhaft zu speichern, wählen Sie aus dem DATEI-Menü den Befehl ALLES SPEICHERN.

Hinweis: Um alle von Ihnen definierten Tastenbelegungen rückgängig zu machen und die Microsoft-Standardtastenbelegung wiederherzustellen, wählen Sie die Schaltfläche STANDARD-TASTEN im Dialogfeld EINSTELLUNGEN (Menü EXTRAS).

Fragen und Übungen

1. Überlegen Sie sich, welche Tastenkombinationen für Sie sinnvoll wären.

2. Schauen Sie sich im Anhang die vorhandene Tastaturbelegung an oder blättern Sie unter EXTRAS/EINSTELLUNGEN/TASTATUR die Tastaturzuweisungen durch. Überlegen Sie sich, welche Kombinationen für Sie einen Sinn ergeben, welche überflüssig sind und welche geändert werden sollten.

3. Erstellen Sie sich ein eigenes Tastaturbelegungs-Schema.

4. Setzen Sie Ihre eigene Tastaturbelegung in die Praxis um.

8.4 Menübäume ändern

Die Menübelegung, also die Verteilung der Befehle auf die Menübäume, ist den Programmierern bei Microsoft etwa so gut gelungen wie die Tastenbelegung. So findet sich der Befehl SEITENANSICHT sinnigerweise im DATEI-Menü, obwohl es ein ANSICHT-Menü gibt. Dafür lassen sich Kopf- und Fußzeilen über das ANSICHT-Menü einfügen. Wer Textbausteine einfügen will, muß dies über das Bearbeiten- und nicht das EINFÜGEN-Menü tun. Auch Tabellen werden nicht über Einfügen eingefügt. Wenigstens werden Dateien über das EINFÜGEN-Menü importiert und nicht über das DATEI-Menü. Die Sprache eines Absatzes für die Rechtschreibkorrektur läßt sich erstaunlicherweise im FORMAT-Menü ändern. Und während alle Programmeinstellungen unter Extras/EINSTELLUNGEN zu finden sind, wird der Drucker über das DATEI-Menü eingerichtet.

Diese Beispiele dürften genügen, um die Notwendigkeit einer Umstrukturierung der Menüs deutlich zu machen. Zum Glück erlaubt WinWord Ihnen die völlige Neugestaltung der Menübäume mit Ausnahme der Hauptmenüs. Diese können weder entfernt, noch umbenannt oder ergänzt werden.

Aus der Kritik dürfte Ihnen schon klar sein, wo die Autoren welche Befehle unterbringen und was sie an der Menübelegung ändern würden:

Befehl	Bisheriges Menü	Neues Menü
SEITENANSICHT	DATEI	ANSICHT
KOPF- UND FUSSZEILEN	ANSICHT	EINFÜGEN
TEXTBAUSTEINE	BEARBEITEN	EINFÜGEN
TABELLEN EINFÜGEN	TABELLE	EINFÜGEN
DATEIEN EINFÜGEN	EINFÜGEN	DATEI
SPRACHE	FORMAT	EXTRAS
DRUCKEREINRICHTUNG	DATEI	EXTRAS

Es wäre also genug zu tun, wenn Sie unseren Vorschlägen folgen. Vielleicht haben Sie aber auch ganz andere Vorstellungen. Sinnvoll ist es sicherlich auch, nie benötigte Menübefehle einfach aus dem Menübaum zu streichen. Wenn Sie z. B. nie mit Büchern zu tun haben, werden Sie die Befehle zur

Fußnotenverwaltung, Stichwort- und Inhaltsverzeichnis-Erstellung schwerlich brauchen. Also raus mit dem Plunder, der Ihnen die Sicht versperrt. Die Programmfunktionen gehen ja nicht verloren, sie verschwinden nur aus der Menüauswahl. Sie können also jeden Befehl jederzeit wieder implantieren.

So fügen Sie Befehle, Makros und Linien in Menüs ein:

■ Wählen Sie den Befehl EINSTELLUNGEN aus dem EXTRAS-Menü.

■ Wählen Sie im Feld KATEGORIE die Option MENÜS.

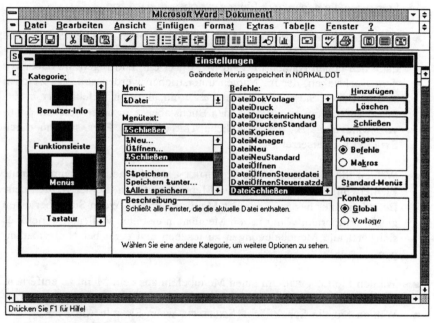

Abb. 8.5: Menübäume ändern

■ Um die Menübaum-Änderung nur Dokumenten, die mit der aktuellen Vorlage erstellt wurden, zuzuordnen, wählen Sie die Option VORLAGE.

■ Um die Menü-Neubelegung allen Dokumenten zur Verfügung zu stellen, wählen Sie die Option GLOBAL. Hinweis: Die Option VORLAGE steht Ihnen nicht zur Verfügung, falls Sie die Vorlage NORMAL.DOT benutzen.

■ Um die Befehle, die schon in Word vorhanden sind, anzuzeigen, wählen Sie die Option BEFEHLE. Um die Makros anzuzeigen, die in Word vor-

301

handen sind oder die Sie erstellt haben, wählen Sie die Option MAKROS. Schließlich können Sie auch Ihre Makros als Menüpunkte in den Menübaum unterbringen.

- Wählen Sie das Menü, zu dem Sie den Befehl oder den Makro hinzufügen wollen, aus dem Feld MENÜ.

- Um ein Element in ein Menü einzufügen, markieren Sie den Befehl oder den Makro. Eine Beschreibung des jeweiligen Elements erscheint im Feld BESCHREIBUNG. Um eine Trennlinie in das Menü einzufügen, markieren Sie die gepunktete Linie ganz oben in der Liste.

- Um einen Befehl oder einen Makro umzubenennen, wählen Sie den ursprünglichen Namen im Feld BEFEHLE oder im Feld MAKROS. Geben Sie dann den neuen Namen im Feld MENÜTEXT ein, und fügen Sie dabei vor dem Buchstaben, der im Namen unterstrichen werden soll, das Zeichen & ein. Geben Sie zum Beispiel *F&ett* ein, um den Befehl FETT in das Menü aufzunehmen und dabei den Buchstaben *e* zu unterstreichen. Sinnvoll wäre es z. B., das unsägliche THESAURUS im EXTRAS-Menü durch SYNONYME zu ersetzen.

- Wählen Sie die Schaltfläche HINZUFÜGEN, um das neue oder umbenannte Element am Ende des markierten Menüs anzufügen. Leider werden neue Befehle immer nur am Ende des Menüs eingefügt. Wenn Sie daher einen gut strukturierten, völlig neuen Menübaum erstellen wollen, empfiehlt es sich, erst alle Menübelegungen zu löschen und dann bei Null anzufangen.

- Wählen Sie LÖSCHEN, um einen Menübefehl aus dem Menü zu entfernen.

- Wählen Sie die Schaltfläche SCHLIEßEN, wenn Sie alle Änderungen vorgenommen haben.

Zum Speichern der neuen Menübelegung wählen Sie im DATEI-Menü wieder den Befehl ALLES SPEICHERN. Wenn WinWord Sie auffordert, globale Änderungen, Textbausteinänderungen und Befehlsänderungen zu speichern, wählen Sie die Schaltfläche JA.

Hinweis: Um alle benutzerdefinierten Menübelegungen rückgängig zu machen und die Microsoft-Standard-Menübelegung wiederherzustellen, wählen Sie die Schaltfläche STANDARD-MENÜS im Dialogfeld EINSTELLUNGEN (Menü EXTRAS).

Fragen und Übungen:

1. Überlegen Sie sich, welches Ihrer Makros im Menübaum aufgenommen werden sollte.

2. Blättern Sie durch die Menüs und überlegen Sie, welche Befehle für Sie unnötig sind. Streichen Sie diese Befehle.

3. Blättern Sie durch die Menüs und überlegen Sie, welche Befehlsbegriffe Ihnen unverständlich erscheinen. Benennen Sie diese Befehle um.

4. Blättern Sie durch die Menüs und überlegen Sie, welche Befehle fehl am Platze erscheinen. Stellen Sie diese Befehle in andere Menüs.

8.5 Makros und Vorlagen koppeln

Wie Ihnen sicherlich nicht entgangen ist, können Sie sämtliche Änderungen an der Tastenbelegung und Menüstruktur nicht nur global und für alle Zeiten vornehmen, sondern auch Vorlage für Vorlage. Dies eröffnet Ihnen die Möglichkeit, eigene Word-Anwendungen zu gestalten. Die Vorlage selbst enthält den benötigten Standardtext, die Druckformate, eine vordefinierte Seiteneinrichtung, zusätzliche Makrobefehle, eine spezifische Tasten- und Menübelegung. So wird die Vorlage zur Applikation.

Einige Vorlagen von WinWord, die Sie über DATEI/NEU erreichen, sind solche Applikationen, z. B. PRESSE, mit der Sie automatisiert eine Presse-Mitteilung gestalten. Diese Applikationen können Ihnen als Anregung und Vorlage dienen. Eine Übersicht über die Funktion der verschiedenen Vorlagen-Dateien finden Sie im Anhang.

Fragen und Übungen

Gestalten Sie sich jetzt eine WinWord-Applikation für die Erledigung Ihrer Korrespondenz. Gehen Sie dabei folgende Arbeitsschritte durch:

1. Erstellen Sie über DATEI/NEU eine neue Vorlage.

2. Geben Sie den Standardtext für Ihre Korrespondenz, wie Bezugszeichenzeile, Anrede und Grußformel, ein.

3. Richten Sie die Seitenränder gemäß Ihrem Briefpapier ein.

4. Legen Sie Druckformate für Adressat, Bezugszeichenzeile, Brieftext und Grußformel an und gestalten Sie damit die eingegebenen Standardtexte. Vergeben Sie diesen Formaten eingängige Tastenkürzel.

5. Legen Sie Makros für das Einfügen von formatierten Standardtexten für Angebote, Rechnungen und Mahnungen an.

6. Sammeln Sie in Textbausteinen die Adressen Ihrer wichtigsten Korrespondenzpartner.

7. Streichen Sie aus den Menübäumen alle Befehle, die für die Erledigung der Korrespondenz nicht unbedingt notwendig sind.

8. Nehmen Sie in die Menübäume Ihre Korrespondenz-spezifischen Makros auf.

9. Belegen Sie die in der Korrespondenz besonders häufig benötigten Funktionen, wie Druck und Speichern, mit einfachen Tastenkombinationen.

10. Stellen Sie die Bildschirmansicht so ein, daß Sie optimal für die Korrespondenzabwicklung ist (keine Funktions- und Formatierungsleiste, keine waagerechte Bildlaufleiste, Druckbildansicht etc.). Richten Sie ein Makro ein, daß jederzeit in der Lage ist, diese Einstellungen wieder herzustellen.

11. Wählen Sie den Befehl ALLES SPEICHERN im DATEI-Menü. Ihre WinWord-Anwendung ist komplett und kann eingesetzt werden.

8.6 Formulare

Formulare, Formulare, immer wieder Formulare. Auch die technische Vorstellung eines papierlosen Büros konnte bisher nichts daran ändern, daß Formulare, Durchschläge, Kopien und Verteiler den Büroalltag bestimmen. Und so kann es nicht verwundern, daß WinWord versucht, wenigstens die Bearbeitung des Papierberges zu erleichtern. Zur Bearbeitung von Formularen gibt es im Zusammenhang mit der Vorlagen- und Makrotechnik einige interessante Funktionen, die hier zumindest kurz vorgestellt werden sollen.

Mit WinWord ist es möglich, das Ausfüllen von Formularen für den Anwender zu vereinfachen und gleichzeitig dafür zu sorgen, daß die Formblätter korrekt ausgefüllt sind. Zu diesem Zweck gibt es verschiedene Felder, das sogenannte Autonew-Makro und natürlich die Vorlagen. Erstellen Sie Schritt für Schritt einen Urlaubsantrag.

1. Wählen Sie im DATEI-Menü NEU und erstellen Sie eine Vorlage mit dem Namen *Urlaub*.

2. Schreiben Sie auf die leere Seite die Textangaben, die Ihr Formular als Vorgaben enthalten soll. Also als Überschrift *Urlaubsantrag* und dann jeweils von Doppelpunkten gefolgt *Antragsteller, Abteilung, Urlaub genehmigt, Urlaubsbeginn* und *Urlaubsende*. Schreiben Sie jede Texteingabe dabei in eine neue Zeile.

3. Fügen Sie nun die Abfragefelder ein. Dazu setzen Sie die Einfügemarke jeweils hinter die Textangabe, z. B. *Antragsteller*, und wählen dann aus dem EINFÜGEN-Menü den Befehl FELD.

4. Im Feld-Dialog wählen Sie das Feld EINGEBEN und tippen dahinter in die gewünschte Eingabeaufforderung, z. B. *Geben Sie Ihren Namen ein*. Vergessen Sie bloß nicht die An- und Abführung.

5. Fügen Sie für jede Angabe ein entsprechendes Eingeben-Feld über das EINFÜGEN-Menü ein.

6. An das Ende des Formulars schreiben Sie *Datum und Unterschrift*, und darunter stellen Sie die Felder "Datum" und "Autor" aus dem Feld-Dialog im EINFÜGEN-Menü. So steht unter jedem Urlaubsantrag klar leserlich der Antragsteller bzw. Bearbeiter des Antrags und das Antragsdatum (Abb. 8.6).

7. Sie können jetzt einige Gestaltungen vornehmen. So sollte die Überschrift in einer größeren Schrift stehen und fett sein, die Textangaben können Sie kursiv setzen.

8. Speichern Sie zur Vorsicht Ihre Formular-Vorlage einmal ab. Denken Sie an die Vorlagen-Endung .DOT.

9. Nun müssen Sie das sogenannte Autonew-Makro aufzeichnen, das später dafür sorgt, daß alle Felder richtig ausgefüllt werden.

10. Beginnen Sie über das EXTRAS-Menü die Makro-Aufzeichnung und geben Sie dem Makro den Namen *Autonew*. Eine Tastenbelegung und weitere Bezeichnung ist nicht notwendig. Bestätigen Sie mit OK, der Makro-Rekorder ist aktiv.

Abb. 8.6: Das fertige Formular

11. Folgende Schritte zeichnen Sie auf:

- Sprung zum Textanfang ([Strg-Pos1])

- Markierung des gesamten Textes ([Umschalt-Strg-Ende])

- [F9] zur Feldaktualisierung drücken

- WinWord blendet nun die Abfragen für jedes Eingeben-Feld ein. Bestätigen Sie diese nur mit OK und geben Sie keinen Text ein. Sind Sie mit allen Abfragen durch, fahren Sie mit dem nächsten Schritt fort.

- Beenden Sie die Makro-Aufzeichnung über das EXTRAS-Menü.

12. Speichern Sie Ihre Formular-Vorlage nun endgültig ab und schließen Sie das Formular-Fenster über das DATEI-Menü.

Benutzung des Formulars

Der Anwender kann nun diesen Urlaubsantrag denkbar einfach ausfüllen. Er wählt im DATEI-Menü NEU und sucht sich als Vorlage *Urlaub* aus. Es erscheint ein leerer Urlaubsantrag, und gleich darauf werden alle benötigten Angaben abgefragt.

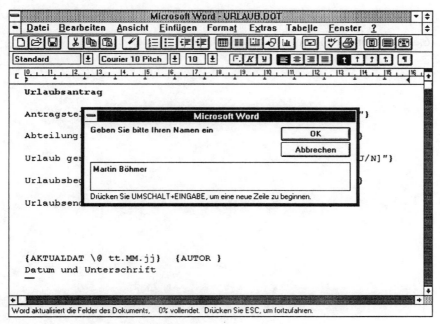

Abb. 8.7: Ein Formular wird ausgefüllt

Der Antragsteller füllt die Abfragen aus, und am Ende ist das Formular korrekt ausgefüllt. Alle Angaben stehen an der richtigen Stelle. Das fertige Formular kann bei Bedarf noch von Hand korrigiert werden, im Normalfall sollte jetzt aber der Ausdruck reichen, um einen formgerechten Urlaubsantrag abgeben zu können.

Hinweis: Damit Sie die Textangaben und nicht die Feldfunktionen sehen, sollte im ANSICHT-Menü FELDFUNKTIONEN abgeschaltet sein.

Fragen und Übungen

1. Wozu dient das Feld EINGEBEN?

2. Wozu dienen die Felder *Autor* und *Datum*?

3. Wozu brauchen Sie das Autonew-Makro?

4. Erstellen Sie ein Formular für eine Reisekostenabrechnung.

5. Erstellen Sie ein Formular für ein Fax.

6. Erstellen Sie ein Formular für ein internes Memo.

9 Dateien verwalten
– Der Datei-Manager

Im Laufe Ihrer Arbeit mit WinWord werden Sie wohl eine ganze Reihe verschiedenster Dokumente erstellen und auf der Festplatte dauerhaft ablegen. Selbst wenn Sie sich vornehmen, Ihre Festplatte in regelmäßigen Zeitabständen von unnötigem Ballast zu befreien, indem Sie alle Dateien löschen, die nicht mehr aktuell sind, so bleibt es erfahrungsgemäß meistens nur bei diesem frommen Vorsatz. Also speichern Sie weiterhin fleißig Texte, Grafiken und andere Dokumente in unterschiedlichen Verzeichnissen, bis Sie soviele Verzeichnisse und Dateien angelegt haben, daß Sie wahrscheinlich den Wald vor lauter Bäumen nicht mehr sehen.

Dank des Datei-Managers von WinWord behalten Sie trotz dieses Durcheinanders immer den vollen Überblick. Welche Möglichkeiten es im einzelnen gibt, Dateien sinnvoll zu verwalten, soll dieses Kapitel zeigen. Vorab sollen aber noch ein paar Worte zur Datei-Info gesagt werden, denn auch diese spielt bei der Arbeit mit dem Datei-Manager eine große Rolle.

9.1 Datei-Info

Wenn Sie eine Datei zum ersten Mal speichern wollen, erscheint auf dem Bildschirm immer zuerst die Dialogbox DATEI-INFO.

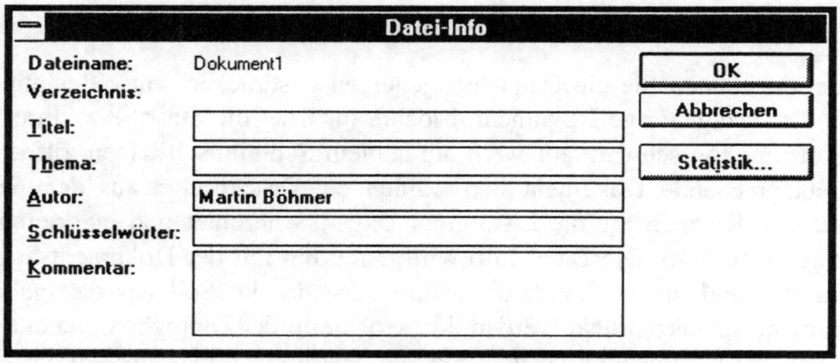

Abb. 9.1: Datei-Info eingeben

Sie sind zwar nicht gezwungen, die einzelnen Angaben zu Ihrem aktuellen Dokument zu machen. Genausogut können Sie die Dialogbox einfach wieder schließen, ohne eine Eingabe gemacht zu haben. Sie sollten sich für die Datei-Info jedoch grundsätzlich etwas Zeit nehmen, denn sie hilft Ihnen später beim Wiederauffinden Ihrer Dokumente. Das macht vor allem dann Sinn, wenn Ihr PC an ein Netzwerk gekoppelt ist und außer Ihren Dokumenten noch unzählige andere Dateien zentral verwaltet werden, oder wenn Sie mit Kollegen an einem Projekt arbeiten, um sich besser austauschen zu können.

Angenommen, Sie haben für jedes bisher gespeicherte Dokument immer die einzelnen Textfelder in der Datei-Info ausgefüllt – den Titel und das Thema des Dokuments, Ihren Namen als Autor, prägnante Schlüsselwörter und eventuell auch noch einen eigenen Kommentar. Diese Datei-Info können Sie nachträglich jederzeit bearbeiten, wenn Sie z. B. gern ein anderes Schlüsselwort verwenden möchten.

Ihr Chef fragt Sie nun, wie viele Zeichen die Produktinformation zu *Chromosan* lang ist und die wievielte Version dieser Information Ihnen zur Zeit vorliegt. Natürlich haben Sie diese Angaben nicht im Kopf bei all den Dokumenten, die bei Ihnen jeden Tag über den Schreibtisch in Ihren PC wandern. Also sehen Sie kurz nach, indem Sie zunächst das Dokument aufrufen – Gott sei Dank erinnern Sie sich in diesem Fall an den Dateinamen und das Verzeichnis, in dem die Informationen stehen. Wählen Sie dann aus dem DATEI-Menü die Option DATEI-INFO, um die dazugehörige Datei-Info aufzurufen. Innerhalb der Dialogbox klicken Sie auf den Schalter STATISTIK, um die Dokument-Statistik einzusehen (vgl. Abb. 9.2).

Sofort werden Ihnen alle wichtigen Informationen rund um Ihr Dokument angezeigt, unter anderem auch die gewünschte Zeichenzahl sowie die Nummer der aktuellen Version. Verlassen Sie die Dialogbox mit OK und teilen Sie Ihrem Chef freudig das Ergebnis Ihrer Recherche mit.

Weiterhin können Sie die Datei-Info jederzeit ausdrucken, entweder mit oder ohne das dazugehörige Dokument. Möchte Ihr Chef die Statistik zu Ihrer Produktinformation schwarz auf weiß auf seinem Schreibtisch haben, öffnen Sie das entsprechende Dokument und wählen die Druckoption aus dem DATEI-Menü aus. Klappen Sie die Liste unter DRUCKEN herunter und markieren den Eintrag DATEI-INFO. Die Datei-Info wird daraufhin mit der Dokument-Statistik verbunden und in der Standardschriftart ausgedruckt. Soll das dazugehörige Dokument mitausgedruckt werden, klicken Sie in der Dialogbox DRUCKEN auf den Schalter OPTIONEN und öffnen Sie die Dialogbox zum Anpassen der Druckoptionen. Kreuzen Sie im Bereich EINBEZIEHEN das Feld DATEI-INFO an und bestätigen Ihre Wahl mit OK. Die Datei-Info wird nun zusammen mit der Statistik auf einer separaten Seite im Anschluß an den Dokumenttext gedruckt.

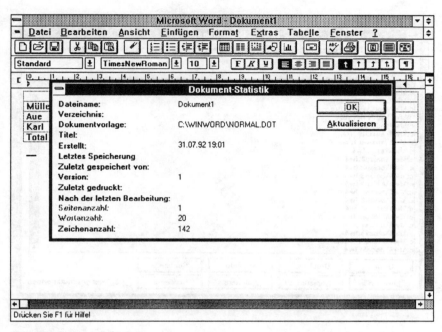

Abb. 9.2: Dokument-Statistik

9.2 Datei-Manager

Der Datei-Manager ist ein sehr wirkungsvolles Mittel, um Dokumente aufzufinden, egal in welchem Verzeichnis sie gespeichert und mit welchem Anwendungsprogramm sie erstellt worden sind. Außerdem lassen sich über den Datei-Manager alle Dokumente beliebig bearbeiten, auch mehrere gleichzeitig.

9.2.1 Dateien auffinden

Wählen Sie den Befehl DATEI-MANAGER zum ersten Mal aus dem DATEI-Menü, durchsucht WinWord das aktuelle Verzeichnis – also das Verzeichnis, in dem

Sie sich zu der Zeit befinden – nach allen WinWord-Dateien mit der Endung .DOC und listet die gefundenen Dateien in der Dialogbox DATEI-MANAGER auf.

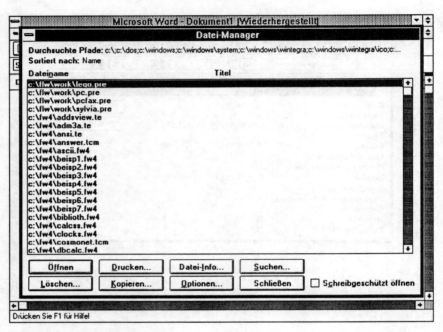

Abb. 9.3: Der Datei-Manager

In dieser Dialobox finden Sie zudem Informationen über die von WinWord durchsuchten Pfade. In der Liste DATEINAME stehen somit alle Dateien, die in dem durchsuchten Verzeichnis abgelegt sind, und zwar automatisch in alphabetischer Reihenfolge der Dateinamen. In der rechten Hälfte der Dialogbox wird der Inhalt des in der Dateinamensliste gerade markierten Dokuments eingeblendet, um Ihnen einen Überblick darüber zu geben, um welchen Text es sich eigentlich handelt. Sie können den Text an dieser Stelle jedoch nicht bearbeiten, sondern ihn lediglich noch mal durchlesen oder überfliegen, um Ihr Gedächtnis aufzufrischen.

Datei-Informationen einsehen

Mit Hilfe des Schalters OPTIONEN im Datei-Manager haben Sie die Möglichkeit, die Anzeige der Dateien im Datei-Manager zu beeinflussen. Sie können wählen, ob die Dateinamen jeweils mit dem Titel, dem Inhalt, der Datei-Info oder der Statistik angezeigt werden. Klicken Sie auf den Knopf Ihrer Wahl, und nach kurzer Zeit läßt WinWord Sie exakt die Informationen zu der markierten Datei einsehen, die Sie sich ausgesucht haben.

Dateiliste sortieren

In der Dialogbox OPTIONEN haben Sie weiterhin Gelegenheit, die Liste mit den Dateinamen nach einem anderen Kriterium sortieren zu lassen. Wie Sie bereits wissen, sortiert WinWord beim ersten Aufruf des Datei-Managers zunächst einmal alle Dateien im aktuellen Verzeichnis, ungefragt nach Namen. Diese Einstellung können Sie ändern und unter DATEIEN SORTIEREN NACH ein anderes Sortierkriterium eingeben. im einzelnen:

- AUTOR: Die Dateien werden alphabetisch nach Autorennamen sortiert. Das ist vor allem dann sinnvoll, wenn Sie in einem Netzwerk mit mehreren Kollegen zusammenarbeiten und Ihre eigenen Dateien schnell auffinden möchten.

- ERSTELLUNGSDATUM: Die Dateien werden chronologisch nach ihrem Erstellungsdatum sortiert, wobei die aktuellen "frischen" Dateien ganz oben im direkten Zugriff stehen und die älteren weiter unten.

- ZULETZT GESPEICHERT VON: Die Dateien werden alphabetisch nach dem Namen der Person, die zuletzt gespeichert hat, sortiert. Auch dieses Kriterium macht nur in einem Netzwerk Sinn, wo Dokumente von mehreren Personen bearbeitet werden können.

- LETZTES SPEICHERUNGSDATUM: Die Dateien werden chronologisch nach dem letzten Datum der Speicherung sortiert. Dabei stehen Dokumente, die gerade vor kurzem erst noch bearbeitet wurden, ganz oben in der Liste; Dokumente, die langsam vor sich hin verstauben und so gut wie gar nicht mehr bearbeitet werden, hingegen ganz unten.

- NAME: Dieses Kriterium entspricht der Vorgabe durch WinWord. Alle Dateien werden alphabetisch nach Dateinamen sortiert.

- GRÖßE: Die Dateien werden an ihrer Größe, d. h. ihrem Umfang, gemessen und entsprechend einsortiert – die kleinste Datei steht ganz oben, die längste ganz unten in der Liste.

Wählen Sie aus, in welcher Reihenfolge die Dateien in Zukunft im Datei-Manager aufgelistet werden sollen, indem Sie den entsprechenden Knopf drükken. Verlassen Sie die Dialogbox OPTIONEN dann mit OK.

Dateien suchen

Solange Sie sich Dateien anzeigen lassen möchten, die in Ihrem aktuellen Verzeichnis stehen, sind Sie mit der jetzigen Einstellung des Datei-Managers sicherlich voll und ganz zufrieden. Es könnte aber doch auch mal vorkommen, daß Sie Informationen zu einer Datei benötigen, die in einem ganz anderen Verzeichnis gespeichert wurde. Nach diesen Dateien brauchen Sie nicht wahllos zu suchen, sondern die Suche sehr gezielt angehen, indem Sie im Datei-Manager auf den Schalter SUCHEN klicken.

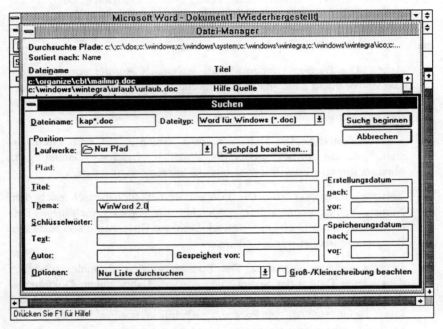

Abb. 9.4: Dateien suchen

In die aufgerufene Dialogbox können Sie nun die verschiedensten Suchkriterien eingeben. Im einzelnen:

■ DATEINAME: Geben Sie hier den Namen der Datei ein, die Sie suchen – vorausgesetzt natürlich, Sie erinnern sich an den Namen. Kennen Sie den Namen nicht genau, geben Sie statt dessen Platzhalter ein. Haben Sie gar keine Ahnung, wie der Dateiname lautet, geben Sie ein Sternchen "*" ein als Platzhalter für eine beliebige Zahl von Zeichen. Kennen

314

Sie den Namen, sind sich bei einem einzelnen Buchstaben jedoch nicht ganz sicher, z. B. MAIER.DOC oder MEIER.DOC, um eine bestimmte Kundeninformation aufzurufen, geben Sie für den unbekannten Buchstaben ein Fragezeichen "?" ein, also: M?IER.DOC. Wenn Sie sich alle WinWord-Dokumente anzeigen lassen möchten, geben Sie *.DOC ein; wenn alle Ihre Produktbroschüren angezeigt werden sollen, schreiben Sie PRODUKT?.DOC und erhalten z. B. PRODUKT1.DOC, PRODUKT2.DOC etc.

■ DATEITYP: Klappen Sie diese Liste herunter, und Sie sehen alle Erweiterungen von Dateinamen, die bei der Suche berücksichtigt werden können. Neben allen WinWord-Dateien können Sie sich alternativ alle Dokumentvorlagen mit der Endung .DOT oder auch alle Grafikdateien mit der Endung .BMP anzeigen lassen.

Hinweis: Sind die Dateiendungen im Textfeld DATEINAME und in der Liste DATEITYP widersprüchlich, verwendet WinWord die Endung im Feld DATEINAME.

■ LAUFWERKE: Wählen Sie hier das Laufwerk oder die Laufwerke aus, das bzw. die Sie durchsuchen wollen. Sie können alle vorhandenen Laufwerke durchsuchen lassen oder nur die Festplatte C: oder nur das Diskettenlaufwerk A: etc. Alternativ können Sie im Textfeld PFAD darunter auch eine spezifische Pfadangabe machen, um die Suche weiter einzugrenzen. Zu diesem Zweck sollten Sie der Liste LAUFWERKE die Vorgabe NUR PFAD stehen lassen.

■ PFAD: Geben Sie hier den zu durchsuchenden Pfad an. Wird kein Eintrag vorgenommen, durchsucht WinWord das aktuelle Verzeichnis. Machen Sie eine genaue Pfadangabe, z. B. C:\WINWORD\PRODUKTE. Sie können auch mehrere Verzeichnisse gleichzeitig durchsuchen lassen. Geben Sie diese durch Kommata voneinander getrennt nacheinander in die Zeile ein.

Enthält das Textfeld PFAD mehr als 255 Zeichen – was allerdings nur bei sehr umfangreichen Pfadangaben vorkommen kann – müssen Sie den Schalter SUCHPFAD BEARBEITEN drücken, um den Suchpfad zu ändern.

In der Dialogbox haben Sie die Möglichkeit, dem Suchpfad ein weiteres Verzeichnis hinzuzufügen, indem Sie in der Liste VERZEICHNISSE das gewünschte Verzeichnis markieren und dieses über den Schalter HINZUFÜGEN an den Suchpfad anhängen.

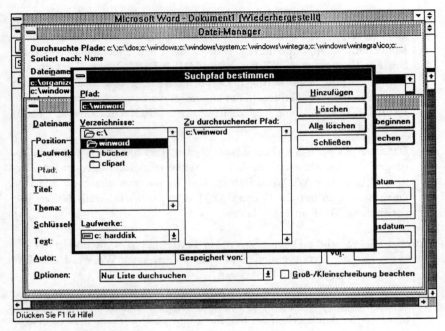

Abb. 9.5: Suchpfad ändern

Genausogut können Sie ein bereits angegebenes Verzeichnis wieder löschen, indem Sie es in der Liste Zu DURCHSUCHENDE PFADE markieren und den Schalter LÖSCHEN drücken. Wollen Sie alle Verzeichnisse im Suchpfad entfernen, um einen ganz neuen Pfad einzugeben, klicken Sie auf den Schalter ALLES LÖSCHEN.

Im unteren Teil der Dialogbox finden Sie die einzelnen Textzeilen der Datei-Info - Titel, Thema, Schlüsselwörter, Autor, Gespeichert von. Diese Felder werden nur in WinWord-Dokumenten berücksichtigt. Geben Sie nun beliebige Suchkriterien in die Textfelder ein, z. B. *Schlüsselwörter: Geschäftsbericht 1992* oder *Thema: Produktinformation*, und alle Dateien, die Sie für den Geschäftsbericht gespeichert haben bzw. alle Produktinformationen, die Sie abgelegt haben, werden aufgelistet. Voraussetzung dafür ist natürlich, daß Sie für bestimmte Dokument-Gruppen auch einheitliche Schlüsselwörter etc. eingegeben haben, anhand derer sich Dateien leicht zuordnen lassen.

■ TEXT: Hier können Sie Text eingeben, der sich in dem gesuchten Dokument oder den gesuchten Dokumenten befindet, z. B. *Umsatzzahlen 1992*. WinWord durchsucht den gesamten Inhalt Ihrer Dokumente dar-

316

aufhin nach übereinstimmendem Text. Das dauert ewig, werden Sie sagen – dadurch, daß die Suche auf WinWord-Dokumente beschränkt wird, geht es ein wenig schneller.

■ GROß-/KLEINSCHREIBUNG BEACHTEN: Kreuzen Sie diese Option an, wird die Suche auf den Text beschränkt, der exakt mit der Groß- und Kleinschreibung des Suchtextes im Feld TEXT übereinstimmt. Dokumente, die z. B. Informationen zu den *Umsatz-Zahlen 92* enthalten, werden also nicht ausgewählt.

■ ERSTELLUNGSDATUM: Wollen Sie z. B. alle Dokumente herausfiltern, die nach dem 1.1.92, aber vor dem 1.7.92 erstellt wurden, geben Sie diese beiden Daten in die dafür vorgesehenen Felder ein. Achten Sie darauf, daß Sie die Datumswerte in dem Format eingeben, das in der Windows-Systemsteuerung festgelegt wurde. Haben Sie die Vorgabe "Tag.Monat.Jahr" nicht geändert, können Sie sowohl *1.1.92* und *1.7.92* als auch *01.01.1992* und *01.07.1992* eingeben.

■ SPEICHERUNGSDATUM: Hier gilt das gleiche Prinzip wie beim Erstellungsdatum. Lassen Sie sich z. B. alle Dokumente anzeigen, die nach dem 15.6.92, aber vor dem 1.7.92 zuletzt gespeichert wurden.

In der Liste OPTIONEN stehen Ihnen drei weitere Suchoptionen zur Verfügung. An einem Beispiel wird deutlich, was diese Optionen im einzelnen bewirken. Angenommen, im Datei-Manager sind aktuell alle Dateien aufgelistet, die den Suchbegriff *Äpfel* enthalten. Nun geben Sie auf der Basis dieser Liste den neuen Suchbegriff *Birnen* ein.

■ NEUE LISTE ERSTELLEN: WinWord listet alle Dateien auf, die ausschließlich den neuen Suchbegriff *Orange* enthalten und ersetzt die alte Liste.

■ ÜBEREINSTIMMUNGEN DER LISTE HINZUFÜGEN: WinWord listet alle Dateien auf, die *Äpfel* enthalten plus alle Dateien, die *Birnen* enthalten plus alle Dateien, die sowohl *Äpfel* als auch *Birnen* enthalten.

■ NUR LISTE DURCHSUCHEN: WinWord listet alle Dateien auf, die sowohl *Äpfel* als auch *Birnen* enthalten.

Starten Sie jetzt am besten einfach einmal einige Probesuchläufe, indem Sie für die Dokumente, die Sie auf Ihrem PC gespeichert haben, nacheinander beliebige Suchkriterien eingeben. So werden Sie am schnellsten mit dieser Suchoption im Datei-Manager umzugehen lernen. Mit dem Schalter SUCHE BEGINNEN geht die Suche los.

9.2.2 Dateien verwalten

Der Datei-Manager leistet nicht nur wertvolle Dienste beim Auffinden von Dateien, sondern trägt auch zu einer übersichtlich strukturierten und einfachen Dateiverwaltung bei. Sie können Dateien öffnen, drucken, kopieren, löschen oder Änderungen an der Datei-Info eines Dokuments vornehmen (siehe dazu auch Kap. 9.1 "Datei-Info"). Sie werden jetzt sicherlich einwenden, daß es wohl mehr als umständlich ist, zuerst in den Datei-Manager zu wechseln, die gewünschte Datei in der Liste zu markieren und diese dann erst zu öffnen oder zu drucken. Dieser Einwand ist korrekt, sofern es sich um ein Dokument handelt, dessen Namen und Verzeichnis Sie genau kennen. Müssen Sie im Datei-Manager jedoch sowieso erst nach dieser Datei suchen, können Sie diese auch direkt von hier aus öffnen oder drucken, ohne den Datei-Manager erst wieder verlassen zu müssen. Ein weiterer Vorteil besteht darin, daß sie gleichzeitig in einem Durchgang mehrere Dateien (maximal jedoch neun) öffnen oder zum Drucker schicken können.

Dateien öffnen, drucken und löschen

Angenommen, Sie wollen zunächst einmal vier Dateien gleichzeitig öffnen. Markieren Sie dazu einfach beliebig vier Dateien in der Dateiliste, indem Sie die [Strg]-Taste gedrückt halten, während Sie auf den jeweiligen Dateinamen klicken. Wählen Sie nun den Schalter ÖFFNEN, und WinWord öffnet nacheinander jede dieser Dateien in der Reihenfolge, wie sie in der Liste aufgeführt sind.

Im nächsten Durchgang möchten Sie dieselben vier Dateien drucken. Markieren Sie die Dateinamen und drücken Sie den Schalter DRUCKEN. Dateien, die Sie nun wirklich nicht mehr brauchen, sollten Sie regelmäßig löschen, um neuen Platz auf Ihrer Festplatte zu schaffen. Markieren Sie alle Dateien, die von der Festplatte entfernt werden sollen, und klicken Sie dann auf den Schalter LÖSCHEN. WinWord fragt Sie sicherheitshalber, ob Sie diese Dateien auch wirklich löschen möchten, und fordert Sie auf, das Löschen der Dateien zu bestätigen. Klicken Sie auf JA, und alle markierten Dateien werden gelöscht.

Dateien kopieren

Sie möchten einige Dateien in ein anderes Verzeichnis kopieren, um sie dort unter einem neuen Gesichtspunkt weiterbearbeiten zu können. Markieren Sie die betreffenden Dokumente und klicken Sie auf den Schalter KOPIEREN.

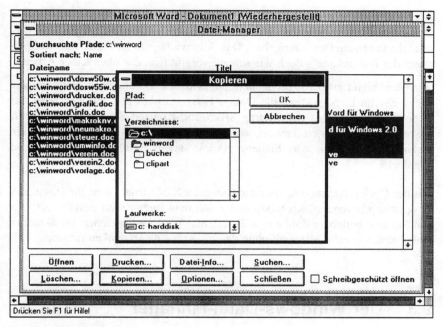

Abb. 9.6: Dateien kopieren

Geben Sie an, wohin die Dateien kopiert werden sollen, indem Sie in das Feld
PFAD einen Pfadnamen eingeben oder ein Verzeichnis in den Listen LAUFWER-
KE und VERZEICHNISSE markieren. Die Dateien können nicht in das aktuelle
Verzeichnis kopiert werden – Sie müssen also in jedem Fall ein anderes Ver-
zeichnis angeben.

Tip: Eine Alternative zum Kopieren von Dateien ist es, dem Dokument über SPEICHERN UNTER einfach einen neuen Namen zu geben. Sie können die Datei dabei auch in einem anderen Verzeichnis oder auf einem anderen Laufwerk ablegen. Die Datei
steht auf diese Weise sowohl unter dem bisherigen als auch
dem neuen Namen zur Verfügung.

Verlorene Daten wiederherstellen

Es ist immer ärgerlich, wenn Daten – vor allem längere Dokumente oder
komplexe Grafiken – durch einen Kurzschluß in der Stromversorgung oder
durch Probleme mit dem Betriebssystem bzw. der Anwendung verlorengehen.

319

Auch das hat etwas mit dem Thema "Dateien verwalten" zu tun. Um Dateien sicher verwalten zu können, muß man zunächst einmal dafür sorgen, daß diese nicht unerwartet verlorengehen. Das Allerwichtigste ist regelmäßiges Speichern der Dokumente – doch wie schnell vergißt man das über seiner Arbeit?

WinWord bietet zwei Möglichkeiten, ungewolltem Datenverlust vorzubeugen. Rufen Sie im EXTRAS-Menü die Option EINSTELLUNGEN auf und markieren Sie in der Liste KATEGORIE den Eintrag SPEICHERN. Kreuzen Sie die Option SICHE-RUNGSKOPIE IMMER ERSTELLEN an, wird automatisch jedes Mal, wenn Sie ein Dokument speichern, eine Sicherungskopie davon erstellt und entsprechend abgelegt.

Mit der Option AUTOMATISCHES SPEICHERN ALLE X MINUTEN wird Ihr Dokument automatisch in regelmäßigen Abständen während Ihrer Arbeit gespeichert. Geben Sie eine beliebige Zahl ein, z. B. *10*, und WinWord speichert Ihr aktuelles Dokument alle zehn Minuten, ohne daß Sie selbst daran denken müssen.

9.3   Der Windows-Datei-Manager

Sie werden sich sicherlich fragen, warum in diesem Zusammenhang auch der Datei-Manager von Windows zur Sprache kommt und worin sich dieser vom WinWord-Datei-Manager unterscheidet.

Es gibt ganz erhebliche Unterschiede und vor allem einen noch um einiges erweiterten Funktionsumfang. Daher soll dieser Datei-Manager hier einmal kurz vorgestellt und die wichtigsten Funktionen erläutert werden. Wir stellen Ihnen den Datei-Manager von der aktuellen Windows-Version 3.1 vor, denn dieser ist – verglichen mit seinen Kollegen aus früheren Windows-Varianten – erheblich verbessert worden und sehr übersichtlich strukturiert.

Der Windows-Datei-Manager steht Ihnen in jedem Fall zur Verfügung, denn wenn Sie mit WinWord arbeiten, müssen Sie ja logischerweise auch Windows installiert haben. Ohne diese grafische Oberfläche würde WinWord erst gar nicht laufen. Doch was erzählen wir – das wissen Sie doch längst.

Also, der Datei-Manager wird vom Programm-Manager aus aufgerufen, und zwar mit einem Doppelklick auf das entsprechende Symbol. Je nachdem, wie Sie den Programm-Manager organisiert haben, befindet sich der Datei-Manager z. B. in der Hauptgruppe.

320

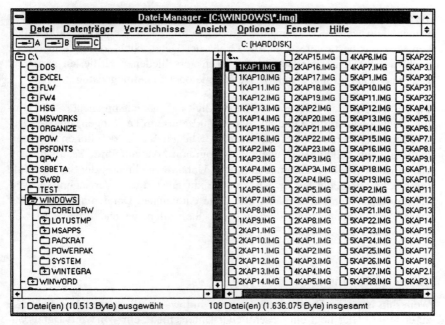

Abb. 9.7: Der Windows-Datei-Manager

Sollte Ihr Bildschirm anders aussehen als der oben abgebildete, ist das kein Grund zur Beunruhigung. Markieren Sie die Anwendung *WinWord* und gehen Sie ins Ansicht-Menü des Datei-Managers. Dort sehen Sie sich die ersten drei Optionen an:

■ STRUKTUR UND VERZEICHNIS bedeutet, daß in der linken Hälfte des Fensters die Struktur Ihrer Festplatte mit allen Anwendungsprogrammen aufgelistet ist, während in der rechten Hälfte die Verzeichnisse und die darin gespeicherten Dateien der markierten Anwendung, z. B. WinWord, stehen.

■ NUR STRUKTUR heißt, daß lediglich die Festplattenstruktur aufgeführt ist.

■ NUR VERZEICHNIS listet nur die Verzeichnisse und Dateien des markierten Anwendungsprogramms auf.

Klicken Sie auf STRUKTUR UND VERZEICHNIS, und Ihr Bildschirm sieht genauso aus wie oben abgebildet. Mit der Option TEILEN im ANSICHT-Menü haben Sie die Möglichkeit, den senkrechten Trennbalken zwischen den beiden Fensterhälften des Datei-Managers beliebig nach links oder rechts zu verschieben.

Weiterhin haben Sie im ANSICHT-Menü Gelegenheit, sich zusätzlich zu den Dateinamen weitere Dateiangaben anzeigen zu lassen – entweder alle Angaben oder nur bestimmte, z. B. die Größe der Datei. Nicht zuletzt können Sie auch hier die Liste der Dateinamen nach verschiedenen Kritierien sortieren, z. B. nach Dateigröße, Dateityp, Dateiname oder Erstellungsdatum.

Sie sollten nun das Fenster mit einem Klick auf das entsprechende Pfeilsymbol rechts oben in der Ecke auf ganze Bildschirmgröße bringen, um den Datei-Manager übersichtlicher zu machen. Klicken Sie in der linken Strukturhälfte auf ein beliebiges Anwendungsprogramm, das auf Ihrer Festplatte enthalten ist, öffnen sich darunter sämtliche Unterverzeichnisse, die Sie im Laufe Ihrer Arbeit angelegt haben. Klicken Sie auf eines dieser Verzeichnisse, werden in der rechten Fensterhälfte alle darin enthaltenen Dateien angezeigt. Auf diese Weise können Sie jederzeit leicht überprüfen, welche Dateien in welchem Verzeichnis stehen.

Verzeichnis anlegen

Weiterhin ist es im Datei-Manager von Windows möglich, neue Verzeichnisse zu erstellen. Hier liegt ein wesentlicher Unterschied zum WinWord-Datei-Manager, in dem Sie keine zusätzlichen Verzeichnisse anlegen können. Das Anlegen neuer Unterverzeichnisse ist jedoch ein unschätzbarer Beitrag, um bei Ihrer Arbeit mit WinWord und anderen Anwendungsprogrammen den Überblick behalten zu können.

Stellen Sie sich einmal vor, Sie würden jedes Dokument im Hauptverzeichnis ablegen. Da kämen Sie sehr schnell in die Situation, nichts mehr wiederzufinden – blättern Sie mal ein Verzeichnis durch, das hunderte von Dateien enthält. Da sollten Sie lieber für jede Dokumentgruppe ein eigenes Verzeichnis anlegen, z. B. "Produkte" für Produktinformationen, "Presse" für Pressemitteilungen, "Mail" für Mailings etc.

Markieren Sie das Programm, für das Sie ein neues Verzeichnis erstellen möchten – bleiben Sie bei WinWord –, gehen Sie ins DATEI-Menü und klicken Sie auf die Option VERZEICHNIS ERSTELLEN.

Der Datei-Manager teilt Ihnen mit, daß Sie sich zur Zeit im Hauptverzeichnis von WinWord befinden und bittet Sie, den neuen Verzeichnisnamen einzugeben, und zwar mit kompletter Pfadangabe, also z. B. C:\WINWORD\PRESSE. Klicken Sie nun noch auf OK, und das gerade erstellte Verzeichnis wird umgehend in die Verzeichnisstruktur aufgenommen.

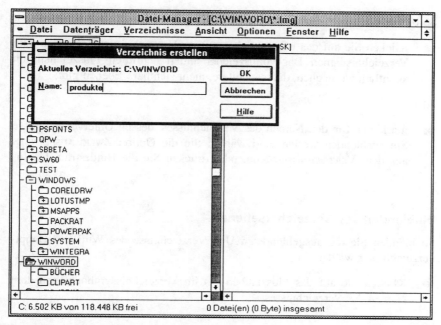

Abb. 9.8: Verzeichnis erstellen

Wo Sie gerade bei Verzeichnissen sind: Sie können auf die Verzeichnisstruktur Einfluß nehmen, indem Sie Verzeichnisebenen bzw. einzelne Zweige ein- oder ausblenden. Gehen Sie ins VERZEICHNISSE-Menü und kreuzen Sie dort zunächst einmal die letzte Option VERZWEIGUNGEN KENNZEICHNEN an – falls diese nicht bereits aktiviert ist.

Die Symbole der einzelnen Anwendungen in der Verzeichnisstruktur werden nun mit "+" und "-"-Zeichen versehen. Ein Pluszeichen bedeutet, daß sich hinter diesem Hauptverzeichnis noch weitere Unterverzeichnisse verbergen, ein Minuszeichen kennzeichnet Anwendungen, deren sämtliche Verzeichnisse bereits angezeigt werden.

Ausblenden von Verzeichnisebenen

Wenn Sie die Unterverzeichnisse eines Verzeichnisses ausblenden, erscheint nur der Verzeichnisname in der Verzeichnisstruktur.

323

So blenden Sie die Unterverzeichnisse des WinWord-Hauptverzeichnisses aus:

■ Klicken Sie auf das Minuszeichen (-) im Verzeichnissymbol neben dem Verzeichnisnamen. Das Minuszeichen ändert sich in ein Pluszeichen, um kenntlich zu machen, daß es weitere, nicht sichtbare Ebenen gibt;

oder

■ markieren Sie den Namen des Verzeichnisses, dessen Unterverzeichnisse Sie ausblenden wollen, und wählen Sie die Option ZWEIG AUSBLENDEN aus dem VERZEICHNISSE-Menü, oder drücken Sie die Bindestrich [-]-Taste.

Einblenden von Verzeichnisebenen

So blenden Sie die ausgeblendeten Unterverzeichnisse des WinWord-Hauptverzeichnisses wieder ein:

■ Klicken Sie auf das Pluszeichen (+) im Verzeichnissymbol neben dem Namen des Verzeichnisses;

oder

■ markieren Sie das Verzeichnis, dessen Unterverzeichnisse Sie einblenden wollen, und wählen Sie die Option NÄCHSTE EBENE EINBLENDEN aus dem VERZEICHNISSE-Menü, oder drücken Sie die [+]-Taste.

So blenden Sie einen ganzen Verzeichniszweig ein, der ausgeblendet wurde: Markieren Sie das Verzeichnis, das Sie einblenden wollen, und wählen Sie die Option ZWEIG EINBLENDEN aus dem VERZEICHNISSE-Menü. Möchten Sie alle ausgeblendeten Zweige in der Verzeichnisstruktur einblenden, so wählen Sie die Option ALLE EBENEN EINBLENDEN.

Über das DATENTRÄGER-Menü haben Sie die Möglichkeit, beliebige Datenträger, z. B. Disketten, zu formatieren, zu benennen oder zu kopieren.

Werfen Sie einen Blick ins DATEI-Menü, werden Sie feststellen, daß Sie auch im Windows-Datei-Manager Dateien verwalten können. Diese Optionen erstrecken sich aber nicht nur auf Dateien, sondern stehen auch für Verzeichnisse zur Verfügung. Das bedeutet, daß Sie jedes Haupt- und Unterverzeichnis auf Ihrer Festplatte öffnen, kopieren, an eine andere Stelle verschieben, umbenennen und auch löschen können. Möchten Sie ein Programm von Ihrer Festplatte löschen, weil Sie es bei Ihrer Arbeit nicht mehr brauchen, markieren Sie den Programmnamen und wählen den Befehl LÖSCHEN. Nach Rückfrage löscht der Datei-Manager dieses Programm mitsamt allen Verzeichnissen und Datei-en von Ihrer Platte.

Fragen und Übungen:

1. Was enthält die Datei-Info, und welchen Sinn und Zweck hat sie?

2. Sortieren Sie die Dateien in der Dateiliste des Datei-Managers nachein-ander nach unterschiedlichen Kritierien.

3. Suchen Sie bestimmte Dokumente anhand von drei verschiedenen Such-kriterien Ihrer Wahl.

4. In welchem Fall sollten Sie Dateien über den Datei-Manager bearbeiten, d. h. öffnen oder drucken?

5. Was unterscheidet den WinWord-Datei-Manager vom Windows-Datei-Manager?

6. Erstellen Sie ein neues Unterverzeichnis für WinWord im Windows-Da-tei-Manager.

10 Bücher schreiben

In den meisten Fällen dürften Sie bei Ihrer Arbeit mit mehr oder weniger kurzen Dokumenten zu tun haben. Die anfallende Korrespondenz wird selten mehr als zwei oder drei Seiten pro Brief umfassen. Doch von Zeit zu Zeit fällt vielleicht doch einmal die Erstellung umfangreicherer Dokumente an, z. B. Kunden- oder Produktinformationen, Quartalsberichte, Projekte, die über einen längeren Zeitraum laufen, Konzeptpapiere etc. Für solche und ähnliche Arbeiten stellt Ihnen WinWord einige Funktionen zur Verfügung, mit deren Hilfe sie die Dokumente besser strukturieren und übersichtlicher gestalten können.

Diese einzelnen Optionen bieten sich vor allem für das Schreiben von Büchern an. Aber selbst, wenn Sie kein Buchautor sind und wohl auch nicht werden, sollten Sie dieses Kapitel nicht überschlagen. Unter Büchern muß man ja schließlich nicht unbedingt Werke von 300 und mehr Seiten verstehen, die Kundenzeitschrift, die Sie monatlich an Ihre Kunden herausgeben, ist in gewisser Weise auch schon ein Buch. Der Anschaulichkeit halber soll dieses Kapitel am Praxisbeispiel eines Buches aufgezogen werden – und zwar ein Werk über die Geschichte Ihrer Firma unter dem Titel *25 Jahre Nagel GmbH – eine deutsche Legende*.

10.1 Querverweise setzen

Bevor Sie die Gestaltung längerer Texte, sprich Bücher, durch Gliederungen, Seitennumerierung, Fußnoten etc. kennen- und anwenden lernen, sollen an dieser Stelle ein paar Worte über Querverweise verloren werden. Unter einem Querverweis versteht man das klassische *Siehe auch*-Prinzip. Ein Beispiel: Sie befinden sich im fünften Buchkapitel und möchten an einer bestimmten Stelle im Text auf ein anderes Kapitel verweisen, in dem der Leser zu diesem Thema nähere Informationen erhält. Dann steht im fünften Kapitel etwa folgender Querverweis: *Siehe dazu auch Kapitel 3.1.*

Querverweise werden mit Hilfe von Textmarken und Feldern erstellt. Textmarken in der Funktion als Lesezeichen haben Sie ja in Kapitel 2.2.2 bereits kennengelernt. In diesem Zusammenhang dienen Textmarken dazu, den Text oder die Seitenzahl zu definieren, worauf Sie in Ihrem Querverweis Bezug nehmen. Es gibt zwei verschiedene Grundarten von Querverweisen:

- Querverweise auf Text

- Querverweise auf Seitenzahlen

10.1.1 Querverweis auf Text

Sie können Textmarken und Felder verwenden, um einen Querverweis auf Text an einer anderen Stelle des Buches zu erstellen. Das macht vor allem Sinn, wenn Sie ein und denselben Textblock an verschiedenen Stellen im Gesamttext gebrauchen können und dort jeweils einfügen möchten.

Zur Praxis: Im ersten Teil des Buches wird die Firmenhistorie aufgerollt. In diesem Zusammenhang tauchen natürlich auch immer wieder Produktnamen auf, um Neu- oder Weiterentwicklungen der Produkte im Laufe der Zeit zu dokumentieren. Im Anhang des Buches wird jedoch ausführlich auf jedes einzelne Produkt eingegangen.

Es wäre unnötig viel Aufwand, die Produktbeschreibungen für die einzelnen Firmenprodukte nicht nur in den Anhang, sondern zusätzlich auch noch in das Historie-Kapitel zu tippen. Diesen Mehraufwand können Sie sich sparen, indem Sie die Produktinfos aus dem Anhang einfach an die entsprechenden Stellen im Kapitel über die Firmengeschichte übernehmen.

Das könnten Sie natürlich mit Hilfe der Kopieren-Funktion aus dem BEARBEITEN-Menü tun. Doch stellen Sie sich die Arbeit vor: Jedesmal den Text markieren, kopieren und an anderer Stelle wieder einfügen. Es gibt einen einfacheren Weg – setzen Sie Querverweise auf die gewünschten Produktinfos, und WinWord fügt diese anschließend ein. Das hat vor allem den Vorteil, daß alle Querverweise immer automatisch aktualisiert werden, wenn Sie nachträglich Änderungen daran vornehmen, während Ihnen bei der Kopieren-Funktion ein manuelles Nachbearbeiten aller kopierten Textpassagen nicht erspart bleibt.

Markieren Sie zunächst die erste Produktinfo, die Sie in einem Querverweis verwenden möchten, z. B. die Infos über Chromosan, und geben Sie dem Kind einen Namen in Form einer Textmarke aus dem EINFÜGEN-Menü, z. B. *Chromosan.*

Setzen Sie nun die Einfügemarke an die Stelle im Buch, an der der Querverweis erscheinen soll – in diesem Fall an die Stelle im Historie-Kapitel, an der auf das Produkt Chromosan hingewiesen wird. Gehen Sie nun ins EINFÜGEN-

Menü und wählen Sie die Option FELD. In der Liste EINZUFÜGENDE FELDART finden Sie den Eintrag REFERENZ, den Sie markieren. In der Zeile FELDFUNKTIO-NEN erscheint der Feldname REF. Geben Sie dahinter den Namen der soeben definierten Textmarke an, also *Chromosan*, oder markieren Sie die Textmarke im Feld ANWEISUNGEN.

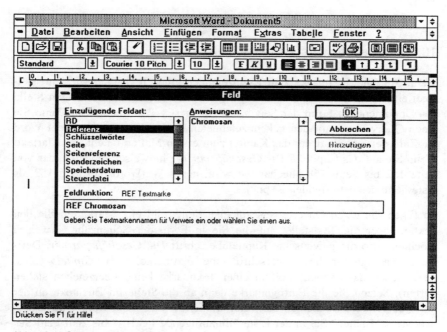

Abb. 10.1: Querverweis auf Text

Beispiel:

```
Im letzten Jahr gelang uns ein Volltreffer mit der
Entwicklung des Säuberungsmittels Chromosan {REF
Chromosan}.
```

Setzen Sie die Einfügemarke auf das REF-Feld und drücken Sie dann [F9], um die Feldinformationen zu aktualisieren. WinWord ersetzt jetzt die Feld-funktionen durch den mit einer Textmarke gekennzeichneten Text.

Um den Text in Ihrem Dokument anzuzeigen, wählen Sie den Befehl FELD-FUNKTIONEN aus dem ANSICHT-Menü.

329

Ergebnis:

```
Im letzten Jahr gelang uns ein Volltreffer mit der
Entwicklung des Säuberungsmittels Chromosan. Chromo-
san setzt sich aus folgenden Bestandteilen zusam-
men: ....
```

10.1.2 Querverweis auf eine Seitenzahl

Wenn Sie eine Textmarke zum Kennzeichnen einer Textstelle, wie zum Beispiel einer Kapitelüberschrift, einfügen, können Sie an jeder beliebigen Stelle des Dokuments in Form der Seitenzahl auf diesen Text verweisen. Wenn Sie einen Querverweis auf den gekennzeichneten Text einfügen, verwendet Word die Zahl der Seite, auf der das Kapitel zum ersten Mal auftaucht. Im Klartext: Wenn Sie auf das Kapitel 5 *Die Geschäftspartner* hinweisen möchten, das von Seite 152 bis Seite 168 abgehandelt wird, nennt WinWord die Seite 152 als erste Seite des betreffenden Kapitels.

So fügen Sie einen Querverweis auf eine Seitenzahl ein: Markieren Sie den Textteil oder die Textstelle, auf die Sie in Form der Seitenzahl verweisen möchten, also die gewünschte Kapitelüberschrift *Die Geschäftspartner*. Definieren Sie nun für diese Überschrift eine Textmarke, z. B. *Kapitel5* (ohne Leerzeichen dazwischen, weil in einer Textmarke keine Leerzeichen stehen dürfen). Setzen Sie die Einfügemarke dann an die Stelle im Buchtext, an der der Querverweis erscheinen soll, und wählen Sie die Feld-Option im EINFÜGEN-Menü. Blättern Sie in der Liste "Einzufügende Feldart" bis zum Feld SEITENREFERENZ, und markieren Sie dieses. Im Feld FELDFUNKTIONEN erscheint der Feldname SEITENREF. Geben Sie dahinter den Namen der Textmarke *Kapitel5* ein oder markieren diese Textmarke im Feld ANWEISUNGEN.

Beispiel:

```
        Im Laufe der Entwicklung gelang es der Nagel
        GmbH, sich einen großen Stamm von Geschäfts-
        partnern im In- und Ausland aufzubauen. Siehe
        dazu auch Kapitel 5 auf Seite {SEITENREF Ka-
        pitel5}.
```

Um die Seiten Ihres Dokuments neu zu umbrechen, damit alle Verweise der Seitenzahlen korrekt sind, wählen Sie den Befehl SEITENUMBRUCH aus dem EXTRAS-Menü. Setzen Sie die Einfügemarke in das SEITENREF-Feld und drücken Sie dann [F9], um die Feldinformationen zu aktualisieren. WinWord ersetzt die Feldfunktionen durch die Seitenzahl, auf der der Text der Textmarke erscheint. Um die konkrete Seitenzahl in Ihrem Dokument anzuzeigen, wählen Sie den Befehl FELDFUNKTIONEN aus dem ANSICHT-Menü.

Ergebnis: Im Laufe der Entwicklung gelang es der Nagel GmbH, sich einen großen Stamm von Geschäftspartnern im In- und Ausland aufzubauen. Siehe dazu auch Kapitel 5 auf Seite 152.

Hinweis: Sie können außerdem Querverweise auf Fußnoten und Indexeinträge im Stichwortverzeichnis setzen. Wie Sie das machen, erfahren Sie in den entsprechenden Kapiteln zu diesen Themen (10.2 und 10.6).

10.2 Fußnoten verwalten

Fußnoten kommen in jedem Buch mehr oder weniger häufig vor, in Schulbüchern, in wissenschaftlichen Werken etc. Sie stehen fast immer kleingedruckt unten auf der Seite. Fußnoten dienen dazu, eine bestimmte Textstelle ausgiebiger zu erläutern – diese Erläuterung würde im Text selbst zu weit gehen und den Textfluß unterbrechen bzw. den Kontext stören. Also wird der zusätzliche Text in Form einer Fußnote eingegeben.

WinWord kennt eine sehr leistungsfähige Fußnotenverwaltung und reserviert von vornherein automatisch Leerraum für Fußnoten am Ende jeder Seite. Weiterhin wird der Text auf der Seite grundsätzlich so eingerichtet, daß sich das Fußnotenzeichen im Text als Hinweis auf die Fußnote und die Fußnote selbst immer auf derselben Seite befinden. Alle Fußnoten, die Sie in ein Dokument eingeben, werden automatisch durchnumeriert. Löschen Sie nachträglich Fußnoten oder fügen neue hinzu, paßt WinWord die Numerierung ungefragt den aktuellen Gegebenheiten an.

Das Praxisbeispiel: In dem Buch, daß anläßlich des 25jährigen Bestehens Ihrer Firma herausgegeben werden soll, werden an einigen Stellen zufriedene Kunden zitiert. Zu diesen Zitaten möchten Sie gern einige Zusatzinformationen über den jeweiligen Kunden in Form einer Fußnote unterbringen.

Fußnote einfügen

Die Nagel GmbH ist ein sehr zuverlässiger Partner, dessen Produkte von ausgesucht guter Qualität sind, meint Herr Zahn von der Sonnenschein GmbH.

Hinter dem Namen des Kunden, von dem dieses Zitat stammt, möchten Sie eine Fußnote einfügen. Setzen Sie die Einfügemarke an das Ende des Satzes und wählen Sie die Option FUßNOTE aus dem EINFÜGEN-Menü.

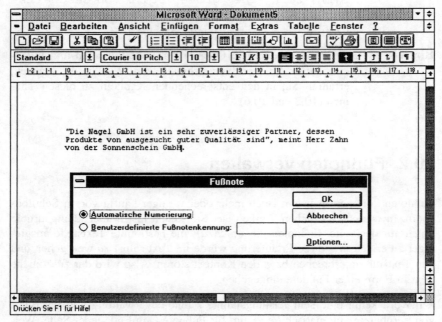

Abb. 10.2: Fußnotenzeichen auswählen

In der Dialogbox haben Sie zwei Knöpfe zur Auswahl. Die Standardeinstellung AUTOMATISCHE NUMERIERUNG ist bereits markiert. Belassen Sie es dabei, werden alle Ihre Fußnoten, die Sie anschließend eingeben, durchgezählt. Alternativ können Sie aber auch ein anderes Fußnotenzeichen wählen, z. B. ein Sternchen *.

Wenn Sie wollen, steht es Ihnen auch frei, eine bis zu zehn Zeichen lange Fußnotenkennung zu definieren, z. B. *Zusatz*. Ein einzelnes Zeichen ist jedoch vor allem bei ausführlicheren Fußnoten vorzuziehen. Geben Sie ein Zeichen in das Feld hinter BENUTZERDEFINIERTE FUßNOTENKENNUNG ein, wenn Sie die automatische Numerierung ablehnen.

Klicken Sie zunächst einmal auf OK, um die Dialogbox zu schließen, und WinWord fügt an der Position der Einfügemarke das Fußnotenzeichen ein, entweder eine *1*, um die erste Fußnote zu kennzeichnen, oder das von Ihnen selbst definierte Zeichen. In der unteren Hälfte Ihres Textfensters wird der sogenannte Fußnotenausschnitt geöffnet.

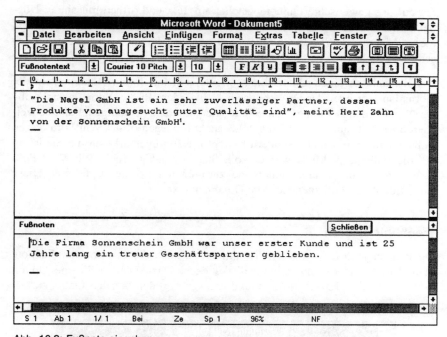

Abb. 10.3: Fußnote eingeben

Geben Sie hier nun den Text für Ihre Fußnote ein, z. B.

```
Die Firma Sonnenschein GmbH war unser erster Kunde
und ist 25 Jahre lang ein treuer Geschäftspartner
geblieben.
```

Mit dem Schalter SCHLIEßEN schließen Sie den Fußnotenausschnitt und kehren zum Ausgangspunkt in Ihrem Dokument zurück.

Hinweis: Sie können den Fußnotenausschnitt auch geöffnet lassen und zwischen diesem und dem Dokumentfenster mit einfachem Mausklick hin- und herwechseln.

Aufgabe: Geben Sie zwei bis drei weitere Fußnoten ein.

333

Fußnote einsehen

Sie können jede einzelne Fußnote nachträglich noch bearbeiten, wenn Sie z. B. Text hinzufügen, löschen oder ändern möchten. Gehen Sie dazu entweder auf das gewünschte Fußnotenzeichen im Text und öffnen mit einem Doppelklick darauf den Fußnotenausschnitt, oder wählen Sie die Option FUßNOTE, dieses Mal aus dem ANSICHT-Menü, um sich den Fußnotentext auf den Bildschirm zu holen.

Dabei macht es einen Unterschied, ob Sie sich mit Ihrem Dokument in der Normalansicht oder der Druckbildansicht befinden. In der Normalansicht öffnet WinWord den Fußnotenausschnitt, der mit dem jeweiligen Fußnotenzeichen übereinstimmt. In der Druckbildansicht hingegen öffnet WinWord diesen Fußnotenausschnitt nicht, sondern bewegt die Einfügemarke an die Stelle, an der die Fußnote gedruckt werden soll. Standardmäßig druckt WinWord Fußnoten immer am unteren Seitenrand zusammen mit einer Linie aus. Diese Linie trennt den Fußnotentext vom Dokumenttext.

Trennlinie ändern

Sie können jedoch sowohl die Trennlinie als auch die Position der Fußnote beim Druck ändern und individuell festlegen. Dazu wählen Sie die Option FUßNOTE aus dem EINFÜGEN-Menü und drücken dort den Schalter OPTIONEN.

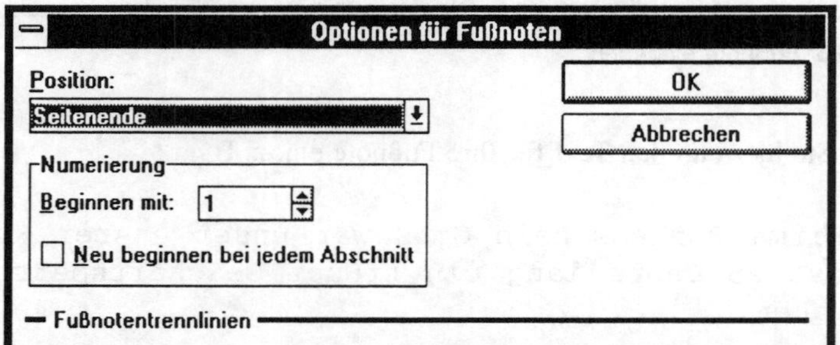

Abb. 10.4: Optionen festlegen

Im unteren Teil der Dialogbox finden Sie im Bereich FUßNOTENTRENNLINIEN die Schalter TRENNLINIE und FORTSETZUNGSTRENNLINIE. Klicken Sie zunächst auf TRENNLINIE, und ein separater Ausschnitt wird angezeigt, in dem Sie die Fußnotentrennlinie bearbeiten können. Möchten Sie die durchgezogene Linie z. B. durch eine gepunktete Linie ersetzen, markieren Sie die Trennlinie und geben statt dessen eine Reihe von Punkten ein. Wie lang die Linie ist, liegt ganz bei Ihnen. Gefallen Ihnen die Punkte im Endeffekt doch nicht so gut, stellen Sie mit dem Schalter STANDARDVORGABE die ursprüngliche Trennlinie wieder her.

Den Schalter FORTSETZUNGSTRENNLINIE benutzen Sie dann, wenn eine Fußnote so endlos lang geworden ist, daß sie nicht ganz auf eine Seite paßt und daher auf der nächsten Seite fortgesetzt werden soll. Auch die Fortsetzungstrennlinie können Sie nach Belieben ändern.

Wenn Sie eine Fortsetzungslinie definieren, um einen Fußnotentext an anderer Stelle im Dokument fortzusetzen, darf natürlich auch der entsprechende Fortsetzungshinweis nicht fehlen. Klicken Sie dafür auf den Schalter FORTSETZUNGSHINWEIS und geben diesen Hinweis ein, z. B. *Fortsetzung auf der nächsten Seite*. Mit einem Klick auf den Schalter SCHLIEßEN speichern Sie diesen Fortsetzungshinweis ab.

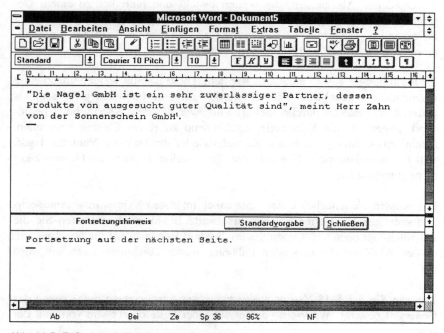

Abb. 10.5: Fußnote mit Fortsetzungshinweis

Druckposition ändern

Wie Sie wissen, druckt WinWord alle Fußnotentexte automatisch am Ende der Seite, auf der auch die jeweiligen Hinweise im Text stehen - es sei denn, Sie wählen eine andere Druckposition, nämlich alternativ am Ende des Abschnitts, in dem sich das Fußnotenzeichen befindet, oder am Ende des gesamten Dokuments. In letzterem Fall spricht man auch von Endfußnoten. In der Dialogbox OPTIONEN FÜR FUßNOTEN legen Sie die gewünschte Position fest. Klappen Sie die Liste unter POSITION herunter und entscheiden Sie, ob die Fußnoten am unteren Seitenrand, direkt unterhalb der letzten Textzeile auf der Seite (wenn die Seite nicht komplett vollgeschrieben ist), am Ende des jeweiligen Abschnitts oder am Ende des Dokuments stehen sollen. Markieren Sie die Position Ihrer Wahl.

Numerierung festlegen

Angenommen, das Buch über die Geschichte Ihrer Firma besteht aus vielen verschiedenen Abschnitten, die separat erstellt und hinterher zu einem Gesamtwerk zusammengefügt werden. Um eine durchgängige Numerierung der Fußnoten zu gewährleisten, müssen Sie für jeden einzelnen Abschnitt die Numerierung ändern. Das hat folgenden Hintergrund:

Ihr Buch besteht aus 15 einzelnen Kapiteln. Diese Kapitel werden unabhängig voneinander erstellt. Infolgedessen werden auch die Fußnoten jedes Kapitels getrennt voneinander durchnumeriert, und zwar in jedem Kapitel bei 1 beginnend. Fügen Sie die Einzelteile anschließend zu einem Ganzen zusammen, taucht am Anfang jedes neuen Kapitels wieder die Fußnote Nummer 1 auf, statt der durchlaufenden Nummer, die die jeweilige Fußnote im Gesamtdokument einnehmen müßte.

Das müssen Sie natürlich ändern. Sie haben im ersten Kapitel insgesamt sechs Fußnoten gezählt. Gehen Sie nun ins zweite Buchkapitel und rufen Sie die Fußnoten-Optionen auf. Geben Sie im Textfeld BEGINNEN MIT die Nummer ein, ab der WinWord die folgenden Fußnoten weiter durchnumerieren soll, also die 7.

Kreuzen Sie das Feld NEU BEGINNEN BEI JEDEM ABSCHNITT an, wird genau das Gegenteil bewirkt: WinWord beginnt auf jeder Seite erneut von vorn mit der Nummer 1.

Fußnote auffinden

Sie können jede einzelne Fußnote jederzeit aufrufen – und zwar nicht, indem Sie durch das gesamte Dokument blättern, bis Sie die gewünschte Fußnote gefunden haben, sondern über den Befehl GEHE ZU im BEARBEITEN-Menü. Geben Sie eine der folgenden Zeichenfolgen ein:

- *f*, um zur nächsten Fußnote zu gelangen;

- *f-*, um zur vorhergehenden Fußnote zu gelangen;

- *f n*, um zu einer bestimmten Fußnote zu gelangen, z. B. *f 4*, um die vierte Fußnote aufzurufen;

- *f+n*, um eine bestimmte Anzahl von Fußnoten nach vorne zu gehen, z. B. *f+4*, um vier Anmerkungen weiter nach vorn zu kommen;

- *f–n*, um eine bestimmte Anzahl von Fußnoten zurückzugehen, z. B. *f-4*, um vier Fußnoten zurückzugehen.

Zum Schluß noch ein Wort zum Löschen von eingegebenen Fußnoten: Markieren Sie in Ihrem Dokument einfach das Fußnotenzeichen für die Fußnote, die Sie gern löschen möchten, und drücken Sie [Entf]. Das Zeichen verschwindet samt Fußnotentext auf Nimmerwiedersehen.

Querverweise in Fußnoten

Gelegentlich sollen innerhalb von Fußnoten Querverweise zu anderen Fußnoten eingefügt werden. Ein Beispiel: In einer Fußnote steht als Zusatz zu einem Zitat im Buchtext: *Herr Dr. Müller ist Geschäftsführer der Sonnenschein GmbH.* An dieser Stelle, d. h. in dieser Fußnote, soll auf eine andere Fußnote weiter vorn im Buch verwiesen werden, in der nähere Details zum Unternehmen der Sonnenschein GmbH genannt werden. Gehen Sie wie folgt vor, um den gewünschten Querverweis zu erstellen:

Markieren Sie zunächst das Fußnotenzeichen der Fußnote, auf die Sie verweisen möchten, also der Fußnote, in der die Firmeninfos stehen. Gehen Sie ins EINFÜGEN-Menü und wählen Sie die Option FELD. Markieren Sie in der Liste EINZUFÜGENDE FELDART den Eintrag FUßNOTENZEICHEN. In der Zeile FELDFUNKTIONEN erscheint der Feldname FNREF. Das FNREF-Feld fügt das Fußnotenzeichen der angegebenen Fußnote ein. Dahinter geben Sie nun eine Textmarke ein, um die Fußnote zu kennzeichnen, auf die Sie verweisen möchten. Die Textmarke könnte hier z. B. *Sonnenschein* lauten. Die Textmarke muß immer im Fußnotenzeichen, nicht im Fußnotenausschnitt, erscheinen.

Die Zeile FELDFUNKTIONEN lautet also {FNREF Sonnenschein}.

Beispiel: Herr Dr. Müller ist Geschäftsführer der Sonnenschein GmbH
(siehe Hinweis {FNREF Sonnenschein}).

WinWord weiß nun, auf welche Fußnote Sie gern Bezug nehmen möchten
und ersetzt die Textmarke im Fußnotenzeichen beim Ausdruck des Textes automatisch durch die richtige Nummer der gewünschten Fußnote.

Ergebnis: Herr Dr. Müller ist Geschäftsführer der Sonnenschein GmbH
(siehe Hinweis 3).

Wenn Sie später noch nachträglich Fußnoten hinzufügen oder löschen, ändert
sich ja die Numerierung entsprechend und alle Fußnoten werden verschoben
bzw. neu durchnumeriert. Damit der gesetzte Querverweis trotzdem auf dem
aktuellen Stand bleibt, aktualisieren Sie in einem solchen Fall das FNREF-
Feld in der Fußnote mit Hilfe der Taste FELDAKTUALISIERUNG [F9].

Hinweis: Neben Fußnoten werden auch gelegentlich Anmerkungen in
Buchtexte eingefügt, z. B. in Form von Hinweisen für den
Lektor, der den Rohentwurf des Buches vor der endgültigen
Drucklegung korrekturliest und vielleicht auf die eine oder andere Textstelle hingewiesen werden soll. Wie Sie Anmerkungen eingeben, erfahren Sie in Kap. 6.6 "Anmerkungen machen".

10.3 Gliederungen erstellen

In jedem Buch sind die jeweiligen Hauptkapitel in verschiedene Unterkapitel
unterteilt, um den Inhalt sinnvoll zu strukturieren und den Buchtext übersichtlich zu gestalten. Dabei sind mehrere Gliederungsebenen denkbar – im Normalfall findet man in Büchern maximal drei Gliederungsebenen. WinWord
meint es besonders gut mit Ihnen, denn es ermöglicht Ihnen die Eingabe von
bis zu neun verschiedenen Ebenen. Davon kann man nur abraten, denn Sie
verstricken sich dabei zu sehr in viele Verzweigungen und verlieren den Überblick.

WinWord verwendet für die einzelnen Gliederungsebenen vordefinierte
Druckformate – insgesamt neun Druckformate stehen für die theoretisch möglichen neun Gliederungsebenen zur Verfügung. Wenn Sie eine Überschrift ei-

ner bestimmten Ebene zuordnen, weist WinWord dieser Überschrift automatisch das entsprechende Druckformat zu.

Die Gliederungsansicht

Das Buch über Ihr Unternehmen soll auf drei Gliederungsebenen angelegt werden.

```
Die Anfänge der Firma
     Die Gründung
          Die Geschäftsidee
          Die Finanzierung
     Die ersten Geschäftspartner
     Die Hauptverwaltung
Die Produktpalette
```

Zur Übung reichen erst einmal die oben genannten Überschriften, die Sie in WinWord in der Gliederungsansicht eingeben. Die Gliederungsansicht ist jedoch nicht nur allein für die Überschriften gedacht - Sie können in dieser Ansicht auch den eigentlichen Buchtext, den sogenannten Textkörper, in den jeweiligen Kapiteln eingeben.

Legen Sie ein neues Dokument an und wählen Sie die Option GLIEDERUNG aus dem ANSICHT-Menü. Sie wechseln damit in die Gliederungsansicht.

Sie sehen, daß statt des Lineals unterhalb der Funktionsleiste eine Symbolleiste eingeblendet wird, mit deren Hilfe Sie Gliederungen unproblematisch erstellen können. WinWord verwendet bei der Erstellung Ihrer Gliederung außerdem Markierungssymbole, die neben jeder Überschrift und jedem Textkörper stehen. Die Symbole haben im einzelnen folgende Bedeutung:

- Das Pluszeichen gibt an, daß untergeordneter Text - d. h. Überschriften sowie auch Textkörper - auf niedrigeren Gliederungsebenen folgt.

- Das Minuszeichen bedeutet, daß auf die jeweilige Überschrift weder eine untergeordnete Überschrift noch ein Textkörper folgt.

- Das Kästchen kennzeichnet einen Textkörper.

In der ersten Zeile blinkt die Einfügemarke. Geben Sie an dieser Stelle die erste Hauptüberschrift ein, *Die Anfänge der Firma*. WinWord unterstreicht die Zeile als Kennung, daß es sich um eine Überschrift für die Erstellung einer Gliederung handelt.

Bestätigen Sie diese erste Überschrift mit [Eingabe], und die Einfügemarke springt zur nächsten Zeile. Hier folgt jetzt die zweite Überschrift *Die Gründung*. Diese Überschrift liegt auf einer niedrigeren Ebene und ist der ersten Hauptüberschrift untergeordnet. Das müssen Sie WinWord mitteilen, denn wenn Sie in der zweiten Zeile einfach die nächste Überschrift eingeben, geht das Programm davon aus, daß sich dieser zweite Eintrag auf der gleichen Gliederungsebene wie der erste befindet. Werfen Sie einen Blick auf die Symbolleiste – die erste Symbolgruppe mit Pfeilschaltern ist dafür gedacht, verschiedene Ebenen zu kennzeichnen. Es gilt grundsätzlich folgende Hierarchie:

Hauptüberschrift – erste Gliederungsebene

Unterüberschrift – zweite Gliederungsebene

Unterunterüberschrift – dritte Gliederungsebene

Der Textkörper ist immer der dazugehörigen Überschrift untergeordnet. Wichtig ist, daß Sie jede Eingabe auf einer Ebene – egal ob Überschrift oder Text – mit [Eingabe] beenden.

Drücken Sie auf den zweiten Schalter von links, das Symbol mit dem Pfeil nach rechts, um auf die nächstniedrigere zweite Ebene zu springen. Sie sehen, daß sich das Minuszeichen in der ersten Zeile in ein Pluszeichen wandelt und die zweite Zeile nach rechts eingerückt und mit einem Minuszeichen eingeleitet wird. WinWord zieht jede untergeordnete Überschrift um 1,25 cm ein, um die zueinandergehörenden Ebenen optisch zuzuordnen.

Haben Sie die zweite Überschrift eingegeben, folgt der erste Textblock, welcher wiederum untergeordnet ist. Klicken Sie auf das letzte Symbol in der ersten Symbolgruppe, und die Einfügemarke wird noch einmal nach rechts eingerückt und steht nun unterhalb des ersten Buchstabens der Überschrift in der Zeile darüber. WinWord weiß, daß Sie an dieser Stelle einen Textkörper eingeben wollen und kennzeichnet den Absatz mit einem kleinen Kästchen, welches vor jeder folgenden Zeile steht, bis Sie die Texteingabe mit [Eingabe] abschließen. Der normale Buchtext wird – im Gegensatz zu den Überschriften – nicht unterstrichen. Geben Sie jetzt ein paar Sätze beliebigen Text ein, etwa so:

Im Jahre 1946 beschloß Herr Dr. Franz die Neugründung des Unternehmen Nagel GmbH, eine Firma, die seinem Onkel gehört hatte und die während des Krieges komplett zerbombt worden war ....

Drücken Sie [Eingabe].

Danach folgt eine Überschrift auf der dritten Überschriftenebene – drücken Sie also wieder auf das zweite Symbol von links und geben Sie ein: *Die Geschäftsidee,* gefolgt von ein oder zwei kurzen Sätzen normalem Buchtext, der wiederum durch [Eingabe] abgeschlossen wird.

Die nächste Überschrift befindet sich auf derselben Ebene wie die vorherige. Dennoch müssen Sie das erste Symbol von links anklicken, um von dem Textkörper wieder zur gewünschten Überschriftenebene zu wechseln. Geben Sie diese Überschrift ein – wenn Sie möchten, ebenfalls inklusive einiger Zeilen Text.

Aus dem Textkörper kehren Sie wieder zu der nächsthöheren zweiten Gliederungsebene zurück. Dieses Vorhaben teilen Sie WinWord durch zweimaliges Klicken auf das erste Symbol in der Symbolleiste mit – einmal, um von der Text- zur dritten Überschriftenebene zu wechseln, und das zweite Mal, um von da aus zur zweiten Ebene zu springen. Auf die gleiche Weise fahren Sie mit allen weiteren Überschriften fort.

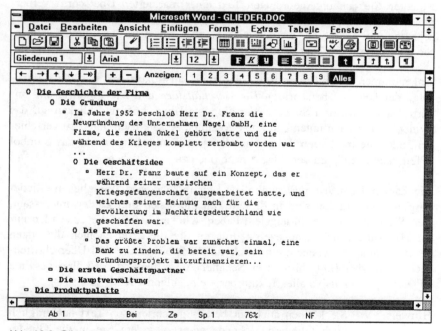

Abb. 10.6: Gliederung in der Gliederungsansicht

Gliederung bearbeiten

Sind Sie zu einem späteren Zeitpunkt der Meinung, daß diese Gliederung nicht das Nonplusultra ist und Sie einige Änderungen vornehmen möchten, so können Sie sämtliche Eingaben in der Gliederungsansicht nachträglich noch bearbeiten, indem Sie Überschriften auf andere Ebenen verlegen oder an eine neue Position verschieben.

Um Überschriften auf eine andere Ebene zu bringen, markieren Sie die betreffende Überschrift mitsamt des untergeordneten Textes, indem Sie auf das Markierungssymbol klicken. Mit den beiden Ihnen bereits bekannten Symbolen "Pfeil nach links" und "Pfeil nach rechts" bringen Sie die markierte Überschrift auf die nächsthöhere bzw. nächstniedrigere Gliederungsebene – ganz wie Sie wollen. Mit dem letzten Symbol der Gruppe können Sie eine Überschrift auch in normalen Text umwandeln, was in der Praxis allerdings selten vorkommen dürfte.

Möchten Sie den untergeordneten Text einer markierten Überschrift verbergen, klicken Sie auf das Minus-Symbol, und alle vorhandenen Unterüberschriften und Textkörper werden ausgeblendet. Mit dem Plus-Symbol können Sie untergeordneten Text wieder anzeigen lassen.

Angenommen, Sie möchten Ihre Gliederung umstrukturieren und die Reihenfolge der beiden Überschriften *Die Geschäftsidee* und *Die Finanzierung* ändern. Dazu markieren Sie entweder die erste Überschrift und klicken auf das Symbol "Pfeil nach unten", um den gesamten Absatz nach unten zu verschieben, oder Sie markieren die zweite Überschrift und drücken auf das Symbol "Pfeil nach oben", um den Absatz nach oben zu verschieben.

Die Zahlen 1 bis 9 in der Symbolleiste symbolisieren die möglichen Gliederungsebenen. Für Sie sind in diesem Fall die ersten drei Zahlen interessant, weil Sie nur drei Ebenen angelegt haben. Klicken Sie auf die 1, werden nur die Hauptüberschriften angezeigt; drücken Sie die 2, erscheinen die ersten beiden Gliederungsebenen; ein Klick auf die 3 bringt alle drei Überschriftenebenen auf den Bildschirm. Der Schalter ALLES bewirkt, daß Ihre gesamte Gliederung – inklusive aller Textkörper – eingeblendet wird.

Hinweis: Sie können auch für bereits geschriebenen Text nachträglich noch Gliederungsebenen anlegen, indem Sie in die Gliederungsansicht gehen und die Gliederungsstruktur festlegen oder indem Sie die einzelnen Absätze mit Hilfe der Symbole in der Symbolleiste entsprechend einstufen.

Gliederung numerieren

Die einzelnen Hierarchie-Ebenen sind bisher lediglich dadurch gekennzeichnet, daß die Überschriften in den jeweiligen Ebenen entsprechend nach rechts eingerückt sind. Im Normalfall numeriert man eine Gliederung, um die Übersichtlichkeit weiter zu verbessern. Die Standard-Gliederung sieht gewöhnlich so aus:

```
1 Die Anfänge der Firma
    1.1 Die Gründung
        1.1.1 Die Geschäftsidee
        1.1.2 Die Finanzierung
    1.2 Die ersten Geschäftspartner
    1.3 Die Hauptverwaltung
2 Die Produktpalette
```

Markieren Sie alle Überschriften und wählen Sie aus dem EXTRAS-Menü die Option NUMERIERUNG/AUFZÄHLUNGEN. Klicken Sie den Knopf GLIEDERUNG an, und eine Dialogbox erscheint, in der Sie angeben, wie Ihre Gliederung gestaltet werden soll.

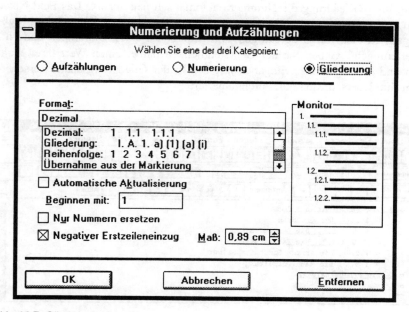

Abb. 10.7: Gliederung numerieren

In der Liste FORMAT stehen Ihnen mehrere Schemata zur Verfügung, nach denen Sie Ihre Gliederung numerieren können. Das Dezimal-Format ist das klassische Schema und wohl auch das beste, wenn man sich die anderen, recht ungewöhnlichen Mischformen aus arabischen und römischen Zahlen sowie Buchstaben ansieht, z. B.

```
I. Die Anfänge der Firma
   A. Die Gründung
      1. Die Geschäftsidee ...
```

In Deutschland sieht man diese Art, Texte zu gliedern, so gut wie nie – das Gliederungsformat könnte eher in Amerika zur Anwendung kommen. Belassen Sie es also bei der Vorgabe DEZIMAL. WinWord fügt immer ein Tabulatorzeichen zwischen dem Numerierungszeichen und dem ersten Buchstaben der jeweiligen Überschrift ein. Im Feld MONITOR in der rechten Hälfte der Dialogbox wird Ihnen angezeigt, wie die Gliederung nach diesem Schema tatsächlich aussieht.

Das Feld AUTOMATISCHE AKTUALISIERUNG sollten Sie unbedingt ankreuzen, denn dadurch ist sichergestellt, daß WinWord im Falle einer späteren Umstrukturierung Ihrer Gliederung die Nummern automatisch neu anpaßt. Das Feld NEGATIVER ERSTZEILENEINZUG und die Auswirkungen der individuell gewählten Maßangabe kennen Sie ja bereits aus dem Kapitel 3.2.6 "Aufzählungen und Numerierungen". Geben Sie der Übersichtlichkeit halber einen Wert Ihrer Wahl ein und bestätigen Ihre Eingaben mit OK. In der Gliederungsansicht erscheinen Ihre Überschriften nun durchnumeriert.

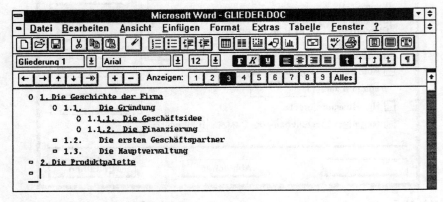

Abb. 10.8: Die numerierte Gliederung

10.4 Seiten numerieren

Sie haben das Buch fast fertiggestellt – die einzelnen Kapitel sind geschrieben. Nun fehlt noch die Numerierung der Seiten, denn schließlich gibt es kein Buch ohne Seitenangaben. Wie sollte man sich auch sonst darin zurechtfinden oder wissen, auf welcher Seite man beim Lesen zuletzt stehengeblieben war? Ein Buch ohne Seitennumerierung ist undenkbar – also lassen auch Sie die Seiten Ihres Buches numerieren.

WinWord bietet Ihnen die Möglichkeit, Seiten auf schnelle und einfache Weise durchzunumerieren. Sie brauchen nur den dafür vorgesehenen Befehl wählen, und WinWord fügt auf jeder Seite des Buches – außer der ersten – Seitenzahlen ein.

Das ist gleichzeitig auch die Standard-Seitennumerierung. Wenn Sie Seitenzahlen hinzufügen, werden diese immer als Teil einer Kopf- oder Fußzeile in Ihr Dokument eingefügt. Diese Kopf- bzw. Fußzeile wird dann in den oberen bzw. unteren Seitenrand gedruckt. Weitere Informationen über Kopf- und Fußzeilen finden Sie in Kap. 3.4.4 "Kopf- und Fußzeilen".

Reine Seitenzahlen

Fall 1: Auf den einzelnen Seiten Ihres Buches sollen nur die reinen Seitenzahlen stehen, also *131, 132, 133* etc. Setzen Sie die Einfügemarke in den allerersten Abschnitt Ihres Buches, um WinWord mitzuteilen, daß sämtliche Seiten durchnumeriert werden sollen. Wählen Sie nun den Befehl SEITENZAHLEN aus dem EINFÜGEN-Menü (Abb. 10.9).

Die Seitenzahlen können an zwei unterschiedlichen Positionen stehen – am oberen oder am unteren Seitenrand. Sollen die Zahlen am oberen Seitenrand in der Kopfzeile stehen, klicken Sie im Feld POSITION auf OBEN (KOPFZEILE). Ziehen Sie die Seitenzahlen am unteren Seitenrand vor – was in der Praxis am häufigsten vorkommt – drücken Sie den Knopf UNTEN (FUßZEILE).

Unter AUSRICHTUNG können Sie wählen, ob die Seitenzahlen links, zentriert oder rechts ausgerichtet werden sollen. Bedenken Sie, daß sich die Ausrichtung der Seitenzahl bei geraden, d. h. linken, und ungeraden, d. h. rechten Seiten unterschiedlich auswirkt.

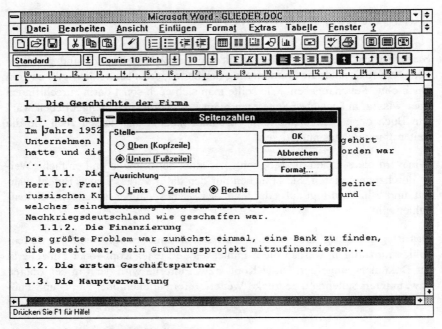

Abb. 10.9: Seitenzahlen positionieren

Sehen Sie sich das Buch an, das vor Ihnen liegt. Die Seitenzahlen befinden sich grundsätzlich immer am äußeren Seitenrand, um sofort und jederzeit sichtbar zu sein. Angenommen, Sie wählen jetzt die Ausrichtung LINKSBÜNDIG. Damit würden alle Seitenzahlen linksbündig ausgerichtet, egal ob sie auf geraden oder ungeraden Seiten stehen. Auf der linken Buchseite stehen die Zahlen dann zwar ordnungsgemäß am äußeren Rand, auf der rechten Seite rutschen sie aber in die Buchbindung hinein und sind nur schlecht zu erkennen. Um diese Klippe zu umschiffen, wählen Sie doch einfach die Ausrichtung ZENTRIERT, und die Seitenzahlen stehen immer in der Mitte, was auf geraden und ungeraden Seiten ausnahmsweise keinen Unterschied macht.

Klicken Sie auf den Knopf Ihrer Wahl und schließen die Dialogbox mit OK.

Hinweis: Es könnte vorkommen, daß WinWord Sie fragt, ob Sie die bereits bestehende Kopf- oder Fußzeile durch Seitenzahlen ersetzen möchten. Antworten Sie mit JA, werden die an der jeweiligen Position bestehenden Kopf- oder Fußzeilen durch Seitenzahlen ersetzt. Entscheiden Sie sich für NEIN, behalten Sie Ihre aktuelle Kopf- oder Fußzeile bei.

WinWord fügt nun die Seitenzahlen auf jeder Seite Ihres Buches ein – außer der ersten Seite.

Seitenzahlen mit Zusatztext

Fall 2:   Sie möchten nicht nur die nackten Seitenzahlen auf jeder Buchseite stehen haben, sondern die Seitenangabe um Text ergänzen, nämlich *Seite 131, Seite 132, Seite 133* etc. In diesem Fall müssen Sie die Seitenzahlen direkt in eine Kopf- bzw. Fußzeile eingeben.

Überprüfen Sie dazu, ob Ihr Dokument in Normalansicht dargestellt ist – das ist die Voraussetzung für alle weiteren Schritte. Wählen Sie nun die Option KOPF-/FUßZEILE aus dem ANSICHT-Menü.

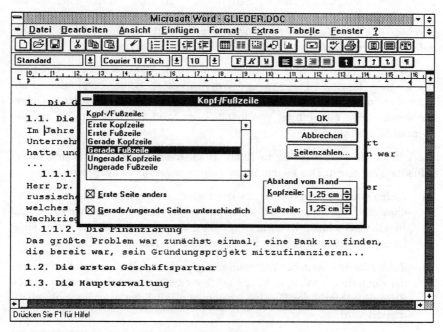

Abb. 10.10: Seitenzahlen in Kopf- oder Fußzeilen eingeben

Sie sehen, daß das Kreuzfeld ERSTE SEITE ANDERS markiert ist. Das bedeutet nichts anderes, als daß auf der ersten Seite – im Unterschied zu allen übrigen Seiten – keine Seitenzahl stehen muß. Auch bei dieser Methode, Seitenzahlen einzugeben, gilt, daß gerade und ungerade Seiten unterschiedlich sind. Kreuzen Sie also das entsprechende Feld an, und die Seitenzahlen auf geraden Seiten werden automatisch links ausgerichtet, während die Seitenzahlen auf ungeraden Seiten am rechten Rand stehen.

Sie möchten, daß die Seitenangaben in der Fußzeile stehen sollen. Geben Sie in dem Bereich unten rechts zuerst an, in welchem Abstand vom unteren Seitenrand die Fußzeile stehen soll. Schließlich sieht es ziemlich merkwürdig aus, wenn die Seitenzahl gerade noch unten auf die Seite gequetscht wird. Beginnen Sie mit der Numerierung der geraden Seiten, indem Sie in der Liste KOPF-/FUßZEILE den Eintrag GERADE FUßZEILE markieren und Ihre Wahl mit OK bestätigen. WinWord öffnet daraufhin den Ausschnitt für die Fußzeile.

Die Einfügemarke steht am linken Rand – an dieser Stelle geben Sie nun die Seitenangabe ein. Schreiben Sie *Seite*, fügen einen Leerschritt ein und klicken anschließend auf das Symbol für SEITENZAHL – das erste Symbol links mit der Raute. Im Ausschnitt erscheint der Befehl SEITE in geschweifte Klammern eingeschlossen. Schließen Sie den Fußzeilenausschnitt mit einem Klick auf den dafür vorgesehenen Schalter.

Nun folgt die Numerierung der ungeraden Seiten. Markieren Sie in der Liste den Eintrag UNGERADE FUßZEILE, und WinWord öffnet den dazugehörigen Fußnotenausschnitt. Dieses Mal steht die Einfügemarke am rechten Rand. Geben Sie wieder *Seite* ein, gefolgt von einem Leerschritt, und klicken Sie auf das Symbol SEITENZAHL.

Sie können die Seitenzahlen in Ihrem Buch nach mehreren Kriterien unterschiedlich anpassen. Das könnte im einzelnen ungefähr so aussehen:

- Anfangsseitenzahl ändern: Vor der eigentlichen ersten Textseite des Buches steht fast immer ein Vorspann, z. B. in Form von Titelseite und Inhaltsverzeichnis, der zwar mitgezählt, aber nicht numeriert wird. Daher ist die erste Textseite nicht die Seite 1, sondern z. B. erst die Seite 4.

- Zahlenformate ändern: Vorspann und Buchtext sollen getrennt voneinander numeriert werden, d. h. das Inhaltsverzeichnis erscheint in römischen Ziffern, während der Buchtext beginnend mit Seite 1 arabisch durchnumeriert wird.

Anfangsseitenzahl ändern

Zunächst zum ersten Fall. Die drei Vorspannseiten des Buches werden von 1 bis 3 fortlaufend gezählt, allerdings nicht numeriert. Setzen Sie die Einfügemarke in die erste Zeile der ersten Textseite. Diese Seite soll nach Adam

Riese mit der Seitenzahl 4 versehen werden, und alle folgenden Seiten sind entsprechend weiterzuzählen.

Haben Sie sich für die Eingabe reiner Seitenzahlen entschieden, gehen Sie ins EINFÜGEN-Menü und rufen die Option SEITENZAHLEN auf. Klicken Sie auf den Schalter FORMAT, um die Dialogbox SEITENZAHLEN-FORMAT aufzurufen. Haben Sie die Seitennumerierung in Fußzeilen definiert, gehen Sie ins ANSICHT-Menü, rufen die Option KOPF-/FUBZEILEN auf und klicken dort auf den Schalter SEITENZAHLEN, um die gleiche Dialogbox SEITENZAHLEN-FORMAT auf den Bildschirm zu holen.

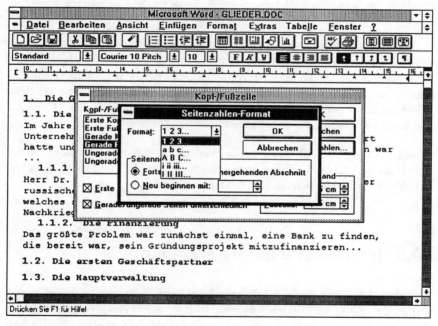

Abb. 10.11: Seitenzahlen-Format

Bestätigen Sie in der Liste FORMAT die Vorgabe *1,2,3...* für die Numerierung mit arabischen Zahlen. Klicken Sie dann unter SEITENNUMERIERUNG den Knopf FORTSETZUNG VOM VORHERGEHENDEN ABSCHNITT an. WinWord setzt die Numerierung ordnungsgemäß fortlaufend fort.

Zahlenformate ändern

Nun zum zweiten Fall: Die drei Seiten Ihres Inhaltsverzeichnisses sollen mit arabischen Seitenzahlen versehen werden. Setzen Sie die Einfügemarke auf die erste Seite des Inhaltsverzeichnisses und gehen Sie wieder in die Dialogbox SEITENZAHLEN-FORMAT. Klappen Sie zunächst die Liste FORMAT herunter und markieren Sie den letzten Eintrag *I, II, III...*, um das römische Zahlenformat zugrundezulegen. Bestätigen Sie Ihre Wahl mit OK.

Sicherlich werden Sie jetzt einwenden, daß WinWord daraufhin ja nicht nur das Inhaltsverzeichnis, sondern alle Buchseiten römisch numeriert, was ja durchaus nicht beabsichtigt war. Schließlich sollen nur die ersten drei Seiten in römischen Zahlen erscheinen und im Anschluß zum arabischen Zahlenformat gewechselt werden. Diese Absicht teilen Sie WinWord mit, indem Sie die Einfügemarke auf die erste eigentliche Buchseite setzen und ein zweites Mal die Dialogbox SEITENZAHLEN-FORMAT öffnen. Markieren Sie als erstes in der Liste FORMAT wieder die arabischen Zahlen und klicken anschließend auf den Knopf NEU BEGINNEN MIT. Geben Sie in das Feld dahinter die Zahl *1* ein, und WinWord fängt auf der ersten Seite des Buches mit der Seitenzahl *1* an und numeriert alle Folgeseiten entsprechend durch.

Möchten Sie sich abschließend davon überzeugen, daß auch alles seine Richtigkeit hat und die Seitenzahlen korrekt angezeigt werden, wechseln Sie in die Druckbildansicht und blättern durch die einzelnen Seiten.

10.5 Inhaltsverzeichnis erstellen

Zu jedem Buch gehört ein Inhaltsverzeichnis, das am Buchanfang steht und den Leser darüber informiert, was ihn in dem Buch erwartet und wie das Werk inhaltlich aufgebaut ist. Normalerweise finden Sie in einem Inhaltsverzeichnis alle Haupt- und Unterüberschriften der einzelnen Kapitel mit Angabe der jeweiligen Seitenzahlen. Die Überschriften sind in der Gliederung bereits definiert worden – die Gliederung ist somit die ideale Grundlage zur Erstellung eines Inhaltsverzeichnisses. In der Praxis ist die Kombination aus Gliederung und Inhaltsverzeichnis die einzig sinnvolle beim Schreiben längerer Dokumente.

Auch das Buch über die Firmengeschichte soll natürlich ein Inhaltsverzeichnis erhalten, das Sie mit WinWord anlegen können. Die Überschriften aus Ihrer

Gliederung können Sie dabei direkt aus dem Gliederungsformat in das Inhaltsverzeichnis übernehmen.

Dazu gehen Sie auf die erste Kapitelüberschrift in Ihrem Buch, die in das Inhaltsverzeichnis aufgenommen werden soll, markieren diese und werfen einen Blick auf die Formatierungsleiste oberhalb des Lineals. In der linken Liste finden Sie alle möglichen Druckformate. Klappen Sie die Liste herunter und wählen Sie das Format GLIEDERUNG 1 – die erste Hauptüberschrift wird somit in das Inhaltsverzeichnis aufgenommen. Diesen Schritt wiederholen Sie nun mit allen anderen Überschriften, indem Sie jede Überschrift dem richtigen Druckformat zuordnen – GLIEDERUNG 2 für die zweite und GLIEDERUNG 3 für die dritte Gliederungsebene. Mehr Ebenen haben Sie in Ihrem Buch ja nicht angelegt. Angenommen, Ihr Buch besteht wirklich aus neun verschiedenen Gliederungsebenen, dann würden Ihnen in der Formatierungsleiste auch alle neun Druckformate für die Gliederung zur Wahl stehen.

Alternativ können Sie die Druckformate auch über die Option DRUCKFORMATE im FORMAT-Menü festlegen. In der Liste hinter DRUCKFORMATNAME wählen Sie das jeweilige Format aus und bestätigen die Eingabe mit OK.

Haben Sie dem letzten Eintrag, der für das Inhaltsverzeichnis bestimmt sein soll, das entsprechende Druckformat zugewiesen, hat WinWord alle notwendigen Informationen zusammen und erstellt anhand der gemachten Angaben automatisch das Inhaltsverzeichnis. Sie müssen sich lediglich noch entscheiden, an welcher Stelle das Verzeichnis eingefügt werden soll.

Da das Inhaltsverzeichnis in der Regel unmittelbar vor der ersten Textseite des Buches steht, setzen Sie die Einfügemarke ganz an den Anfang des Dokuments, also noch vor den ersten geschriebenen Buchstaben der ersten Seite. Löschen Sie zur Sicherstellung des korrekten Seitenumbruchs die Anzeige von verborgenem Text, indem Sie auf das Symbol für EIN- UND AUSBLENDEN ganz rechts in der Formatierungsleiste klicken. Wählen Sie nun die Option INHALTSVERZEICHNIS aus dem EINFÜGEN-Menü (Abb. 10.12).

Drücken Sie die beiden Knöpfe AUS ÜBERSCHRIFTEN und ALLE, um WinWord klarzumachen, daß die Einträge im Inhaltsverzeichnis aus allen formatierten Überschriften generiert werden sollen, und bestätigen Sie die Eingabe mit OK. WinWord bricht nun die Seiten Ihres Buches um und stellt das Inhaltsverzeichnis zusammen. An der Position der Einfügemarke erscheint ein VERZEICHNIS-Feld in geschweiften Klammern, die Feldfunktion für das Inhaltsverzeichnis: {VERZEICHNIS}. Diese Feldfunktion blenden Sie nun über das ANSICHT-Menü aus, und Ihr Inhaltsverzeichnis wird statt dessen sichtbar.

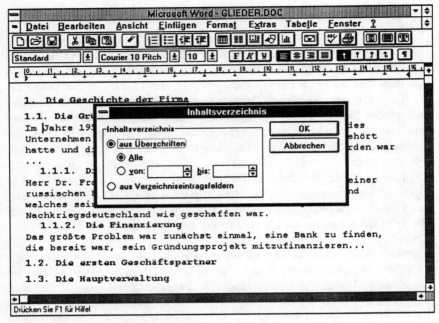

Abb. 10.12: Inhaltsverzeichnis einfügen

Jeder Verzeichniseintrag steht in einer separaten Zeile. Jede Unterschriften-Ebene wird entsprechend dem dazugehörigen Druckformat eingerückt. Rechtsbündig stehen die Seitenzahlen für jedes Kapitel. Der Zwischenraum zwischen dem Verzeichniseintrag und der Seitenzahl wird automatisch mit Punkten aufgefüllt.

Wenn Sie möchten, können Sie statt der Punkte auch andere Füllzeichen auswählen – über den Befehl TABULATOREN im FORMAT-Menü. Neben den Punkten stehen Ihnen noch eine gestrichelte oder eine durchgezogene Linie als Füllzeichen zur Wahl. Alternativ können Sie auch gänzlich auf Füllzeichen verzichten und den Raum zwischen Verzeichniseintrag und Seitenzahl leer lassen, indem Sie unter FÜLLZEICHEN den Knopf OHNE anklicken.

Hinweis: Sie können z. B. auch ein Teil-Inhaltsverzeichnis erstellen, das nur die ersten beiden Gliederungsebenen umfaßt. Hierfür drücken Sie in der Dialogbox INHALTSVERZEICHNIS den ersten Knopf AUS ÜBERSCHRIFTEN und geben hinter VON und BIS die gewünschten Ebenen ein, nämlich *1* und *2*.

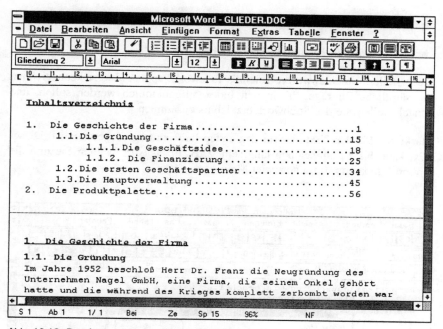

Abb. 10.13: Das fertige Inhaltsverzeichnis

10.6 Stichwortverzeichnis anlegen

Genauso wie das Inhaltsverzeichnis auf den ersten Seiten eines Buches steht, befindet sich das Stichwortverzeichnis – der sogenannte Index – hinten im Anhang des Buches. So kann der Leser jederzeit gezielt nach Stichworten zu bestimmten Themen suchen, ohne erst das Inhaltsverzeichnis durchforsten zu müssen, das ja unter Umständen recht umfangreich sein kann. Im Index stehen alle wichtigen thematischen Schlüsselworte mit Angabe der jeweiligen Buchseite bzw. Buchseiten, auf der bzw. denen die Stichworte vorkommen. Folgende Einträge wären z. B. für die Aufnahme in den Index denkbar:

- Die Leitgedanken des Buches

- Das Hauptthema eines Kapitels

- Überschriften und Unterüberschriften einzelner Kapitel

- Alle Fachbegriffe

- Abkürzungen

- Synonyme für bestimmte Schlüsselbegriffe

Sie erstellen ein Stichwortverzeichnis in zwei Etappen: Zuerst kennzeichnen Sie sämtliche Einträge, die in den Index aufgenommen werden sollen, und danach stellen Sie das Stichwortverzeichnis zusammen.

Markieren Sie den Text, der für den ersten Indexeintrag vorgesehen ist. Dieser Text kann bis zu 64 Zeichen lang sein, z. B. *Firmensitz*. Wählen Sie nun die Option INDEXEINTRAG im EINFÜGEN-Menü.

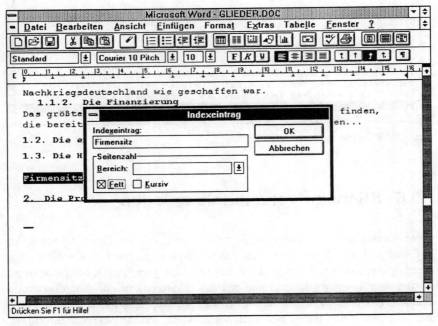

Abb. 10.14: Indexeintrag

Im Textfeld unter INDEXEINTRAG erscheint der soeben markierte Begriff bzw. der markierte Text. Unter SEITENZAHL können Sie festlegen, daß die Seitenzahl für den Indexeintrag fett und/oder kursiv gedruckt werden soll. Markieren Sie das gewünschte Kreuzfeld – oder auch beide Felder.

Stichwort über mehrere Buchseiten

Die Liste BEREICH listet Textmarkennamen auf. Das ist interessant, wenn sich ein Thema, für das Sie einen Indexeintrag eingeben möchten, über mehrere Buchseiten erstreckt. Die Textmarke wird dabei zum eigentlichen Indexeintrag, der mit einem Seitenverweis versehen werden soll. WinWord verweist dann im Stichwortverzeichnis auf alle Seiten, die sich auf das Thema beziehen.

Markieren Sie dazu zuerst die gesamte Textpassage, auf die hinterher im Index unter einem zusammenfassenden Stichwort verwiesen werden soll, also z. B. insgesamt drei Buchseiten. Wählen Sie dann den Befehl TEXTMARKE aus dem EINFÜGEN-Menü. Geben Sie einen Namen für die Textmarke ein. Dieser Name kann bis zu 20 Zeichen lang sein und darf keine Leerzeichen enthalten. Geben Sie z. B. *Firmengeschichte* ein und bestätigen Sie die Eingabe mit OK. Gehen Sie nun in die Dialogbox INDEXEINTRAG und geben Sie den Namen der Textmarke unter BEREICH ein. Verlassen Sie die Dialogbox mit OK.

Zusammenfassend gesagt, gibt es zwei Möglichkeiten, Indexeinträge vorzunehmen. Der Indexeintrag und die Seitenzahl sind dabei immer durch ein Komma und ein Leerzeichen voneinander getrennt.

1. Im Index wird auf die Buchseite verwiesen, auf der ein bestimmtes Stichwort auftaucht. Kommt dieses Stichwort im Verlauf des Buches öfter vor, können Sie es auch entsprechend oft indizieren. Damit erreichen Sie, daß im Stichwortverzeichnis alle Seiten, die das Stichwort enthalten, nacheinander, durch Komma voneinander getrennt aufgeführt werden.

Firmengeschichte, 15
oder
Firmengeschichte, 15,49,101

2. Eine längere inhaltlich zusammenhängende Textpassage wird unter einem zusammenfassenden Stichwort in den Index aufgenommen, und die Seiten von...bis... werden angegeben.

Firmengeschichte, 15–17

Verfahren Sie mit allen anderen Stichworten, die Sie in den Index aufnehmen möchten, nach einem dieser beiden Verfahren. Zur Übung reichen vier oder fünf verschiedene Indexeinträge.

Index-Untereinträge erstellen

Sie haben zusätzlich die Möglichkeit, einen Index mit mehr als einer Eintragsebene zu erstellen. Dabei gibt es ein übergeordnetes Hauptstichwort, dem andere, damit zusammenhängende Stichwörter untergeordnet werden. Theoretisch kann ein Index bis zu sieben Untereinträge enthalten. In der Praxis findet man jedoch am häufigsten zwei oder drei Ebenen von untergeordneten Indexeinträgen.

Ein Beispiel: Das Stichwort *Produkte* bildet den Hauptindexeintrag und damit die erste Eintragsebene. Dem untergeordnet auf der zweiten Ebene werden alle Produktgruppen mit Seitenzahl bzw. -zahlen (wenn der Eintrag mehrmals im Text auftaucht) aufgelistet. Auf einer dritten und letzten Eintragsebene stehen dann die einzelnen Produktnamen, ebenfalls mit Seitenzahl bzw. -zahlen. Das könnte etwa folgendermaßen aussehen:

```
Produkte
     Metallsäuberungsmittel 45, 59,71
          Chromosan 46
     Spezialprodukte 50
          Nagel Spezial 51
```

Die einzelnen Ebenen werden jeweils deutlich ein Stück nach rechts eingerückt, um sie voneinander unterscheiden zu können. Je kleiner die Eintragsebene, desto weiter rechts steht der Indexeintrag. Und so gehen Sie vor, wenn Sie Index-Untereinträge erstellen möchten:

Sie positionieren die Einfügemarke an der Stelle, an der Sie den Indexeintrag eingeben möchten, und wählen erneut die Option INDEXEINTRAG aus dem EIN-FÜGEN-Menü. Ein Doppelpunkt trennt grundsätzlich die einzelnen Eintragsebenen voneinander. Die obigen Indexeinträge geben Sie nacheinander wie folgt in das Textfeld INDEXEINTRAG ein:

```
Produkte:Metallsäuberungsmittel
Produkte:Metallsäuberungsmittel:Chromosan
Produkte:Spezialprodukte
Produkte:Spezialprodukte:Nagel Spezial
```

Für den Haupteintrag *Produkte* brauchen Sie keinen eigenen Indexeintrag zu erstellen, sondern beziehen diesen Eintrag per Doppelpunkt in die Untereinträge mit ein. Der Haupteintrag wird nämlich als einziger nicht mit einer Seitenzahl versehen, sondern gilt sozusagen nur als Überschrift für alle Einträge, die im Anschluß daran aufgeschlüsselt werden.

Mit einem Klick auf OK übernehmen Sie jeden Indexeintrag an die gewünschte Stelle im Text zur späteren Übernahme in den Index. Jeder Eintrag steht in geschweiften Klammern und wird mit den Großbuchstaben *XE* eingeleitet, der Kennung für den Indexeintrag. Ein XE-Feld bestimmt jeden Eintrag, der später im Index erscheinen soll, und gibt dessen Position an, so daß jedem Eintrag automatisch eine Seitenzahl zugeordnet werden kann.

Wenn nach Eingabe aller Stichworte der Index hinterher endgültig zusammengestellt wird, listet WinWord die einzelnen Untereinträge automatisch in alphabetischer Reihenfolge unter dem Haupteintrag auf.

Index zusammenstellen

Nun folgt das Sammeln aller definierten Indexeinträge und damit die Erstellung des endgültigen Stichwortverzeichnisses. Setzen Sie zunächst die Einfügemarke im Text, an der der Index stehen soll - meistens im Anhang des Buches - direkt im Anschluß an das letzte Buchkapitel. Gehen Sie mit der Einfügemarke also hinter das allerletzte Wort in Ihrem Text und wählen aus dem EINFÜGEN-Menü die Option INDEX.

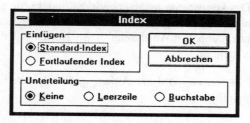

Abb. 10.15: Index zusammenstellen

Sie haben nun die Wahl zwischen einem Standard-Index und einem fortlaufenden Index. Bei einem Standard-Index stehen die Untereinträge der verschiedenen Ebenen unter dem Haupteintrag und sind der jeweiligen Ebene entsprechend nach rechts eingerückt (vorausgesetzt, Sie haben mehrere Eintragsebenen definiert). Das sieht so aus:

```
Produkte
   Metallsäuberungsmittel 45
       Chromosan 46, 59, 67
   Spezialprodukte 50
       Nagel Spezial 51, 62, 70
```

Bei einem fortlaufenden Index stehen alle Einträge in einer Zeile. Diese Zeile wird automatisch umbrochen und alle folgenden Einträge in die nächste Zeile verschoben, also:

```
Produkte: Metallsäuberungsmittel 45; Chromosan 46,
59, 67; Spezialprodukte 50; Nagel Spezial 51,
62, 70
```

Ein solcher fortlaufender Index ist natürlich unbestritten platzsparend, aber längst nicht so übersichtlich wie ein Standard-Index. Daher sollten Sie den Standard-Index vorziehen und den entsprechenden Knopf in der Dialogbox anklicken.

WinWord erstellt den Index standardmäßig ohne Leerzeilen oder den entsprechenden Buchstaben des Alphabets zwischen den einzelnen alphabetischen Abschnitten. Die Indexeinträge stehen demnach alle untereinander, zwar alphabetisch geordnet, aber nicht in entsprechende alphabetische Abschnitte optisch unterteilt. Das können Sie jedoch bewirken, indem Sie sich dem Bereich UNTERTEILUNG unten in der Dialogbox widmen. Der Knopf KEINE ist als Vorgabe bereits aktiviert, denn WinWord zeigt ja im Normalfall den Beginn eines neuen Abschnitts nicht an.

Klicken Sie auf LEERZEILE, wird am Anfang jedes alphabetischen Abschnitts eine Leerzeile eingefügt:

```
...
Angestellte
Aus- und Weiterbildung
Betriebsrat
Betriebsstruktur
...
```

Mit der Option BUCHSTABE erreichen Sie, daß jeder Abschnitt im Index mit dem entsprechenden Buchstaben des Alphabets eingeleitet wird:

```
A
...
Angestellte
Aus- und Weiterbildung
B
Betriebsrat
Betriebsstruktur
...
```

Treffen Sie Ihre Wahl und verlassen die Dialogbox mit Oᴋ. WinWord fängt nun an, die einzelnen Indexeinträge zusammenzusuchen, alphabetisch zu ordnen und in das Stichwortverzeichnis zu schreiben. An der Position der Einfügemarke erscheint sodann ein Index-Feld. Schalten Sie – wie schon so oft vorher – die Feldfunktionen im Aɴsɪᴄʜᴛ-Menü aus, und das Stichwortverzeichnis wird Ihnen in voller Länge angezeigt.

Querverweis im Index

Sie können den Index nachträglich jederzeit noch ändern oder bearbeiten, müssen das Stichwortverzeichnis anschließend aber jedesmal aktualisieren. Doch zunächst die Änderungen: Nachträglich stellen Sie fest, daß Sie gern an einer Stelle im Stichwortverzeichnis statt einer Seitenzahl einen Querverweis auf eine andere Stelle einfügen möchten, z. B. soll hinter dem Stichwort *Filialen* ein Verweis auf die Niederlassungen des Unternehmens in der Form *siehe Niederlassungen* angebracht werden. Das bedeutet, daß im Index nicht

```
    Filialen 69
```

steht, sondern

```
    Filialen, siehe Niederlassungen.
```

Gehen Sie mit der Einfügemarke an die Stelle im Text, an der das Stichwort *Filialen* steht und wählen Sie den Befehl Fᴇʟᴅ aus dem Eɪɴꜰüɢᴇɴ-Menü. Blättern Sie in der linken Liste Eɪɴᴢuꜰüɢᴇɴᴅᴇ ꜰᴇʟᴅᴀʀᴛ bis zur Feldart Iɴᴅᴇxᴇɪɴ-ᴛʀᴀɢ, welche Sie entsprechend markieren. Im Feld Fᴇʟᴅꜰuɴᴋᴛɪoɴᴇɴ darunter erscheint sofort der Eintrag XE. Dahinter geben Sie nun die folgenden Details in der angegebenen Reihenfolge ein:

- Den Indexeintrag in Anführungszeichen

- Den Schalter \t mit Leerzeichen davor und dahinter

■ Den in den Index aufzunehmenden Text, ebenfalls in Anführungszeichen.

Der Schalter \t definiert den nachfolgenden Text als Text, der an Stelle einer Seitenzahl hinter dem Indexeintrag erscheint.

Die Zeile im Feld FELDFUNKTIONEN müßte dann so aussehen:

```
XE "Filialen" \t "siehe Niederlassungen"
```

Soll der Text, auf den Sie verweisen, kursiv gedruckt werden, um ihn von den eigentlichen Indexeinträgen abzuheben, geben Sie in das Feld FELDFUNKTIONEN hinter *siehe Niederlassungen* noch zusätzlich \i ein. \i teilt WinWord mit, daß der Verweis kursiv gedruckt werden soll.

Wählen Sie nach dieser Änderung die Option INDEX im EINFÜGEN-Menü, um Ihr Stichwortverzeichnis zu aktualisieren. Klicken Sie auf OK, und WinWord fragt Sie, ob Sie den bestehenden Index ersetzen möchten. Antworten Sie mit JA, und Sie haben die brandaktuelle Version des Index auf dem Bildschirm.

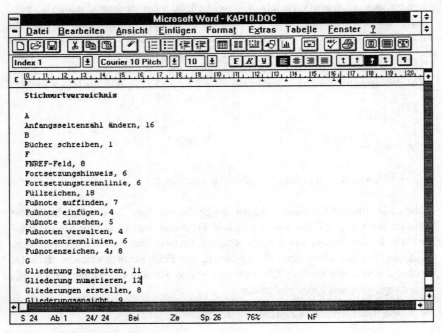

Abb. 10.16: Der fertige Index

Fragen und Übungen:

1. Welche verschiedenen Formen von Querverweisen gibt es?

2. Wie werden Fußnoten in einem Dokument verwaltet?

3. Erstellen Sie eine Gliederung mit drei Gliederungsebenen und numerieren Sie die Gliederung anschließend.

4. Wie fügen Sie Seitenzahlen in ein längeres Dokument ein?

5. Erstellen Sie ein Inhaltsverzeichnis aus der Gliederung heraus.

6. Wie legen Sie ein Stichwortverzeichnis mit Index-Untereinträgen an?

11 Anhang

Im Anhang dieses Buches finden Sie wichtige Informationen für Ihre Arbeit mit WinWord. Im einzelnen:

- Installation

- Menübefehle und Tastenkombinationen

- Dokumentvorlagen

- Feldfunktionen

- Fehlermeldungen

- Wissenswertes rund um die Tastatur

11.1 WinWord installieren

Das Installationsprogramm von WinWord heißt SETUP. SETUP dekomprimiert die WinWord-Programmdateien und kopiert diese auf Ihre Festplatte.

Hard- und Software-Voraussetzungen

Damit WinWord vernünftig läuft und Sie in der Praxis gut mit dem Programm arbeiten können, sind folgende Hardware- und Software-Voraussetzungen zu empfehlen:

- 386er-Prozessor oder höher (besser ist ein 486er)

- Festplattenlaufwerk und ein 1,2 MB-Diskettenlaufwerk (oder größer)

- Betriebssystem MS-DOS und Microsoft Windows 3.0 oder höher

- EGA- oder VGA-Monitor

- 4 MB Hauptspeicher

- Maus

Haben Sie Windows noch nicht auf Ihrem Rechner installiert, holen Sie dieses mit dem Windows-Installationsprogramm SETUP nach. Läuft Windows auf

Ihrem PC, beginnen Sie mit der Installation von WinWord. Richten Sie sich nach der folgenden Schritt-für-Schritt-Anleitung:

Geben Sie im Anschluß an die DOS-Eingabeaufforderung *win* ein, um Windows zu starten. Sollte Windows bereits aktiv sein, schließen Sie alle Anwendungen, mit denen Sie vorher vielleicht gearbeitet haben, um WinWord zu installieren. Legen Sie nun die Installationsdiskette mit dem SETUP-Programm - Diskette 1 - in Ihr Diskettenlaufwerk A ein und wählen den Befehl AUSFÜHREN aus dem DATEI-Menü. Geben Sie

```
a:setup
```

ein und starten Sie die Installation mit [Eingabe]. Um Ihre WinWord-Kopie individuell einzustellen, geben Sie in das Feld NAME Ihren Namen und in das Feld FIRMA den Namen Ihrer Firma ein (maximal 50 Zeichen). Um von einem Feld zum nächsten zu springen, zeigen Sie entweder mit der Maus auf das gewünschte Feld und klicken mit der linken Maustaste oder drücken alternativ [Tab]. Um Fehler zu korrigieren, benutzen Sie die [Rücktaste]. Ihr Name wird als Autor aller Ihrer späteren Dokumente verwendet. Ihre Initialen stehen in Kommentaren, die Sie in ein Dokument einfügen können.

Haben Sie alle Felder ausgefüllt, klicken Sie auf den Schalter WEITER oder drücken [Eingabe]. Sie werden über eine Dialogbox gefragt, ob Sie die eingegebenen Informationen überprüfen möchten. Um die Informationen ungeprüft zu übernehmen, drücken Sie WEITER oder drücken [Eingabe]. Um die Informationen zu ändern, klicken Sie auf den Schalter ÄNDERN und geben dann die korrekten Informationen ein.

Klicken Sie auf WEITER, und WinWord fragt Sie, in welchem Verzeichnis Sie das Programm installieren möchten. Sind Sie mit dem von SETUP vorgegebenen Pfad

```
c:\winword
```

einverstanden, klicken Sie auf WEITER. Möchten Sie jedoch Ihr eigenes Verzeichnis wählen, geben Sie eine neue Pfadangabe in das Feld INSTALLIEREN IN ein und klicken dann auf WEITER. Sollte SETUP daraufhin feststellen, daß das in dem Pfad angegebene Verzeichnis nicht existiert, klicken Sie entweder auf JA, um das Verzeichnis anzulegen, oder auf NEIN, um den Pfad zu bearbeiten und im Feld INSTALLIEREN IN zu korrigieren.

Es könnte ebenfalls vorkommen, daß SETUP in dem angegebenen Verzeichnis eine frühere Version von WinWord entdeckt. Klicken Sie auf den Schalter

WEITER, überschreibt das Installationsprogramm diese ältere Programmversion mit der aktuellen. Möchten Sie die alte WinWord-Version doch lieber behalten, klicken Sie auf den Schalter VERZEICHNIS ÄNDERN und geben dann in das Feld INSTALLIEREN IN einen anderen Pfad für die neue WinWord-Version ein.

SETUP zeigt nun eine Dialogbox mit drei Installationsoptionen an.

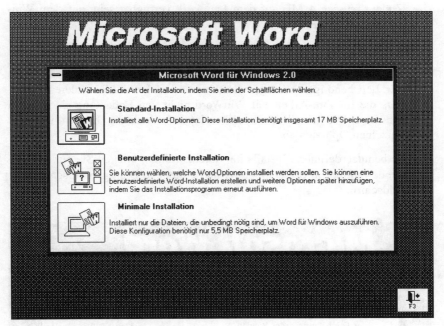

Abb. A.1: Installationsoptionen

Sie haben nun die Wahl, ob Sie lediglich eine Minimalinstallation, Ihre ganz individuelle Installation oder ganz einfach die komplette Installation auf Ihrem Rechner haben wollen. Die Entscheidung hängt maßgeblich von dem Speicherplatz ab, der Ihnen zur Verfügung steht.

Minimale Installation:

Bei dieser Installation wird nur die Mindestanzahl an Dateien installiert, die zur Ausführung von WinWord absolut nötig sind. Sie benötigen auf der Festplatte ungefähr 5,5 MB an Speicherplatz.

365

Standard-Installation:

Bei dieser Installation werden sämtliche WinWord-Dateien installiert, einschließlich des WinWord-Programms, der Online-Hilfe, des Lernprogramms und der Hilfsmittel für die Korrektur von Dokumenten sowie für das Zeichnen und Erstellen von Diagrammen und Formeln. Für diese Option benötigen Sie auf Ihrer Festplatte ungefähr 14 MB Speicherplatz. Zudem müssen 4 MB auf dem Laufwerk verfügbar sein, auf dem Windows installiert ist.

Benutzerdefinierte Installation:

Bei dieser Installation suchen Sie sich die Optionen aus, die Sie auch wirklich benötigen oder gern installieren möchten. Alle anderen Optionen, die für Ihre Arbeit mit WinWord nicht von Bedeutung sind, lassen Sie weg. Die jeweiligen Speicherplatzanforderungen hängen von den einzelnen Optionen ab.

Um die benutzerdefinierte Installation durchzuführen, klicken Sie auf das entsprechende Symbol in der Dialogbox, und eine neue Dialogbox erscheint auf dem Bildschirm.

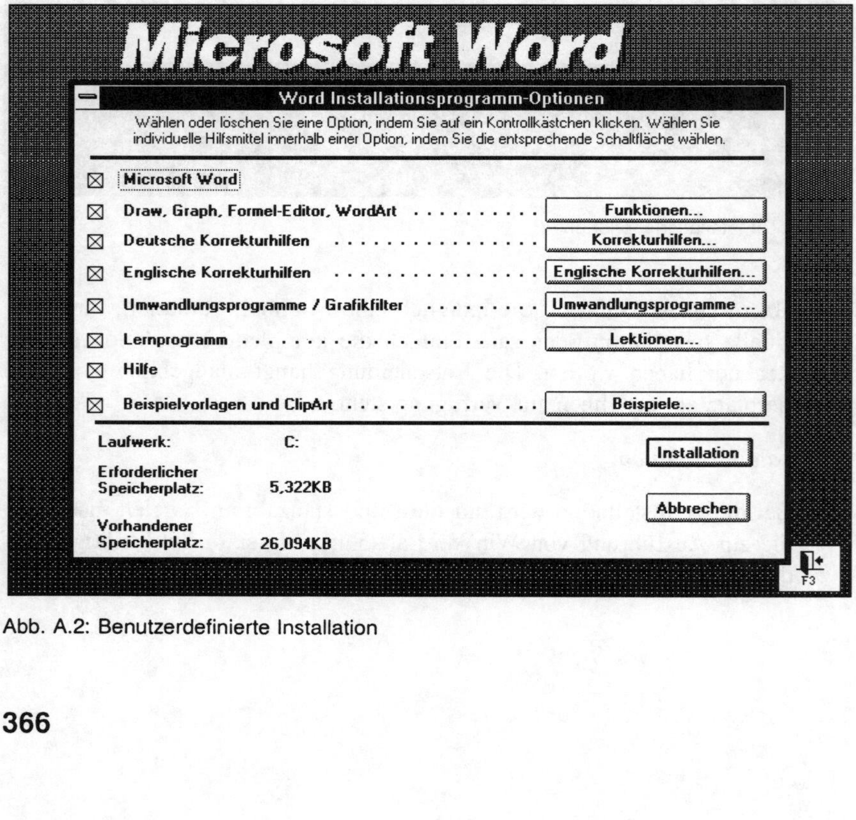

Abb. A.2: Benutzerdefinierte Installation

366

Wählen Sie die Optionen aus, die Sie gern installieren möchten, indem Sie auf das entsprechende Kreuzfeld klicken. Innerhalb einer Option bewegen Sie sich mit dem betreffenden Schalter rechts von dem Modul fort und erhalten so nähere Informationen zu dem betreffenden Modul.

Im einzelnen stehen Ihnen folgende Optionen bzw. Module zur Verfügung:

- WinWord

- Draw, Graph, Formel-Editor, WordArt

- Deutsche Korrekturhilfen (Rechtschreibung, Thesaurus, Silbentrennung)

- Englische Korrekturhilfen (Rechtschreibung, Thesaurus, Silbentrennung)

- Umwandlungsprogramme/Grafikfilter

- Lernprogramm

- Online-Hilfe

- Beispielvorlagen/ClipArt

Haben Sie alle gewünschten Optionen markiert, klicken Sie auf den Schalter INSTALLATION. SETUP fragt Sie nun, ob Sie die Startdatei AUTOEXEC.BAT aktualisieren möchten. Klicken Sie auf den Schalter AKTUALISIEREN oder ändern Sie diese Datei manuell, indem Sie auf NICHT AKTUALISIEREN klicken. Sie sollten die AUTOEXEC.BAT aber vorzugsweise vom Installationsprogramm automatisch aktualisieren lassen.

Die Installation ist nun abgeschlossen. Drücken Sie OK oder [Eingabe], und Sie kehren zu Windows zurück.

Installieren von zusätzlichen Optionen mit dem WinWord-Installationsprogramm

Nachdem Sie WinWord installiert haben, können Sie später jederzeit zusätzliche Optionen mit SETUP installieren. Sie können zum Beispiel mit dem Installationsprogramm grafische Filter einbauen, die Sie beim ersten Installieren von WinWord nicht gewählt haben, oder den Formel-Editor im nachhinein noch installieren, wenn Sie diesen beim ersten Mal ausgelassen haben etc.

So installieren Sie zusätzliche Optionen mit dem WinWord-Installationsprogramm:

Wählen Sie das WinWord-Installationssymbol aus dem Word für Windows 2.0-Gruppenfenster oder legen Sie die WinWord-Installationsdiskette (Diskette

1) in Ihr Diskettenlaufwerk ein (in diesem Fall Laufwerk A). Wählen Sie den Befehl AUSFÜHREN aus dem DATEI-Menü, geben Sie *a:\setup* ein und wählen Sie OK.

Folgen Sie den einzelnen Anleitungen auf dem Bildschirm. Klicken Sie auf BENUTZERDEFINIERTE INSTALLATION im Fenster mit den verschiedenen Installationsoptionen. In der Ihnen bereits bekannten Dialogbox kreuzen Sie das entsprechende Kreuzfeld bzw. die Kreuzfelder (wenn Sie mehrere Module nachträglich installieren möchten) zu den gewünschten zusätzlichen Optionen an. Klicken Sie auf die Schalter auf der rechten Seite der Dialogbox für die ausgewählten Optionen, um Ihre Auswahl für die Installation näher zu definieren. Löschen Sie alle anderen Optionen, die eventuell angekreuzt sind, die Sie aber nicht installieren möchten. Klicken Sie nun noch auf den Schalter INSTALLATION und folgen Sie dann den weiteren Anleitungen auf dem Bildschirm.

11.2 Menübefehle und Tastenkombinationen

WinWord stellt Ihnen eine Vielzahl von Menübefehlen und Tastenkombinationen zur Verfügung, die hier einmal nach Anwendungsgebieten sortiert aufgelistet werden sollen. Die Menübefehle erscheinen in der Schreibweise MENÜ/BEFEHL, also z. B. FORMAT/ZEICHEN.

11.2.1 Text formatieren und gestalten

Der folgende Abschnitt befaßt sich mit den Formatierungsmöglichkeiten für Text und Textpassagen sowie dem Gestalten einzelner Seiten eines Dokuments, z. B. durch das Einfügen einer Grafik oder eines Positionsrahmens.

Menübefehle

Zuerst zu einigen Optionen im ANSICHT-Menü. Im Menü wird durch einen Punkt neben einem der Ansichtsbefehle angezeigt, welcher Ansichtsmodus gerade für Ihr Dokument eingeschaltet ist. Diese verschiedenen Ansichtsformen spielen vor allem bei formatiertem und/oder gestaltetem Text eine große Rolle.

ANSICHT/NORMAL

Verwenden Sie diesen Befehl, um innerhalb des Dokuments aus der Gliederungs- oder Druckbildansicht in die Normalansicht zurückzuwechseln. Die Normalansicht ist der ideale Ansichtsmodus für Ihre tägliche Arbeit. Word zeigt die Textformatierung an, z. B. Zeilenabstand, Schriftart und Schriftgröße, Kursivschrift usw., vereinfacht dabei jedoch das Seitenlayout, so daß Texteingaben und -bearbeitung schneller vorgenommen werden können. Text wird in einer fortlaufenden Spalte angezeigt, wobei Seitenwechsel durch punktierte Linien markiert sind. Positionsrahmen werden durch quadratische Punkte am linken Seitenrand angezeigt.

ANSICHT/DRUCKBILD

Verwenden Sie diesen Befehl, um innerhalb des Dokuments aus der Normal- oder Gliederungsansicht in die Druckbildansicht zu wechseln. In der Druckbildansicht stellt WinWord das Layout jeder Seite in Ihrem Dokument so dar, wie es beim Druck ausgegeben wird. Seite, Text und Elemente werden in der Größe und der Positionierung angezeigt, in der sie gedruckt werden. Sie können den Text bearbeiten und formatieren und gleichzeitig die Ergebnisse auf dem Bildschirm sehen.

ANSICHT/KONZEPT

Verwenden Sie diesen Befehl, um bereits geöffnete Dokumente innerhalb der Normal- oder Gliederungsansicht ohne Formatierungselemente anzuzeigen. Wenn Sie den Befehl KONZEPT wählen, verwendet WinWord Unterstreichungen zur Anzeige von Zeichenformaten wie z. B. FETT und KURSIV und stellt jede Grafik als einen leeren Grafikrahmen dar. Wählen Sie den Befehl KONZEPT, um die Bearbeitungsgeschwindigkeit z. B. beim Bildlauf zu erhöhen oder um das Lesen und Markieren von in einer kleinen Schriftgröße formatiertem Text leichter zu machen.

Wenn Word Ihr Dokument in der Konzeptansicht anzeigt, ist neben dem Befehlsnamen im Menü ein Häkchen eingeblendet. Um die Konzeptansicht zu beenden und so die Formatierung in Ihrem Dokument wieder anzuzeigen, können Sie den Befehl KONZEPT erneut wählen.

ANSICHT/FUNKTIONSLEISTE

Verwenden Sie diesen Befehl, um die Funktionsleiste ein- und auszublenden. Auf der Funktionsleiste befinden sich Symbole für einige der häufigsten Win-

Word-Befehle, einschließlich ÖFFNEN, KOPIEREN und DRUCKEN. Neben dem Befehlsnamen im Menü ist ein Häkchen eingeblendet, wenn die Funktionsleiste angezeigt wird.

ANSICHT/FORMATIERUNGSLEISTE

Verwenden Sie diesen Befehl, um die Formatierungsleiste ein- und auszublenden. Auf der Formatierungsleiste befinden sich Symbole, mit denen Formate, wie z. B. Fettschrift oder Zentrierung, schnell zugewiesen werden können. Neben dem Befehlsnamen im Menü ist ein Häkchen eingeblendet, wenn die Formatierungsleiste angezeigt wird.

ANSICHT/LINEAL

Verwenden Sie diesen Befehl, um das Lineal ein- und auszublenden. Auf dem Lineal befinden sich eine Maßunterteilung und Markierungszeichen zum Festlegen von Einzügen, Seitenrändern, Tabstops und Spaltenbreiten in Tabellen. Neben dem Befehlsnamen im Menü ist ein Häkchen eingeblendet, wenn das Lineal angezeigt wird.

Im Gegensatz zur Formatierungsleiste und zur Funktionsleiste, die Elemente des Anwendungsfensters sind, ist das Lineal ein Element des Dokumentfensters. Jedes Dokumentfenster hat ein eigenes Lineal, das unabhängig von anderen Dokumentfenstern ein- und ausgeblendet werden kann.

ANSICHT/FELDFUNKTIONEN

Verwenden Sie diesen Befehl, um zu steuern, wie Felder in Ihrem Dokument angezeigt werden – als Feldfunktionen in geschweiften Klammern oder als konkrete Feldergebnisse. Ein Häkchen neben dem Befehl Feldfunktionen im Menü ANSICHT zeigt an, daß Felder gegenwärtig als Feldfunktionen im Dokument erscheinen.

ANSICHT/ZOOM

Verwenden Sie diesen Befehl, um zu steuern, in welcher Größe der Inhalt Ihres Dokuments auf dem Bildschirm angezeigt wird. Sie können die Anzeige vergrößern, um die Bearbeitung von in einer kleinen Schriftartgröße formatiertem Text zu erleichtern, oder die Anzeige verkleinern, um eine ganze Seite auf einmal einzusehen.

370

Text formatieren

FORMAT/ZEICHEN

Maus: Doppelklick auf die Formatierungsleiste

Verwenden Sie diesen Befehl, um Einstellungen für Schriftart, Schriftgröße, Zeichenabstand und folgende Zeichenformate vorzunehmen:

- Farbe

- Auszeichnung: fett, kursiv, Kapitälchen, Großbuchstaben, durchgestrichen und verborgen

- Unterstreichung: einfache Unterstreichung, Unterstreichung nur Wörter, doppelte Unterstreichung

- Hoch- und Tiefstellung

FORMAT/ABSATZ

Maus: Doppelklick auf die obere Hälfte des Lineals

Verwenden Sie diesen Befehl, um Absätze zu formatieren. Folgende Formatierungen können Sie mit diesem Befehl einstellen:

- Ausrichtung und Einzug von Absätzen

- Zeilen- und Absatzabstände

- Verhindern von Seitenwechseln innerhalb von und zwischen Absätzen

- Einfügen eines erzwungenen Seitenwechsels vor dem Drucken eines Absatzes

- Übergehen von Zeilen eines markierten Absatzes bei der Zeilennummerierung in einem Abschnitt

- Setzen und Ausrichten von Tabstops, Festlegen von Füllzeichen

FORMAT/TABULATOREN

Maus: Doppelklick auf einen beliebigen Tabstop auf dem Lineal

Verwenden Sie diesen Befehl, um die Position und Ausrichtung von Tabulatoren sowie Füllzeichen festzulegen.

FORMAT/DRUCKFORMAT

Mit diesem Befehl können Sie sich Namen, Beschreibungen und Tastenkombinationen von Druckformaten anzeigen lassen und diese Druckformate überprüfen, bearbeiten oder markierten Absätzen zuweisen.

FORMAT/SEITE EINRICHTEN

Verwenden Sie diesen Befehl, um für Abschnitte Ihres Dokuments die Seitenränder, die Papierzufuhr, die Papiergröße und die Ausrichtung des Textes auf der Seite zu ändern.

FORMAT/SPALTEN

Verwenden Sie diesen Befehl, um die Anzahl der Spalten innerhalb eines Abschnitts oder des ganzen Dokuments zu ändern und den Abstand zwischen den Spalten einzustellen. Darüber hinaus können Sie festlegen, ob zwischen den Spalten eine Trennlinie gezogen wird oder nicht.

FORMAT/ABSCHNITT

Maus: Doppelklick auf eine beliebige Abschnittsmarke

Verwenden Sie diesen Befehl zur Steuerung der folgenden Optionen zur Seitenformatierung innerhalb eines Abschnitts:

- Abschnittsbeginn

- Zeilennumerierung

- Vertikale Ausrichtung des Textes

- Anzeige von Fußnoten

EINFÜGEN/MANUELLER UMBRUCH

Verwenden Sie diesen Befehl, um an der Position der Einfügemarke einen Seitenwechsel, Spaltenwechsel oder Abschnittswechsel einzufügen. Seitenwechsel in einem WinWord-Dokument werden auf dem Bildschirm als punktierte Linien dargestellt, außer in der Druckbildansicht, in der die Seite so angezeigt wird, wie sie später beim Druck ausgegeben wird.

372

EXTRAS/SEITENUMBRUCH

Verwenden Sie diesen Befehl in der Normalansicht, um die Seitenwechsel für ein gesamtes Dokument zu berechnen und anzuzeigen.

Verwenden Sie diesen Befehl in der Druckbildansicht, um die Seiten bis zur aktuellen Seite neu zu umbrechen, so daß Sie Änderungen am Seitenlayout anschauen können.

Seite gestalten

EXTRAS/NUMERIERUNG/AUFZÄHLUNGEN

Verwenden Sie diesen Befehl, um markierte Absätze mit Aufzählungszeichen zu versehen oder durchzunumerieren.

ANSICHT/KOPF-/FUßZEILE

Verwenden Sie diesen Befehl, um Text hinzuzufügen oder zu ändern, den Word auf jeder Seite oben (Kopfzeile) oder auf jeder Seite unten (Fußzeile) in einem Abschnitt oder im gesamten Dokument wiederholt.

FORMAT/RAHMEN

Verwenden Sie diesen Befehl, um Absätze, Tabellen, einzelne oder mehrere Zellen, und Grafiken einzurahmen. Mit dem Befehl RAHMEN können Sie umrahmte oder schattierte Felder erstellen.

EINFÜGEN/POSITIONSRAHMEN

Verwenden Sie diesen Befehl, um den Mauszeiger in ein + zu verwandeln, so daß Sie einen Positionsrahmen in einer beliebigen Größe und an einer beliebigen Position erstellen können. Sie können mit Positionsrahmen Gruppen von Objekten oder Absätze verschieben. In der Normalansicht zeigt WinWord Positionsrahmen durch kleine schwarze Quadrate links im Dokument an. In der Druckbildansicht können Sie Positionsrahmen verschieben sowie verkleinern oder vergrößern.

FORMAT/POSITIONSRAHMEN

Verwenden Sie diesen Befehl, um die waagerechte und senkrechte Position sowie die Größe des Positionsrahmens und die Art des Textflusses um den Positionsrahmen festzulegen.

EINFÜGEN/GRAFIK

Verwenden Sie diesen Befehl, um eine Grafik aus einem anderen Anwendungsprogramm einzufügen. Sie können diese Grafik auch mit ihrer Ursprungsdatei verknüpfen, so daß Word die Grafik jedesmal aktualisiert, wenn Sie die Ursprungsdatei aktualisieren (siehe dazu 11.2.5 "Verknüpfungen herstellen").

FORMAT/GRAFIK

Verwenden Sie diesen Befehl, um Größenänderungen an eingefügten Grafiken vorzunehmen und Grafiken zuzuschneiden.

Tastenkombinationen

Tastenkombinationen sind in bestimmten Fällen die schnellste Methode zum Festlegen bzw. Zuweisen von Formaten oder Druckformaten. Folgende Tastenkombinationen stehen Ihnen zur Verfügung:

Zeichenformatierung

[Strg-A]	Schriftart ändern
[Strg-P]	Schriftgröße ändern
[Strg-F2]	Schrift vergrößern
[Strg-Umschalt-F2]	Schrift verkleinern
[Umschalt-F3]	Groß-/Kleinschreibung ändern
[Strg-Leertaste]	Zeichenformatierung des markierten Textes löschen

Hinweis: Zeichenformate, die über ein Druckformat zugewiesen wurden, können mit der Tastenkombination [Strg-Leertaste] nicht gelöscht werden.

374

In einigen Fällen wird für die Aufhebung eines Zeichenformats dieselbe Tastenkombination verwendet wie für die Zuweisung des Formats. Dies wird auch als Ein-/Ausschalten bezeichnet und ist bei folgenden Tastenkombinationen der Fall:

[Strg-N]	Großbuchstaben
[Strg-F]	Fett
[Strg-D]	Doppelt unterstrichen
[Strg-O]	Verborgener Text
[Strg-K]	Kursiv
[Strg-Q]	Kapitälchen
[Strg-U]	Unterstrichen
[Strg-W]	Ein Wort unterstreichen
[Strg-T]	Tiefstellung (3 Punkte unter der Grundlinie)
[Strg-H]	Hochstellung (3 Punkte über der Grundlinie)
[Leertaste]	Standard

Hinweis: Wenn Sonderzeichen formatiert werden sollen, drücken Sie zuerst die Tastenkombination [Strg-Umschalt-*], um alle Sonderzeichen einzublenden.

Absatzformatierung

Tastenkombinationen sind in bestimmten Fällen die schnellste Methode zum Festlegen bzw. Zuweisen von Formaten oder Druckformaten. Um einen Absatz zu formatieren, müssen Sie nicht den gesamten Absatz markieren; es genügt, wenn sich die Einfügemarke innerhalb des Absatzes befindet.

[Strg-1]	einfacher Zeilenabstand
[Strg-2]	doppelter Zeilenabstand
[Strg-5]	eineinhalbfacher Zeilenabstand
[Strg-9]	Leerzeile vor einem Absatz hinzufügen

[Strg-0] (=Null)	Leerzeile vor einem Absatz löschen
[Strg-E]	Absatz zentrieren
[Strg-B]	Absatz in Blocksatz setzen
[Strg-L]	Absatz linksbündig ausrichten
[Strg-R]	Absatz rechtsbündig ausrichten
[Strg-G]	Absatz vom linken Seitenrand um einen Tabstop einziehen
[Strg-M]	Linken Einzug um einen Tabstop verringern
[Strg-3]	Negativen Erstzeileneinzug mit einem Tabstop festlegen
[Strg-4]	Negativen Erstzeileneinzug um einen Tabstop verringern
[Strg-Y]	Druckformat zuweisen
[Strg-S]	Gesamte Absatzformatierung des markierten Textes löschen

Hinweis: Mit dieser Tastenkombination werden alle Formate, die nicht durch das Druckformat definiert sind, gelöscht.

[Alt-Umschalt-5]	Standard-Druckformat zuweisen
[Strg-J]	Vordefinierte Druckformate anzeigen

11.2.2 Text editieren

Zum Editieren von Text gehört

- das Einfügen, Löschen, Kopieren etc. von Text

- das Suchen nach und Ersetzen von Begriffen

- das Erstellen von Textmarken

- das Springen zu einer bestimmten Textstelle

376

- das Einfügen von Feldern und Sonderzeichen
- das Anlegen von Textbausteinen.
- das Sortieren von Absätzen.

Menübefehle

Folgende Menübefehle stehen Ihnen zum Editieren von Text zur Verfügung:

BEARBEITEN/AUSSCHNEIDEN

Verwenden Sie diesen Befehl, um markierten Text aus einem Dokument zu entfernen und in die Zwischenablage zu übertragen. Dieser Befehl ist nur dann verfügbar, wenn Sie Text markiert haben. Durch das Ausschneiden von Text und Übertragen in die Zwischenablage wird der dort zuvor gespeicherte Inhalt überschrieben.

BEARBEITEN/KOPIEREN

Verwenden Sie diesen Befehl, um markierten Text in die Zwischenablage zu kopieren. Dieser Befehl ist nur dann verfügbar, wenn Sie Text markiert haben. Durch das Kopieren von Text in die Zwischenablage wird der dort zuvor gespeicherte Inhalt überschrieben.

BEARBEITEN/EINFÜGEN

Verwenden Sie diesen Befehl, um an der Position der Einfügemarke eine Kopie des Inhalts der Zwischenablage einzufügen. Dieser Befehl ist nicht verfügbar, wenn die Zwischenablage leer ist.

BEARBEITEN/ALLES MARKIEREN

Verwenden Sie diesen Befehl, um ein ganzes Dokument zu markieren.

BEARBEITEN/SUCHEN

Verwenden Sie diesen Befehl, um im aktuellen Dokument nach bestimmtem Text oder einer bestimmten Formatierung zu suchen. Sie können auch nach Sonderzeichen, z. B. Absatzmarken, Tabstops und erzwungenen Seitenwechseln suchen.

BEARBEITEN/ERSETZEN

Verwenden Sie diesen Befehl, um im aktuellen Dokument nach bestimmten Textstellen und Formatierungen zu suchen und diese zu ersetzen.

BEARBEITEN/RÜCKGÄNGIG

Verwenden Sie diesen Befehl, um – falls möglich – das letzte Bearbeiten oder die letzte Formatierung rückgängig zu machen. Der Name des Befehls ändert sich entsprechend dem letzten vorgenommenen Befehl – er lautet z. B. RÜCK-GÄNGIG: EINGABE oder RÜCKGÄNGIG: FORMATIERUNG. Der Befehl RÜCKGÄNGIG wird zu RÜCKGÄNGIG: NICHT MÖGLICH, wenn es nicht möglich ist, den letzten Schritt rückgängig zu machen.

BEARBEITEN/WIEDERHOLEN

Verwenden Sie diesen Befehl, um das zuletzt ausgeführte Bearbeiten oder die letzte Formatierung zu wiederholen. Der Befehl WIEDERHOLEN wird zu WIE-DERHOLEN: NICHT MÖGLICH, wenn es nicht möglich ist, den letzten Schritt zu wiederholen.

Mit diesem Befehl können Sie schnell Sätze hinzufügen oder in einem langen Dokument an mehreren Stellen Überarbeitungen vornehmen.

BEARBEITEN/TEXTBAUSTEIN

Verwenden Sie diesen Befehl, um markierten Text als Textbaustein zu definie-ren oder einen bestimmten Textbaustein in den Text einzufügen. Dieser Befehl ist nur dann verfügbar, wenn Sie im Dokument Text markiert haben bzw. über definierte Textbausteine verfügen.

EINFÜGEN/TEXTMARKE

Verwenden Sie diesen Befehl, um eine Textmarke zu definieren, die für einen markierten Text oder für die Position der Einfügemarke gelten soll.

BEARBEITEN/GEHE ZU

Maus: Doppelklick auf die Statuszeile

Verwenden Sie diesen Befehl, um die Einfügemarke an eine bestimmte Stelle im Text bzw. zu einer bestimmten Textmarke zu bewegen.

378

EINFÜGEN/DATUM UND ZEIT

Verwenden Sie diesen Befehl, um ein Feld für die Uhrzeit oder das Datum in dem von WinWord vorgegebenen oder von Ihnen individuell festgelegten Format einzufügen.

EINFÜGEN/FELD

Verwenden Sie diesen Befehl, um ein Feld einzufügen, mit dem Sie das Einfügen von Text steuern. Durch Ankreuzen bzw. Löschen des Befehls FELDFUNKTIONEN aus dem ANSICHT-Menü können Sie zwischen der Anzeige der Feldfunktionen bzw. -anweisungen und dem Feldergebnis jedes einzelnen Feldes bzw. aller Felder auf einmal hin- und herwechseln.

EINFÜGEN/SONDERZEICHEN

Verwenden Sie diesen Befehl, um Sonderzeichen einzufügen, die Ihr Drucker drucken kann, selbst wenn sie sich nicht auf einer Standardtastatur befinden – z. B. das Symbol für Copyright oder für ein eingetragenes Warenzeichen.

EXTRAS/SORTIEREN

Verwenden Sie diesen Befehl, um markierte Absätze nach alphabetischen oder numerischen Kriterien anzuordnen. WinWord behandelt jeglichen Text, dem eine Absatzmarke folgt, als einen Absatz.

Tastenkombinationen

In WinWord sind eine Reihe von Tasten bzw. Tastenkombinationen verfügbar, mit denen Sie Text editieren können. Um Text editieren zu können, müssen Sie als erstes darüber Bescheid wissen, wie Sie sich innerhalb des Dokuments fortbewegen.

Wenn Sie die Maus verwenden, gehen Sie erst an die gewünschte Stelle im Dokument und klicken dann, um die Einfügemarke an diese Stelle zu setzen. Wenn Sie mit der Tastatur arbeiten, wird das Dokument beim Bewegen der Einfügemarke automatisch mitbewegt.

Einfügemarke bewegen

[←]	Ein Zeichen nach links gehen
[→]	Ein Zeichen nach rechts gehen
[↑]	Eine Zeile nach oben gehen
[↓]	Eine Zeile nach unten gehen
[Strg-←]	Ein Wort nach links gehen
[Strg-→]	Ein Wort nach rechts gehen
[Ende]	An das Ende einer Zeile gehen
[Pos1]	An den Anfang einer Zeile gehen
[Strg-↑]	Einen Absatz nach oben gehen
[Strg-↓]	Einen Absatz nach unten gehen
[Bild↓]	Ein Fenster nach unten gehen
[Bild↑]	Ein Fenster nach oben gehen
[Strg-Bild↓]	An den unteren Rand eines Fensters gehen
[Strg-Bild↑]	An den oberen Rand eines Fensters gehen
[Strg-Ende]	An das Dokumentende gehen
[Strg-Pos1]	An den Dokumentanfang gehen

Text löschen

[Rücktaste]	Zeichen links von der Einfügemarke löschen
[Strg-Rücktaste]	Wort links von der Einfügemarke löschen
[Entf]	Zeichen rechts von der Einfügemarke löschen
[Strg-Entf]	Wort rechts von der Einfügemarke löschen
[Strg-X] oder [Umschalt-Entf]	Markierten Text in die Zwischenablage übertragen
[Strg-Y]	Letzte Aktion rückgängig machen

Text einfügen

[Einfg]	Zwischen Einfüge- und Überschreibmodus hin- und herwechseln
[Strg-C]	Text in die Zwischenablage kopieren
[Strg-V] oder [Umschalt-Einfg]	Inhalt der Zwischenablage einfügen
[Strg-F9]	Feld einfügen
[F3]	Textbaustein einfügen (nachdem Sie den Namen des Textbausteins eingegeben haben)
[Strg-Umschalt-F5]	Textmarke einfügen

Text bearbeiten

[Strg-Y] oder [Umschalt-F2]	Text in die Zwischenablage kopieren
[F2]	Text verschieben
[F4]	Befehl Wiederholen
[F5]	Gehe zu
[Umschalt-F5]	Zurückgehen
[Umschalt-F4]	Letzten Such- oder Gehe zu-Vorgang wiederholen
[Esc]	Vorgang abbrechen
[Eingabe]	Neuen Absatz beginnen
[Umschalt-Eingabe]	Neue Zeile beginnen
[Strg-Eingabe]	Neue Seite beginnen
[Strg-Umschalt-Eingabe]	Neue Spalte beginnen
[Strg-Bindestrich]	Bedingten Trennstrich eingeben
[Strg-Umschalt-Bindestrich]	Geschützten Trennstrich eingeben
[Strg-Umschalt-Leertaste]	Geschütztes Leerzeichen eingeben
[Tab]	Zum nächsten Feld springen

Text markieren

[F8]	Markierung erweitern
[Umschalt-F8]	Markierung verkleinern
[Strg-Umschalt-F8]	Spalte markieren

Mit Feldern arbeiten

[F9]	Feld aktualisieren
[Strg-F9]	Feld einfügen
[F11]	Nächstes Feld
[Umschalt-F11]	Vorheriges Feld
[Strg-F11]	Feld sperren
[Strg-Umschalt-F11]	Feld freigeben
[Strg-Umschalt-F9]	Feldverknüpfung aufheben

11.2.3 Dateien verwalten

Dieser Abschnitt bezieht sich nicht auf einzelne Textpassagen innerhalb eines Dokuments, sondern auf die Bearbeitung der gesamten Datei.

Menübefehle

Die meisten Menübefehle zum Verwalten von Dateien finden Sie im DATEI-Menü.

DATEI/NEU

Verwenden Sie diesen Befehl, um ein neues Dokument oder eine neue Dokumentvorlage in WinWord zu erstellen. WinWord schlägt Ihnen die Verwendung der Standard-Dokumentvorlage NORMAL.DOT vor.

DATEI/ÖFFNEN

Verwenden Sie diesen Befehl, um in einem neuen Fenster ein bestehendes Dokument oder eine bestehende Dokumentvorlage zu öffnen. Sie können bis zu neun Dokumente gleichzeitig geöffnet haben: Zwischen den geöffneten Dokumenten können Sie mit Hilfe des Fenster-Menüs hin- und herwechseln.

DATEI/SCHLIEßEN

Verwenden Sie diesen Befehl, um sämtliche Fenster, die das aktive Dokument enthält, zu schließen. WinWord schlägt vor, vor dem Schließen Änderungen am Dokument zu speichern. Wenn Sie ein Dokument schließen, ohne zu speichern, gehen alle Änderungen seit dem letzten Speichern verloren. Bevor Sie ein unbenanntes Dokument schließen, zeigt Word das Dialogfeld SPEICHERN UNTER an und schlägt vor, das Dokument zu benennen und zu speichern.

DATEI/SPEICHERN

Verwenden Sie diesen Befehl, um das aktive Dokument unter seinem aktuellen Namen im aktuellen Verzeichnis und im entsprechenden Dateiformat zu speichern. Wenn Sie ein Dokument zum ersten Mal speichern, zeigt Word das Dialogfeld SPEICHERN UNTER an, in dem Sie Ihrem Dokument einen Namen geben können.

DATEI/SPEICHERN UNTER

Verwenden Sie diesen Befehl, um das aktive Dokument in einem bestimmten Dateiformat zu speichern und es zu benennen. Sie können das Dokument schützen, so daß als einzige Änderung das Einfügen von Anmerkungen möglich ist, oder das Dokument mit einem Kennwort versehen.

DATEI/ALLES SPEICHERN

Verwenden Sie diesen Befehl, um sämtliche geöffneten Dokumente, Dokumentvorlagen, Makros und Textbausteine zu speichern. Bevor Word mit dem Speichern beginnt, müssen Sie für jedes geöffnete Dokument bestätigen, daß Sie es speichern möchten.

DATEI/DATEI-MANAGER

Verwenden Sie diesen Befehl, um in allen Verzeichnissen oder innerhalb eines Netzwerks nach Dateien zu suchen, die bestimmte Suchkriterien erfüllen.

DATEI/DATEI-INFO

Verwenden Sie diesen Befehl, um die Datei-Information über das aktuelle Dokument zur Überprüfung oder Bearbeitung anzeigen zu lassen.

DATEI/DOKUMENTVORLAGE

Verwenden Sie diesen Befehl, um Ihr Dokument mit einer Dokumentvorlage zu verknüpfen.

Tastenkombinationen

Die folgenden Tastenkombinationen stehen Ihnen für die Verwaltung von Dateien zur Verfügung:

[Strg-F12]	Datei öffnen
[Umschalt-F12]	Datei speichern unter
[F12]	Datei speichern

11.2.4 Dateien drucken

Zum Thema "Dateien drucken" gehört das Drucken sämtlicher Dokumente, sowohl Briefe als auch Briefumschläge, sowie das Drucken von Serienbriefen und anderen Seriendokumenten, z. B. Adreßaufklebern.

Menübefehle

WinWord stellt einige Menübefehle zur Verfügung, mit denen sich Dokumente und Serienbriefe ausdrucken lassen.

384

DATEI/SEITENANSICHT

Verwenden Sie diesen Befehl, um im aktiven Dokument in die Seitenansicht und zurück zu wechseln. Die Seitenansicht ermöglicht es Ihnen, das Dokument in der Form zu betrachten, wie es beim Druck aussehen wird.

DATEI/DRUCKEN

Verwenden Sie diesen Befehl, um den Druck von Dokumenten zu steuern. Um mehrere Dokumente gleichzeitig zu drucken, verwenden Sie die Druckfunktion im Datei-Manager.

DATEI/DRUCKEREINRICHTUNG

Verwenden Sie diesen Befehl, um einen Drucker und seinen Anschluß auszuwählen.

DATEI/SERIENDRUCK

Verwenden Sie diesen Befehl, um benutzerdefinierte Versionen eines Dokuments zu drucken, indem Sie Adreßdaten, die in einer Steuerdatei stehen, mit dem aktuellen Dokument, der sogenannten Serientextdatei, verknüpfen, um Serienbriefe zu erstellen.

Mit diesem Befehl steuern Sie nicht nur den endgültigen Ausdruck der Serienbriefe, sondern definieren eine Steuersatzdatei bzw. Steuerdatei und organisieren auch das Mischen der Adreßdaten mit dem Brieftext. Hier noch einmal eine Definition zweier wichtiger Begriffe rund um das Thema Serienbriefe:

Steuerdatei: Ein Dokument, das den Text enthält, der in ein Hauptdokument zum Erstellen von Serienbriefen oder anderen Seriendruckdokumenten (z. B. Adreßaufkleber) eingefügt werden soll. Eine Steuerdatei für einen Serienbrief kann zum Beispiel Namen und Adressen enthalten, die für jeden Brief unterschiedlich sind.

Wenn Sie Daten aus einem anderen Textverarbeitungsprogramm, einer Datenbank oder einer Tabellenkalkulation verwenden möchten, müssen Sie die entsprechende Datei vorher in das WinWord-Format umwandeln.

Steuersatzdatei: Diese Datei wird für Seriendruckverfahren verwendet und enthält einen separaten Steuersatz, den WinWord in eine Steuerdatei einsetzt.

EXTRAS/BRIEFUMSCHLAG

Verwenden Sie diesen Befehl, um eine Empfänger- und/oder Absenderadresse auf einen Briefumschlag zu drucken oder um einen Abschnitt mit den Adressen an den Anfang eines Briefes hinzuzufügen.

Tastenkombinationen

Für das Drucken von Dokumenten steht nur eine einzige Tastenkombination zur Verfügung.

[Strg-Umschalt-F12]	Datei drucken

11.2.5 Verknüpfungen herstellen

Unter Verknüpfungen herstellen versteht man das Einfügen von Text, Tabellen, Zeichnungen, Grafiken oder Diagrammen aus anderen Anwendungsprogrammen in ein WinWord-Dokument. Bei nachträglicher Bearbeitung des eingefügten Elements wird dieses in WinWord automatisch aktualisiert. Man unterscheidet grundsätzlich zwischen Verknüpfungen durch DDE und Einbetten durch OLE.

Menübefehle

Die Menübefehle für das Herstellen von Verknüpfungen stehen fast ausschließlich im EINFÜGEN-Menü.

EINFÜGEN/DATEI

Verwenden Sie diesen Befehl, um den gesamten Inhalt oder Teile einer Datei einzufügen und eine Verknüpfung mit der gewünschten Datei für nachfolgende Aktualisierungen zu erstellen. Sie können zum Beispiel Textdateien, andere WinWord-Dateien oder mit anderen Anwendungsprogrammen erstellte Dateien einfügen.

EINFÜGEN/GRAFIK

Sie können eine eingefügte Grafik auch mit ihrer Ursprungsdatei verknüpfen, so daß WinWord die Grafik jedesmal aktualisiert, wenn Sie die Ursprungsda-

386

tei aktualisieren. Stellen Sie eine Verknüpfung zwischen der aktuellen Datei und der eingefügten Grafikdatei her. Sie können dann diese Verknüpfung mit dem Befehl VERKNÜPFUNGEN aus dem BEARBEITEN-Menü aktualisieren, wenn die eingefügte Grafikdatei mit deren neuesten Version überschrieben werden soll.

BEARBEITEN/VERKNÜPFUNGEN

Verwenden Sie diesen Befehl, um sämtliche Verknüpfungen in einem Dokument sichtbar zu machen. Dazu gehören auch interne WinWord-Verknüpfungen, die mit Ref-, Einfügen- und Import-Feldern hergestellt wurden sowie externe Verknüpfungen mit anderen Anwendungen, wie Microsoft Excel. Dieser Befehl ist natürlich nur dann verfügbar, wenn Ihr Dokument Verknüpfungen enthält.

BEARBEITEN/INHALTE EINFÜGEN

Dieser Befehl hat zwei Funktionen: Sie können den Inhalt der Zwischenablage in einem bestimmten Format in Ihren Text einfügen oder mit dem Befehl VERKNÜPFUNG EINFÜGEN eine Verknüpfung zu Informationen in einer anderen Anwendung erstellen, die Sie aktualisieren wollen.

EINFÜGEN/OBJEKT

Verwenden Sie diesen Befehl, um ein Objekt aus einem anderen Anwendungsprogramm in Ihr Dokument einzufügen und einzubetten (OLE), wie z. B. ein Microsoft Excel-Diagramm oder eine Kalkulationstabelle, ein Microsoft Graph-Diagramm oder eine Microsoft Draw-Grafik. Das Anwendungsprogramm, aus dem das Objekt stammt, wird auf Ihrem Bildschirm aktiv.

BEARBEITEN/OBJEKT

Maus: Doppelklick auf das Objekt

Mit diesem Befehl können Sie die Anwendung öffnen, in der das ausgewählte Objekt erstellt wurde, und das Objekt dort bearbeiten. Dieser Befehl steht Ihnen nur dann zur Verfügung, wenn Sie ein bestehendes Objekt in Ihrem Dokument markiert haben. Wenn Sie die Arbeit an dem Objekt beendet haben und das Anwendungsfenster schließen, aktualisiert Word Ihr Dokument. Dieser Menüname ändert sich je nach markiertem Objekt.

Sie können z. B. ein Diagramm in Ihrem Text ändern, das mit Microsoft Graph für Windows erstellt wurde. Dazu markieren Sie zunächst das Diagramm und wählen dann aus dem BEARBEITEN-Menü den Befehl WINGRAPH CHART OBJEKT, um Microsoft Graph für Windows zu öffnen und das Diagramm dort zur Bearbeitung anzuzeigen.

Tastenkombinationen

Eine einzige Tastenkombination steht zur Verfügung:

[Strg-Umschalt-F7]	Quelle aktualisieren

11.2.6 Texte sprachlich überarbeiten

Hierzu gehören alle Optionen zum Schreiben stilistisch guter Briefe – von der Rechtschreibprüfung über die Silbentrennung bis hin zum Synonymwörterbuch – sowie das Überarbeiten von Texten in Form von Korrekturen und Anmerkungen.

Menübefehle

Die meisten Menübefehle für das Schreiben von sprachlich und stilistisch einwandfreien Briefen stehen im EXTRAS-Menü zur Verfügung.

EXTRAS/RECHTSCHREIBUNG

Verwenden Sie diesen Befehl, um die Rechtschreibprüfung für das aktuelle Dokument einschließlich Kopfzeilen, Fußzeilen, Fußnoten und Anmerkungen zu starten. Wenn WinWord ein Wort findet, das nicht in den geöffneten Benutzerwörterbüchern steht, wird ein Dialogfeld angezeigt, in dem Sie die Rechtschreibung korrigieren können.

EXTRAS/THESAURUS

Verwenden Sie diesen Befehl, um ein Wort oder einen Ausdruck in Ihrem Dokument durch ein Synonym zu ersetzen.

EXTRAS/SILBENTRENNUNG

Verwenden Sie diesen Befehl, um den Flattersatz am rechten Seitenrand zu reduzieren, indem bei Bedarf Wörter am Zeilenende automatisch getrennt werden.

FORMAT/SPRACHE

Verwenden Sie diesen Befehl, um in einem mehrsprachigen Dokument verschiedene Sprachen zu kennzeichnen oder ein fremdsprachliches Dokument korrekturlesen zu lassen. Beim Korrigieren des Dokuments überprüft Win-Word jedes einzelne Wort und benutzt dabei automatisch die Wörterbücher der ausgewählten Sprache(n).

EXTRAS/ÜBERARBEITEN

Verwenden Sie diesen Befehl, um Änderungen, die Sie an einem Dokument vornehmen, zu markieren. In der Überarbeiten-Funktion werden gelöschte Zeichen als durchgestrichene Zeichen dargestellt; geänderter Text wird entsprechend gekennzeichnet. Eine Markierungsleiste – wahlweise am linken oder rechten Seitenrand – läßt alle vorgenommenen Korrekturen sofort erkennen.

EXTRAS/VERSIONSVERGLEICH

Verwenden Sie diesen Befehl, um die Unterschiede des aktuellen Dokuments zu einem anderen von Ihnen angegebenen Dokument zu markieren. Welche Markierungen angezeigt werden, hängt von den Einstellungen ab, die Sie mit dem Befehl ÜBERARBEITEN setzen.

EINFÜGEN/ANMERKUNG

Verwenden Sie diesen Befehl, um ein Anmerkungszeichen für eine Anmerkung einzufügen und den dazugehörigen Anmerkungsausschnitt zu öffnen. Die Initialen des Korrektors und die Nummer des Anmerkungszeichens werden im Dokument als verborgener Text formatiert.

ANSICHT/ANMERKUNGEN

Maus: Doppelklick auf ein Anmerkungszeichen

Wenn sich in Ihrem Dokument Anmerkungen befinden, können Sie diesen Befehl zum Anzeigen oder Bearbeiten der Anmerkungen im Anmerkungsausschnitt verwenden. Ein Häkchen wird neben dem Befehlsnamen im Menü eingeblendet, wenn Sie den Anmerkungsausschnitt öffnen. Wenn Sie im Dokumentfenster einen Bildlauf durchführen, findet dieser gleichzeitig im Anmerkungsausschnitt statt, so daß sich die Anmerkung für das erste Anmerkungszeichen im Dokumentfenster immer an erster Stelle im Anmerkungsausschnitt befindet.

Tastaturbelegung

Hier stehen nur zwei Tastaturbelegungen zur Verfügung – alle anderen Funktionen sind ausschließlich mit der Maus aufzurufen.

[F7]	Rechtschreibprüfung aktivieren
[Umschalt-F7]	Thesaurus aufrufen

11.2.7 Lange Dokumente gestalten

Lange Dokumente können Bücher, wissenschaftliche Arbeiten, Diplom- oder Doktorarbeiten, Produktbroschüren, Geschäftsberichte u.v.m. sein. Für solche umfangreichen Dokumente sind Funktionen wie die Gliederungsfunktion und die Möglichkeit, Fußnoten einzugeben, ein Inhaltsverzeichnis anzulegen und ein Stichwortverzeichnis zu erstellen, in der Praxis sehr zu empfehlen.

Menübefehle

EINFÜGEN/SEITENZAHLEN

Verwenden Sie diesen Befehl, um Seitenzahlen innerhalb einer Kopf- oder Fußzeile einzufügen, zu formatieren und zu positionieren. Damit lassen sich längere Dokumente durchnumerieren.

Einfügen/Fußnote

Verwenden Sie diesen Befehl, um ein Fußnotenzeichen an der Position der Einfügemarke einzufügen und – ausgenommen in der Druckbildansicht – den Fußnotenauschnitt für die Texteingabe zu öffnen. WinWord druckt Fußnoten auf derselben Seite wie das zugehörige Fußnotenzeichen, sofern Sie es nicht anders festlegen.

Ansicht/Fußnoten

Wenn sich in Ihrem Dokument Fußnoten befinden, können Sie diesen Befehl zum Anzeigen oder Bearbeiten der Fußnoten verwenden. In der Druckbildansicht bewegt Word die Einfügemarke zu den Fußnoten auf der aktuellen Seite. In der Normalansicht wird der Fußnotenausschnitt geöffnet, und ein Häkchen wird neben dem Befehlsnamen im Menü eingeblendet. Wenn Sie im Dokumentfenster einen Bildlauf durchführen, findet dieser gleichzeitig im Fußnotenausschnitt statt, so daß sich die Fußnote für das erste Fußnotenzeichen im Dokumentfenster immer an erster Stelle im Fußnotenausschnitt befindet.

Ansicht/Gliederung

Verwenden Sie diesen Befehl, um innerhalb des Dokuments aus der Normal- oder Druckbildansicht in die Gliederungsansicht zu wechseln. Die Gliederungsansicht unterstützt Sie bei der Erstellung von Gliederungen und bei der Überprüfung der Struktur Ihrer Dokumente. Sie können sich wahlweise zum Beispiel nur Überschriften anzeigen lassen, wobei die Textkörper ausgeblendet werden. Um Ihr Dokument neu anzuordnen, können Sie eine Überschrift an eine andere Position in der Gliederung ziehen. Alle Unterüberschriften und Textkörper werden automatisch mit der Überschrift verschoben. Außerdem können Sie Überschriften in einer Gliederung auf höhere oder niedrigere Überschriftsebenen bringen.

Einfügen/Indexeintrag

Verwenden Sie diesen Befehl, um einen Indexeintrag einzufügen, der später zur Erstellung eines Stichwortverzeichnisses verwendet wird. WinWord fügt diesen Eintrag als verborgenes Feld in das Dokument ein.

EINFÜGEN/INDEX

Verwenden Sie diesen Befehl, um Indexeinträge in dem Dokument zusammenzustellen, ein Index-Feld einzufügen und den Index, also das Stichwortverzeichnis, als Ergebnis des Feldes anzuzeigen.

EINFÜGEN/INHALTSVERZEICHNIS

Verwenden Sie diesen Befehl, um Gliederungsüberschriften oder Inhaltsverzeichniseinträge in dem aktuellen Dokument zusammenzustellen, ein Verzeichnis-Feld einzufügen und das Inhaltsverzeichnis als Ergebnis des Feldes zu erstellen.

Tastenkombinationen

Es gibt eine Reihe von Tastenkombinationen für das Bearbeiten der Überschriften und Textkörper in der Gliederungsansicht.

[Alt-Umschalt-←]	Einen Absatz höherstufen
[Alt-Umschalt-→]	Einen Absatz tieferstufen
[Alt-Umschalt-↑]	Markierte Absätze nach oben verschieben
[Alt-Umschalt-↓]	Markierte Absätze nach unten verschieben
[Alt-Umschalt-F1]	Die erste Zeile des Textkörpers oder den gesamten Textkörper anzeigen
[Alt-Umschalt-1]	Erste Gliederungsebene anzeigen
[Alt-Umschalt-n]	Bis zur n-ten Gliederungsebene anzeigen (z. B. bis zur neunten durch Eingabe von n=9)
[Alt-Umschalt-+]	Text unter einer Überschrift einblenden
[Alt-Umschalt- −]	Text unter einer Überschrift ausblenden
[Alt-Umschalt-A]	Gesamten Text oder alle Überschriften einblenden (wenn der Text bereits angezeigt ist)

11.2.8 Mit Tabellen arbeiten

In einer Tabelle können Sie sowohl Text als auch Zahlen aufnehmen. Außerdem haben Sie die Möglichkeit, Zahlen in einer Tabelle zu berechnen.

Menübefehle

WinWord stellt Ihnen ein eigenes TABELLE-Menü zur Verfügung.

TABELLE/TABELLE EINFÜGEN

Verwenden Sie diesen Befehl, um eine Tabelle mit der von Ihnen angegebenen Anzahl an Zeilen und Spalten einzufügen.

TABELLE/ZELLEN EINFÜGEN

Dieser Befehl wird in dem Menü angezeigt, wenn sich die Einfügemarke in einer Zelle oder Gruppe von Zellen befindet. Wenn Sie eine ganze Zeile oder Spalte in der Tabelle markieren, ändert sich dieser Befehl zu Zeilen einfügen bzw. Spalten einfügen. WinWord fügt so viele Elemente ein, wie Sie markieren – wenn Sie z. B. Zellen in zwei Zeilen markiert haben und dann das Optionsfeld GANZE ZEILE EINFÜGEN wählen, fügt Word zwei Zeilen ein.

TABELLE/ZELLEN LÖSCHEN

Dieser Befehl wird in dem Menü angezeigt, wenn sich die Einfügemarke in einer Zelle oder Gruppe von Zellen befindet. Wenn Sie eine ganze Zeile oder Spalte markieren, ändert sich dieser Befehl zu ZEILEN LÖSCHEN bzw. SPALTEN LÖSCHEN. WinWord löscht so viele Elemente, wie Sie markieren – wenn Sie z. B. Zellen in zwei Zeilen markiert haben und dann das Optionsfeld GANZE ZEILE LÖSCHEN wählen, löscht Word zwei Zeilen.

TABELLE/ZEILEN EINFÜGEN

Dieser Befehl wird in dem Menü angezeigt, wenn Sie eine oder mehrere ganze Zeilen markieren. Verwenden Sie diesen Befehl, um oberhalb der markierten Zeile(n) eine Zeile für jede markierte Zeile einzufügen.

TABELLE/ZEILEN LÖSCHEN

Dieser Befehl wird in dem Menü angezeigt, wenn Sie eine oder mehrere ganze Zeilen markieren. Verwenden Sie diesen Befehl, um die markierte(n) Zeile(n) zu löschen.

TABELLE/SPALTEN EINFÜGEN

Dieser Befehl wird in dem Menü angezeigt, wenn Sie eine oder mehrere ganze Spalten markieren. Verwenden Sie diesen Befehl, um links von der/n markierten Spalte(n) eine Spalte für jede markierte Spalte einzufügen.

TABELLE/SPALTEN LÖSCHEN

Dieser Befehl wird in dem Menü angezeigt, wenn Sie eine oder mehrere ganze Spalten markieren. Verwenden Sie diesen Befehl, um die markierte(n) Spalte(n) zu löschen.

TABELLE/ZELLEN VERBINDEN

Verwenden Sie diesen Befehl, um die Inhalte von markierten Zellen miteinander zu verbinden. Dieser Befehl ist nur verfügbar, wenn Sie zwei oder mehr Zellen in einer Zeile markieren.

TABELLE/ZELLEN TEILEN

Verwenden Sie diesen Befehl, um Zellen, die Sie zuvor miteinander verbunden haben, zu teilen. Dieser Befehl ist nur verfügbar, wenn die Einfügemarke innerhalb einer verbundenen Zelle steht.

TABELLE/TEXT IN TABELLE

Verwenden Sie diesen Befehl, um markierten Text in eine Tabelle umzuwandeln. Falls sich das gewünschte Tabellenformat nicht eindeutig aus dem markierten Text erstellen läßt, zeigt WinWord die Dialogbox TEXT IN TABELLE UMWANDELN an.

TABELLE/TABELLE IN TEXT

Verwenden Sie diesen Befehl, um eine markierte Tabelle oder markierte ganze Tabellenzeilen in Text umzuwandeln, wobei die Inhalte der Zellen in den einzelnen Zeilen durch das von Ihnen ausgewählte Trennzeichen voneinander getrennt werden. Dieser Befehl ist nur verfügbar, wenn Sie eine ganze Tabelle oder ganze Zeilen in einer Tabelle markiert haben.

TABELLE/ZEILE MARKIEREN

Verwenden Sie diesen Befehl, um die ganze Zeile, in der die Einfügemarke steht, zu markieren.

TABELLE/SPALTE MARKIEREN

Verwenden Sie diesen Befehl, um die ganze Spalte, in der die Einfügemarke steht, zu markieren.

TABELLE/TABELLE MARKIEREN

Verwenden Sie diesen Befehl, um die ganze Tabelle, in der die Einfügemarke steht, zu markieren.

TABELLE/ZEILENHÖHE

Verwenden Sie diesen Befehl, um die Höhe und die Formatierung der markierten Zeilen festzulegen.

TABELLE/SPALTENBREITE

Verwenden Sie diesen Befehl, um die Spaltenbreite und den Abstand zwischen den Spaltentexten in markierten Spalten festzulegen.

TABELLE/TABELLE TEILEN

Verwenden Sie diesen Befehl, um eine Tabelle in einzelne Tabellen zu teilen. Dieser Befehl fügt eine Absatzmarke oberhalb der Zeile ein, in der die Einfügemarke steht.

TABELLE/GITTERNETZLINIEN

Verwenden Sie diesen Befehl, um die Gitternetzlinien in Tabellen anzuzeigen oder zu verbergen. *Hinweis*: Gitternetzlinien werden nicht gedruckt. Damit zwischen Spalten und Zeilen Linien gedruckt werden, müssen Sie der Tabelle mit FORMAT/RAHMEN Rahmen hinzufügen.

EXTRAS/BERECHNEN

Verwenden Sie diesen Befehl, um mathematische Berechnungen für Zahlen und mathematische Rechenzeichen enthaltende Markierungen durchzuführen. Sie können Berechnungen sowohl in einer Tabelle als auch im Text durchführen. WinWord zeigt das Ergebnis kurz in der unteren linken Ecke des Fensters an und stellt das Ergebnis in die Zwischenablage. Aus der Zwischenablage können Sie dann das Ergebnis in Ihr Dokument einfügen.

Tastenkombinationen

Auch hier bietet WinWord nur einige wenige Tastenkombinationen als Alternative zum Arbeiten mit der Maus an.

[Alt-5]	Tabelle markieren (mit der 5 auf dem separaten Zehnertastenblock)
[Strg-Umschalt-Eingabe]	Tabelle teilen

Arbeiten und Bewegen in einer Tabelle

[Tab]	Springen zur nächsten Zelle in einer Zeile oder Hinzufügen einer neuen Zeile, wenn die letzte Zelle der Tabelle erreicht ist
[Eingabe]	Neuen Absatz in die Zelle einfügen (Hinweis: Wenn Sie Text in eine Tabelle eingeben, bricht der Text innerhalb jeder Zelle automatisch um)
[Umschalt-Tab]	Zur vorherigen Zelle in einer Zeile zurückgehen
[Alt-Pos1]	Zur ersten Zelle der aktuellen Zeile springen
[Alt-Bild ↑]	Zur obersten Zelle der aktuellen Spalte springen
[Alt-Ende]	Zur letzten Zelle der aktuellen Zeile springen
[Alt-Bild ↓]	Zur letzten Zelle in der aktuellen Spalte springen
[↑] oder [↓]	Zur nächsten Zeile springen
[Strg-Tab]	Tabulatorzeichen in eine Zelle einfügen

396

11.2.9 Programmoberfläche

Unter Programmoberfläche sind die Fenstertechnik, die Hilfefunktion, die Erstellung von Makros und das Verlassen von WinWord zusammengefaßt.

Menübefehle

DATEI/BEENDEN

Menü: Doppelklick auf die Schaltfläche des Steuerungsmenüs

Verwenden Sie diesen Befehl, um Ihre WinWord-Sitzung zu beenden. Sie können dazu auch den Befehl SCHLIEßEN aus dem Steuerungsmenü wählen. WinWord fordert Sie auf, Dokumente, die noch nicht abgespeicherte Änderungen enthalten, zu speichern.

EXTRAS/EINSTELLUNGEN

Verwenden Sie diesen Befehl, um Ihre Arbeit in WinWord bestimmten Erfordernissen anzupassen. Sie können die Einstellungen in verschiedenen Kategorien spezifizieren.

EXTRAS/MAKRO AUFZEICHNEN

Verwenden Sie diesen Befehl, um ein Makro aufzuzeichnen. Ein Makro ist eine aufgezeichnete Folge von Schritten, die Sie zu einem späteren Zeitpunkt "abspielen" wollen. Nach Wahl des Befehls MAKRO AUFZEICHNEN wird der Befehl zu AUFZEICHNUNG BEENDEN.

EXTRAS/MAKRO

Verwenden Sie diesen Befehl, um ein beliebiges Makro oder einen beliebigen in WinWord installierten Befehl auszuführen oder zu bearbeiten.

FENSTER/NEUES FENSTER

Verwenden Sie diesen Befehl, um ein neues Fenster mit demselben Inhalt wie das aktuelle Fenster zu öffnen. Sie können bis zu neun Dokumentfenster öffnen, um gleichzeitig verschiedene Teile oder Ansichten eines Dokuments anzuzeigen. Wenn Sie den Dokumentinhalt in einem Fenster ändern, sind diese Änderungen in allen anderen Fenstern, die dasselbe Dokument enthalten, sichtbar. Wenn Sie ein neues Fenster öffnen, wird dies zum aktuellen Fenster und überlagert alle anderen geöffneten Fenster.

FENSTER /ALLES ANORDNEN

Verwenden Sie diesen Befehl, um alle geöffneten Dokumentfenster so anzuordnen, daß sie sich auf dem WinWord-Bildschirm nicht überlagern. Sie können bis zu neun geöffnete Dokumentfenster anordnen. Mit diesem Befehl können Sie auch Fenster, die hinter anderen Fenstern verborgen sind, sichtbar machen oder die Art der Fensteranordnung auf Ihrem Word-Bildschirm festlegen.

?/INDEX

Verwenden Sie diesen Befehl, um den Eröffnungsbildschirm der Hilfe-Funktion anzuzeigen. Von dem Eröffnungsbildschirm aus können Sie schrittweise Anleitungen zur Benutzung von WinWord und verschiedene Arten von Referenzinformationen aufrufen.

Wenn Sie innerhalb der Hilfe-Funktion zu dem Eröffnungsbildschirm zurückkehren wollen, klicken Sie auf die erste Schaltfläche links im Hilfe-Fenster.

?/ERSTE SCHRITTE

Verwenden Sie diesen Befehl, um die Lernprogrammlektionen über Grundkenntnisse von WinWord und Strategien für schnelle Produktivität aufzurufen.

?/LERNPROGRAMM

Verwenden Sie diesen Befehl, um die Lernprogrammlektionen aufzurufen, mit denen Sie die Verwendung einer Vielzahl von WinWord-Funktionen üben können. Diese Lektionen sind umfangreicher und komplexer als die Lektionen, die mit dem Befehl ERSTE SCHRITTE aufgerufen werden.

?/INFO

Verwenden Sie diesen Befehl, um die Versionsnummer Ihrer Microsoft Word für Windows-Version, den Copyright-Hinweis, eventuell installierte mathematische Koprozessoren sowie den verfügbaren Speicherplatz und die verfügbare Arbeitsspeicherkapazität anzuzeigen.

Tastenkombinationen

Für die Programmoberfläche stehen alternativ auch einige Tastenkombinationen zur Verfügung:

[F1]	Hilfe anzeigen
[Umschalt-F1]	Anzeigen des Hilfe-Zeigers, um im Text einen Begriff auszuwählen und dazu Hilfe anzufordern
[Alt-F4]	WinWord verlassen
[Strg-F4]	Dateifenster schließen
[Strg-F5]	Dateifenster wiederherstellen
[Alt-F5]	WinWord-Fenster wiederherstellen
[Strg-F6]	Ins nächste Fenster gehen
[Strg-Umschalt-F6]	Ins vorherige Fenster gehen
[Strg-F7]	Dateifenster bewegen
[Strg-F8]	Größe des Dateifensters ändern
[Alt-F9]	WinWord-Fenster auf ein Sinnbild verkleinern
[F10]	In die Menüleiste gehen
[Umschalt-F10]	Dateifenster auf volle Bildschirmgröße bringen
[Strg-Umschalt-F10]	WinWord-Fenster auf volle Bildschirmgröße bringen
[F6]	In den nächsten Fensterausschnitt springen (bei geteiltem Bildschirmfenster)
[Umschalt-F6]	In den vorherigen Fensterausschnitt springen

11.3 Vorhandene Dokumentvorlagen

Eine Dokumentvorlage ist ein spezielles Dokument, das Sie als Muster zur Erstellung anderer Dokumente derselben Gattung verwenden können. Ausgangspunkt für die Entwicklung von Dokumentvorlagen ist, daß Sie bei Ihrer Arbeit zwar Dutzende von Dokumenten erstellen, diese aber in der Regel einigen wenigen Gruppen zugeordnet werden können. Die Sekretärin schreibt alle Geschäftsbriefe in der gleichen Form; die Vertriebsabteilung verfaßt Quartalsberichte, die immer gleich aufgebaut sind; die Presseabteilung verschickt regelmäßig Pressemitteilungen an die Redaktionen von Zeitungen und Zeitschriften. Wie mühsam wäre es, bei solchen immer wiederkehrenden Arbeiten ständig ganz von vorn anzufangen. Dank einer Dokumentvorlage entfallen Aufgaben wie das Festlegen der Seitenränder, die Auswahl einer Schriftart und ähnliche Dinge.

Hinweis: Wie Sie vorhandene Dokumentvorlagen einsetzen und eigene Dokumentvorlagen erstellen, haben Sie in Kapitel 3.4.2 erfahren.

WinWord liefert eine große Anzahl verschiedener Dokumentvorlagen gleich mit. Die Standardvorlage – auch gleichzeitig die Voreinstellung für alle neuen Dokumente – heißt NORMAL und läßt eine leere DIN-A4-Seite auf dem Bildschirm erscheinen. Alle anderen zur Verfügung stehenden Vorlagen lassen sich grob in drei verschiedene Gruppen unterteilen:

1. Briefe

2. Berichte

3. Sonstige Dokumente

Briefvorlagen

VERBRBK: Erstellen eines modifizierten Blockbriefes

Der Geschäftsbrief wird linksbündig geschrieben; die ersten Zeilen der einzelnen Absätze des Brieftextes sind nicht eingezogen. Das Datum steht zentriert, ebenso die Grußformel.

HAVEBRK: Erstellen eines modifizierten Halb-Blockbriefes

Datum und Grußformel sind etwas rechts von der Briefmitte angeordnet und die Absätze des Brieftextes um 1,25 cm nach rechts eingezogen.

400

PRIVATBR: Erstellen eines Privatbriefes

In der Anrede steht *Lieber*, gefolgt von dem jeweiligen Vornamen des Adressaten, die Grußformel wird eingeleitet mit *Viele Grüße*.

Berichte

STANDBER: Erstellen eines Berichtes mit Standardausrichtung im Hochformat

Die Fußzeilen aller Seiten außer der ersten enthalten jeweils den Titel des Dokuments, die Seitenzahl und den Text der nächsten Überschrift mit dem Druckformat GLIEDERUNG 1.

BERIMQUR: Erstellen eines Berichtes im Querformat

Ein mit dieser Vorlage erstellter Bericht entspricht in allen Details dem Standardbericht, mit dem einen Unterschied, daß er im Querformat geschrieben wird.

BERMARG: Erstellen eines Berichtes mit Marginalüberschriften

Möchten Sie einen Bericht durch Marginalüberschriften optisch anschaulicher gestalten, wählen Sie diese Berichtsform. Die Marginalien stehen am linken Seitenrand neben den entsprechenden Absätzen.

Sonstige Dokumente

ADRAUFKL: Erstellen von Adreßaufklebern für den Seriendruck

Sie können Adreßaufkleber in den verschiedensten Aufklebermaßen erstellen und mit Adressen in einer Steuerdatei mischen.

ANGEBOT: Erstellen eines Geschäftsangebots

Das Angebot enthält die Angebotsbezeichnung, Zwischenüberschriften und eine Kopfzeile, in der steht, an wen das Angebot gerichtet ist und von wem es unterbreitet wurde.

DATAFILE: Erstellen einer Seriendruckvorlage

Mit dieser Vorlage können Sie eine Steuerdatei oder Steuersatzdatei für den Seriendruck anlegen.

FAX: Erstellen eines Deckblatts für ein Telefax

Das Deckblatt enthält die Adresse und Telefonnummer des Empfängers sowie des Absenders.

MSWORD: Tastaturzuweisung von Word für DOS

Haben Sie bislang mit Word für DOS gearbeitet, müssen Sie sich nicht umgewöhnen, was die Tastenbelegung angeht, sondern wählen eben diese Tastaturzuweisung in Form einer Dokumentvorlage.

OVERHEAD: Erstellen von Präsentationsfolien für den Overhead-Projektor

Auf der Folie erscheinen Titel, Untertitel und Verfasserzeile.

PRESSE: Erstellen einer Pressemitteilung

Unter einer Schlagzeile erscheint die eigentliche Pressemeldung. Am Schluß der Pressemitteilung steht folgender Hinweis: Für weitere Informationen wählen Sie folgende Telefonnummer...

SEMESTER: Erstellen einer Semesterarbeit

Die Seiten werden gemäß den Anforderungen an eine Semesterarbeit eingerichtet.

11.4 Wichtige Feldfunktionen

Unter EINFÜGEN/FELD steht Ihnen eine Vielzahl von Feldarten zur Verfügung. Die wichtigsten sollen hier einmal kurz aufgezeigt werden.

Aktuelles Datum: {DATUM ["Datumsformatbild"]}

Das Feld DATUM fügt das Datum der letzten Aktualisierung des Feldes ein.

Beispiel: {DATUM \@ "tt MM jj"}

Ergebnis: 24.12.91

Anzahl Seiten: {ANZSEIT}

Das Feld ANZSEIT fügt die Anzahl der Seiten ein, die ein Dokument beim letzten Drucken oder Bearbeiten der Statistikinformationen im Dialogfeld DA-TEI-INFO aufwies.

Beispiel: Seite {SEITE} von {ANZSEIT}

Ergebnis: *Seite 13 von 34*

Anzahl Wörter: {ANZWORT}

Das Feld ANZWORT fügt die Anzahl der Wörter ein, die ein Dokument beim letzten Drucken oder Bearbeiten der Statistikinformationen im Dialogfeld DA-TEI-INFO aufwies.

Beispiel: Dieser Artikel enthält {ANZWORT} Wörter.

Ergebnis: *Dieser Artikel enthält 2.412 Wörter.*

Anzahl Zeichen: {ANZZEICH}

Das Feld ANZZEICH fügt die Anzahl der Zeichen ein, die ein Dokument beim letzten Drucken oder Bearbeiten der Statistikinformationen im Dialogfeld DATEI-INFO aufwies.

Beispiel: {={ANZZEICH}/{ANZWORT}} ist die durchschnittliche Wortlänge.

Ergebnis: *12 ist die durchschnittliche Wortlänge.*

Ausdruck: {= AUSDRUCK[Textmarke]}

Das Feld AUSDRUCK berechnet eine Zahl aus einer beliebigen mathematischen Gleichung.

Beispiel: Unser Gewinn beläuft sich in diesem Monat auf {= Verkäufe – Kosten}.

Ergebnis: *Unser Gewinn beläuft sich in diesem Monat auf 243.000 DM.*

Baustein: {BAUSTEIN Bausteinname}

Das Feld BAUSTEIN fügt den Inhalt eines bestimmten Textbausteineintrags ein. Wenn sich der Inhalt des Textbausteins ändert, wird nach dem Aktualisieren des Feldes auch der neue Inhalt eingefügt.

Beispiel: {BAUSTEIN mfg}

Ergebnis Fügt den Text ein, der vorher unter dem Textbausteinnamen "mfg" gespeichert worden ist.

Datenfeld: {DATENFELD Feldname}

Das Feld DATENFELD fügt aus einer Steuerdatei ein Feld zum Drucken von Seriendokumenten in ein Hauptdokument ein. Der Feldname kann der Name eines beliebigen Feldes sein, das in der dem Hauptdokument zugewiesenen Steuerdatei definiert ist. Der Name des Feldes erscheint dann als Feldergebnis.

Beispiel: {DATENFELD Vorname}

Ergebnis: <Vorname>

Datensatz: {DATENSATZ}

Das Feld DATENSATZ fügt die Nummer des aktuellen Datensatzes während des Druckens von Seriendokumenten ein.

Beispiel: {DATENSATZ}

Ergebnis: 8

Die Zahl ändert sich mit jeder gedruckten Kopie.

Druckdatum: {DRUCKDAT}

Das Feld DRUCKDAT fügt das Datum ein, an dem das Dokument zuletzt gedruckt wurde. Dieser Wert wird dem entsprechenden Feld im Dialogfeld DATEI-INFO entnommen.

Beispiel: {DRUCKDAT}

Ergebnis: *18.01.92*

Einfügen: {EINFÜGEN Dateiname [Positionsangabe]}

Das Feld EINFÜGEN fügt den Inhalt eines anderen Dokuments oder den Inhalt einer Textmarke, die sich in einem anderen Dokument befindet, ein.

Beispiel: {EINFÜGEN c:\\winword\\dokument\\vertrag.doc}

Ergebnis: Fügt die Datei VERTRAG.DOC ein.

Erstelldatum: {ERSTELLDAT}

Das Feld ERSTELLDAT fügt das Erstellungsdatum des Dokuments aus dem entsprechenden Feld des Dialogfeldes DATEI-INFO ein.

Beispiel {ERSTELLDAT}

Ergebnis *13.10.91*

Formeln: {FORMEL Anweisungen}

Das Feld FORMEL erzeugt eine mathematische Gleichung. Ein neues Ergebnis erscheint, wenn Sie die Formel-Codes bearbeiten. Verwenden Sie das Feld FORMEL dann, wenn Sie den Formel-Editor nicht installiert haben oder wenn Sie Gleichungen im Fließtext schreiben möchten. Zum Erstellen komplexer Gleichungen sollten Sie den im Lieferumfang von Word enthaltenen Formel-Editor verwenden. Wenn Sie auf ein FORMEL-Feld doppelklicken, wird der Formel-Editor geöffnet und die Formel in die entsprechende Formel des Formel-Editors übersetzt. Sie können ein FORMEL-Feld auch direkt in ein Formel-Editor-Fenster einfügen.

Fußnotenzeichen: {FNREF Textmarke}

Das Feld FNREF fügt das Fußnotenzeichen der angegebenen Fußnote ein. Mit Hilfe dieses Feldes können Sie mehrere Verweise auf eine Fußnote oder Querverweise auf Fußnoten erstellen.

Beispiel: Eine Erläuterung hierzu finden Sie in der Neuausgabe des Gartenkalenders von Cornelis Zuidema (siehe Hinweis {FNREF Cornelis Zuidema}).

Ergebnis: *Eine Erläuterung hierzu finden Sie in der Neuausgabe des Gartenkalenders von Cornelis Zuidema (siehe Hinweis 1).*

Die Textmarke lautet hier *Cornelis Zuidema.* Die Textmarke muß im Fußnotenzeichen, nicht im Fußnotenausschnitt, erscheinen.

Index: {INDEX [Schalter]}

Das Feld sammelt Text und Seitenzahlen aus XE-Feldern und erzeugt daraus einen Index.

Informationen zum XE-Feld finden Sie unter XE-Feld.

Beispiel {INDEX}

Ergebnis Thema
Unterthema 4, 9
Unterthema 18
Unterthema 47

Indexeintrag: {XE *Text* [Schalter]}

Das Feld XE fügt Text und Seitenzahlen für einen Index ein. Sie können dieses Feld zusammen mit dem Feld INDEX verwenden.

Beispiel: {XE "Text markieren"}

Ergebnis: Der folgende Eintrag wird nach dem Aktualisieren des INDEX-Feldes in den Index übernommen: *Text markieren, 20*

Der Text *Text markieren* bezeichnet den Eintrag, den Sie dem Index hinzufügen möchten.

406

Inhalt: {INHALT "Text" [Schalter] [Verzeichniskennung]}

Das Feld INHALT fügt Texte und Seitenzahlen für ein Inhaltsverzeichnis ein. Die Einträge, die mit diesem Feld erstellt werden, können zum Erstellen oder Aktualisieren eines Verzeichnisses verwendet werden, das mit dem Feld VERZEICHNIS erstellt und formatiert worden ist.

Beispiel: {INHALT "Text markieren"}

Ergebnis: Inhaltsverzeichnis nach dem Aktualisieren des VERZEICHNIS-Feldes: *Text markieren, 49*

Der Text *Text markieren* bezeichnet das, was im Inhaltsverzeichnis erscheinen soll.

Makro: {MAKRO Makroname AnzuzeigenderText}

Das Feld MAKRO zeigt den angegebenen Text als Ergebnis an.

Beispiel: {MAKRO UmschlagErstellen}

Ergebnis: Druckt einen Umschlag.

Nächster: {NÄCHSTER}

Das Feld NÄCHSTER bezeichnet den nächsten Datensatz, ohne jedoch ein eigenes Ergebnis anzuzeigen, oder geht zum nächsten Absatz in der Steuerdatei und verwendet dessen Daten für die Textmarkenfelder, die im Hauptdokument nach dem Feld NÄCHSTER folgen. Dieses Feld eignet sich besonders zum Erstellen von Listen in einem Dokument, wie zum Beispiel eine Kundenliste, oder zum Drucken von Adreßetiketten.

REF: {[REF] Textmarke}

Das Feld REF fügt einen Verweis auf Inhalte ein, die aus dem Text einer Textmarke im Dokument eingefügt werden. Die Inhalte werden zusammen mit den zugewiesenen Formaten kopiert.

Beispiel: Siehe auch unter "{REF Kopfzeilen}".

Ergebnis: *Siehe auch unter "Kopf- und Fußzeilen einfügen".*

407

Seite: {SEITE Seite-[\ Format-Bild]}

Das Feld SEITE fügt die Nummer der Seite ein, auf der sich das Feld befindet (die Nummer der aktuellen Seite).

Beispiel   Seite {SEITE}

Ergebnis   *Seite 18*

Seitenref.: {SEITENREF Textmarke}

Das Feld SEITENREF fügt die Seitenzahl aus einer Textmarke für einen Querverweis ein.

Beispiel: Genaue Informationen finden Sie auf Seite {SEITENREF Kopfzeilen}.

Ergebnis: *Genaue Informationen finden Sie auf Seite 58.*

Die Textmarke lautet hier *Kopfzeilen.* Dies ist der Name eines markierten Bereichs, der Überschrift *Kopf- und Fußzeilen einfügen.*

Seq: {SEQ Kennung [Textmarke]}

Mit dem Feld SEQ können Sie Kapitel, Tabellen, Abbildungen und andere Elemente in einem Dokument automatisch numerieren. Sie können das SEQ-Feld auch zusammen mit Textmarken verwenden, um Querverweise auf diese Elemente zu erzeugen.

Beispiel: Querverweise

Um einen automatischen Querverweis auf ein Element zu erstellen, das Sie mit einem SEQ-Feld gekennzeichnet haben, weisen Sie dem Element einen Textmarkennamen zu und fügen diesen Textmarkennamen dann in ein SEQ-Feld ein, in dem der Querverweis erscheinen soll. Angenommen, Sie möchten auf die Tabelle *Umsatz Afrika* verweisen. Dazu fügen Sie zunächst dem SEQ-Feld, das Sie für die Tabelle erstellt haben, einen Textmarkennamen zu – zum Beispiel *Umsatz Afrika.* Anschließend fügen Sie an der Stelle, an der der Querverweis erscheinen soll, ein SEQ-Feld ein. Im folgenden Beispiel wird angenommen, daß die Tabelle *Umsatz Afrika* die zweite Tabelle im Dokument ist.

Beispiel: Wie in Tabelle {SEQ Tabelle Umsatz_Afrika} gezeigt ...

Ergebnis: *Wie in Tabelle 2 gezeigt ...*

Auf diese Weise können Sie auch Kapitel automatisch numerieren und Kapitelnummern und -überschriften in Kopf- und Fußzeilen, Inhaltsverzeichnisse und Indexverzeichnisse einfügen.

Beispiel: Numerieren von Kapiteln

Um Kapitel automatisch zu numerieren, fügen Sie am Anfang eines jeden Absatzes ein SEQ-Feld ein.

Beispiel: Kapitel {SEQ Kapitel}. Die Hochzeit

Ergebnis: *Kapitel 9. Die Hochzeit*

WinWord ersetzt das Feld {SEQ Kapitel} durch die entsprechende Nummer, wenn Sie das Feld aktualisieren oder das Dokument drucken. Im vorstehenden Beispiel ist *Die Hochzeit* der Text, den Sie eingeben, um das Kapitel zu benennen.

SEQ-Schalter

Der Schalter \c weist WinWord an, die nächste vorhergehende Folgenummer, d. h. die aktuelle Nummer zu verwenden. Dieser Schalter eignet sich vor allem für Verweise in der Seite oder den Seiten, die nach dem aktuellen Element folgen, d. h. für Verweise auf das letzte Element desselben Elementtyps.

Der Schalter \n weist Word an, die nächste Folgenummer einzufügen. Wenn Sie keinen Schalter angeben, ist dies die Standardeinstellung.

Der Schalter \r weist Word an, die aktuelle Folgenummer durch die Nummer zu ersetzen, die Sie eingeben. Mit dieser Option können Sie die Numerierung an jeder Stelle - zum Beispiel am Anfang eines neuen Kapitels - neu starten.

Der Schalter \h bewirkt, daß das Feldergebnis nicht angezeigt wird. Diese Option ist sinnvoll, wenn Sie ein SEQ-Feld für Querverweise verwenden möchten, das Feld jedoch nicht sichtbar sein soll. So können Sie beispielsweise auf ein numeriertes Kapitel verweisen, ohne daß die Kapitelnummer selbst im Kapitel erscheinen muß.

Sonderzeichen: {SONDZEICHEN Zeichen}

Das Feld SONDZEICHEN fügt ein einzelnes Sonderzeichen oder eine Zeichenkette ein.

Beispiel: {SONDERZEICHEN 163}

Ergebnis: £

Informationen zum ANSI-Zeichensatz finden Sie in Ihrer Windows-Dokumentation.

Steuerdatei: {STEUERDATEI Steuerdatei [Steuersatzdatei]}

Das Feld STEUERDATEI kennzeichnet die Quelldatei, die die beim Drucken von Seriendokumenten einzufügenden Daten enthält. Nach dem Zuweisen einer Steuerdatei wird das Feld nicht mehr angezeigt.

Beispiel: {STEUERDATEI Kunden}

Das Argument Steuerdatei lautet hier "Kunden". Dies ist der Name der Datei, aus der Informationen in ein Hauptdokument eingefügt werden.

Textmarke: {TextmarkeName}

Das Feld TEXTMARKE, eine Variation des Feldes REF, wird beim Drucken von Serienbriefen verwendet, um zu kennzeichnen, wo Text und Grafiken erscheinen sollen, die aus der Steuerdatei eingefügt werden.

Beispiel: {Kopfzeilen}

Ergebnis: Fügt den Inhalt der Textmarke "Kopfzeilen" ein.

Verknüpfung:
{VERKNÜPFUNG Objektname Dateiname [Positionsangabe][Format]}

Das Feld VERKNÜPFUNG erstellt eine Verknüpfung zum Inhalt einer Datei, die mit einem anderen Programm erstellt worden ist.

Für das Feld VERKNÜPFUNG stehen die folgenden Schalter zur Verfügung:

\a   Aktualisiert die Verknüpfung automatisch.
\t   Fügt das verknüpfte Objekt als Text ein.
\r   Fügt das verknüpfte Objekt im RTF-Format ein.
\p   Fügt das verknüpfte Objekt als Grafik ein.
\b   Fügt das verknüpfte Objekt als Bitmap ein.

410

Verzeichnis (Inhaltsverzeichnis):
{VERZEICHNIS [Schalter] [Textmarke] [Verzeichniskennung]}

Das Feld VERZEICHNIS stellt ein Inhaltsverzeichnis oder ein anderes Verzeichnis zusammen. Dieses Feld kann zusammen mit dem Feld INHALT (Inhaltsverzeichniseintrag) verwendet werden.

Beispiel: {VERZEICHNIS}

Ergebnis: Ein Inhaltsverzeichnis aus der Gliederung des Dokuments.

Wenn keine weitere Anweisung angegeben wird, wird ein Verzeichnis standardmäßig auf der Basis der Gliederungsüberschriften erstellt.

Vorlage: {VORLAGE}

Das Feld VORLAGE fügt den Namen der Dokumentvorlage aus dem entsprechenden Feld des Dialogfeldes DATEI-INFO ein.

Beispiel: Dieses Dokument wurde auf der Basis der Vorlage {VORLA-GE} erstellt.

Ergebnis: *Dieses Dokument wurde auf der Basis der Vorlage UM-SATZ.DOT erstellt.*

Wenn:
{WENN Ausdruck Operator Ausdruck WennWahrText WennFalschText}

Das Feld WENN vergleicht zwei Werte und fügt dann den entsprechenden Text für das Ergebnis des Vergleichs ein. Die beiden Werte können Ausdrücke sein.

Beispiel: {WENN Auftrag= 100 *Wir danken für den Auftrag* "Mindestbestellmenge ist 100"}

Ergebnis: *(Kundenaufträge 150:) Wir danken für den Auftrag*
                  (Kundenaufträge 50:) Mindestbestellmenge ist 100

411

11.5 Die wichtigsten Fehlermeldungen

Angegebener Datensatz liegt nicht im Bereich der Steuerdatei.

Der angegebene Bereich enthält keine Datensätze in der Steuerdatei. Der für den Seriendruck angeforderte Datensatz liegt außerhalb Ihrer Steuerdatei.

So beheben Sie diesen Fehler: Geben Sie einen Bereich an, der mindestens einen Datensatz in der Steuerdatei enthält.

Anwendungsprogramm nicht auffind- oder ausführbar.

WinWord konnte das gewünschte Anwendungsprogramm nicht finden oder nicht ausführen.

So beheben Sie diesen Fehler: Prüfen Sie, ob sich das Anwendungsprogramm auf einem Laufwerk und in einem Verzeichnis befindet, in dem WinWord es finden kann, und versuchen Sie dann erneut, das Programm auszuführen.

Das Objekt (Name) ist für die Bearbeitung gesperrt.

Das eingebettete Objekt bzw. die Verknüpfung, die gelöscht, verschoben oder geändert werden soll, wird von dem Quellen-Anwendungsprogramm benutzt. Der Server hat das Objekt seit der letzten Benutzung nicht freigegeben, und der Benutzer kann es in WinWord nicht bearbeiten.

So beheben Sie diesen Fehler: Wechseln Sie zu der anderen Anwendung, bearbeiten Sie die Daten in der Quelldatei, und schließen Sie diese. WinWord aktualisiert dann die verknüpften Daten in Ihrem Dokument.

Datei (Dateiname) ist nicht verfügbar.

Sie haben versucht, eine Datei zu öffnen, die sich auf einem Netzwerk-Laufwerk befindet. Diese Datei wurde jedoch bereits von einem anderen Benutzer geöffnet.

So beheben Sie diesen Fehler: Warten Sie, bis die Datei verfügbar ist, und versuchen Sie dann erneut, diese zu öffnen.

Datei nicht vorhanden.

Sie haben versucht, eine nicht vorhandene Datei zu öffnen.

So beheben Sie diesen Fehler: Prüfen Sie, ob Sie den Pfad- und Dateinamen richtig eingegeben haben, oder geben Sie den Namen einer Datei ein, die existiert. Wenn eine Dateiliste existiert, wählen Sie einen Dateinamen aus.

Dateiname oder Pfad ist ungültig.

Sie haben versucht, eine Datei zu öffnen. Der eingegebene Dateiname enthielt jedoch mehr als acht Zeichen, ein Satzzeichen, wie zum Beispiel einen Doppelpunkt, oder eine Dateierweiterung mit mehr als drei Zeichen.

So beheben Sie diesen Fehler: Geben Sie den Dateinamen unter Verwendung gültiger Zeichen erneut ein oder geben Sie einen gültigen Dateinamen ein.

Der angegebene Datentyp ist nicht verfügbar.

Sie haben den Befehl OBJEKT aus dem Menü EINFÜGEN gewählt, WinWord kann jedoch das Objekt, das Sie einfügen wollen, nicht auffinden.

So beheben Sie diesen Fehler: Überprüfen Sie, ob das Verzeichnis, in dem die Anwendung gespeichert ist, in Ihrem Pfad aufgeführt ist.

Die Diskette ist voll.

Sie haben versucht, eine Datei zu kopieren. Word kann jedoch diese Datei nicht an die angegebene Stelle kopieren, da entweder auf der Diskette/Festplatte kein Platz mehr ist oder zu viele Dateien geöffnet sind.

So beheben Sie diesen Fehler: Versuchen Sie, die Datei auf eine andere Diskette/Festplatte zu speichern, oder wechseln Sie zu nicht benötigten Dokumentfenstern, schließen die Fenster mit dem Befehl SCHLIEßEN aus dem DATEI-Menü und versuchen dann erneut, die Datei zu kopieren.

Nicht genügend Speicher, um den Vorgang abzuschließen.

WinWord benötigt mehr Arbeitsspeicher, um den von Ihnen gestarteten Vorgang abzuschließen.

So beheben Sie diesen Fehler: Erhöhen Sie die Speicherkapazität, und versuchen Sie dann erneut, den Vorgang durchzuführen.

Drucken nicht möglich aufgrund eines Problems bei der Druckereinrichtung.

Der Windows-Druck-Manager kann nicht drucken, da entweder der Drucker nicht aktiviert oder installiert wurde oder das System nicht über genügend Arbeitsspeicher oder Speicherplatz auf der Diskette/Festplatte verfügt.

Sie beheben diesen Fehler, indem Sie einen oder mehrere der folgenden Schritte ausführen:

Öffnen Sie die Windows-Systemsteuerung und überprüfen Sie Ihre Druckereinstellungen.

Schließen Sie andere Anwendungsprogramme oder Fenster, um die Speicherkapazität zu erhöhen.

Drucken nicht möglich; Drucker nicht installiert.

Es ist kein Drucker installiert oder Ihr Drucker ist nicht korrekt eingestellt.

So beheben Sie diesen Fehler: Installieren Sie einen Drucker oder überprüfen Sie die Einstellung Ihres Druckers.

Druckerfehler.

Es liegt ein Problem mit dem Druckertreiber, dem Drucker oder dem Druckeranschluß vor.

Wenn Sie nicht genügend Speicher vermuten, erhöhen Sie den Arbeitsspeicher, und versuchen Sie den Vorgang erneut.

Ein neues Fenster kann erst geöffnet werden, wenn ein anderes geschlossen wird.

Sie haben einen Schritt ausgeführt - wie zum Beispiel das gleichzeitige Öffnen mehrerer Dokumente oder das Bearbeiten eines Makros - der erfordert, daß Word ein oder mehrere Dokumentfenster öffnet. Der gewünschte Schritt würde dazu führen, daß mehr als neun Dateifenster geöffnet wären. Dies ist in WinWord jedoch nicht möglich.

So beheben Sie diesen Fehler: Schließen Sie alle nicht benötigten Fenster, und versuchen Sie dann erneut, den gewünschten Schritt auszuführen.

Fehler! Datei kann nicht gelesen oder angezeigt werden.

Sie haben ein IMPORT-Feld eingefügt. Word kann jedoch die zu importierende Datei nicht lesen oder anzeigen.

Sie beheben diesen Fehler, indem Sie einen der folgenden Schritte ausführen:

Prüfen Sie, ob die Datei beschädigt ist. Ist dies der Fall, versuchen Sie, diese mit Hilfe einer Sicherungskopie wieder herzustellen.

Prüfen Sie, ob die Datei ein von WinWord unterstütztes Format hat.

Fehler! Datei kann nicht geöffnet werden.

Sie haben ein Feld eingefügt, das zum Erzeugen der Feldergebnisse eine Datei verwendet. Diese Datei kann WinWord jedoch nicht öffnen.

Sie beheben diesen Fehler, indem Sie einen der folgenden Schritte ausführen:

Prüfen Sie, ob sich die Datei auf der Diskette/Festplatte und in dem Laufwerk befindet, in dem WinWord sucht.

Prüfen Sie, ob sich die richtige Diskette im Laufwerk befindet.

Prüfen Sie, ob die Datei beschädigt ist. Ist dies der Fall, versuchen Sie, diese mit Hilfe einer Sicherungskopie wiederherzustellen.

Möchten Sie (Dateiname) löschen?

Sie haben versucht, eine vorhandene Datei bzw. Dateien zu löschen.

So löschen Sie die Datei: Wählen Sie die Schaltfläche JA.

So behalten Sie die Datei bei: Wählen Sie die Schaltfläche NEIN.

Nicht genügend Speicher. Bitte speichern Sie Ihre Datei.

WinWord verfügt nicht mehr über genügend Speicherplatz, um Ihr Dokument zu speichern.

So beheben Sie diesen Fehler: Speichern Sie Ihr Dokument und erhöhen Sie die Speicherkapazität.

Nicht genügend Speicher, um die Anwendung auszuführen.

Sie haben den Befehl AUSFÜHREN aus dem Steuerungsmenü der Anwendung und entweder die Option ZWISCHENABLAGE oder SYSTEMSTEUERUNG gewählt; WinWord verfügt jedoch nicht über genügend Arbeitsspeicher, um die Anwendung auszuführen.

So beheben Sie diesen Fehler: Erhöhen Sie die Speicherkapazität, und versuchen Sie dann erneut, die Anwendung auszuführen.

Nicht genügend Speicherplatz vorhanden, um dieses Dokument zu drucken.

Windows benötigt mehr Speicherplatz, um das Dokument, das Sie drucken möchten, zu speichern.

So beheben Sie diesen Fehler: Löschen Sie nicht benötigte Dateien, und versuchen Sie dann erneut zu drucken.

Sie fügen einen Positionsrahmen in der Normalansicht ein. Um einen Positionsrahmen bearbeiten oder ansehen zu können, müssen Sie sich in der Druckbildansicht befinden. Möchten Sie nun zur Druckbildansicht wechseln?

Die Druckbildansicht ist besser geeignet, um Positionsrahmen zu verschieben und deren Lage im Verhältnis zu anderen Elementen auf der Seite anzusehen.

So fügen Sie den Positionsrahmen ein und schalten in die Druckbildansicht um: Wählen Sie die Schaltfläche JA.

So fügen Sie den Positionsrahmen in der Normalansicht ein: Wählen Sie die Schaltfläche NEIN.

So brechen Sie das Einfügen des Positionsrahmens ab: Wählen Sie die Schaltfläche ABBRECHEN.

Sie haben viel Text in der Zwischenablage abgelegt. Soll dieser Text nach Verlassen von WinWord anderen Anwendungen zur Verfügung stehen?

In dieser WinWord-Sitzung haben Sie einen umfangreichen Text oder eine umfangreiche Grafik durch Ausschneiden oder Kopieren in die Zwischenablage übertragen und dann WinWord beendet.

416

So behalten Sie den Inhalt der Zwischenablage bei: Wählen Sie die Schaltfläche JA.

So löschen Sie den Inhalt der Zwischenablage: Wählen Sie die Schaltfläche NEIN.

Hinweis: Durch Löschen des Inhalts der Zwischenablage erhöht sich der verfügbare Arbeitsspeicher.

Soll (Dateiname) aktualisiert werden?

Sie haben Änderungen in einem WinWord-Dokument vorgenommen, das entweder ein eingebettetes Objekt in einem anderen WinWord-Dokument ist oder eine OLE-Objektverknüpfung enthält. Sie haben anschließend versucht, die Datei zu schließen.

So speichern Sie Änderungen in dem Dokument und senden die aktualisierten Informationen an die Anwendung, in die das Dokument eingebettet ist: Wählen Sie die Schaltfläche JA.

So löschen Sie Änderungen: Wählen Sie die Schaltfläche NEIN.

So brechen Sie den Vorgang ab und kehren zu dem Dokument zurück: Wählen Sie die Schaltfläche ABBRECHEN.

Soll die bereits existierende Datei (Dateiname) ersetzt werden?

Beim Speichern eines Dokuments haben Sie den Namen eines bereits bestehenden Dokuments angegeben.

So ersetzen Sie das bestehende Dokument durch das aktuelle Dokument: Wählen Sie die Schaltfläche JA.

So behalten Sie das bestehende Dokument bei: Wählen Sie die Schaltfläche NEIN, und geben Sie für das aktuelle Dokument einen anderen Namen ein.

Ungültiges Verzeichnis.

WinWord kann das angegebene Verzeichnis nicht finden.

Sie beheben diesen Fehler, indem Sie einen der folgenden Schritte ausführen:

Überprüfen Sie, ob das angegebene Verzeichnis existiert.

Überprüfen Sie, ob Sie den korrekten Verzeichnisnamen eingegeben haben; falls nicht, geben Sie den Namen erneut ein.

Wenn Sie eine Kopie eines Dokuments erstellen und für die Kopie denselben Namen verwenden wollen, müssen Sie die Kopie in einem anderen Verzeichnis als das Originaldokument speichern.

Word kann (Dateiname) nicht lesen.

WinWord kann die Datei nicht lesen, da diese Datei während eines Schreibvorgangs in einem Netzwerk gesperrt ist oder da nicht genügend Speicherplatz vorhanden ist.

Sie beheben diesen Fehler, indem Sie einen der folgenden Schritte ausführen:

Wenn Sie vermuten, daß die Datei gesperrt ist, versuchen Sie später erneut, diese zu öffnen.

Wenn Sie vermuten, daß nicht genügend Speicherplatz vorhanden ist, erhöhen Sie die Speicherkapazität, und versuchen Sie dann erneut, die Datei zu öffnen.

Word kann das Serienbrief-Dokument nicht erstellen.

WinWord kann die Seriendruckdatei nicht erstellen, da nicht genügend Arbeitsspeicher verfügbar ist.

So beheben Sie diesen Fehler: Erhöhen Sie die Speicherkapazität, und versuchen Sie dann erneut, die Datei zu erstellen.

Zu suchender Text wurde nicht gefunden.

Sie haben einen bestimmten Text gesucht, WinWord hat aber keine Übereinstimmungen gefunden.

Falls WinWord Ihrer Ansicht nach Übereinstimmungen hätte finden müssen, führen Sie einen oder mehrere der folgenden Schritte aus:

Überprüfen Sie, ob Sie den Text richtig eingegeben und eine spezielle Formatierung im Feld SUCHEN NACH angegeben haben.

Überprüfen Sie, ob Sie die Suchkriterien richtig eingestellt haben.

11.6 Die Tastatur

Die Tastatur

Die Tastatur ist das Eingabegerät schlechthin. Soviel über Mäuse geredet und geschrieben wird, mehr als eine Hilfe bei der Formatierung von Texten und bei der Wahl von Befehlen wird die Maus nie sein können. Zur Tastatur gibt es gerade bei der Eingabe von Texten keine Alternative. Umso erstaunlicher ist es, daß nur wenige die Tastatur wirklich zu nutzen wissen. Daher möchte dieser Abschnitt einige Grundfunktionen der Tastatur erläutern.

Qwertz-Tastatur

In Deutschland schreiben wir mit einer sogenannten Qwertz-Tastatur. Qwertz deshalb, weil in der ersten Buchstabenreihe oben links die Buchstaben Q W E R T Z angeordnet sind. Bei angelsächsischen Tastaturen befinden sich hier die Buchstaben Q W E R T Y, weshalb man auch von der Qwerty-Tastatur spricht.

Eigentlich aber ist Ihre Computer-Tastatur ein Simulant. Sie tut nur so, als sei sie eine deutsche Tastatur. In Wirklichkeit handelt es sich um eine gut getarnte Qwerty-Tastatur. Erst durch den Tastaturtreiber Keybgr (gr steht für Germany = Deutschland), den Sie beim Systemstart wohl über die AUTOEXEC.BAT aktivieren, wird der Tastatur Deutsch beigebracht. Die Beschriftung der Tastenkappen ist völlig verkehrt, solange Keybgr nicht geladen wurde.

Wenn Sie zum Test einmal Keybgr aus Ihrer AUTOEXEC entfernen und den PC neu starten, werden Sie dies schnell merken. Wenn Sie auf das Z drücken, erscheint ein Y und umgekehrt (Qwerty statt Qwertz). Noch verrückter wird es, wenn Sie die Umlaut-Tasten betätigen. Hier erscheinen statt der Umlaute allerlei Klammern, wie sie auf der amerikanischen und englischen Tastatur zu finden sind.

Tastaturlayouts

Die Anordnung der Buchstaben- und Zahlentasten wurde in einer DIN-Vorschrift festgelegt und ist deshalb bei allen Schreibmaschinen, Tickern, Computern etc. neueren Baudatums gleich. Lediglich bei einigen Zeichen, wie dem Semikolon, gibt es Unterschiede.

Beim Computer kommen allerdings noch einige Tasten hinzu, die die DIN-Anordnung zwar nicht durcheinanderbringen, aber ergänzen. Seit dem ersten

PC vor zehn Jahren hat sich auch in der Anordnung der Sondertasten des Computers auf der Tastatur einiges getan.

Am Anfang wurden einfach alle Sondertasten möglichst eng um die normalen Schreibmaschinentasten herum angeordnet. Lediglich die Funktionstasten [F1] bis [F10] wurden etwas nach links abgesetzt.

Später wurde der kombinierte Ziffern- und Cursortastenblock nach rechts abgesetzt und etwas umgeordnet. Für deutsche Tastaturen wurden zum Teil andere Bezeichnungen eingeführt. Mit Einführung der AT-Rechner erschien die dritte Tastaturgeneration, die MF-II-Tastatur. Hier wurden die jetzt zwölf Funktionstasten in einer Reihe oberhalb der DIN-Tastatur angeordnet. Der kombinierte Cursor- und Zifferntastenblock wurde getrennt, wobei die Cursortasten abermals in zwei Gruppen aufgeteilt wurden. Auch die übrigen Sondertasten wie Strg bzw. [Strg] und [Esc] wurden aus dem DIN-Tastaturbereich herausgezogen.

Tastenbezeichnungen

Für die Sondertasten der Computertastatur haben sich im Laufe der Zeit allerlei Beschriftungs- und Bezeichnungsvarianten ergeben. So stehen heutzutage auf den Tastaturen englische, deutsche und symbolhafte Bezeichnungen. In Büchern und Zeitschriften werden mit und ohne Vereinbarung sämtliche Bezeichnungsvarianten gemischt. Mal werden Tastennamen durch Fettdruck oder Großschreibung kenntlich gemacht, mal stehen die Bezeichnungen in eckigen, spitzen oder runden Klammern.

Schließlich gibt es auch noch die ausgeschriebenen Tastennamen, die in Bedienungsanleitungen und Büchern häufig Verwendung finden und die oft kaum auf die Abkürzungen auf der Tastatur zurückzuführen sind.

Damit Sie bei all dem Bezeichnungswirrwarr immer die richtige Taste drücken, finden Sie in Tabelle 1 eine Übersicht über alle erdenklichen Tastenbezeichnungen. Ein Anspruch auf Vollständigkeit wird allerdings nicht erhoben.

Texteingabe

Die Eingabe von Text sollte Ihnen eigentlich leicht fallen. Trotzdem weiß nicht jeder mit allen Buchstaben- und Zahlentasten etwas anzufangen. Daher ein paar erklärende Worte.

Zunächst erreicht man mit jeder Buchstaben- und Zahlentaste im Bereich der althergebrachten Schreibmaschinentastatur das auf der Tastenkappe angegebene Zeichen (teilweise in der unteren Beschriftungsreihe). Dabei werden in der Ziffernreihe oben also immer die Zahlen getippt, bei den Buchstabentasten die Kleinbuchstaben.

Sollen die Sonderzeichen über den Zahlen (zweite Beschriftungsreihe) oder die Großbuchstaben getippt werden, so muß man die Tastatur umschalten. Dazu dienen die beiden Umschalt-Tasten. Das sind die beiden äußerst rechten bzw. linken Tasten in der untersten Buchstabenreihe. Drückt man eine dieser beiden Umschalt-Tasten zusammen mit einem Buchstaben, so erscheint der entsprechende Großbuchstabe auf dem Bildschirm.

Soll ein ganzes Wort groß geschrieben werden, so kann man die Tastatur auch dauerhaft umschalten. Dazu wird die Feststell-Taste gedrückt. Sie befindet sich oberhalb der linken Umschalttaste. Wird sie betätigt, leuchtet entweder auf der Taste selbst ein rotes Lämpchen auf, oder die Leuchtanzeige *Caps Lock* (meist rechts oben) springt an. Um die Dauer-Umschaltung zurückzunehmen, müssen Sie eine der beiden normalen Umschalt-Tasten betätigen.

Hinweis: Bei manchen Tastaturen wirkt die Dauer-Umschaltung nur bei den Buchstabentasten. Die Ziffern- und Satzzeichen-Tasten müssen jede für sich manuell umgeschaltet werden, wenn das Zeichen in der oberen Beschriftungsreihe erreicht werden soll.

Die Taste mit den Accents ' und ' scheint auf Anhieb nicht zu funktionieren. Die Accents erscheinen nach dem Druck auf die Accent-Taste erst dann auf dem Bildschirm, wenn eine andere Taste gedrückt wurde. Soll der Accent also alleine stehen, tippen Sie die Accent-Taste gefolgt von der [Leertaste]. Soll aber zum Beispiel ein Accent Grave über einem *e* stehen, so tippen Sie Accent Grave und *e*, was *è* ergibt.

Sonderzeichen

Manche Tasten haben auch eine dritte Belegung, meist die Beschriftung an der Vorderseite der Tastenkappe. Um diese Zeichen zu erreichen, müssen Sie entweder die Tasten [Strg] und [Alt] gedrückt halten und dann die entsprechende Taste drücken oder – wenn vorhanden – die Taste [AltGr] drücken und gleichzeitig die Buchstabentaste tippen.

Viele Buchstaben und Zeichen, die der Computer beherrscht, sind nicht auf der Tastatur zu finden. Wer häufiger französische Texte schreibt, wird vergeblich ein *C* mit Cedile oder einen Accent circonflex suchen. Auch für Skandinavien fehlen die Os mit den Querstrichen.

421

Diese Zeichen erreichen Sie normalerweise nur, wenn Sie die [Alt]-Taste gedrückt halten und dann einen maximal dreistelligen Zahlencode eintippen. Jedem Zeichen ist nämlich eine Zahl zugeordnet und über [Alt] und den Zahlencode sind diese Zeichen auf jeder Tastatur verfügbar. In WinWord gibt es zum Glück die Sonderzeichen-Tabelle im EINFÜGEN-Menü, so daß Sie keine wirren Tastenkombinationen drücken müssen.

Unter den so verfügbaren Sonderzeichen sind auch zahlreiche Grafikzeichen, mit denen Sie Kästen, Linien und Blockgrafiken anlegen können.

Sondertasten

Neben den normalen Buchstaben-, Zahlen- und Satzzeichentasten gibt es auf der Computertastatur gleich welchen Typs auch noch eine Reihe von Sondertasten.

Return

Die Enter-Taste ist wie der Wagenvorschub bei der Schreibmaschine. [Eingabe] schließt eine Zeile ab und beginnt eine neue. Je nach Anwendung werden mit Enter auch Abfragen bestätigt, Eingaben abgeschlossen, Absätze beendet und vieles mehr.

Escape

Die Escape- (englisch für flüchten) oder [Esc]-Taste bricht eine Funktion ab. Je nach Programm und Einsatzsituation sind die Wirkungen eines Abbruchs natürlich unterschiedlich.

Backspace

Mit der [Backspace]-Taste wird links von der Schreibmarke (Cursor) gelöscht. Der Cursor erscheint als blinkender Unterstrich auf dem Bildschirm. Bewegt eine Eingabe den Cursor nach rechts, so führt [Backspace] den Cursor nach links und löscht dabei das dort stehende Zeichen.

Alt

Die Alt(ernativ)-Taste haben Sie bereits im Zusammenhang mit den Sonderzeichen kennengelernt. Im allgemeinen stellt [Alt] eine dritte Tastenbelegungsebene (1. Ebene Kleinbuchstaben, 2. Ebene Großbuchstaben) zur Verfügung. Mit [Alt] gefolgt von einem Buchstaben wird in vielen Programmen, so auch in WinWord, eine Funktion aufgerufen.

Control

Die Control-Taste gibt zusammen mit einem Buchstaben Befehle an das jeweils laufende Programm aus. So können viele Programme mit Control und C gleichzeitig gedrückt - wird auch als [Strg-C] geschrieben - komplett abgebrochen werden. [Strg-Z] stellt ein Dateiende-Kennzeichen dar, [Strg-M] hat dieselbe Wirkung wie [Enter]. Viele Programme nutzen die Control-Taste zum Aufruf programmspezifischer Funktionen. So auch WinWord. Etwa die Kopieren-Funktion ([Strg-C]).

Insert

Die [Insert]-Taste wechselt zwischen dem Einfügen- und Überschreibmodus. Im Einfügemodus werden neue Eingabe zwischen alte Eingaben eingefügt, wenn der Cursor inmitten der Eingabezeile steht. Steht der Cursor am Eingabeende, werden die neuen Zeichen angehängt. Im Überschreibmodus werden Zeichen überschrieben, zumindest dann, wenn sich der Cursor mitten in einer Eingabezeile befindet. Sonst werden auch hier die Zeichen einfach angefügt.

Tabulator

Mit der [Tabulator]-Taste können Sie, wie bei der Schreibmaschine, tabellarische Einrückungen vornehmen. Mit [Shift] und [Tab] können Sie aber auch einen Tabulator zurückspringen. In vielen Programmen wird über die [Tabulator]-Taste auch zwischen verschiedenen Eingabefeldern gewechselt.

PrintScreen

Die Taste [PrintScreen] gibt - zumindest, wenn das Programm graphics aufgerufen wurde - jederzeit den Bildschirminhalt auf dem Drucker aus. Voraussetzung ist, daß der Drucker bereit ist und die Bildschirmkarte nicht vom Typ Hercules ist.

Funktionstasten

Mit den zwischen zehn und zwölf Funktionstasten können Befehle aufgerufen werden. Was diese Befehle bewirken, hängt vom jeweiligen Programm ab. Oft wird die Belegung der Funktionstasten in der untersten Bildschirmzeile erläutert. Die Funktionstasten können allein oder zusammen mit [Shift], [Strg] oder [Alt] gedrückt werden, so daß sich vier Funktionstastenebenen ergeben. Auch WinWord belegt viele Funktionstastenkombinationen mit Befehlsaufrufen.

Cursortasten

Mit den sogenannten Cursortasten wird die schon angesprochene Schreibmarke auf dem Bildschirm bewegt, was besonders bei Textverarbeitungen von Interesse ist. Zwar unterscheidet sich manchmal die Wirkung der einzelnen Tasten, generell gilt aber folgende Belegung:

Taste	Wirkung
[→]	Cursor springt eine Spalte nach rechts
[←]	Cursor springt eine Spalte nach links
[↑]	Cursor springt eine Zeile nach oben
[↓]	Cursor springt eine Zeile nach unten
[Home]	Cursor springt in die erste Spalte
[End]	Cursor springt in die letzte Spalte
[PgUp]	Cursor springt mehrere Zeilen nach oben
[PgDn]	Cursor springt mehrere Zeilen nach unten

(Diese Belegung gilt leider nicht unter dem Betriebssystem MSDOS). Weitere Belegungen der Cursortasten mit [Shift] und [Strg] sind üblich, aber in ihrer Wirkung sehr programmabhängig.

Zifferntasten

Die abgesetzten Zifferntasten rechts von 0 bis 9 ergeben zusammen mit den Tasten für die Grundrechenarten, der Komma- und der [Enter]-Taste eine Art Taschenrechner-Tastatur (die Tasten führen aber nur zu einer Berechnung, wenn Sie vorher ein entsprechendes Programm laden, z. B. den Taschenrechner in Windows). Damit die Ziffernbelegung wirkt und nicht die Cursortasten aktiv sind, müssen Sie die [NumLock]-Taste drücken. Nur wenn ein Lämpchen auf der Taste selbst oder eine LED-Anzeige auf der Tastatur für Num-Lock erleuchtet, sind die Zifferntasten aktiv.

Cursor- und Zifferntastenblock

Cursor- und Zifferntasten sind bei vielen Tastaturen in einem sogenannten kombinierten Cursor- und Zifferntastenblock zusammengefaßt. Die Umschaltung zwischen den beiden Belegungen erfolgt über [NumLock].

Bisweilen sind die Tasten aber getrennt in Cursortastenblock und einen kombinierten Cursor- und Zifferntastenblock. In dem kombinierten Block muß nach wie vor mit [NumLock] zwischen den beiden Belegungen umgeschaltet werden. Im reinen Cursortastenblock dagegen ist immer die Cursortastenbelegung aktiv. Beim Systemstart wird bei solchen Tastaturen automatisch [NumLock] gedrückt. So steht Ihnen jederzeit eine Taschenrechnertastatur im kombinierten Tastenblock und die Cursortastenbelegung im Cursortastenblock zur Verfügung. Dabei können Sie es getrost belassen.

In die Tasten

Nun dürften Sie alles über die Bedienung Ihrer Tastatur wissen. Kein Problem, daß sich nicht über einige Tastenanschläge lösen ließe.

Tabelle 1 – Tastenbezeichnungen

deutsch	englisch	Symbole ausgeschrieben
[F1],[F2] bis [F12]	[F1], [F2] [F12]	Funktionstaste 1 Funktionstaste 12
[Esc]	[Esc]	Escape-, Abbruchtaste
[Alt]	[Alt]	Alt-Taste
[AltGr]	[AltGr]	Alt-Umschalt-Taste
[Strg]	[Ctrl]	Control-Taste
[Umschalt]	[Shift]	Umschalttaste
		Leertaste
[Lösch]	[Del]	Backspace-, Löschtaste
[Entf]	[Del]	Löschtaste im Zehnerblock
[CapsLock]	[CapsLock]	Feststelltaste

deutsch	englisch	Symbole ausgeschrieben
[NumLock]	[NumLock]	NumLock-Taste
[Scroll Lock]	[Sroll Lock]	Scroll-Lock-Taste
[Druck]	[PrtSc]	Print-Screen-Taste, Druck-Taste
[Eing]	[Enter]/[Return]	Eingabe-, Enter-, Return-Taste
[Tab]	[Tab]	Tabulatortaste
[Einfg]	[Ins]	Einfüge-, Insert-Taste
[Pos1]	[Home]	Home-Taste
[Ende]	[End]	End-Taste
[Bild↑]	[PgUp]	Page Up, Bild auf
[Bild↓]	[PgDn]	Page Down, Bild ab
[Pfeil]	[Cursor]	Cursor-, Pfeil-, Richtungstasten
[←]	[left]	
[→]	[right]	
[↑]	[up]	
[↓]	[down]	

Tabelle 2 Tastenkombinationen

[Strg] und eine Taste	Control-Code, -Taste
[Alt] und eine Ziffernfolge	Sonderzeichen
[Strg-Alt-Del]	Warmstart, Neustart
[Strg-C]	Abbruchtaste
[Strg-S]	Unterbrechentaste
[Strg-Z]	Dateiende-Markierung
[Strg-Alt] und Zeichen	Sonderzeichen, dritte Belegungsreihe
[AltGr] und Zeichen	Sonderzeichen, dritte Belegungsreihe

Index

435

BHV Lexikon PC & EDV
ISBN 3-89360-634-3, 14,90 DM, 2. Auflage 1993, 256 Seiten

Die wichtigen Computerbegriffe von A–Z

➡ Allgemeine Grundlagen

➡ Betriebssysteme

➡ Netzwerke

➡ Textverarbeitung/Tabellenkalkulation

➡ Datenbank/Grafik

➡ Programmiersprachen/Telekommunikation

BHV Lexikon Windows bis 3.1
ISBN 3-89360-703-X, 19,80 DM, 2. Auflage 1993, 224 Seiten

Alles rund um Windows von A–Z

➡ Bedienung

➡ Benutzeroberfläche

➡ Konfiguration

➡ Optimierung

➡ Applikationen

➡ Tips und Tricks

BHV Lexikon MS Excel bis 4.0
ISBN 3-89360-655-6, 19,80 DM, 1. Auflage 1993, 224 Seiten

Alles rund um MS Excel von A–Z

➡ Installation

➡ Gestaltung von Tabellen

➡ Diagramme/Präsentationen

➡ Funktionen

➡ Makros

➡ Tips und Tricks

BHV Lexikon MS-DOS bis 6.2 *erscheint Nov. '93*

ISBN 3-89360-727-7, 19,80 DM, 1. Auflage 1993, ca. 240 Seiten

Alles rund um MS-DOS von A–Z

➟ Stapeldateien
➟ Befehlsformate
➟ Speicherverwaltung
➟ Konfiguration/Installation
➟ DOS-Editoren
➟ Laufwerke/Verzeichnisse

BHV Lexikon MS Word 6.0

ISBN 3-89360-702-1, 19,80 DM, 1. Auflage 1993, 256 Seiten

Alles rund um MS Word von A–Z

➟ Grundlegende Einstellungen
➟ Textgestaltung mit Druckformaten
➟ Erstellung und Druck von Serientexten
➟ Makroprogrammierung
➟ Verwendung der TrueType-Technologie
➟ Fachbegriffe aus Textverarbeitung und DTP

BHV Lexikon CorelDRAW! bis Vs. 4 *erscheint 3. Quart. '93*

ISBN 3-89360-712-9, 19,80 DM, ca. 250 Seiten

Alles rund um CorelDRAW! von A–Z

➟ Alle Spezialeffekte
➟ Arbeitshilfen richtig einsetzen
➟ PostScript-Spezialitäten
➟ Alle Zusatzprogramme
➟ Geometrische Figuren
➟ Alles über Farben

MS-DOS 6.2

49,00 DM ISBN 3-89360-072-8, 640 Seiten

Die ersten beiden Teile dieses Buchs vermitteln Ihnen kurz und prägnant die Grundlagen zum Aufbau von Computern und Betriebssystemen und liefern eine praktische Einführung in die Bedienung von MS-DOS 6.X. Sie lernen die Befehle für die Arbeit mit Daten, Dateien und Verzeichnissen und die Bedienung der Benutzeroberfläche DOS-Shell kennen. Ein eigenständiger Abschnitt befaßt sich ausführlich mit den Aspekten Datensicherheit und Virenschutz.

In den weiterführenden Abschnitten werden die Konfiguration von Rechner und Festplatten und die Installation des Systems erläutert. Das ausführliche Befehlsverzeichnis mit zahlreichen Tips und Beispielen und ein Glossar wichtiger Fachbegriffe werden Sie bei der täglichen Arbeit am PC unterstützen.

Windows 3.1

39,00 DM ISBN 3-89360-105-8, 2. Auflage 1992, 608 Seiten

Die Version 3.1 von MS Windows zeichnet sich u. a. durch Möglichkeiten des dynamischen Datenaustauschs und die skalierbaren TrueType-Schriften aus.

Grundlage des vorliegenden Buches ist die systematische Darstellung aller Windows-Funktionen. Sie lernen u. a. den Umgang mit Windows-Applikationen und dem Task-Manager kennen, richten DOS-Anwendungen unter Windows ein und konfigurieren Ihre persönliche Windows-Umgebung. Der Autor erklärt Ihnen alle Möglichkeiten der verschiedenen Programmteile wie Paintbrush und Write. Sie erfahren Wissenswertes zu der Speicherverwaltung von Windows sowie der optimalen Anpassung Ihres Systems an die anspruchsvolle Software.

MS Access

49,00 DM ISBN 3-89360-044-2, 2. Auflage 1993, 480 Seiten

In diesem Anwenderbuch führen Sie die Autoren Sylvia Böhmer und Harald Frater durch die enorm vielfältigen Einsatzgebiete von MS Access 1.1. Dabei erfahren Sie, wie Sie Ihre individuellen Aufgabenstellungen rationell und effektiv in kurzer Zeit lösen.

Angefangen beim ersten Datenbank-Design bis hin zur relationalen Verknüpfung mehrerer Datenbanken werden Sie mit dem gesamten Access-Leistungsspektrum vertraut gemacht. Nach einem umfassenden Einführungskapitel entwickeln Sie zahlreiche praxisnahe Beispielanwendungen. Abgerundet wird das Buch durch die Themen Datenpräsentation, SQL-Abfragen, Automatisierung mit Makros und einen Einstieg in Access-Basic sowie einen ausführlichen Referenzteil.

Lotus Improv

49,00 DM ISBN 3-89360-050-7, 544 Seiten

Die Softwareschmiede Lotus hat mit Improv frischen Wind in den Markt der Tabellenkalkulationsprogramme gebracht. Durch die Abkehr vom gewohnten starren Spalten-Zeilen-Schema, die Trennung von Tabellenbereich und Formelsektor sowie die Aufhebung der Beschränkung auf zwei Dimensionen wird eine bislang nicht gekannte Flexibilität erreicht.

Isabella Kowatsch legt in diesem Anwenderbuch viel Wert auf didaktischen Aufbau, zahlreiche Anwendungsbeispiele und eine wirklich anschauliche Sprache - so können Sie optimalen Nutzen aus diesem Buch ziehen! Sie erfahren alles über Tabellen und Modelle, lernen, wie Elemente an die Stelle bisheriger Zelladressierungen treten, und üben den Umgang mit Kategorien. Sie finden Kapitel über die Gestaltung von Tabellen und die Erstellung von Präsentationen. Die Improv-spezifischen Ansichten und Durchsichten sind ebenso Thema wie der Einsatz von Formeln und Funktionen.

FoxPro für Windows

49,00 DM ISBN 3-89360-049-3, 448 Seiten

FoxPro für Windows baut auf dem XBase-Standard auf und erweitert ihn um die Möglichkeiten der grafischen Benutzeroberfläche: Grafikobjekte in Formularen und Berichten, Unterstützung von DDE und OLE, vereinfachter Datenaustausch über die Zwischenablage etc.

Sylvia Böhmer beschreibt in diesem Buch, wie Sie Datenbanken aufbauen und verknüpfen, wie Formulare und Berichte erstellt werden und wie Abfragen zu formulieren sind. Am Beispiel einer Marketing-Applikation wird gezeigt, wie Datenbanken, Formulare, Berichte und Abfragen interaktiv zu einer Applikation zusammengeführt werden. Im zweiten Teil widmet sich die Autorin der FoxPro-Programmiersprache und der Individualisierung der Applikationen. Schließlich wird die fertige Anwendung im Alltagseinsatz vorgeführt und zu einem ausführbaren Programm kompiliert.

CorelDRAW! 3.0

49,00 DM ISBN 3-89360-043-4, 1993, 512 Seiten

Neben einem verbesserten CorelDRAW! enthält das Gesamtpaket jetzt auch den Chart-Generator Corel-CHART!, die Bildbearbeitungssoftware CorelPHOTO-PAINT! und das Präsentationsprogramm CorelSHOW!. Die bereits aus früheren Versionen bekannten Programmteile CorelTRACE! und CorelMOSAIC! wurden ebenfalls in ihrer Leistungsfähigkeit verbessert.

Das vorliegende Buch beinhaltet die grundlegende Beschreibung der Werkzeuge und Funktionen des Programms und führt in das Gestalten am PC ein. Die Bearbeitung auch komplexer Grafiken wird an Beispielen erläutert und mit Hilfe praxisnaher Aufgaben nachvollzogen. Schriftgestaltung, 3D-Darstellung, perspektivische Objekte sowie die Anwendung der neuen Programmteile CorelCHART!, CorelPHOTO-PAINT! und CorelSHOW! sind weitere Themen des Buches.

DAS ANWENDERBUCH

BHV

MS-DOS 6.2

69,00 DM ISBN 3-89360-314-X, 1993, ca. 750 Seiten

Dieses umfassende Werk behandelt sämtliche DOS-Versionen mit Ausnahme von PC-DOS 6.1 und Novell DOS 7. In seinen verschiedenen Teilen werden u. a. die Arbeitsumgebung und die Werkzeuge von DOS (EDIT, DEBUG und DOSKEY), Batch-Dateien sowie die Konfigurationsdateien ausführlich erörtert.

Weitere Themen sind das Speichermanagement unter besonderer Berücksichtigung von Windows, Multitasking, File-Sharing, allen zusätzlichen 6.X-Tools und Virenbekämpfung. Sie finden wertvolle Tips zur Optimierung Ihres Systems sowie zahlreiche undokumentierte DOS-Befehle. Dieses wirklich kompetente Werk wird alle Ihre DOS-Fragen beantworten und Ihnen wertvolle Anregungen und Informationen für den erfolgreichen DOS-Einsatz liefern!

Mit Diskette und Ausklappseiten
Erscheinungstermin: November 1993

Word für Windows 2.0   Diskette im Buch

59,00 DM ISBN 3-89360-300-X, 1992, 528 Seiten

Die Version 2.0 von Word für Windows bietet dem professionellen Anwender Möglichkeiten bei der Texterfassung und -gestaltung, die weit über den Aufgabenbereich einer reinen Textverarbeitung hinausgehen.

Nach einer Einführung in grundlegende Techniken werden die fortgeschrittenen Funktionen der leistungsfähigen Textverarbeitung vorgestellt. Dazu gehören Fußnoten und die Gliederungsfunktion sowie die Verwendung von Dokumentvorlagen, aber auch des Formeleditors für den Einsatz bei technischen und wissenschaftlichen Texten. Die Satz- und Gestaltungsfunktionen von WinWord ermöglichen eine schnelle Erstellung von professionell anmutenden Dokumenten. Ein eigenes Kapitel ist der Makro-Progammiersprache WinBasic gewidmet. Die Übungs- und Makrotexte sind auf der beiliegenden Diskette enthalten.

CorelDRAW! 3.0

69,00 DM ISBN 3-89360-307-7, 1993, 640 Seiten

CorelDRAW! 3.0 ist *das* integrierte Paket in Sachen Grafikbearbeitung: Illustrieren, Retuschieren, Präsentieren – alles ist hier möglich. Ob Vektor-, Pixel- oder Geschäftsgrafiken – mit CorelDRAW! und seinen Zusatzprogrammen CorelPHOTO-PAINT, CorelCHART und CorelSHOW erstellen, bearbeiten und drucken Sie alle Grafikarten in höchster Qualität.

Das Buch CorelDRAW! 3.0 in der Reihe *Professional Edition* beschreibt ausführlich alle Funktionen des Programms. Der Autor führt Sie an konkreten Projekten in die Welt der Grafik ein: Sie erstellen ein Zeitschriften-Cover, Sie retuschieren Fotos und bereiten den Dia-Vortrag für ein Vertreter-Meeting vor. Auf der Diskette sind alle Projekte als fertige CorelDRAW!-Dateien abgelegt.

Mit Diskette, Ausklappseiten und Farbseiten

Windows NT Programmierung

69,00 DM ISBN 3-89360-305-0, ca. 600 Seiten

Windows NT soll die Kombination von MS-DOS und Windows als Betriebssystemaufsatz ablösen und ist ein 32-Bit-Multitasking-System. Damit steht dem Anwender ein modernes und benutzerfreundliches Betriebssystem für PCs mit 386er-Prozessor oder höher zur Verfügung, das es gestattet, mehrere Anwendungen quasi parallel abzuarbeiten, ohne an die Einschränkungen von DOS gebunden zu sein.

Das Buch stellt die Programmierung von Windows NT dar. An zahlreichen Beispielen werden Ihnen die Funktionen des 32-Bit-API vorgestellt und erläutert. Alle Listings finden Sie auf der mitgelieferten Diskette; die zahlreichen Übersichten auf den Ausklappseiten bieten schnelle und kompetente Referenz.

Mit Diskette und Ausklappseiten
Erscheinungstermin: ca. 3. Quartal 1993

Folgende Vollversionen sind lieferbar:

BHV POSTLEITZAHLEN (mit dBASE-Konverter)
BLITZKURS ZU NEUEN FEATURES DOS 6
TURBO PASCAL 6.01 (Lizenz-Vollversion)
WORDSTAR FÜR WINDOWS 1.5 (Lizenz-Vollversion)

Folgende Shareware-Versionen aus der Reihe "Diamond Edition" sind lieferbar:

ALIBASE^2 (Datenbank)
ALIFORM^2 (Formulargenerator)
AKZENT II (Textverarbeitung)
BIG (Baukosten im Griff)
CASCADE PREMIUM (CAD-Programm)
CTO EA (Überschußrechnung)
CTO EHO (Auftragsbearbeitung)
CTO FIBU (Finanzbuchhaltung)
DATA OPERATOR (Intelligente Datenbank)
ECONOMY LOHN (Lohnabrechnung)
FILE-PROTECTOR (Datenschutzprogramm)
FW-TEXT (Textverarbeitung)
GRAFIX (Präsentationsgrafiken)

LABEL EXPERT (Etikettendruckprogramm)
LIGHTING PRESS (Druckprogramm)
STARFINDER (Planetariumsprogramm)
TEAMWORK JUNIOR (Vereinsverwaltung)
TESCA (DTP-Programm)
TOP-FAKTURA (Fakturierung)
UIH (Utility im Hintergrund)
UNITAB (Tabellenkalkulation)
WIN-KONTOAUSZUG (Verwaltungsprogramm)
XMENU (Menüsystem)

Folgende Shareware-Versionen aus der Reihe "Playware" sind lieferbar:

CASTLE OF THE WINDS
COSMO'S COSMIC ADVENTURE
DARE TO DREAM
DUKE NUKEM
GOODBYE GALAXY
JILL OF THE JUNGLE
KEN'S LABYRINTH
KILOBLASTER
PAGANITZU
SOLAR WINDS
MATH RESCUE
ZZT